IT
Technologien
Lösungen
Innovationen

Herbert Kircher (Hrsg.)

IT

Technologien, Lösungen, Innovationen

Mit 88 Abbildungen

Herausgeber

Herbert Kircher
IBM Deutschland Entwicklung GmbH
Schönaicher Str. 220
71032 Böblingen

Bibliografische Information der Deutschen Nationalbibliothek
Die Deutsche Nationalbibliothek verzeichnet diese Publikation in der Deutschen
Nationalbibliografie; detaillierte bibliografische Daten sind im Internet über
http://dnb.d-nb.de abrufbar.

ISBN-10 3-540-46164-7 Springer Berlin Heidelberg New York
ISBN-13 978-3-540-46164-7 Springer Berlin Heidelberg New York

Dieses Werk ist urheberrechtlich geschützt. Die dadurch begründeten Rechte, insbesondere die der Übersetzung, des Nachdrucks, des Vortrags, der Entnahme von Abbildungen und Tabellen, der Funksendung, der Mikroverfilmung oder der Vervielfältigung auf anderen Wegen und der Speicherung in Datenverarbeitungsanlagen, bleiben, auch bei nur auszugsweiser Verwertung, vorbehalten. Eine Vervielfältigung dieses Werkes oder von Teilen dieses Werkes ist auch im Einzelfall nur in den Grenzen der gesetzlichen Bestimmungen des Urheberrechtsgesetzes der Bundesrepublik Deutschland vom 9. September 1965 in der jeweils geltenden Fassung zulässig. Sie ist grundsätzlich vergütungspflichtig. Zuwiderhandlungen unterliegen den Strafbestimmungen des Urheberrechtsgesetzes.

Springer ist ein Unternehmen von Springer Science+Business Media
springer.de

© Springer-Verlag Berlin Heidelberg 2007

Die Wiedergabe von Gebrauchsnamen, Handelsnamen, Warenbezeichnungen usw. in diesem Werk berechtigt auch ohne besondere Kennzeichnung nicht zu der Annahme, dass solche Namen im Sinne der Warenzeichen- und Markenschutz-Gesetzgebung als frei zu betrachten wären und daher von jedermann benutzt werden dürften. Text und Abbildungen wurden mit größter Sorgfalt erarbeitet. Verlag und Autor können jedoch für eventuell verbliebene fehlerhafte Angaben und deren Folgen weder eine juristische Verantwortung noch irgendeine Haftung übernehmen.

Satz und Herstellung: LE-TEX, Jelonek, Schmidt & Vöckler GbR, Leipzig
Umschlaggestaltung: KünkelLopka Werbeagentur, Heidelberg
Gedruckt auf säurefreiem Papier   33/3100 YL – 5 4 3 2 1 0

Inhaltsverzeichnis

1 **IT-Innovationen für Wachstum und Erfolg** 1
   Herbert Kircher
   1.1 Innovation ist nicht gleich Erfindung... 2
   1.2 Prozessinnovation als Differenzierungsmerkmal 3
   1.3 Innovation durch Zusammenarbeit... 4
   1.4 Neue Innovationskultur für Deutschland –
        mehr Mut zum Wandel 5

2 **Bausteine für mehr Flexibilität – optimierte Geschäftsprozesse
   durch Softwarekomponenten** 7
   2.1 Von singulären Web Services zu integrierten SOA-Plattformen:
        Die Evolution serviceorientierter Architekturen
        und Anwendungen 7
        *Matthias Kloppmann, Dieter König, Gerhard Pfau
        und Michael Scheible*
        2.1.1 Grundlagen von Web Services.. 8
        2.1.2 Einführung 8
        2.1.3 XML – die Lingua franca des Internets............................... 9
        2.1.4 Interoperabilität –
               die WS-Interoperability-Organisation 13
        2.1.5 Weitere Web-Service-Leistungsmerkmale........................ 13
        2.1.6 Orchestrierung von Web Services....................................... 16
        2.1.7 Serviceorientierte Anwendungen in der Praxis –
               die IBM-Sicht 19
        2.1.8 Zusammenfassung und Ausblick... 22
        Literatur.. 22
   2.2 Unternehmensportale 23
        Ralf Grohmann, Stefan Liesche und Martin Scott Nicklous
        2.2.1 Einleitung 23
        2.2.2 Die Historie der Portaltechnologie 26
        2.2.3 Nutzung der serviceorientierten Architektur (SOA).......... 31
        2.2.4 Optimierte Administration und Verwaltung...................... 33
        2.2.5 Zusammenarbeit für Teams und Organisationen
               im Portal (Collaborative Applications) 36
        2.2.6 Geschäftsprozessintegration im Portal................................ 37

2.3 Workflow von IBM: Eine Reise aus den Weiten des Weltalls ins Zentrum des On-Demand-Universums 40
Matthias Kloppmann, Dieter König, Gerhard Pfau, Michael Scheible und Robert Junghuber
    2.3.1 Einleitung 40
    2.3.2 Was ist Workflow? 41
    2.3.3 Die Geschichte der IBM-Workflow-Produkte im Überblick 44
    2.3.4 Die Zukunft der Workflow-Technologie 57
    2.3.5 Zusammenfassung 59
    Literatur 60

3 Machen Sie sich das Leben leichter – durch die Optimierung von IT-Ressourcen 63

3.1 Einführung 63
Werner Ederer

3.2 Utility Computing – das Rechenzentrum als Unternehmen 64
Werner Ederer
    3.2.1 Marktumfeld 64
    3.2.2 Das Rechenzentrum – der neuralgische Punkt eines Unternehmens 65
    3.2.3 Die Chance für CIOs 67
    3.2.4 Verschiedene Definitionen von Utility Computing in der IT-Branche 69
    3.2.5 Beispiele 70
    3.2.6 Lösungselemente 71
    3.2.7 Auswirkungen auf Prozesse und Organisationsformen 72
    3.2.8 Hindernisse 73

3.3 *Utility Computing* als integraler Bestandteil der serviceorientierten Architektur 78
Gerd Breiter
    3.3.1 Der Bedarf an einer serviceorientierten Architektur 78
    3.3.2 Das IT-Operating Environment 80
    3.3.3 Die Service Oriented Infrastructure unterstützt SOA- und andere Anwendungen 84
    3.3.4 Die Service Oriented Infrastructure als Basis für Utility Computing 86
    3.3.5 Der Lebenszyklus eines On Demand Service 88
    3.3.6 Serviceorientierung in Geschäftsprozessen und im IT-Management-Bereich 90
    3.3.7 Erforderliche Technologien einer Utility Computing Infrastructure 91
    3.3.8 Utility Computing und ITIL 98
    3.3.9 Zusammenfassung 100

3.4 Virtualisierung 100
Boas Betzler
- 3.4.1 Die Auswirkungen der Virtualisierung 100
- 3.4.2 Die Definition von Virtualisierung 101
- 3.4.3 Beispiele für Virtualisierung... 101
- 3.4.4 Ein breiteres Anwendungsfeld 105
- 3.4.5 Warum ist Virtualisierung sinnvoll?.................................. 105
- 3.4.6 Welche Vorteile ergeben sich?.. 106
- 3.4.7 Virtualisierung und das Management von IT-Ressourcen.. 107
- 3.4.8 Ein Blick in die nahe Zukunft 109
- Literatur.. 110

3.5 Systemautomatisierung... 110
Jürgen Schneider
- 3.5.1 Überblick 110
- 3.5.2 Die Krise im Systemmanagement...................................... 112
- 3.5.3 Event Automation.. 114
- 3.5.4 IT Resource Automation... 116
- 3.5.5 IBM Tivoli System Automation in der Praxis zur Steuerung von hochverfügbaren IT-Systemen........... 118
- 3.5.6 Die Bedeutung des IT-Servicemanagements für die Systemautomatisierung 121
- Literatur.. 123

3.6 Administration von Speichersystemen 123
Oliver Augenstein
- 3.6.1 Einführung 123
- 3.6.2 Virtualisierungstechnologien... 124
- 3.6.3 Speicherpools und Nutzung des physikalischen Speichers... 125
- 3.6.4 Mehrstufige Speicherarchitekturen (tiered storage)........ 127
- 3.6.5 Kopieren und Replizieren von Daten 128
- 3.6.6 Verbreitung von Speichervirtualisierung.......................... 136

4 Grenzgänger – Informationstechnologie im Wandel 139
4.1 Radio Frequency Identification Solutions – Anwendbarkeit in der heutigen Geschäftswelt und Herausforderungen für IT-Infrastrukturen 139
Matthias Grützner, Holger Maier und Udo Pletat
- 4.1.1 Kurzdarstellung 139
- 4.1.2 Vorwort.. 139
- 4.1.3 Einführung 140
- 4.1.4 Nutzenpotential 141

		4.1.5	Technische Begriffe und Einsatzbereich von RFID 142
		4.1.6	Überwachung wichtiger Ressourcen (Critical Asset Tracking) 145
		4.1.7	Fertigungsprozesse 147
		4.1.8	RFID im Gesundheitswesen 148
		4.1.9	RFID im Einzelhandel 150
		4.1.10	Konzeptionelle Architektur von RFID-Lösungen 151
		4.1.11	Einzelheiten zur Kontrolle kritischer Ressourcen 155
		4.1.12	Schlussfolgerung 161
		Literatur 162
	4.2	Multilinguale Spracherkennung und Sprachsynthese 162
		Volker Fischer, Markus Klehr und Siegfried Kunzmann
		4.2.1	Einführung 162
		4.2.2	Grundlagen von Spracherkennung und Sprachsynthese 165
		4.2.3	Multilinguale Sprachverarbeitung 172
		4.2.4	Zusammenfassung und Ausblick 181
		Literatur 182

5 Vom Exot zum Standard – Linux im Unternehmen 185

5.1 Linux auf System z 185
Ulrich Weigand, Martin Schwidefsky
- 5.1.1 Die Hardwareplattform System z 185
- 5.1.2 Unterschiede zu anderen Rechnerarchitekturen 186
- 5.1.3 Klassische Betriebssysteme der System z-Architektur 187
- 5.1.4 Linux auf System z 188
- 5.1.5 Entwicklungsgeschichte von Linux auf System z 189
- 5.1.6 Softwareentwicklung für Linux auf System z 191
- 5.1.7 Anwendungen für Linux auf System z 192
- 5.1.8 Vorteile und Anwendungsgebiete von Linux auf System z 193
- 5.1.9 Zusammenfassung 194
- Literatur 195

5.2 Systems Management von Linux und Virtualisierungsplattformen 195
Andreas Maier
- 5.2.1 Übersicht 195
- 5.2.2 Installierter Agent oder eingebaute Funktion 195
- 5.2.3 Kleine Einführung in CIM 199
- 5.2.4 Arbeit in den CIM-Standardisierungsorganisationen 202
- 5.2.5 z/VM CIM-Instrumentierung und IBM Director 202

　　　　　5.2.6　Systems Management auf der Basis von
　　　　　　　　Linux Open Source 204
　　　　　5.2.7　Zusammenfassung... 204
　　　　　Abkürzungen... 205
　　　　　Literatur... 206
　　5.3　Linux für die Cell BE-Architektur 207
　　　　　Utz Bacher, Roland Seiffert
　　　　　5.3.1　Einleitung 207
　　　　　5.3.2　Überblick über den Cell BE-Prozessor 207
　　　　　5.3.3　Aspekte der Softwareentwicklung für
　　　　　　　　Cell BE-optimierte Anwendungen 211
　　　　　5.3.4　Der Software-Stack für den Cell BE-Prozessor 213
　　　　　5.3.5　Linux für den Cell BE-Prozessor 217
　　　　　5.3.6　Zusammenfassung... 225
　　　　　Literatur... 226

6　Im Herzen der IT – Prozessortechnologie und -entwicklung 227
　　6.1　Pre-Silicon System Integration – Software trifft auf Hardware ... 227
　　　　　Stefan Körner, Klaus-Dieter Schubert
　　　　　6.1.1　Einführung 227
　　　　　6.1.2　Hardware Verifikation 230
　　　　　6.1.3　Firmware-Verifikation 234
　　　　　6.1.4　Co-Simulation von Hardware und Firmware 238
　　　　　6.1.5　Anwendungen 241
　　　　　6.1.6　Zusammenfassung und Schlussfolgerung.......................... 244
　　　　　Literatur... 246
　　6.2　Innovative Prozessorentwicklung.. 247
　　　　　Ingo Aller, Silvia Melitta Müller, Thomas Pflüger
　　　　　und Dieter Wendel
　　　　　6.2.1　Herausforderungen bei der Prozessorentwicklung.......... 247
　　　　　6.2.2　Chiptechnologie 248
　　　　　6.2.3　Hochfrequenz-CMOS-Schaltungen 251
　　　　　6.2.4　Innovative Prozessorkonzepte 255
　　　　　6.2.5　Zukünftige Prozessorkonzepte 264
　　　　　6.2.6　Zukünftige Chiptechnologien... 265
　　　　　Literatur... 267

1 IT-Innovationen für Wachstum und Erfolg

Herbert Kircher

Über einen Punkt scheinen sich Politik, Wirtschaft oder Wissenschaften auch in Deutschland einig zu sein: Innovationen sind der Motor für Wachstum, Wohlstand und Fortschritt. Sie sind der Garant für zukünftige Wettbewerbsfähigkeit und Profitabilität. In Zeiten der Globalisierung und des damit verbundenen Kostendrucks sind sie der Schlüssel für den Erfolg eines Unternehmens. Die Zeit ist reif für Innovation.

Innovation als die wichtigste Voraussetzung künftigen Wachstums – zu diesem Ergebnis kam auch eine IBM-Umfrage unter 9.000 Führungskräften weltweit. Demnach hat das Thema Innovation zunehmend höchste Priorität. Innovation wird als Weg erkannt, um sich in einer von ständigen Veränderungen und globalem Wettbewerb geprägten Welt dauerhaft Wettbewerbsvorteile zu schaffen.

Wir befinden uns heute mitten in der Transformation von einer Industriegesellschaft zur Informations- und Wissensgesellschaft des 21. Jahrhunderts. Dabei ist Informationstechnologie (IT) die Veränderungstechnologie, die wie keine andere Wirtschaft, Wissenschaft und Gesellschaft beeinflusst. Grund für diesen Einfluss sind fundamentale technologische Neuerungen, deren praktische Umsetzung in den Unternehmen sowie die zunehmende Globalisierung. Vor allem das Internet hat die Arbeitswelt revolutioniert und ganz neue Geschäftsmodelle geschaffen: Preiswerte und leistungsfähige Computer, standardisierte Software sowie die weltweite Vernetzung ermöglichen die Digitalisierung fast aller Unternehmensprozesse. Damit schaffen sie das digitale Unternehmen, das effizient und kostengünstig mit hoher Geschwindigkeit und großer Flexibilität operiert. Die Kombination aus weltweit vernetzten Computern, vielseitig einsetzbaren, immer kleiner werdenden und tragbaren Geräten sowie der Verbreitung von offenen IT-Standards haben die Basis für eine neue Art der Zusammenarbeit geschaffen.

Und auch in Zukunft ist und bleibt Informationstechnologie der entscheidende Faktor. Sie macht Unternehmen wettbewerbsfähig, flexibel, schnell und kundenorientiert.

1.1 Innovation ist nicht gleich Erfindung

Die Entwicklungen der IT in den letzten Jahren und die damit verbundene Infrastruktur steigern die Innovationsfähigkeit von Unternehmen. Aber was ist denn letztlich Innovation? Wo steckt der Wert von Innovation?

Innovation muss mehr sein als eine technische Erfindung, mehr als nur eine neue Geschäftsidee und mehr als ein neues Produktdesign. Wenn heute in den Medien von Innovation die Rede ist, handelt es sich meist um Produktinnovationen: neue Elektronikgeräte oder andere Konsumgüter. Wenn aber Innovationen als Weg erkannt werden, um sich in einer von ständigen Veränderungen und globalem Wettbewerb geprägten Welt dauerhaft Wettbewerbsvorteile zu verschaffen, ist nicht die Produktinnovation allein, sondern vor allem die Prozessinnovation gefragt.

Produktinnovation ist zwar weiterhin eine wichtige Quelle wirtschaftlichen Erfolgs. Es wird aber für Unternehmen zunehmend schwieriger, sich allein durch innovative Produkte oder Technologiekomponenten zu differenzieren. Nur Verbesserungen von einer Gerätegeneration zur nächsten reichen heute häufig als Unterscheidungsmerkmal gegenüber Mitbewerbern nicht mehr aus.

Produkte und Dienstleistungsangebote lassen sich in verhältnismäßig kurzer Zeit reproduzieren, wenn nicht gar kopieren. Damit schmilzt der Wettbewerbsvorsprung jedes Unternehmens, das mit einem neuen Angebot auf dem Markt präsent ist, sehr viel schneller zusammen als in der Vergangenheit.

Wesentlich schwerer ist es hingegen für den Wettbewerber, seine internen Prozesse denen des Konkurrenten anzugleichen und damit den Vorsprung zu egalisieren.

Daher steckt ein großes Potential für Unternehmen in ihren Geschäftsprozessen: also in all den Strukturen, die Unternehmen zusammenhalten und mit denen sie gesteuert werden. Warum diese Wettbewerbsressource erst heute entdeckt und genutzt wird?

Weil durch die rasante Entwicklung der Informationstechnologie in den letzten 30 Jahren und den zunehmenden Wettbewerbsdruck sich heute neue Aufgaben und Herausforderungen stellen, in deren Verlauf auch die bisher eher statisch ausgelegten Geschäftsprozesse – und damit auch häufig die dahinter liegende IT-Infrastruktur – auf den Prüfstand gestellt werden. Früher wurden die laufenden Kosten und damit der Preis für ein Produkt durch Automatisierung reduziert und das Einsparungspotential damit weitestgehend ausgeschöpft. Heute steht die Frage im Raum, was ein Unternehmen denn eigentlich tatsächlich vom Wettbewerber unterscheidet. Die Antwort klingt einfach: neue, auf Informationstechnologie basierende, strategische Geschäftsmodelle. Sie differenzieren das Unternehmen am Markt, generieren Wert für Kunden und verhelfen zu einer einzigartigen Position in der Branche.

1.2 Prozessinnovation als Differenzierungsmerkmal

Während also Produktinnovationen das Rückgrat eines erfolgreichen, weil innovativen Unternehmens sind, stellen Prozessinnovationen den Motor für Umsatz und Wachstum dar. In der Vergangenheit haben Unternehmen ihre Abläufe kritisch beleuchtet mit dem Ziel, Prozesse zu finden, die im internen oder externen Vergleich schlechter abschneiden als der Durchschnitt. Um die notwendigen Verbesserungen zu erzielen, wurden anschließend Beratungsleistungen eingekauft, Produktionslinien automatisiert und die Unternehmensprozesse neu ausgerichtet. Heute können Firmen aber nicht mehr darauf vertrauen, dass ihre gerade veränderten Abläufe auch in drei oder fünf Jahren noch effektiv genug sind, um im Markt mitzuhalten. Daher hat Flexibilität oberste Priorität – von den Entscheidungen der Geschäftsleitung bis hin zu den IT-Systemen eines Unternehmens, die die Prozesse unterstützen sollen. Dabei helfen beispielsweise Workflow-Technologien, mit deren Hilfe die Einbindung und Koordination verschiedenster Anwendungen in vordefinierte betriebliche Arbeitsabläufe ermöglicht wird. Es braucht Softwareportale, die Mitarbeiter in die Lage versetzen, die für ihre Aufgaben relevanten Informationen schnell und einfach zu finden, zusammenzufassen und umzusetzen. Und es braucht in den Rechenzentren Konzepte zur Virtualisierung und Automation der bisher meist statischen IT-Infrastruktur, um Rechenleistung ohne große Zeitverzögerung dort im Unternehmensprozess einsetzen zu können, wo sie aktuell am dringendsten benötigt werden. Und das alles auf Basis von offenen IT-Standards: Nur sie ermöglichen es, Produkte und Lösungen unterschiedlicher Anbieter so miteinander zu verbinden, dass Unternehmen auch tatsächlich die versprochene Flexibilität erleben.

Darüber hinaus bietet dieser Ansatz auch die Möglichkeit für ganz neue Geschäftsmodelle: Unternehmen können auf Basis der vorhandenen IT-Infrastruktur dazu übergehen, Unternehmensteile und -abläufe anderen Unternehmen als Service zur Verfügung zu stellen. Ein Beispiel: Eine Bank ist aufgrund der Ausstattung und Expertise ihres Rechenzentrums in der Lage, finanzielle Transaktionen schneller und kostengünstiger zu bearbeiten als ihre Wettbewerber. Daher bietet sie anderen Kreditinstituten an, diesen Prozess für sie zu übernehmen. Bereits heute gibt es einige Unternehmen, die diese Strategie erfolgreich verfolgen. Was hier geschieht, ist nichts anderes als das Outsourcing von Unternehmensabläufen auf der einen und das Insourcing von Prozessen auf der anderen Seite. Damit entsteht ein neuer Markt an Dienstleistungen abseits der klassischen Angebote, die sich in der Vergangenheit auf die Auslagerung von ganzen Unternehmensteilen konzentriert haben.

Möglich machen das Entwicklungen wie Linux oder die oben erwähnten offenen Softwarestandards, die den Austausch von Daten über bisher unüberwindlich scheinende IT-Systemgrenzen ermöglichen, sowie Konzepte wie die serviceorientierte Architektur (SOA) oder Ansätze wie Utility Computing und Virtualisierung. Auch eine Technologie wie Radio Frequency Identification (RFID), die bisher nur als Nachfolger des Barcodes angesehen wurde, zeigt jetzt, welche Möglichkeiten im

Hinblick auf die Prozessoptimierung in ihr stecken – sei es für die Logistikbranche, für Flughäfen oder für sicherheitsrelevante Zonen beispielsweise in Raffinerien.

1.3 Innovation durch Zusammenarbeit

Ein anderes Gebiet mit großem Innovationspotential ist die Zusammenarbeit mit Partnern auch über Branchen hinweg. Durch die zunehmende Komplexität der Wirtschaft und die steigenden Kundenerwartungen ist es für einzelne Unternehmen oft schwierig, den Anforderungen des Marktes gerecht zu werden. Die Suche nach geeigneten Partnern ist daher eine unabdingbare Voraussetzung für den dauerhaften Erfolg eines Unternehmens. Die ständig sinkenden Transaktions- und Telekommunikationskosten schaffen dabei die Basis für eine weltweite Zusammenarbeit von Spezialisten innerhalb und außerhalb eines Unternehmens. Wer heute schon wissen möchte, wie diese Art der Interaktion aussehen wird, kann sich im Internet einen guten Eindruck verschaffen: Wo bis vor wenigen Jahren noch statische Inhalte dominiert haben, stehen dem Nutzer neuerdings interaktive und multimediale Inhalte, Kommunikationsformen und Gestaltungsmöglichkeiten zur Verfügung, kurz Web 2.0.

Das hat weitreichende Konsequenzen für die Art und Weise, wie Unternehmen, Organisationen und Institutionen in der Zukunft aufeinander zugehen und zusammenarbeiten werden.

Gerade die Technologien und Verhaltensweisen der neuen Internetgeneration beschleunigt Abläufe, schafft Räume für Kommunikation und Kollaboration und bewirkt so eine grundsätzliche Veränderung des Innovationsprozesses: Wo früher die Visionen und Leistungen eines Einzelnen oft Initialzündung für Veränderungen waren, besteht heute die einzige Chance für dauerhafte, verändernde Innovation in der Zusammenarbeit über Unternehmens- und Organisationsgrenzen hinweg. Was früher Christoph Kolumbus, Gutenberg oder Henry Ford mit ihren Entdeckungen und Ideen waren, sind heute Kooperationen zwischen Unternehmen, Forschungseinrichtungen oder Regierungen auf Gebieten wie Medizin, Bildung oder Sicherheit.

Der Schritt hin zu kollaborativen Innovationen ist heute mehr denn je erkennbar. Tim O'Reilly, Gründer, Leiter und Namensgeber des renomierten Fachverlages, spricht in diesem Zusammenhang von der „Nutzbarmachung kollektiver Intelligenz".

Ein Beispiel: Sony, Toshiba und IBM haben 2001 ein gemeinsames Entwicklungsprojekt begonnen, dessen Ergebnis 2005 eine neue Generation eines Mikroprozessors mit neun Prozessorkernen war, der aufgrund seiner Architektur in der Lage ist, Datenmengen zu verarbeiten, bei denen jeder andere Chip bisher kapitulieren musste. Der „Cell BE-Prozessor" kommt in der Playstation 3 von Sony zum Einsatz und wird Animationen ermöglichen, die von der Realität kaum noch zu unterscheiden sind. Eine klassische Produktinnovation, die für ein Gerät mit besonderen Anforderungen in einem sehr speziellen Markt entwickelt wurde.

Aber das ganze Potential der Technologie zeigte sich erst nach der Ankündigung, als sich Forschungseinrichtungen und Unternehmen aus anderen Branchen dafür zu interessieren begannen: Mercury Computer Systems, ein Hersteller von Visualisierungstechnologien, die in einer Vielzahl von Industrien zum Einsatz kommen, sah in der Technologie den notwendigen Mehrwert und nutzt Cell BE zur Erweiterung ihrer Produktpalette im High-Performance-Computing-Umfeld.

Ein anderes Beispiel ist das Fraunhofer-Institut in Kaiserslautern, das sogenannte Cell Blade Server als Basis für seine Visualisierungssoftware einsetzt. Mit dieser Software ist es möglich, große Datenmengen zu verarbeiten, wie sie beispielsweise bei der medizinischen Diagnostik oder Simulation von komplexen chemischen Prozessen und anderen bildgebenden Verfahren anfallen.

1.4 Neue Innovationskultur für Deutschland – mehr Mut zum Wandel

Mit dem Wandel von einer Industrie- zu einer Wissensgesellschaft verändert sich besonders im amerikanischen und europäischen Wirtschaftsraum schon seit Jahren auch die Industriestruktur: weg von einer klassischen Produktions- hin zu einer Dienstleistungsgesellschaft. Diese Veränderung ist einschneidend und aller Voraussicht nach unumkehrbar.

Der Standort Deutschland ist traditionell geprägt durch seine Innovationskraft aus den Zeiten der Industriegesellschaft. Erfindungen wie das Auto und die Glühbirne (wurde die nicht in den USA erfunden?) haben die Welt verändert und das wirtschaftliche Wachstum in Gang gebracht. Heute reicht es aber nicht mehr, zurückzuschauen und historische Erfindungen zu feiern. In unserer Kultur muss ein Umdenken stattfinden. Wir brauchen in Deutschland ein positives Verständnis von und Verhältnis zu Innovation. Wir brauchen gesellschaftliche und politische Innovationen. Wir brauchen ein Umdenken in Deutschland.

Technologische Neuerungen – egal ob in der Informationstechnologie, der Medizin- und Pharmabranche oder anderen Zukunftsfeldern – dürfen nicht durch überzogenes Risikodenken im Keim erstickt werden. Stillstand ist absoluter Rückschritt – und das gilt nicht nur für die IT-Branche. Wenn wir Veränderungen, die Innovationen immer mit sich bringen, nicht als Chance begreifen und uns darauf einlassen, können wir als Land im globalen Wettbewerb nicht bestehen. Was wir brauchen ist der Wille zur Veränderung und ein gewisses Maß an Selbstverantwortung. Dann ist der Weg frei für Innovationen und in Konsequenz zu Investitionen, globalen Wettbewerbsvorteilen und damit neuen Arbeitsplätzen.

Auch IBM hat den Wandel von einem Produktions- zu einem Dienstleistungsunternehmen in den letzten Jahren vollzogen. Dieser Schritt war nicht immer einfach. Und er bedeutete die Trennung von einigen Produktbereichen. Aber diese Neuausrichtung war richtig und wichtig, um sich als Unternehmen den sich verändernden Marktumständen anzupassen und neue Trends in der Branche zu setzen. Der Erfolg gibt dieser strategischen Entscheidung recht. Inzwischen kommt mehr als die Hälfte des weltweiten Umsatzes aus dem Beratungs- und Dienstleistungsgeschäft.

Diese Veränderungen gingen auch am Entwicklungszentrum der IBM in Böblingen nicht spurlos vorüber. Dennoch kann sich das einzige deutsche Entwicklungszentrum der IBM seit über 50 Jahren im internen Wettbewerb mit heute mehr als 40 Forschungs- und Entwicklungsstätten der IBM behaupten. Aus Böblingen kamen und kommen technologische Innovationen, wie beispielsweise die Portierung von Linux auf den Mainframe, die die Firma und die Branche verändert haben. Strategisch wichtige Projekte und innovative Ideen sind die Voraussetzung, um sich gegenüber anderen IBM-Forschungs- und Entwicklungszentren behaupten und von Mitbewerbern differenzieren zu können. Die Erkenntnis, dass Innovation in Forschung und Entwicklung ein Schlüssel für Unternehmenswachstum ist, bleibt unbestritten. Aber genau deshalb wäre es fatal, nur an der Optimierung von etablierten Produkten und Technologien zu arbeiten. Die Investition in neue Entwicklungen, das „In-die-Zukunft-denken" ist entscheidend. Folgerichtig ändern sich im deutschen IBM Entwicklungszentrum etwa alle fünf bis zehn Jahre 90% der Projekte. Übertragen auf den Wirtschaftstandort Deutschland kann das nur heißen: mehr Mut zum Wandel.

Die vielfältigen Innovationsoffensiven von Bund, Ländern und Institutionen sind sicher ein wichtiger Schritt in die richtige Richtung. Die Initiative der Bundesregierung „Partner für Innovation" beispielsweise vereint Politik, Wirtschaft, Wissenschaft und Gewerkschaften. Ihr Ziel: Die Menschen in Deutschland für innovative Ideen und neue Erfindungen begeistern. Die Bedingungen für Innovationen im Land müssen verbessert werden. Es muss sich einerseits die gesellschaftliche Einstellung zu Innovationen und Wandel verbessern. Andererseits müssen aber auch die gesetzlichen Rahmenbedingungen geschaffen werden, die Innovationen in allen Bereichen der Gesellschaft überhaupt erst ermöglichen. Klar ist: Wenn wir an der Weltspitze bestehen wollen, müssen zunächst einmal bürokratische Hindernisse abgebaut werden.

Neben der Bio-, Gen- und Nanotechnologie gehören auch die Kommunikations- und Informationstechnologie zu den zentralen Zukunftsbereichen. Von diesen Hightech-Branchen, insbesondere von der IT, werden weiterhin permanent neue zukunftsweisende Technologien erwartet. Dabei kann es nicht nur um immer leistungsfähigere, kleinere und billigere Rechner gehen, sondern um Innovationen, die die Wirtschaft transformieren und die Prosperität der Gesellschaft sichern. Den theoretischen Diskussionen müssen nun Taten folgen.

2 Bausteine für mehr Flexibilität – optimierte Geschäftsprozesse durch Softwarekomponenten

2.1 Von singulären Web Services zu integrierten SOA-Plattformen: Die Evolution serviceorientierter Architekturen und Anwendungen

Matthias Kloppmann, Dieter König, Gerhard Pfau und Michael Scheible

Alles ändert sich, und nichts ist so konstant wie der Wandel.

Unternehmen sehen sich heutzutage mehr denn je mit der Notwendigkeit konfrontiert, jederzeit schnell auf geänderte Anforderungen reagieren zu müssen – sei es durch Akquisitionen, Globalisierung, Outsourcing, neue Partnerschaften oder Änderungen in ihren Geschäftsprozessen. Gleichzeitig werden die Abläufe in Unternehmen mehr denn je durch Informationstechnologie (IT) unterstützt und durch IT-Systeme festgelegt. Damit wird die Flexibilität dieser IT-Systeme zum entscheidenden Faktor für die Agilität eines Unternehmens.

Serviceorientierte Architekturen versprechen der IT, diese Flexibilität zu geben. Der grundsätzlich neue Ansatz serviceorientierter Architekturen liegt in der Betrachtung eines Unternehmens als einer Sammlung gekoppelter Dienste, die im Unternehmen zur Verfügung stehen. Diese Dienste stellen sowohl elementare Geschäftsfunktionen (beispielsweise eine Bonitätsprüfung) als auch komplexe Geschäftsfunktionen (wie zum Beispiel die Abwicklung einer Bestellung) bereit. Die Geschäftsprozesse eines Unternehmens werden durch die richtige Verbindung dieser Dienste realisiert.

Serviceorientierte Architekturen sind nicht an IT-Systeme gebunden. IT-Systeme sind aber hervorragend geeignet, serviceorientierte Architekturen durch Software zu realisieren. Derart realisierte Systeme zeichnen sich durch *hohe Flexibilität* aus, denn die einzelnen Dienste lassen sich jederzeit schnell neu kombinieren oder durch andere ersetzen. Sie sind zusätzlich gekennzeichnet durch eine *hohe Kongruenz* zwischen der Unternehmenssicht und der IT-Sicht – die IT spricht die Sprache des Business!

Neben dem Wunsch nach mehr Flexibilität zeigen aktuelle Umfragen, dass CEOs *Innovation* als Topthema betrachten. Auch dabei helfen serviceorientierte Architekturen, weil sie beispielsweise erlauben, neue, innovative Dienstleistungen aus existierenden Servicebausteinen zusammenzustellen.

Nachfolgend wird beschrieben, welche Ingredienzien zu serviceorientierten Architekturen gehören und welche Innovationen in den letzten zwei Jahrzehnten zu ihrem Entstehen beigetragen haben.

2.1.1 Grundlagen von Web Services

Serviceorientierte Anwendungen basieren auf einer serviceorientierten Architektur (SOA). Kernpunkt von SOA ist die Eigenschaft, dass IT-Funktionen in einem Unternehmen als Dienste („Services") zur Verfügung gestellt werden. Beispiele für Services sind das Anlegen eines Versicherungsvertrags, die Genehmigung eines Immobilienkredits oder die Durchführung eines Produktionsprozesses.

Serviceorientierte Anwendungen bestehen aus einem zusammengehörigen Satz von Services. Beim Erstellen serviceorientierter Anwendungen ist es wichtig, dass die verwendeten Services auch tatsächlich miteinander kombiniert werden können. Eine technische Grundlage für diese Kombinierbarkeit ist die Verwendung von Diensten, die auf offenen Standards basieren. Das leisten sogenannte *Web Services*, die ausschließlich standardisierte Basistechnologien wie XML, SOAP und WSDL verwenden, die wir in diesem Kapitel einführen.

2.1.2 Einführung

Das Konzept der serviceorientierten Architektur (SOA) ist nicht neu. Bereits in der Vergangenheit gab es Anstrengungen, Anwendungen nicht monolithisch zu bauen, sondern aus Funktionsbausteinen zusammenzusetzen. Die verwendeten Funktionsbausteine waren dabei zum Beispiel Transaktionen eines TP-Monitors, Java-Klassen oder CORBA-Objekte. Anwendungen, die diese Dienste kombinieren, entstanden entweder programmatisch mittels hart codierter Geschäftslogik oder unter Zuhilfenahme von Workflow-Management-Systemen. Allen diesen Anwendungen ist gemein, dass sie auf geeignete Art und Weise Folgendes bieten:

1. Das Vorhandensein eines bestimmten Services bekannt machen („Publish")
2. Einen Mechanismus zum Auffinden von Services anbieten („Find")
3. Das Aufrufen eines zuvor gefundenen Services ermöglichen („Bind")

Das folgende Schaubild verdeutlicht das Zusammenspiel von Dienstanbieter („Service Provider"), Diensteverzeichnis („Service Registry") und dem Klienten eines Dienstes („Service Requestor"): Der Dienst wird zur Verfügung gestellt und anschließend in einem Diensteverzeichnis registriert („publish"). Ein Klient wendet sich an dieses Verzeichnis, um einen geeigneten Dienst zu suchen. Wird ein solcher Dienst gefunden, erhält der Klient vom Diensteverzeichnis die benötigte Information, um den Dienst aufrufen zu können.

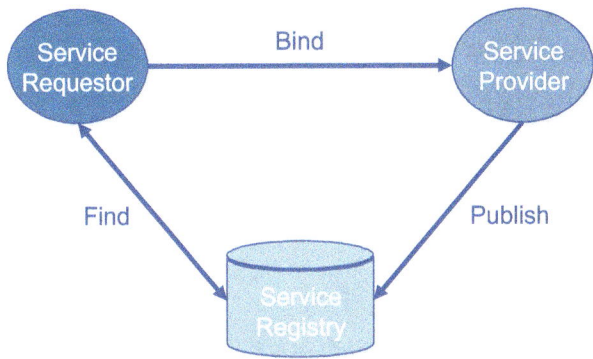

Abb. 2.1. Publish-Find-Bind-Zyklus

Mangels offener, industrieweit akzeptierter Standards waren serviceorientierte Anwendungen zunächst auf einzelne Unternehmen beschränkt – bestenfalls unter Einbeziehung von Partnern auf gleicher (proprietärer) Technologiebasis. Durch die Entwicklung von Industriestandards für Web Services gibt es diese Einschränkungen nicht mehr. Vielmehr ist es mithilfe dieser Standards und aufgrund breit verfügbarer Implementierungen heute möglich, unternehmensübergreifende serviceorientierte Anwendungen zu realisieren, die unabhängig von den zugrunde liegenden Technologieplattformen sind. Nachfolgend beschreiben wir die wichtigsten dieser Standards und ihre Rolle im Gefüge der Web Services.

2.1.3 XML – die Lingua franca des Internets

Ein Datenaustausch zum Aufruf von Diensten über heterogene Plattformen und Unternehmensgrenzen hinweg erfordert ein *Datenformat*, das von allen Beteiligten verstanden wird. Basierend aufgrundlegenden Ansätzen zur Standardisierung von Dokumentbeschreibungssprachen (SGML) entstand Mitte der 90-er Jahre die eXtensible Markup-Language (XML) und wurde durch das W3C standardisiert. XML ist heute *der* Standard zur Datenrepräsentation – praktisch sämtliche seither eingeführten Datenformate basieren auf XML, viele altbekannte Formate (beispielsweise zum elektronischen Datenaustausch EDI) gibt es heute auch in einer XML-Variante.

XML-Dokumente bestehen aus den eigentlichen Daten und zusätzlich eingefügten textuellen Markierungen (*Tags*), die beschreiben, um welche Daten es sich dabei handelt. Dadurch sind XML-Dokumente universell lesbar, sowohl von Menschen als auch von Maschinen, unabhängig von Rechnerplattformen und von Zeichensatzcodierungen.

XML wird abgerundet durch zusätzliche Standards zur Beschreibung von Dokumentschemata: dem älteren und heute kaum noch relevanten Document Type

Descriptors (DTD), und der aktuelleren, wesentlich mächtigeren XML-Schema-Definition (XSD). Im Kontext von Web Services werden XML-Schema-Definitionen zur Beschreibung der erwarteten beziehungsweise erlaubten Nachrichteninhalte verwendet: Welche Teile hat eine Nachricht, welche Strukturen und Felder sind darin enthalten, sind sie obligatorisch oder optional? XML wird hier rekursiv verwendet, eine XML-Schema-Definition ist also selbst wieder ein XML-Dokument.

SOAP

Mit XML und XML Schema haben wir nun ein universelles Datenformat, das die ganze Welt versteht. Um Web Services tatsächlich aufrufen zu können, bedarf es zusätzlich noch eines *Protokolls*, das beschreibt, wie die Nachrichten nun tatsächlich in welcher Reihenfolge über die Leitung gehen, um den Serviceaufruf abzuwickeln. Das Standardprotokoll zum Aufruf von Web Services ist SOAP [SOAP], das im Jahre 2003 durch das W3C in der Version 1.2 standardisiert wurde. Ursprünglich eine Abkürzung für „Simple Object Access Protocol" ist SOAP heute ein eigenständiger Name, sozusagen ohne Semantik.

SOAP verwendet das weit verbreitete Hypertext Transfer Protocol (HTTP), das zur Kommunikation zwischen Web-Browsern und Websites eingeführt wurde, als Protokoll für den Web-Service-Aufruf[1]. Diese Tatsache hat maßgeblich zur Verbreitung von SOAP beigetragen, da HTTP-Infrastrukturen ohnehin überall vorhanden sind und SOAP somit direkt ohne Investitionen in neuer Infrastruktur genutzt werden kann.

Mittels SOAP werden über HTTP anstelle von HTML-codierten Webseiten XML-formatierte Web-Service-Nachrichten übertragen. SOAP-XML-Nachrichten enthalten zum einen Nutzdaten (im Nachrichtenrumpf) und zum anderen Metadaten (im Nachrichtenkopf, von denen es viele geben kann). Nutzdaten sind Übergabe- und Ergebnisparameter des Web-Service-Aufrufs. Metadaten sind beschreibende Daten wie beispielsweise der Name des gerufenen Dienstes oder Sicherheitsparameter. Die SOAP-Metadaten sind erweiterbar, um zusätzliche Dienstmerkmale hinzufügen zu können – so zum Beispiel die Unterstützung für Transaktionen, wie sie im nächsten Abschnitt beschrieben wird.

SOAP ist vollständig plattform- und herstellerunabhängig. Dadurch eignet es sich insbesondere für den Aufruf von Web Services zwischen Unternehmen oder in heterogenen Netzwerken. Nicht verschwiegen werden darf allerdings, dass durch die Codierung in XML und die Übertragung mittels HTTP ein gewisser Zusatzaufwand entsteht, im Vergleich zu optimierten binären Nachrichten, wie sie proprietäre Implementierungen verwenden. Dieser Nachteil wird aber durch die universelle Verfügbarkeit standardkonformer SOAP-Implementierungen bei weitem aufgewogen.

---

[1] SOAP erlaubt darüber hinaus auch die Unterstützung anderer Protokolle, wie beispielsweise Nachrichtenaustausch über den Java Messaging Service (JMS).

WSDL

Woher weiß nun ein Benutzer, welche Nutzdaten in einer SOAP-Nachricht zu versenden sind, in welchem Format sie dort liegen müssen oder ob eine Antwort-Nachricht zu erwarten ist?

Typischerweise erhält man diese Informationen über einen formalen Weg zur Beschreibung von Web Services. Ein solcher Ansatz ermöglicht es Werkzeugen, Web Services und ihre Aufrufschnittstellen aus öffentlich zugänglichen Beschreibungen zu erstellen. Servicebeschreibungen sind eine fundamentale Grundlage für die serviceorientierte Architektur und ihren oben beschriebenen *Publish-Find-Bind*-Zyklus. Serviceverzeichnisse enthalten die veröffentlichten Servicebeschreibungen und erlauben es damit Benutzern, die beschriebenen Dienste zu finden und aufzurufen.

Welche Bestandteile braucht eine Servicebeschreibung? Zum einen bedarf sie einer *funktionalen* Beschreibung des Web Service, also der durch den Service angebotenen Operationen. Dazu gehören die Informationen darüber, *welche* Nachrichten ausgetauscht werden, *wo* der Service angeboten wird und *wie* mit dem Serviceanbieter kommuniziert wird. Eine formale Sprache für diese funktionale Beschreibung ist die Web Service Description Language (WSDL).

Zum anderen kann eine Servicebeschreibung *nicht funktionale* Aspekte enthalten, beispielsweise für Verschlüsselung, Transaktionsschutz oder Ähnliches. Auf diese Aspekte gehen wir später ein.

Sehen wir uns im Folgenden die wesentlichen Elemente von Servicebeschreibungen in WSDL 1.1 an.

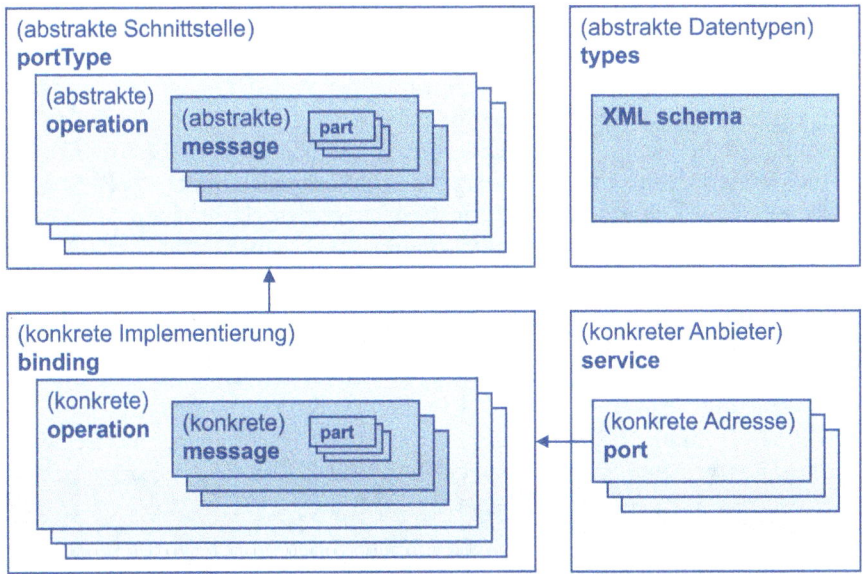

Abb. 2.2. Elemente von WSDL

Die abstrakte Schnittstellenbeschreibung besteht aus Operationen, Nachrichten und Datentypen und beschreibt damit, *welche* Nachrichten ausgetauscht werden. Ein `portType` besteht aus einem oder mehreren `operation`-Elementen, die jeweils einen Nachrichtenaustausch beschreiben. Die gebräuchlichsten Operationstypen sind *one-way*-Operationen, die nur eine Eingabenachricht haben, und *request-response*-Operationen, die eine Eingabe-, eine Ausgabenachricht und optionale Fehlernachrichten umfassen. Nachrichten werden mit dem `message`-Element beschrieben, das wiederum aus ein oder mehreren `part`-Definitionen besteht. Letztere repräsentieren zum Beispiel die Parameter, die einer Implementierung eines Web Service übergeben werden, und werden in dem `types`-Element mit XML-Schema-Datentypen und Elementen beschrieben.

Zum Aufruf eines Web Service muss bekannt sein, *wo* der Service angeboten wird. Ein oder mehrere `port`-Elemente werden in einem `service`-Element gruppiert und beschreiben jeweils eine Adresse eines Service, zum Beispiel eine HTTP URL.

Die Elemente einer abstrakten Schnittstellenbeschreibung werden durch ein `binding`-Element auf konkrete Protokolle und Datenformate abgebildet, zum Beispiel auf das SOAP-Protokoll mit seinen zugehörigen Datenübertragungsformaten (encoding). Damit wird beschrieben, *wie* die Nachrichten kommuniziert werden.

Anstelle des SOAP-Protokolls können auch beliebige andere Aufrufprotokolle verwendet werden. Ebenso kann der Aufruf statt über HTTP über andere Übertragungswege wie JMS oder RMI/IIOP erfolgen. Schließlich können auch die Datenformate bei der Übertragung frei gewählt werden, also etwa anstelle einer SOAP-Nachricht eine proprietäre TP-Monitor-Nachricht, was eine transparente Einbindung von Diensten existierender Systeme ermöglicht.

Die nächste WSDL-Version, die zurzeit bei der W3C-Organisation standardisiert wird, hat gegenwärtig aber erst den Status einer „Candidate Recommendation" und daher kaum Implementierungen. Mit der WSDL 2.0-Spezifikation werden weitere Schritte zur Verbesserung und Vereinfachung von Web-Service-Beschreibungen unternommen. Zum Beispiel werden Nachrichten nicht mehr länger in `part`-Elemente unterteilt, sondern direkt mit XML-Schema-Mitteln beschrieben, potentiell verwirrende Begriffe wie `port` und `portType` werden durch `endpoint` und `interface` ersetzt oder das Überladen von Operationen verboten. Obwohl diese Veränderungen sehr hilfreich sind, werden Web-Service-Beschreibungen auf der Basis von WSDL 1.1 noch lange Zeit Verwendung finden.

Mit der Trennung in die abstrakte Schnittstellenbeschreibung und frei wählbaren Datenformaten und Protokollen stellt WSDL eine *Virtualisierungsschicht* über beliebige Web-Service-Implementierungen dar.

2.1.4 Interoperabilität – die WS-Interoperability-Organisation

Web Services versprechen dem Benutzer vor allem den standardisierten Nachrichtenaustausch zwischen Partnern, unabhängig von der technologischen Infrastruktur. Standardspezifikationen sind dafür ein entscheidender Schritt, reichen aber in der Praxis nicht aus. Zum einen kommt es vor, dass normative Aussagen einer Spezifikation durch verschiedene Implementierungen unterschiedlich ausgelegt werden. Zum anderen enthalten die Spezifikationen teilweise Freiräume, die ebenfalls unterschiedliche Implementierungen nach sich ziehen. Eine gesicherte Interoperabilität ist durch Standardspezifikationen alleine noch nicht gegeben.

Die WS-Interoperability-Organisation adressiert diese Probleme, um dadurch zu einer breiten Unterstützung der Web-Service-Technologie beizutragen. Die wesentlichen Produkte dieses Industriekonsortiums sind Profile mit Regeln, Testwerkzeuge zur Überprüfung der Einhaltung der Regeln sowie ausführbare Beispielanwendungen.

Derzeit das wichtigste Profil ist das WS-I Basic Profile 1.1. Es definiert für eine Reihe von Web Services Standards – unter anderen WSDL, SOAP und XML Schema – wie diese praktisch anzuwenden sind, um Interoperabilität für Web-Service-Aufrufe sicherzustellen.

Weitere Profile, die bei WS-Interoperability in Arbeit oder bereits abgeschlossen sind, befassen sich mit Sicherheitsaspekten und der Übertragung von Metadaten zur Beschreibung nicht funktionaler Serviceeigenschaften.

2.1.5 Weitere Web-Service-Leistungsmerkmale

Mit dem bloßen Aufruf von Diensten ist es natürlich für realistische Anwendungen nicht getan. Vielmehr werden von einer Infrastruktur zusätzliche Leistungsmerkmale gefordert, wie beispielsweise Sicherheitsmerkmale oder Transaktionsschutz. Dazu gibt es eine Palette aufeinander aufbauender Standards und Spezifikationen, die Web-Service-Umgebungen weitere grundlegende Middleware-Funktionen hinzufügen. Von diesen werden wir im Folgenden einige betrachten.

Zugriffsschutz und Authentisierung

Insbesondere bei der Übertragung von Nachrichten über das Internet spielen Sicherheitsaspekte eine bedeutende Rolle. Es muss zuverlässig vermieden werden, dass Informationen in falsche Hände geraten. Dazu gehört, die Identität der Kommunikationspartner sicherzustellen und das Abhören der Kommunikation zu vermeiden.

Die einfachste Möglichkeit, SOAP-basierte Web Services abzusichern, bietet die Verwendung von HTTPS zusammen mit Basis-Authentifizierung, wie sie aus

Interaktionen zwischen Internet-Browser und Website hinlänglich bekannt sind. Das reicht für unternehmenskritische Interaktionen in der Regel aber nicht aus.

Die *WS-Security*-Spezifikation beschreibt deshalb die Einbindung existierender Sicherheitsmodelle wie Kerberos und X.509 und deren Verwendung zur Absicherung von Web-Service-Aufrufen. Diese Spezifikation adressiert vorrangig den *gelegentlichen* Austausch von Nachrichten zwischen Partnern.

Sind viele Nachrichten im Rahmen von komplexen Interaktionen auszutauschen, ist die aufwendige Verschlüsselung der einzelnen Nachrichten nicht effizient. Für solche Szenarien beschreibt *WS-SecureConversation*, wie interaktionsspezifische Schlüssel erzeugt und ausgetauscht werden, die eine effizientere Kommunikation ermöglichen.

Zuverlässigkeit der Übertragung

Wie gerade gesehen ist es wichtig, dass Informationen nicht in die falschen Hände geraten. Für eine sinnvolle Übertragung ist es aber ebenso wichtig, dass sie in die *richtigen* Hände geraten, also die versandten Nachrichten unverändert und in der ursprünglichen Reihenfolge auch tatsächlich beim Empfänger ankommen. Beim Versand von Nachrichten über das Internet gibt es eine solche Garantie zunächst nicht: Nachrichten können verloren gehen oder sich unterwegs gegenseitig überholen.

Zuverlässige Übertragungen werden spezifiziert durch das *WS Reliable Messaging*-Protokoll [WS-RM]. Dieses Protokoll ist so allgemein definiert, dass es nicht nur mit SOAP, sondern auch mit anderen Transportprotokollen verwendet werden kann. Durch Empfangsbestätigungen wird sichergestellt, dass Nachrichten den Empfänger tatsächlich erreicht haben. Zusätzlich wird die richtige Reihenfolge der Nachrichten durch Nachrichtennummern sichergestellt. Beides sind übliche Techniken, die durch WS-RM als offener Standard spezifiziert sind, was Interoperabilität zwischen verschiedenen Plattformen und Herstellern ermöglicht.

Den Hauptnutzen hat indes der Anwender, der Web Services mit komplexen Interaktionen realisieren möchte, da er in seiner Anwendung von einer idealen Transportschicht ausgehen kann und sich um diesen Aspekt nicht mehr kümmern muss.

Transaktionen

Eine Transaktion bedeutet im Wesentlichen „alles oder nichts": Bei der Ausführung einer Gruppe von Operationen sind entweder alle Operationen gut gegangen, und es wurde ein gültiger neuer Zustand des Systems erreicht, oder aber keine einzige Operation wurde ausgeführt, und der vorige Zustand besteht unverändert fort. Die Zusicherung dieser Eigenschaft durch die Infrastruktur ist für Anwendungen sehr wertvoll, da unzulässige Zwischenzustände oder Inkonsistenzen gar nicht erst auftreten können.

In der Praxis sind verschiedene Transaktionsmodelle von Bedeutung, von denen die zwei wichtigsten durch Web-Service-Spezifikationen aufgegriffen werden. *Atomare* Transaktionen verhalten sich exakt wie gerade beschrieben: Für einen außenstehenden Beobachter ist das Gesamtsystem entweder im Vorzustand (bevor die Transaktion begonnen wurde oder nachdem sie erfolglos abgebrochen wurde) oder im Folgezustand (nachdem die Transaktion erfolgreich beendet wurde). Die einzelnen Operationen, die innerhalb einer Transaktion ablaufen, und deren Zwischenergebnisse und -zustände sind nicht sichtbar.

Um ein solches Systemverhalten zu realisieren, bedarf es der *Koordination* der beteiligten Subsysteme durch ein Koordinationsprotokoll. Die *WS-Coordination*-Spezifikation [WS-Coord] definiert einen Rahmen für Koordinationsprotokolle in heterogenen, Web-Service-basierten Infrastrukturen. Ein konkretes Koordinationsprotokoll für atomare Transaktionen ist das Zwei-Phasen-Commit-Protokoll [Trans], dessen Web-Service-Realisierung unter Verwendung von WS-Coordination durch die *WS-AtomicTransaction*-Spezifikation [WS-TA] beschrieben wird. Web-Service-Infrastrukturen, die diese Spezifikation implementieren, erlauben also die Ausführung atomarer Transaktionen über System- und sogar Firmengrenzen hinweg.

Beim zweiten in der Praxis relevanten Transaktionsmodell werden die Zwischenergebnisse der einzelnen Operationen sichtbar. Falls die Transaktion nicht erfolgreich durchgeführt werden kann, wird nicht einfach der Vorzustand wieder hergestellt, sondern es wird entsprechende Anwendungslogik zur Kompensation kontrolliert ausgeführt. Man spricht deshalb von *kompensationsbasiertem Zurücksetzen*. Dieses Modell hat große praktische Bedeutung, da viele reale Vorgänge Kompensation beinhalten, beispielsweise ein Bestellvorgang und dessen Stornierung.

Für das kompensationsbasierte Zurücksetzen definiert die *WS-Business-Activity*-Spezifikation [WS-BA] ein Koordinationsprotokoll, das die Steuerung der Kompensation über alle beteiligten Web-Service-Infrastrukturen hinweg übernimmt. Das ist besonders relevant für komplexe, firmenüberspannende Geschäftsprozesse wie Lieferketten, da damit im Bedarfsfall ein kontrolliertes Zurücksetzen des Prozesses ermöglicht wird.

Metadaten für nicht funktionale Eigenschaften

Mit den skizzierten Spezifikationen lassen sich Web Services schreiben und aufrufen, die ein vielfältiges Spektrum an Leistungsmerkmalen aufweisen hinsichtlich Zugriffsschutz, Zuverlässigkeit, Transaktionen und weiterer hier nicht diskutierter Merkmale. Dadurch entsteht die Notwendigkeit, über die Beschreibung der funktionalen Eigenschaften eines Dienstes mittels WSDL hinaus auch dessen *nicht funktionale Eigenschaften* in einer standardisierten Art und Weise beschreiben zu können.

Dazu dient die Familie der *WS-Policy*-Spezifikationen [WS-Pol]. Diese erlauben einerseits, der Definition eines Dienstes mittels einer erweiterbaren Sprache eine Beschreibung seiner nicht funktionalen Merkmale hinzuzufügen. Andererseits können sie bei der Suche nach bestimmten Diensten solche Eigenschaften als Suchkriterium mit einfließen lassen, sei es zur Entwicklungs- oder sogar zur Laufzeit.

Verzeichnisdienst

Mittels WSDL und WS-Policy lassen sich Dienste hinsichtlich ihrer funktionalen und nicht funktionalen Eigenschaften beschreiben. Um sie aber tatsächlich publizieren, suchen und finden zu können, bedarf es eines Verzeichnisdienstes, der deshalb in einer serviceorientierten Architektur einen zentralen Raum einnimmt.

Die Familie der UDDI-Spezifikationen (*Universal Description, Discovery, and Integration*) beschreibt Datenstrukturen und Programmierschnittstellen eines solchen standardisierten Verzeichnisdienstes.

2.1.6 Orchestrierung von Web Services

Nachdem in den vorigen Kapiteln die Grundlagen für serviceorientierte Anwendungen besprochen wurden, widmet sich dieses Kapitel dem eigentlichen Erstellen serviceorientierter Anwendungen durch das Zusammenfügen von Web Services, kurz deren „Orchestrierung".

Serviceorientierte Anwendungen bestehen zum einen aus Diensten, die typischerweise in einer klassischen Programmiersprache wie COBOL, C++ oder Java implementiert sind (man spricht gerne von „Programmierung im Kleinen"), und zum anderen aus einer Orchestrierungskomponente, die diese Dienste auf geeignete Art und Weise zusammenfügt („Programmierung im Großen").

Für die Orchestrierung von Services sind verschiedene Varianten möglich: Eine serviceorientierte Anwendung kann zum Beispiel ebenfalls in einer klassischen Programmiersprache implementiert werden, Services aufrufen und gegebenenfalls selbst wieder Services zur Verfügung stellen. Dieser traditionelle Ansatz hat den Nachteil, dass er relativ statisch ist und Änderungen in den Geschäftsprozessen eines Unternehmens immer Änderungen im Code erfordern.

Alternativ wird zur Orchestrierung von Services ein Geschäftsprozessmanagement-System („Business Process Management System", abgekürzt BPMS) verwendet. Derart beschriebene Geschäftsprozesse erlauben die Trennung der Geschäftslogik von den darunterliegenden Diensten. Die Geschäftslogik beschreibt die Orchestrierung der Dienste. Das Business Process Management System erlaubt die einfache und schnelle Manipulation der Geschäftsprozesse, die typischerweise grafisch dargestellt werden.

Dieser Ansatz trägt der Erkenntnis Rechnung, dass sich einzelne Services sehr selten ändern, die sie verknüpfende Geschäftslogik jedoch häufigen Modifizierungen unterworfen ist. So ändert sich beispielsweise im Versicherungswesen der Dienst, der bei Anweisung einer Zahlung die Überweisung an den Kunden vornimmt, nur selten, während der Geschäftsprozess, der die Schadensabwicklung kontrolliert, durch Veränderungen des Versicherungsprodukts oder durch neue rechtliche Vorgaben häufigeren Änderungen unterworfen ist.

Geschäftsprozesse lassen sich unterschiedlich darstellen – entweder als Aktivitätsgraph oder als Zustandsautomat. Welche Darstellung zum Einsatz kommt, entscheidet letztlich der Anwendungsfall und die damit verbundenen Vorlieben.

Geschäftsprozesse als Aktivitätsgraphen

In der üblichen Darstellung bestehen Geschäftsprozesse aus einem Graph von Aktivitäten, die durch Kanten verbunden sind, die den Kontrollfluss des Prozesses beschreiben. Eine Aktivität repräsentiert den Aufruf eines Web Service (oder einer prozessinternen Operation). Die Kanten zwischen den Aktivitäten tragen optionale Bedingungen, anhand derer zur Laufzeit entschieden wird, welche Pfade eines Prozesses ausgeführt werden.

Für Geschäftsprozesse hat sich die Web Services Business Process Execution Language (WS-BPEL oder kurz BPEL) als offener Standard durchgesetzt, der von praktisch allen Infrastrukturanbietern unterstützt wird. Mit BPEL können automatische Geschäftsprozesse beschrieben werden, die Web Services aufrufen und ihrerseits als Web Services zur Verfügung gestellt werden können, wie beispielsweise ein Bestellprozess, der einen Bestellservice realisiert und dafür Dienste zur Überprüfung der Kundendaten und des ausgewählten Warenkorbs, Dienste zum Zusammenstellen und Ausliefern der Bestellung und Dienste zur Rechnungsstellung verwendet.

BPEL ist ein offener, erweiterbarer Standard. Diese Erweiterbarkeit wird von einer Reihe zusätzlicher Spezifikationen ausgenutzt, um BPEL um Funktionalitäten zu ergänzen, die über den Aufruf von Web Services hinaus für Geschäftsprozesse typischerweise erforderlich sind:

- Die Einbindung von Personen in Geschäftsprozesse ist durch die Erweiterung *WS-BPEL Extension for People* beschrieben [BPEL4People].
- Die Gliederung von Geschäftsprozessen in Hierarchien von Unterprozessen adressiert die Erweiterung *BPEL extensions for Sub-processes* [BPEL-SPE].
- Die Integration von Java in Geschäftsprozesse ist beschrieben durch *BPELJ: BPEL for Java technology* [BPELJ].

Es ist abzusehen, dass einige der obigen Erweiterungen im Lauf der Zeit in zukünftige Versionen des BPEL-Standards oder darauf aufbauender Standards eingehen werden.

Geschäftsprozesse als Zustandsautomaten

In Fällen, wo ein Geschäftsprozess die Zustandsveränderungen eines Objektes beschreibt (beispielsweise die Erstellung eines Dokumentes über mehrere Schritte), kann die Darstellung des Prozesses als Zustandsautomat adäquat sein.

Ein Zustandsautomat ist ein Graph, der aus Zuständen (Knoten) und möglichen Übergängen zwischen diesen Zuständen (Kanten) besteht. Mit den Übergängen sind Bedingungen und Aktionen assoziiert. Ereignisse, die an eine Zustandsmaschine geschickt werden, lösen einen dem Ereignis zugeordneten Zustandsübergang aus, wenn die zugehörige Bedingung wahr ist. Dabei wird die zugehörige Aktion (beispielsweise ein Web-Service-Aufruf) ausgeführt.

Zustandsautomaten werden beschrieben in der von der Object Management Group (OMG) standardisierten Unified Modeling Language (UML) [UML2.0].

In der Praxis ist die Entscheidung, ob ein klassischer Aktivitätsgraph oder ein Zustandsautomat für die Umsetzung eines Unternehmensprozesses eingesetzt werden soll, neben technischen Kriterien häufig von den persönlichen Präferenzen der Modellierer abhängig. Generell kann man sagen, dass mit Aktivitätsgraphen Vorgänge einfacher dargestellt werden können, die von einem definierten Anfangs- zu einem definierten Endpunkt laufen und dabei verschiedenartige Aktivitäten einbinden. Zustandsautomaten hingegen stellen typischerweise ein Objekt in den Mittelpunkt der Betrachtung und beschreiben dessen Zustandsänderungen durch Aktivitäten, die typischerweise dieses Objekt betreffen.

Servicekomponenten und ihre Daten

Die vorherigen Kapitel haben gezeigt, welche grundlegenden Merkmale Web Services zur Verfügung stellen, um unternehmensübergreifende Geschäftsanwendungen durch entsprechende Interoperabilität zu ermöglichen. In diesem Anschnitt beschäftigen wir uns mit Techniken und Standards, die zum Einsatz kommen, um die einzelnen Dienste innerhalb eines Unternehmens *portabel* und *unabhängig von Programmiersprachen* zu realisieren. Das erfordert zum einen ein *Komponentenmodell* zur Implementierung von Diensten, zur Beschreibung der Abhängigkeiten zu anderen Komponenten und zur Beschreibung installierbarer Anwendungen. Zum anderen bedarf es eines *Datenmodell* zur programmiersprachlichen Repräsentation der ausgetauschten XML-Daten.

Die *Service Component Architecture*-Spezifikation [SCA] beschreibt ein solches Komponentenmodell, das verschiedene Implementierungssprachen unterstützt und die Erstellung portabler, Web-Service-basierter Anwendungen für verschiedene Infrastrukturen ermöglicht. Das zugehörige Datenmodell beschreibt die *Service Data Object*-Spezifikation [SDO].

Schichtenmodell der Web-Services-Standards

Abbildung 2.3 fasst die vorgestellten Web-Service-Spezifikationen zusammen. Alle im Bild erwähnten Spezifikationen sind entweder bereits als Standard durch ein unabhängiges Standardisierungsgremium verabschiedet, befinden sich im Prozess der Standardisierung oder wurden von IBM und ihren Partnern mit der Absicht veröffentlicht, sie zu standardisieren.

2.1 Von singulären Web Services zu integrierten SOA-Plattformen

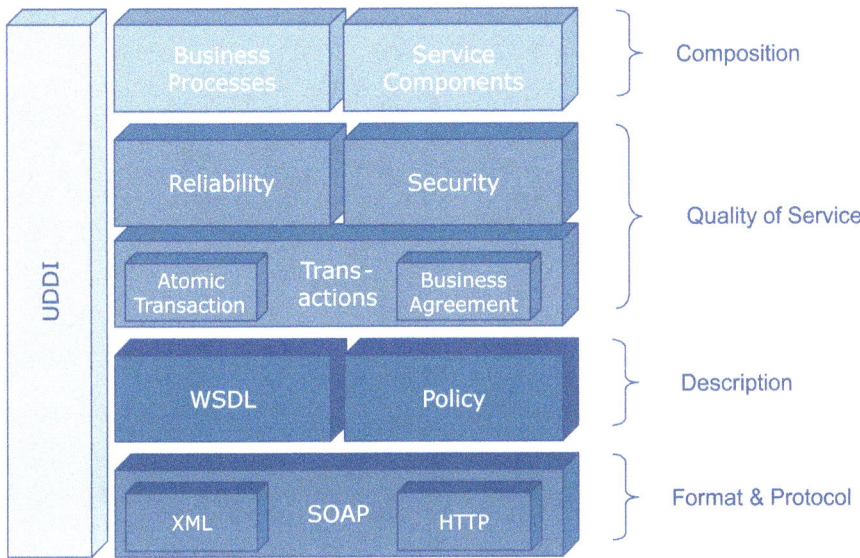

Abb. 2.3. Aufbau der Web-Service-Spezifikationen

2.1.7 Serviceorientierte Anwendungen in der Praxis – die IBM-Sicht

In diesem Abschnitt betrachten wir den Lebenszyklus serviceorientierter Anwendungen von der Modellierung aus Geschäftssicht über die Umsetzung in ausführbare IT-Systeme bis zur Überwachung im Betrieb. Außerdem stellen wir eine Referenzarchitektur für serviceorientierte Anwendungen vor.

Der Lebenszyklus serviceorientierter Anwendungen

Der Lebenszyklus unterteilt sich in vier Phasen, die sich hinsichtlich der Rollen der beteiligten Personen sowie der benötigten Werkzeuge und Infrastrukturen voneinander abgrenzen.

In der *Modellierungsphase* werden Prozesse aus Geschäftssicht beschrieben, und zwar mit ihren auftretenden Aktivitäten, den erforderlichen Ressourcen und den benötigten Informationen. Außerdem können erwartete Kosten, Laufzeiten für die Ausführung einzelner Schritte oder andere relevante Metriken für die modellierten Prozesse hinterlegt werden. Derartige Modelle sind einerseits von Interesse, um die Geschäftsprozesse eines Unternehmens überhaupt zu erfassen und zu verstehen. Andererseits lassen sich zusätzlich auf Basis der Modelle Auswertungen über das dynamische Verhalten der Prozesse erstellen. Beispielsweise können Wahrscheinlichkeiten für bedingte Pfade und Ankunftsraten spezifiziert werden („Wie viel Prozent aller Bonitätsprüfungen sind erfolgreich?" „Wie viel Schadensmeldungen gehen pro Woche ein, mit welcher Verteilung?"). Damit

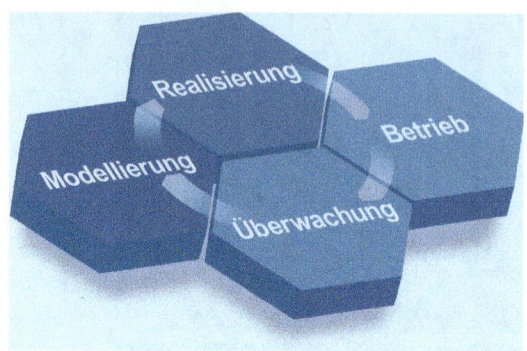

Abb. 2.4. Der Lebenszyklus serviceorientierter Anwendungen

lässt sich die Ausführung der Prozessmodelle auf Basis mathematischer Modelle detailliert simulieren, um so Fragen nach der Gesamtlaufzeit der Prozesse, benötigten Ressourcen oder kritischen Pfaden, jeweils unter verschiedenen Rahmenbedingungen, beantworten zu können. Die Ergebnisse der Simulation werden verwendet, um das dynamische Verhalten des Prozesses iterativ zu verbessern, noch bevor mit der Umsetzung in ein IT-System überhaupt begonnen wurde.

Nachdem ein hinreichend gutes Prozessmodell erstellt wurde, beginnt mit der *Realisierung in ein IT-System* die zweite Phase. In dieser Phase werden die einzelnen Teile der Geschäftsprozesse auf passende Technologiekomponenten abgebildet. Beispielsweise wird die eigentliche Prozesslogik in WS-BPEL implementiert, die vorkommenden Services durch WSDL beschrieben. Die in den Prozessen enthaltenen Bedingungen werden als logische Regeln realisiert, die Informationsmodelle in XML- oder Datenbankschemas umgesetzt und die Ressourcenmodelle durch entsprechende Einträge im Unternehmensverzeichnis reflektiert. All diese Vorgänge erfolgen semiautomatisch durch entsprechende Werkzeugunterstützung. Bereits vorhandene Services können einfach aufgerufen werden, fehlende Services müssen entweder neu implementiert oder durch Partner zur Verfügung gestellt werden. Abschließend wird das realisierte System getestet.

In der dritten Phase geht das getestete System in den *Betrieb*. Dazu wird das System auf einer Infrastruktur installiert, die die Qualitätsanforderungen der Anwendung hinsichtlich Leistungsverhalten, Skalierbarkeit und Verfügbarkeit abdeckt.

Wie sich die serviceorientierte Anwendung dann tatsächlich im Betrieb verhält und ob sie die definierten Anforderungen auch einhält, zeigt sich dann in der vierten Phase, der *Überwachung* des Betriebes. Dazu gehört einerseits die klassische Überwachung des Betriebs der beteiligten IT-Systeme hinsichtlich ihrer Zuverlässigkeit, Verfügbarkeit, Auslastung und Performance. Ebenso wichtig ist die Überwachung der geschäftskritischen Anforderungen der Anwendung: Werden die den Kunden versprochenen Antwortzeiten eingehalten? Reicht die Zahl der zugewiesenen Mitarbeiter? Stimmt das Kostenprofil? Auch wenn viele dieser Fragen vorab durch die Simulation abgeschätzt werden konnten, erweist sich erst im tatsächlichen Betrieb, wie sich die Anwendung unter realen Bedingungen verhält.

2.1 Von singulären Web Services zu integrierten SOA-Plattformen

So schließt sich der Lebenszyklus damit, dass das real beobachtete Verhalten der Anwendung Einfluss findet in die nächste Iteration: Wir steigen neu in die Modellierungsphase ein, verbessern das Prozessmodell inkrementell und setzen diese inkrementellen Änderungen in eine verbesserte Realisierung um. *Die Flexibilität, die benötigt wird, um schnell durch den Lebenszyklus iterieren zu können, ist der eigentliche Wert serviceorientierter Architekturen.*

Die SOA-Referenzarchitektur der IBM

In ihrer SOA-Referenzarchitektur [IBM-SOA] fasst die IBM alle Bereiche zusammen, die zur Erstellung serviceorientierter Anwendungen erforderlich sind. Für jeden dieser Bereiche bietet die IBM passende Produkte an, auf die wir aber im Rahmen dieses Artikels nicht eingehen[2].

Das Schaubild zeigt sämtliche Services, die für Modellierung, Realisierung, Betrieb und Überwachung serviceorientierter Anwendungen benötigt werden. Zentrale Komponente der Architektur ist der *Enterprise Service Bus (ESB)* als Schnittstelle für die Kommunikation zwischen den einzelnen Diensten. Um ihn gruppieren sich die verschiedenen Dienste. Die *Interaction Services* realisieren die Schnittstelle zur Einbindung von Personen über verschiedenartigste Geräte, die sich bezüglich Autonomie, Interaktivität und Mobilität unterscheiden. Das Spektrum reicht vom klassischen Web-Portal über sowohl online als auch offline nutzbare „Rich Clients" bis zur Anbindung von zunehmend intelligenteren mobilen Geräten wie PDAs und Smartphones. Die *Process Services* sind die Ausführungskomponente für automatisierte Geschäftsprozesse. Hinter den *Information Services* verbergen sich Dienste zum föderierten Zugriff auf Informationen aller

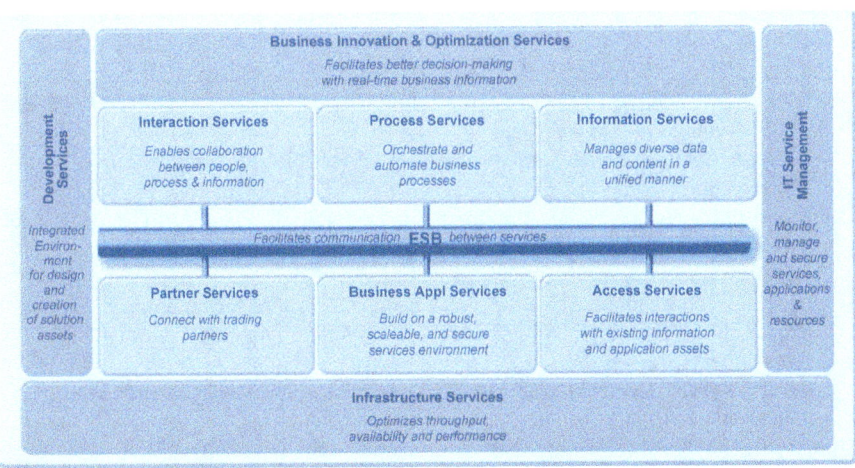

Abb. 2.5. SOA-Referenzarchitektur der IBM

---

[2] Der interessierte Leser findet dazu umfangreiches Material unter www.ibm.com/soa.

Art, gleich in welchem Format und welchem System sie gespeichert sind. Die *Access Services* stellen den Zugriff zu Diensten bereit, die bereits in anderen Anwendungen oder Transaktionsmonitoren existieren. Die *Business Application Services* ermöglichen die Neuentwicklung von Diensten in einem J2EE-Umfeld. Die *Partner Services* erlauben die Interaktion mit externen Partnern mit den entsprechenden Sicherheitsmerkmalen.

Die beschriebenen Dienste bieten bereits alle technischen Merkmale zur Realisierung serviceorientierter Anwendungen. Hinzu kommen noch Werkzeuge und Infrastrukturen für Modellierung, Realisierung, Betrieb und Überwachung, wie wir sie im letzten Abschnitt beschrieben haben.

2.1.8 Zusammenfassung und Ausblick

Serviceorientierte Architekturen bilden bereits heute die Basis der meisten IT-Projekte. Technisch basieren serviceorientierte Architekturen heute in der Regel auf Web Services und Geschäftsprozessen, die durch offene Standards weite Verbreitung fanden. Diese Standardisierung deckt bereits viele funktionale Bereiche ab und wird noch fortschreiten.

Serviceorientierte Architekturen erlauben durch die Unterscheidung von Serviceerstellung (Wiederverwendung und Programmieren im Kleinen) und Geschäftsprozesserstellung (Orchestrierung, Programmieren im Großen) eine höhere Flexibilität und schnellere Innovationsfähigkeit in der Unternehmens-IT-Landschaft. Damit sind sie ein wesentliches Merkmal der Architektur moderner IT-Systeme.

Literatur

[BPEL4People] M. Kloppmann, D. König, F. Leymann, G. Pfau, A. Rickayzen, C. v. Riegen, P. Schmidt, I. Trickovic: *WS-BPEL Extension for People – BPEL4People*, IBM developerWorks website,
http://www.ibm.com/developerworks/webservices/library/specification/ws-bpel4people/.

[BPELJ] M. Blow, Y. Goland, M. Kloppmann, F. Leymann, G. Pfau, D. Roller, M. Rowley: *BPELJ: BPEL for Java technology (BPELJ)*, IBM developerWorks website,
http://www.ibm.com/developerworks/library/specification/ws-bpelj/.

[BPEL-SPE] M. Kloppmann, D. König, F. Leymann, G. Pfau, A. Rickayzen, C. v. Riegen, P. Schmidt, I. Trickovic: *WS-BPEL Extension for Sub-processes – BPEL-SPE*; IBM developerWorks website,
http://www.ibm.com/developerworks/webservices/library/specification/ws-bpelsubproc/.

[IBM-SOA] IBM Software Group – Service Oriented Architecture:
http://www.ibm.com/software/solutions/soa/.

[SCA] Specification: *Service Component Architecture*, November 2005, BM developerWorks website,
http://www.ibm.com/developerworks/library/specification/ws-sca/.

[SDO] Specification: *Service Data Objects*, November 2005, IBM developerWorks website, http://www.ibm.com/developerworks/webservices/library/specification/ws-sdo/.
[SOAP] *SOAP Version 1.2 Part 0: Primer*.
http://www.w3.org/TR/2003/REC-soap12-part0-20030624/.
[Trans] Jim Gray, Andreas Reuter: *Transaction Processing: Concepts and Techniques*. Morgan Kaufmann Publishers, 1993.
[UML2.0] Specification: Unified Modeling Language (UML), version 2.0, July 2005, OMG website,
http://www.omg.org/technology/documents/formal/uml.htm.
[WS-AT] *Web Services Atomic Transactions Specification*. September 2003.
http://www.ibm.com/developerworks/webservices/library/ws-atomtran.
[WS-BA] *Web Services Business Activity Specification*. Januar 2004.
http://www.ibm.com/developerworks/webservices/library/ws-busact.
[WS-Pol] *Web Services Policy Framework*.
http://www.ibm.com/developerworks/webservices/library/ws-polfram.
[WS-RM] *Web Services Reliable Messaging Protocol (WS-ReliableMessaging)*. March 09, 2004. Edited by Christopher Ferris (IBM) and David Langworthy (Microsoft).

2.2 Unternehmensportale

Ralf Grohmann, Stefan Liesche und Martin Scott Nicklous

2.2.1 Einleitung

Portale spielen eine zunehmend wichtige Rolle in der IT-Infrastruktur moderner Unternehmen. Besonders Unternehmen, die seit längerer Zeit bestehen, besitzen eine Vielzahl unterschiedlicher Datenverarbeitungssysteme mit unterschiedlichen Benutzeroberflächen, die entsprechend unterschiedlich bedient werden müssen. Der Einsatz eines Portals ermöglicht das Zusammenführen dieser diversen Systeme auf einer einheitlichen, webbasierten Benutzeroberfläche.

Das World Wide Web ist inzwischen sehr bekannt und viele Menschen arbeiten regelmäßig damit. Praktisch jeder kann einen Web-Browser bedienen und kommt mit den meisten Websites zurecht. Dem gegenüber besitzen manche ältere, proprietäre Anwendungen – beispielsweise ein Buchhaltungssystem oder ein Personaldatensystem – Eigenarten in der Bedienung, die eine erhebliche Einarbeitung notwendig machen. Die Vereinheitlichung der Benutzerschnittstelle durch den Einsatz eines Portals kann die Bedienbarkeit solcher Anwendungen erheblich erleichtern.

Ein Portal vereinigt aber nicht nur Unternehmensanwendungen auf einer Website, sondern ermöglicht eine Personalisierung der Inhalte für bestimmte Benutzergruppen sowie für einzelne Mitarbeiter. Um den Mitarbeitern einen weitestgehend einheitlichen Zugriff auf die verschiedenen Anwendungen zu bieten und damit die Bedienbarkeit zu vereinfachen und zu standardisieren, legt der Administrator durch die Definition einer allgemeinen Version der Seite und der übergeordneten grafischen Bedienelemente eine durchgängige Gestaltung fest.

Inhalte, wie zum Beispiel allgemeine Firmennachrichten, die für alle Benutzer von Interesse sind, können genauso dargestellt werden, wie Inhalte für verschiedene Benutzergruppen. Und schließlich können die einzelnen Benutzer eigene Portalseiten anlegen, Portalanwendungen nach eigenem Bedarf selektieren und auf den Seiten einfügen.

Die Portalanwendungen selbst müssen auch nicht für alle Benutzer gleich funktionieren. Vielmehr kann eine Portalanwendung durch eine automatische Personalisierung den Benutzer und seine Gruppenzugehörigkeit erkennen und sich dementsprechend „verhalten". Zum Beispiel könnte eine Anwendung für Firmennachrichten den Mitarbeitern der Verwaltung andere Informationen anzeigen als den Mitarbeitern der Einkaufsabteilung.

Eine Portalanwendung kann von jedem Benutzer nach seinem eigenen Bedarf eingestellt werden. Ein Beispiel ist eine Portalanwendung für die Verfolgung von Aktienkursen. Jeder Benutzer könnte genau die Aktien eintragen, die für ihn von Interesse sind. Diese Einstellungen werden dann einzeln für jeden Benutzer gespeichert, damit er eine personalisierte Darstellung erhält.

Bevor es Portalprodukte gab, standen Firmen vor einem Problem: Große Unternehmen haben viele verschiedene Geschäftszweige, die alle im Internet vertreten sein sollten. In der Vergangenheit hat daher häufig jeder Geschäftszweig einen eigenen Webserver betrieben. Eine Vielzahl unterschiedlicher Webserver bedeutet aber eine potentielle Schwachstelle in der Sicherheitsbarriere – der Firewall – zwischen dem firmeninternen Netz und dem Internet: Es könnten Daten ausgespäht oder Firmenrechner hinter der Firewall durch Viren befallen werden. Der Einsatz eines Portals als Tor aus dem Internet in das Unternehmen (siehe Abb. 2.6) ermöglicht das Zusammenfassen der Webserver und der diversen Websites zu einer einzigen Präsenz, die übersichtlicher ist und sich besser schützen lässt.

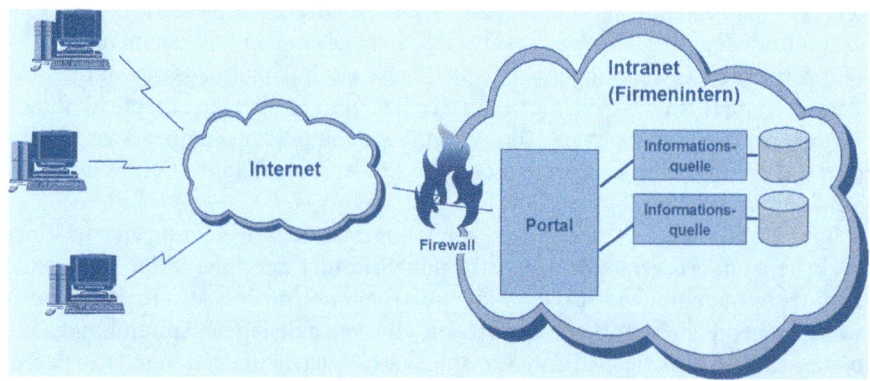

Abb. 2.6. Portal als Tor zum Unternehmen

Durch den Einsatz geeigneter Sicherheitsmechanismen können die vom Portal dargestellten Inhalte sowohl innerhalb als auch außerhalb des Unternehmens verfügbar gemacht werden: Innerhalb können Mitarbeiterinformationen und geschäftsspezifische Anwendungen zur Verfügung gestellt werden, während das Portal gleichzeitig außerhalb die Internetpräsenz darstellt.

Aber das Portal kann viel mehr, als lediglich Informationen verteilen: Über das Portal können Lieferanten Zugriff auf Geschäftsinformationen erhalten, um damit zum Beispiel Liefertermine zu koordinieren oder um Informationen zu benötigten Produkteigenschaften zu bekommen. Kunden können Informationen über Produkte abrufen, Bestellungen abgeben oder Lieferungen verfolgen.

Portale kommen aber auch im mobilen Einsatz zur Anwendung: Mit der Mobilfunktechnologie kam eine Schwemme von verschiedenen mobilen Geräten auf den Markt. Mobiltelefone können SMS-Nachrichten, E-Mails und Bilder versenden und empfangen. Diese Geräte haben ganz unterschiedliche Bildschirmgrößen, -qualitäten und verschiedene Eingabemöglichkeiten.

Da viele Unternehmensfunktionen jederzeit und überall Zugriff auf Daten aus Geschäftsanwendungen haben sollten, müssen diese Daten für die neue Generation mobiler Geräte aufbereitet werden. Nun könnte man alle betroffenen Geschäftsanwendungen individuell so anpassen, dass sie auch Daten für alle mobilen Zielgeräte zur Verfügung stellen. Das wäre aber nicht nur sehr teuer, sondern technisch teilweise gar nicht machbar. Wenn im Unternehmen aber Portaltechnologie eingesetzt wird, also Anwendungen zu einer einheitlichen Darstellung zusammengefügt werden, bietet es sich an, an dieser Schnittstelle auch gleich die Informationen für mobile Endgeräte aufzubereiten. Damit können die nötigen Datentransformationen nur einmal im Portal anstatt wiederholt für jede einzelne Geschäftsanwendung implementiert werden.

Ein Produkt wie ein Portal, das eine solche zentrale Rolle in der Darstellung von Informationen eines Unternehmens einnimmt, muss natürlich äußerst zuverlässig laufen, in der Lage sein, sehr große Informationsmengen darzustellen, und leicht erweiterbar sein, um eine stetig wachsende Anzahl Benutzer bedienen zu können. Um diesen Anforderungen gerecht zu werden, läuft ein Portal typischerweise in einem Cluster (Rechnerverbund), der die Zuschaltung weiterer Rechenkapazitäten nach Bedarf ermöglicht. Jeder Rechner in einem solchen Portal-Cluster ist gleichberechtigt in der Lage, Anfragen von den Benutzern zu bedienen. Da die Anfragen von einem Benutzer nicht immer vom gleichen Rechner verarbeitet, sondern je nach Grad der Arbeitsbelastung dem jeweilig am wenigsten belasteten Rechner zugeteilt werden, muss das Portal im Cluster sicherstellen, dass alle Rechner über den Stand der Verarbeitung gleich informiert sind.

IBM erkannte die Komplexität, die im Umfeld des Portalkonzeptes entstanden ist, als Geschäftsidee und baute daraus als eines der ersten IT- Unternehmen ein spezifisches Produkt, um Kunden beim Aufbau eines Portals zu helfen. IBM WebSphere Portal bietet eine standardbasierte Software-Infrastrukturkomponente, die als Basis der Web-Präsenz vieler Unternehmen dient. Das folgende

Kapitel stellt die Historie der Portaltechnologie, die wichtigsten Fähigkeiten der aktuellen Produktversion sowie einige Portalbeispiele vor.

2.2.2 Die Historie der Portaltechnologie

Das frühe Web

In der Zeit des frühen Internets, Anfang der 90-er Jahre, boten die meisten Websites lediglich unveränderbare Inhalte an. Diese bestanden aus einfachen HTML-Dokumenten und Bildern und wurden nach dem gleichen Schema aufgerufen, wie es heute noch geschieht: Nachdem der Benutzer einen Link geklickt oder eine URL im Browser-Fenster eingegeben hat, schickt der Browser eine Anfrage über das Netz an den entsprechenden Webserver (Vermittlungsrechner). Der Webserver sucht das entsprechende HTML-Dokument und Bild aus einem Verzeichnis auf seiner Festplatte aus und schickt es zurück an den Browser, der dann die Inhalte anzeigt.

Schnell stellte sich dieses Schema als zu simpel und wenig leistungsfähig heraus. Betreiber von Websites wollten den Benutzern eine Eingabemöglichkeit geben und dynamisch generierte Inhalte spezifisch auf die aktuelle Anfrage hin anbieten. Aus dieser Idee entstand der Mechanismus des CGI-Plugins (Ergänzungsmodule für das Common Gateway Interface beziehungsweise die allgemeine Vermittlungsrechnerschnittstelle). Über diesen Mechanismus wird eine Anfrage vom Benutzer über den Browser an ein spezielles Programm geleitet. Dieses Programm sucht nicht einfach eine entsprechende Datei aus einem Verzeichnis aus, sondern generiert eine Nachricht als Antwort zu der Anfrage speziell für den Benutzer und schickt sie an den Browser zurück.

Die generierte Nachricht kann wiederum ein HTML-Dokument sein, das vom Browser interpretiert werden kann. Der Benutzer könnte zum Beispiel eine Liste von Büchern eines bestimmten Autors abfragen, und das CGI-Plugin-Programm würde die entsprechende Liste in HTML aufbereiten. Ein solches Programm kann aber auch für die Anfrage spezifische Grafiken herstellen. Der Benutzer könnte beispielsweise den Verlauf einer Aktie über die letzten drei Jahre abfragen und das CGI-Plugin-Programm würde die entsprechende Grafik als GIF- oder JPEG-Datei aufbereiten und zurückschicken.

Dieser Mechanismus war sehr erfolgreich und findet selbst heute noch verbreitet Anwendung, unterlag aber auch einer Reihe von erheblichen Einschränkungen. So war es zum Beispiel sehr schwierig, dem Benutzer zu erlauben, selbst die Anwendungen auf einer Seite für seinen Bedarf anzupassen und zu konfigurieren.

Verteilte Datenverarbeitung

Ein weiterer Gedankengang, der zu der Entstehung des Portalkonzeptes beigetragen hat, war die Idee der verteilten Datenverarbeitung.

Mit dem Personal Computer in der 80-er Jahren wurde es möglich, wesentliche Anwendungen nicht nur auf dem Großrechner, sondern auch auf individuellen Arbeitsplatzrechnern laufen zu lassen. Der Personal Computer machte eine sehr reichhaltige und intuitiv einfach zu bedienende Benutzeroberfläche im Vergleich zum Großrechner möglich. Der Benutzer musste auch nicht mehr auf den Großrechner, der möglicherweise mit einer Reihe von anderen Anfragen beschäftigt war, warten – eine Anwendung auf dem Personal Computer antwortete mehr oder weniger unmittelbar.

Schnell entstanden aber zwei Probleme: Einerseits brachten Programme wie Tabellenkalkulation oder Textverarbeitung, die ausschließlich auf dem PC liefen, ein Problem bei der Datensicherheit mit sich. Wichtige Daten existierten nur auf einem PC, wo sie verloren gehen, geklaut oder versehentlich vernichtet werden konnten. Ein zentrales regelmäßiges Backup fand (und findet auch heute) oft nicht statt. Andererseits konnten Anwendungen, die ausschießlich auf dem Großrechner liefen, nicht von den neuen Möglichkeiten der PC-Benutzeroberfläche profitieren. Aus diesem Spannungsfeld entstand die Idee der verteilten Datenverarbeitung zunächst in der Form des Client-Server-Computing.

Bei Client-Server-Computing läuft ein Teil der Anwendung – typischerweise nämlich genau die Benutzerführung und einfache Vorverarbeitung – auf dem PC, während der Rest der Anwendung auf dem Großrechner bearbeitet wird. Das Client-Programm auf dem PC führt den Benutzer durch die Arbeit und holt sich dabei die benötigten Daten vom Server-Programm, das auf dem Großrechner läuft, ab.

In den 90-er Jahren wurde das Client-Server-Paradigma um eine weitere „Softwareschicht" erweitert. Es wurde erkannt, dass viele wesentliche Anwendungen Daten aus verschiedenen Datenbeständen benötigten. Eine Anwendung aus der Buchhaltung könnte zum Beispiel Informationen über den Vertragsstatus oder die Anzahl der gearbeiteten Stunden im Rahmen eines Auftrags benötigen.

Solche Datenbestände wurden typischerweise auf sogenannten Backend-Systemen – zentrale und meist ausfallgesicherte Server – gehalten. Es wäre natürlich möglich, die nötige Programmlogik in einem Client-Programm zu installieren, um auf solche Datenbestände zuzugreifen. Ein solches Vorgehen birgt aber ein Risiko, da jeder Client-PC mit den nötigen Sicherheitseinstellungen ausgestattet werden muss, um auf die gesicherten Datenbeständen zuzugreifen. Ein weiterer Nachteil dieser Art der verteilten Datenverarbeitung war die notwendige Anpassung des Client-Programms genau an die Anwendungslogik und Datenbeständen. Bei einer Änderung in einem Teil des Systems mussten häufig alle weiteren Komponenten ebenfalls angepasst werden.

Um dieses Problem zu lösen, aber auch aus noch anderen Gründen, wie beispielsweise um die Zusammenfassung von Informationen aus mehreren Backend-Systemen zu erleichtern, wurde zwischen dem Client-Programm auf dem PC und dem Server-Programm auf dem Großrechner ein weiterer Rechner, den man Application Server (Anwendungsserver) nennt, eingefügt (siehe Abb. 2.7).

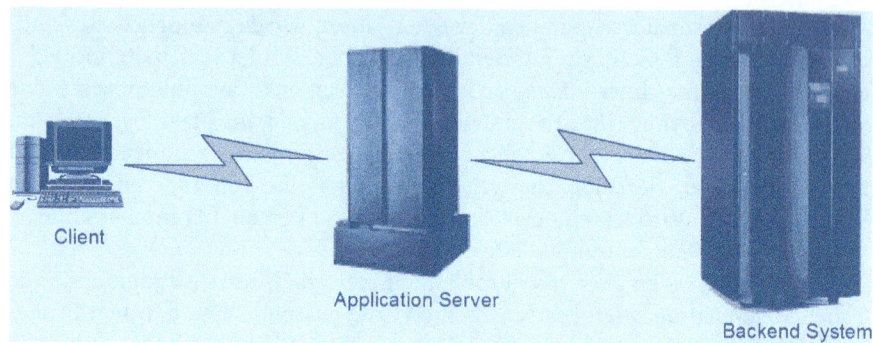

Abb. 2.7. Verteilte Datenverarbeitung mit Application Server

Das Client-Programm auf dem PC schickt Anfragen an den Application Server, der wiederum Programmlogik enthält, um auf die Datenbestände verschiedener Backend-Systeme zuzugreifen. Das Client-Programm auf dem PC besteht nun hauptsächlich aus Logikkomponenten für die Benutzerführung, während die wesentliche Anwendungslogik auf dem Application Server läuft und die Daten auf gesicherten Backend-Systemen gehalten werden.

Mit diesem Paradigma der verteilten Datenverarbeitung wird die Benutzerführung von der Anwendungslogik und der Datenspeicherung entkoppelt.

Das Portalkonzept

Die eben beschriebenen Ideen spielten eine große Rolle bei der Entwicklung des Portalkonzeptes. Mit der Web-Technologie kam die Idee der standardisierten Auszeichnungssprache HTML, die durch den Web-Browser zu einer Benutzeroberfläche interpretiert wird, und auch die Idee der durch CGI-Plugin-Programme dynamisch generierten Inhalte. Mit der verteilten Datenverarbeitung kam der Gedanke der Trennung der Benutzeroberfläche von der Anwendungslogik und von der Datenspeicherung.

Durch die Kombination dieser Ideen entstand erstmals das Konzept des Web Application Server (Anwendungsserver). Hierbei wird das Client-Programm durch einen Web-Browser ersetzt. Die Anwendungslogik wird auf dem Server ergänzt, um HTML-Dokumente zu generieren, die das Browser-Programm interpretiert und als Benutzeroberfläche darstellt.

Mit dem WebSphere Application Server bietet IBM ein Infrastrukturprodukt an, auf dem Web-Anwendungen laufen. Somit können Programme erstellt werden, die ihre Inhalte auf einer Webseite darstellen.

Aber was passiert, wenn mehrere solche Anwendungen auf einer einzigen Webseite dargestellt werden sollen oder wenn der Benutzer selbst auswählen soll, welche Anwendungen er auf seiner personalisierten Webseite sehen möchte?

Als Antwort zu dieser Frage entstand das Konzept eines Portals. Ähnlich wie ein Web Application Server erzeugt das Portal HTML- Dokumente, die von einem

Browser als grafische Benutzeroberfläche dargestellt werden. Darüber hinaus kann ein Portal verschiedene Anwendungen so verwalten, dass ein Benutzer diese nach seinem eigenen Bedarf auf den Seiten platzieren kann. Bei jeder Anwendung kann der Benutzer für sich persönlich Einstellungen vornehmen.

Im Jahr 2001 brachte IBM die erste Version des Produktes WebSphere Portal auf den Markt. Die wesentlichen Komponenten dafür werden seit damals bis zur aktuellen Version 6 im IBM Entwicklungszentrum in Böblingen bei Stuttgart entwickelt. In den letzten sechs Jahren entstanden – bedingt durch die zunehmende Popularität der Portaltechnologie und den damit auch steigenden Anforderungen der Unternehmen – eine Reihe von neuen Funktionen wie beispielsweise die vom Benutzer nach dem eigenen Bedarf anpassbare Benutzeroberfläche, die Unterstützung von mobilen Geräten oder die Verwaltung von Dokumenten, die über das Web zur Verfügung gestellt werden können. Die Bedienbarkeit und Erweiterbarkeit des Portals wurde verbessert, damit große Installationen, die viele Tausende oder auch Millionen Benutzer bedienen, unterstützt werden können.

Das Portal ist als zentrale Infrastrukturkomponente von integrierten Applikationen für den internen (B2E – Business to Employee) und externen Zugriff (B2B – Business to Business, B2C – Business to Customer) ein wichtiges Element in der Unternehmensinfrastruktur. Dabei erfüllt es die wichtige Rolle als Verbindung zwischen Benutzern und IT-Systemen (Applikationen und Informationen). Dieser wichtigen Rolle wird durch umfangreiche Unterstützung eines unterbrechungsfreien Betriebs (Continuous Availability), durch Hochverfügbarkeitskonzepte (High Availability) und weitere Qualitätsmerkmale wie die Möglichkeiten, vom Test zum Produktivsystem zu gelangen (Staging Concepts), im WebSphere Portal Server Rechnung getragen.

Zur Unterstützung von mehreren Portalen für unterschiedliche Zielgruppen (zum Beispiel Kunden und Partner) auf einer einzigen Portalinstallation wurde das Konzept der virtuellen Portale eingeführt. Dabei kann ein einziges WebSphere-Portal Hunderte von separaten Portalen verwalten und darstellen.

Zuletzt entwickelte man Komponenten, die Portaltechnologie mit Workflow-Technologie verknüpfen, um über das Portal Unternehmensprozesse darstellen und abarbeiten zu können[3]. Der folgende Abschnitt gibt eine Übersicht über die Funktionen der aktuellen Produktversion.

Die fortgeschrittenen Portalfunktionen

Mit dem WebSphere Portal Server Version 6 wurden viele maßgebliche und neue Funktionalitäten eingeführt. Auf der Version 5.1 aufbauend wurden Erweiterungen in den folgenden Bereichen getätigt:

---

[3] Siehe Kap. 3.3 *Workflow von IBM: Eine Reise aus den Weiten des Weltalls ins Zentrum des On-Demand-Universums.*

1. Benutzererfahrung: Verbesserte Produktivität durch eine dynamische und kontextsensitive Benutzerschnittstelle
2. Nutzung von SOA: Produktivitätsgewinne durch zusammengesetzte Anwendungen (Composite Applications)
3. Optimierte Administration & Verwaltung: Geringere Verwaltungskosten (Total Cost of Ownership) durch schneller und effizienter erledigte Verwaltungsvorgänge

Benutzererfahrung

Wie in Abb. 2.8 zu sehen, ist die Oberfläche des aktuellen Portalservers kaum mehr von Programmen, die direkt unter einem lokalen Betriebssystem laufen, zu unterscheiden. Es gibt Pull-down-Menüs, die sich aufrufen lassen. Portlets lassen sich als Anwendungsprogrammteile frei platzieren und mit der Maus einfach von jedem Benutzer verschieben. Es gibt kontextsensitive Menüs, wie in Abb. 2.9 zu sehen ist, und als besonderes Merkmal werden zusätzlich die sogenannten ausklappenden Paletten (engl. slide-out palettes) angeboten. Das sind von links eingeblendete Fenster, die Listen mit verfügbaren Portlets, Instant-Messaging-Kontaktlisten oder auch einfach nur kontextbezogene Hilfe anbieten, die sich mit einem Klick auch leicht wieder verbergen lassen.

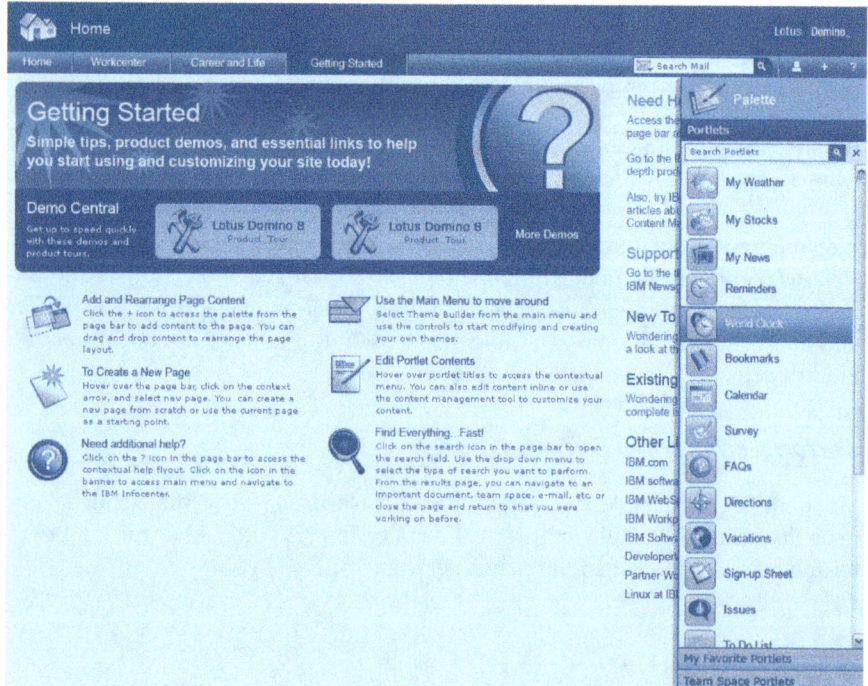

Abb. 2.8. Benutzeroberfläche von WebSphere Portal

Abb. 2.9. Kontextsensitive Menüs

Besonders hervorzuheben ist, dass alle Funktionen verfügbar sind, ohne dass die gesamte Seite nachgeladen werden muss, was zu der oben erwähnten stark verbesserten Benutzererfahrung führt. Dies war nur erreichbar unter massiver Zuhilfenahme der erweiterten Web-Funktionalitäten AJAX (asynchronous JavaScript and XML).

2.2.3 Nutzung der serviceorientierten Architektur (SOA)

Unternehmen finden sich heute mehr denn je in einem sich schnell ändernden Umfeld. Märkte, Kundeninteressen und Technologien entwickeln sich mit hoher Geschwindigkeit. Um in diesem Umfeld erfolgreich zu sein, muss sich ein Unternehmen flexibel und schnell diesen Anforderungen anpassen können, um so einen Marktvorteil gegenüber seinen Wettbewerbern erarbeiten zu können. Die IT-Infrastruktur eines Unternehmens ist idealerweise direkt in diese Strukturänderungen eingebunden. Flexibilität und Dynamik sind wichtige Eigenschaften einer zeitgemäßen IT. Diese Anforderungen adressiert SOA. Unternehmensweite IT in einer SOA wird aus Elementen, sogenannten Services, aufgebaut. Ein Service liefert die Behandlung eines konkreten Vorfalls im Geschäftsablauf (engl. business event). Ein System in einer SOA besteht aus der Kombination von unterschiedlichen Services, die zur Erreichung eines Geschäftszieles nötig sind.

Die Zerlegung eines IT-Systems in einzelne (entkoppelte) Services beschränkt sich idealerweise nicht nur auf die Implementierungsebene, sondern erstreckt sich über das gesamte System von der Service- Implementierung bis in die Benutzerschnittstelle. Eine serviceorientierte Architektur fördert eine Art der Anwendungsprogrammierung, bei der die Benutzeroberfläche möglichst komplett von dem Daten- und Informationsfluss abgekoppelt ist. Der Zugriff auf Backend-Systeme, die die eigentlichen Daten halten, sollte möglichst lose gekoppelt erfolgen, beispielsweise über standardisierte Web-Service-Schnittstellen. Verbindungen zwischen den Services werden hierbei idealerweise nicht in

Software implementiert, sondern am besten während der Systemaggregation (Deployment/Assembly) vom Systemadministrator definiert. Serviceverbindungen werden über einen Enterprise Service Bus, der alle verfügbaren Services verbindet, verwaltet und koordiniert. Das erlaubt die schnelle Anpassbarkeit an neue Arbeitsabläufe durch immer neue Kombinationen dieser Anbindung ohne einen expliziten Softwareentwicklungszyklus.

Das Portal ermöglicht genau diese Trennung in der Benutzerschnittstelle. Das Portlet-Programmiermodell erlaubt einerseits die Trennung der Darstellung von der Anbindung und unterstützt andererseits die Zerlegung der Anwendung in einzelne unabhängige benutzerorientierte Services. Die Verbindungen zwischen den entkoppelten benutzerorientierten Services werden durch Broker administrativ erstellt. So ist eine flexible Kommunikation der verschiedenen Portlets möglich. Über das Portal können so schnell völlig neue, zusammengesetzte Anwendungen (engl. composite applications) realisiert werden. Abbildung 2.10 zeigt das Beispiel einer solchen Anwendung in Form eines „Dashboards", das heißt mit Portalseiten, die speziell auf eine bestimmte Zielgruppe zugeschnitten sind. Im konkreten Fall ist die Seite für die Kundenvertreter eines Callcenters oder die Geschäftsführung eines Unternehmens konzipiert und stellt Daten aus unterschiedlichsten Quellsystemen in einer übersichtlichen Portaloberfläche zusammen.

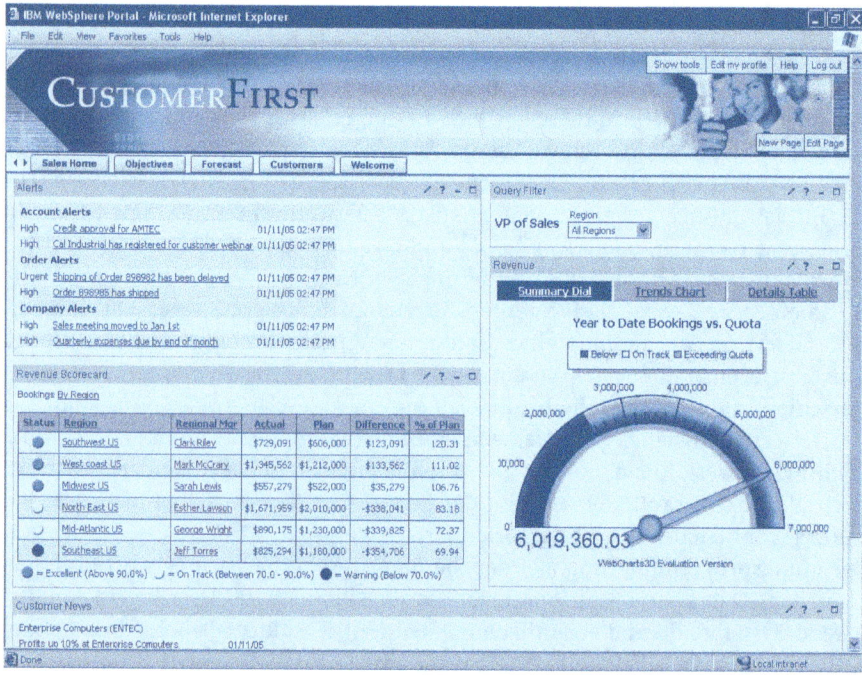

Abb. 2.10. Ein portalbasiertes Unternehmens-„Dashboard"

Wiederverwendung

Durch die Fokussierung auf die Zerlegung von IT-Systemen in kleinere, definierte und entkoppelte Einheiten wird die Möglichkeit zur Wiederverwendung von einzelnen Komponenten im Rahmen von Services gefördert. Die Möglichkeit, das Portal und seine Komponenten wie eben Portlets flexibel zu konfigurieren und an den jeweiligen Anwendungsfall anzupassen, unterstützt die Wiederverwendung der Komponenten. Die flexible Konfiguration und Anpassung wird durch Portlet-Sammlungen erleichtert. Der IBM-Portlet-Katalog[4] ist eine Quelle nützlicher Portlets und enthält sowohl frei nutzbare wie aber auch kommerziell verfügbare und unterstützte Angebote.

Die IBM WebSphere Portlet Factory liefert über 100 vorgefertigte Portlets mit, die aus Rohdaten in verschiedensten Backend-Systemen schnell übersichtliche Darstellungen, wie die in Abb. 2.5 gezeigte „Geschwindigkeitsanzeige", generieren. Die Unterstützung von vordefinierten Konfigurationssätzen (Profiles) erleichtert die Erstellung von konfigurierbaren Portlets.

Wiederverwendung ist heute nicht nur bei Services und Komponenten wichtig. Ganze Gruppierungen von Komponenten und Services in Anwendungen bieten sich zur Wiederverwendung an. Schablonen (Templates) erlauben es, umfangreiche Zusammenstellungen zu definieren und dann wiederholt einzusetzen. Typischerweise werden auch hier bei der wiederholten Anwendung kleinere Anpassungen und Erweiterungen umgesetzt.

Schablonentechniken erlauben es, flexibel anpassbare Definitionen (Points of Variability) zu verwenden, um den zur Wiederverwendung notwendigen Freiheitsgrad zu bieten. Nachdem man auf diese Art eine Anwendung zusammengesetzt hat, sollte diese jedoch auch einfach zu administrieren sein. Dazu wurde mit WebSphere Portal Version 6 eben dieses Konzept der Schablonen (Templates) eingeführt. So ist es möglich, eine zusammengesetzte Anwendung zu bauen, die aus Portlets auf mehreren zusammengehörenden Seiten, Backend-Systemverbindungen, aber auch Business-Prozessen, die dynamisch zusätzliche Seiten einblenden können, besteht[5].

Diese kann man dann als Einheit verwalten, neue Instanzen erzeugen und über Rollen und Communities (Gruppen) die Zugriffsrechte flexibel verwalten.

2.2.4 Optimierte Administration und Verwaltung

Zusätzlich zu den im Portalumfeld üblichen Benutzerrechten, die Einteilung in Benutzergruppen und das Steuern von Zugriffsrechten, wurden mit Version 6 weitere Möglichkeiten eingeführt, um den laufenden Betrieb und die Administration zu erleichtern:

---

[4] http://catalog.lotus.com/wps/portal/portal
[5] Siehe auch Kap. 2.3 *Workflow von IBM: Eine Reise aus den Weiten des Weltalls ins Zentrum des On-Demand-Universums*.

- Rollen
- Erweiterte Personalisierung
- Policies
- Virtuelle Portale

Rollen werden gezielt für zusammengesetzte Applikationen definiert und erlauben ein granulares Zuweisen von Rechten für diese Anwendungen. Die Verwendung von Rollen ist wesentlich flexibler als das bisherige Verfahren, Rechte über Gruppen zuzuweisen. Vor allem wird eine zweite Administrationsebene geschaffen, die eine verbesserte Gesamtsicherheit für das Portal bedeutet.

Die Erweiterungen bei der **Personalisierung** von Portalseiten erlauben ein dynamischeres Portal als es bisher möglich war, weil eine Vielzahl von Variablen dazu verwendet werden kann, Seiten und Portlets sicht- beziehungsweise unsichtbar zu machen. Ein gutes Beispiel dafür ist, dass man auf einer Einstiegsseite zur Mittagszeit einen Speiseplan einblenden oder jeweils am Monatsende Abrechnungsprogramme den Mitarbeitern direkt anzeigen will.

Mit **Policies** kann man im Portalumfeld sicherstellen, dass vordefinierte Grenzwerte nicht überschritten werden. Dies ist wichtig, um die Stabilität und Sicherheit des Portals gewährleisten zu können, weil man damit Benutzer, die sich nicht korrekt verhalten, blockiert. So kann man zum Beispiel in der Dokumentenablage eine maximale Speichergröße angeben oder die Anzahl instanziierter Anwendungen oder Seiten pro Benutzer einschränken.

Bei serverbasierten Systemen wie Portalen ist aus administrativer Sicht das gezielte, kontrollierte Einspielen von Updates und Fixes eine besondere Herausforderung, da man Zeiten, in denen das Portal nicht verfügbar ist, möglichst ganz vermeiden möchte. Dazu bedient man sich bei größeren Installationen dem Cluster. Über einen sogenannten „IP Sprayer" – einen Vorrechner – kann man Requests auf verschiedene Computerstränge verteilen und während eines Updates diese einzeln einfach deaktivieren und aktualisieren, ohne dass das Portal in diesem Zeitraum für alle Benutzer nicht erreichbar ist. Dabei hilft Portal Version 6 weitergehend als bisher, indem es die Benutzerdaten von den Systemdaten trennt. So kann man Letztere einfach aktualisieren, während die kompletten Benutzerdaten für den noch aktiven Strang weiter verfügbar bleiben.

Oft besteht auch die Notwendigkeit, nicht nur ein einzelnes Portal aufzubauen, sondern man möchte mehrere, häufig ähnlich strukturierte Portale generieren. So gibt es zum Beispiel im Finanzsektor Rechenzentren, die die Portale für eine große Anzahl Mitgliedsbanken zur Verfügung stellen. Bei internationalen Firmen mit vielen Geschäftsbereichen ist diese Anforderung auch anzutreffen. Anstatt jetzt eine Vielzahl von Einzelinstallationen aufzubauen, gibt es in WebSphere Portal die Möglichkeit, **virtuelle Portale** anzulegen. Sie können von einem Hauptportal abgeleitet und zentral verwaltet werden – und existieren innerhalb der gleichen Infrastruktur. Ihr Aussehen, ihre Inhalte sowie die URL, unter der sie aufgerufen werden können, sind frei definierbar. Das ist ein

Beispiel, wie solche fortgeschrittenen Portalfunktionen eine signifikante Reduktion der Verwaltungskosten für ein WebSphere-Portal zulassen.

Verwaltung von Inhalten mit WebSphere Portal

WebSphere Portal Version 6 baut auch im Umfeld der Inhaltsverwaltung auf offenen Standards auf, um einheitlich auf Inhalte zuzugreifen. Ein solcher Standard ist zum Beispiel JSR170, eine Java-Schnittstelle für die Speicherung von Dokumenten oder Inhalten im Allgemeinen.

Damit braucht man nicht mehr zu definieren, welche Art der Inhalte im Portal wiedergegeben werden sollen, ganz gleich, ob es sich um Webseiten, Dokumente, Ergebnislisten oder Portlets handelt.

Im Portal gibt es drei Bereiche, wo Inhalte wichtig sind:

- PDM, das Portal-Document Management
- WCM, das Web Content Management (Web-Inhalteverwaltung), sowie
- die Suchfunktion in einem Portal

Der Bereich **Portal Document Management** (PDM) ist dafür zuständig, Dokumente zu verwalten. Es handelt sich hier meist um binäre Dateien in unterschiedlichsten Formaten. PDM bietet die Möglichkeit, diese zentral abzulegen, zu recherchieren, zu editieren und freizugeben. In der neuesten Version ist als Erweiterung der Möglichkeiten unter Windows eine Integration in die Microsoft Office Suite sowie den Windows Explorer möglich. Damit kann PDM als zentrale Dateiablage auch außerhalb des Portals verwendet werden, wobei man auf dieselben Benutzereinstellungen zur Autorisierung und Authentisierung zurückgreifen kann, die zentral vom Portal verwaltet werden. Abbildung 2.11 zeigt die Integration von PDM in Office- und anderen Windows-Anwendungen.

Web Content Management (WCM) befasst sich im Gegensatz dazu mit der Erstellung und Veröffentlichung von primär textuellen Inhalten im Portal, zum Beispiel Nachrichten, Kundeninformationen oder Ähnliches. Hier liegt – basierend auf den Benutzerrechten und Voreinstellungen – der Fokus auf der Selektion

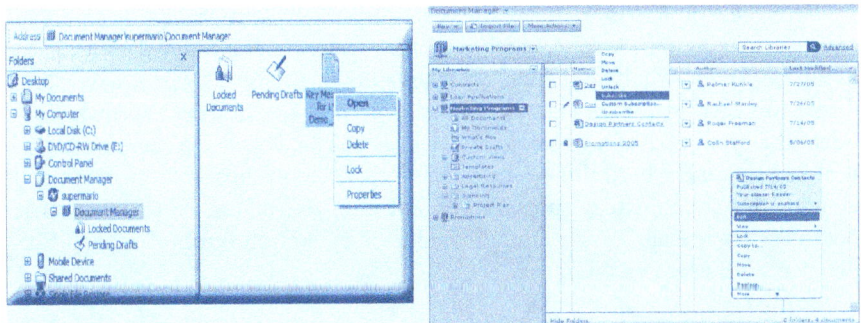

Abb. 2.11. Portal Document Manager als Erweiterung der Office-Anwendungen

der Informationen. Darüber hinaus bietet es einen audit-sicheren Freigabeprozess vor der Veröffentlichung und die Möglichkeit, verschiedene Versionen einer Seite zu pflegen, beispielsweise in verschiedenen Sprachen.

Um all diese Informationen zielgerichtet zu finden, ist die **Suchfunktionalität** in Portal 6 weiter verfeinert und vereinheitlicht worden. So gibt es jetzt auf den Seiten ein voreingestelltes Suchfeld, womit es möglich ist, in allen Datenquellen des Portals, inklusive PDM und WCM, zu suchen. Der Benutzer sieht selbstverständlich nur die Ergebnisse, auf die er auch Leserechte besitzt. Für Anwendungen im Unternehmen, die auch weitere Backend-Systeme in diese Suche integrieren wollen, bietet sich das Produkt IBM Omnifind[6] an. Die Suchschnittstellen (API) des Portals können einfach gegen die von Omnifind ausgetauscht werden.

2.2.5 Zusammenarbeit für Teams und Organisationen im Portal (Collaborative Applications)

Portale bringen nicht nur Benutzer und Systeme zusammen, sondern fördern gleichzeitig die Zusammenarbeit zwischen verschiedenen Benutzern. Mitarbeiter können beispielsweise schnell Kollegen identifizieren, die mit verwandten Themen beschäftigt sind. Teams finden eine Plattform, auf der sie ihre gemeinsamen Aktivitäten und Ziele verwalten können. Ganze Unternehmen werden in der Einführung und Anpassung ihrer Applikationen an die Bedürfnisse dieser Benutzergruppen unterstützt.

Collaborative Components

Über ein Portal können Mitarbeiter eines Unternehmens auch Informationen austauschen. Dabei werden die Informationen dem System von einer Person übergeben und von einer oder mehreren anderen Personen später abgefragt. Neben diesem Speichern/Suchen/Lesen-Zugriff auf Informationen ist es oft hilfreich, direkt mit anderen Personen in Kontakt zu treten. Um den jeweils besten Weg der Zusammenarbeit (engl. collaboration) auswählen zu können, bieten das Portal heute umfangreiche Werkzeuge zur Zusammenarbeit an.

WebSphere Portal erlaubt es, direkt aus einer Applikation heraus sofort mit anderen beteiligten Personen in Kontakt zu treten, dabei kann der Bezug zur aktuellen Arbeit erhalten bleiben. So kann zum Beispiel der Leser eines Artikels direkt mit dem Autor im Kontakt treten, um Fragen zum Inhalt zu diskutieren oder ihm weitere Anregungen zu liefern. Semantic Tags erlauben es, Inhalte semantisch und mit Aktionen anzureichern. So kann eine Telefonnummer in einem Adressbuch direkt zum Wählen auf dem IP-Telefon verwendet werden oder der Name einer Person innerhalb einer Applikation direkt zu einem Chat-Fenster mit dieser Person führen.

---

[6] Omnifind ist ein Enterprise Search Product von IBM.

Team Spaces

Ein interessantes Beispiel für zusammengesetzte Applikationen (engl. composite applications) bietet die Zusammenstellung von Arbeitswerkzeugen für Projektteams (Team Spaces). Projektteams benötigen typischerweise einen gewissen Satz an Werkzeugen zur Planung, Steuerung und Dokumentation des Projektes sowie zur Zusammenarbeit während der Projektdurchführung. Neben diesen häufig benötigten Werkzeugen sind oft noch auf bestimmte Projektaufgaben bezogene Werkzeuge für spezielle Fachdokumentationen und Nachrichten erforderlich.

In einem Portal können diese Werkzeuge für ein Projektteam durch die Erstellung einer Arbeitsumgebung im Portal auf Basis einer Schablone generiert werden. Die Arbeitsumgebung wird dann an die speziellen Bedürfnisse der Entwicklungsmannschaft angepasst. So entsteht für jedes Projekt eine optimierte Arbeitsumgebung, in der die Teammitglieder ihre Aufgaben ausführen können.

WebSphere Everyplace Deployment und Workplace Managed Client

Als zentrale Schnittstelle zwischen den IT-Systemen eines Unternehmens und seinen internen und externen Benutzern entwickeln sich Portale zu universellen Arbeitsplätzen, die alle notwendigen Werkzeuge, Programme und Dienste anbieten, die ein Benutzer zum Erledigen seiner Arbeit benötigt. So entsteht der Wunsch nach einem Portal, mit dem der Benutzer jederzeit und an jedem Ort flexibel seiner Arbeit nachgehen kann. Offline-fähige Portale bieten heute solche Möglichkeiten und tragen damit bei den Anwendern zu weiteren Produktivitätssteigerungen bei. Offline-Portale verbinden die Vorteile einer serverbasierten Verwaltung mit denen der lokal installierten Software.

Für besondere Anwendungsfälle, die die Funktionalitäten eines nativen Anwendungsprogramms auf Windows oder Linux erfordern, wo unter Umständen eine Offline-Fähigkeit benötigt wird, aber auf eine zentrale Verwaltung nicht verzichtet werden sollte, bietet IBM den Workplace Managed Client an.

Dabei handelt es sich um ein auf dem Open-Source-Projekt Eclipse basierenden Programm, in dem auch Portlets lauffähig sind. Es ist eine lokale Datenbank zur lokalen Zwischenspeicherung von Daten vorhanden, die dann, sobald eine Online-Verbindung wieder zur Verfügung steht, synchronisiert werden kann.

2.2.6 Geschäftsprozessintegration im Portal

Geschäftsprozesse definieren, wie verschiedene Systeme und Personen in einem Unternehmen zusammenarbeiten – innerhalb eines Bereiches, über Bereichsgrenzen hinweg oder auch mit Funktionen außerhalb einer Firma.
Da Geschäftsprozesse ein elementarer Bestandteil für eine Firma sind, kann deren falsche Umsetzung sehr problematisch sein.

Während eines Arbeitstages nehmen Angestellte an vielen verschiedenen Prozessen teil. Viele dieser Prozesse sind Routine und die Mitarbeiter mit deren Bearbeitung gut vertraut.

Das macht es mitunter schwer, Änderungen an einem bestehenden Prozess umzusetzen. Allzuoft folgen Anwender weiterhin den gewohnten Abläufen, sodass notwendige Änderungen nur verzögert realisiert werden.

Neben regelmäßig ablaufenden Prozessen wird ein Mitarbeiter aber auch immer wieder selten vorkommende Aktivitäten ausführen. Bei solchen Arbeiten besteht typischerweise keine ausreichende Routine, sodass oft Hilfe bei der Durchführung dieser Arbeiten benötigt wird. Der Mitarbeiter wendet sich an seinen Manager oder einen Help-Desk, um Unterstützung zu erhalten.

Die Umsetzung von Prozessen in IT-Systemen erlaubt es, diesen Problemen zu begegnen. IT-Systeme können helfen, den Mitarbeiter durch die zu erledigenden Arbeiten zu leiten. Unternehmen, die ein Portal als Arbeitsplatz einsetzen, können sich dieses zu Nutze machen und dem Anwender nicht nur Hilfestellung bei der Durchführung der Arbeiten bieten, sondern ihm auch gleich die dafür notwendigen Anwendungen und Services anbieten. Das Portal wird dabei Verwaltungseinheit von persönlichen oder gruppenbezogenen Aufgabenlisten (Task Lists) und Arbeitsumgebung in einem. Durch diese Kombination entsteht die Möglichkeit, bei der Durchführung von Aktivitäten im Zusammenhang mit einem Geschäftsprozess automatisch die Arbeitsumgebung an den Kontext und den Zusammenhang des konkreten Geschäftsvorfalls anzupassen. So kann zum Beispiel eine Anwendung zur Freigabe von Reisen direkt Details der freizugebenden Reise anzeigen, falls notwendig den Manager auf Verfügbarkeit oder den Mangel entsprechender Finanzmittel hinweisen und es ihm erlauben, mit den beteiligten Personen direkt über das Portal in Kontakt zu treten (siehe Abb. 2.12).

WebSphere Portal erlaubt seinen Benutzern an Prozessen, die im WebSphere Process Server definiert und ausgeführt werden, teilzunehmen. Für jede durch einen Benutzer auszuführende Aufgabe (Human Task) innerhalb von Prozessen kann im Portal eine spezielle aufgabenbezogene Seite (Task Page) definiert werden. Aufgabenbezogene Seiten werden von Portaladministratoren als Portalseiten definiert, werden jedoch – im Unterschied zu fest definierten Portalseiten – nicht dauerhaft innerhalb der Navigation des Portals angezeigt. Stattdessen werden sie automatisch erzeugt, sobald eine Aufgabe zur Erledigung ansteht, und wieder aus dem System gelöscht, sobald die entsprechende Aufgabe erledigt ist. Diese dynamische Erzeugung der aufgabenbezogenen Seiten erlaubt es, viele Seiten für die Bearbeitung spezifischer Aufgaben im System zu halten, aber trotzdem die Gesamtanzahl der aktiven, fest definierten Seiten im Portal klein und die Navigation übersichtlich zu gestalten.

Aufgabebezogene Seiten werden dynamisch in das Portal des Benutzers eingefügt und die neu eingefügte Seite mit den notwendigen Daten aus dem Kontext des Geschäftsprozesses vorgefüllt. Es ist sogar möglich, mehrere Versionen der gleichen Seite in unterschiedlichen Kontexten einzufügen. So kann zum

2.2 Unternehmensportale

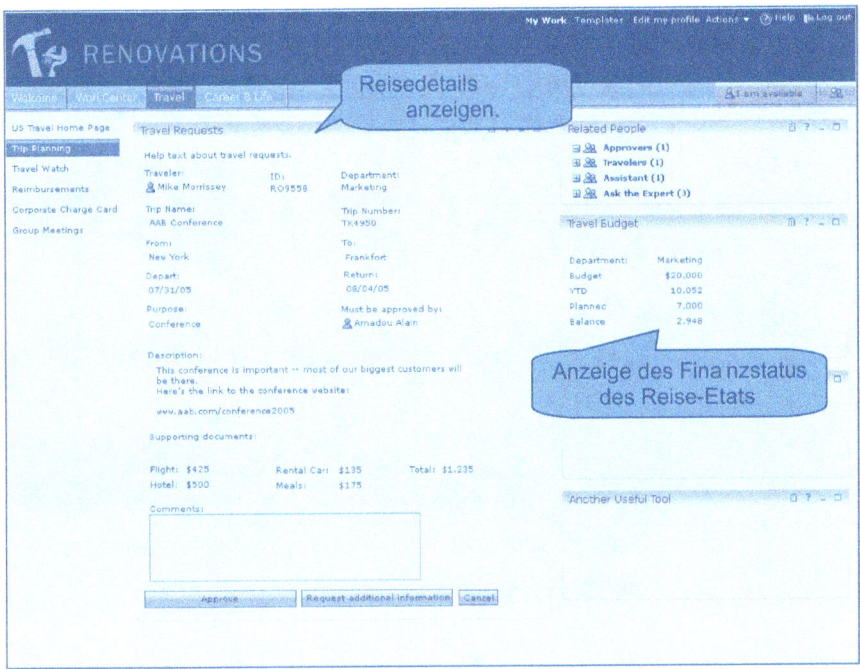

Abb. 2.12. Prozessbeispiel: Reisefreigabe

Beispiel ein Manager gleichzeitig Reisefreigaben für mehrere seiner Mitarbeiter bearbeiten und miteinander vergleichen.

Oft werden Geschäftsprozesse von Beratern (Business-Analysten) definiert und dann von Prozessentwicklern umgesetzt. Dazu werden spezielle Entwicklungswerkzeuge eingesetzt. Diese Werkzeuge setzen eine grafische Repräsentation des Prozesses als Diagramm in eine Prozessmodellierungssprache wie zum Beispiel BPEL[7] um. WebSphere Portal erlaubt die Definition einfacher Prozesse, ohne dazu ein spezielles Werkzeug benutzen zu müssen. Anwender und Administratoren können direkt im Portal Geschäftsprozesse definieren und diese sofort ausführen (siehe Abb. 2.13). Ein Prozess kann damit direkt von den Personen, die ihn für die Erledigung ihrer Aufgaben brauchen, definiert, verändert und erweitert werden. So ist es möglich, Prozesse flexibel an Änderungen anzupassen, aktuell zu halten und neue Prozesse zeitgerecht einzuführen.

Wir hoffen mit diesem Überblick ein grundlegendes Verständnis für die Geschichte, Zielsetzung und Möglichkeiten von Portalen als zentralen IT-Infrastrukturbestandteil gegeben zu haben.

---

[7] Business Process Execution Language

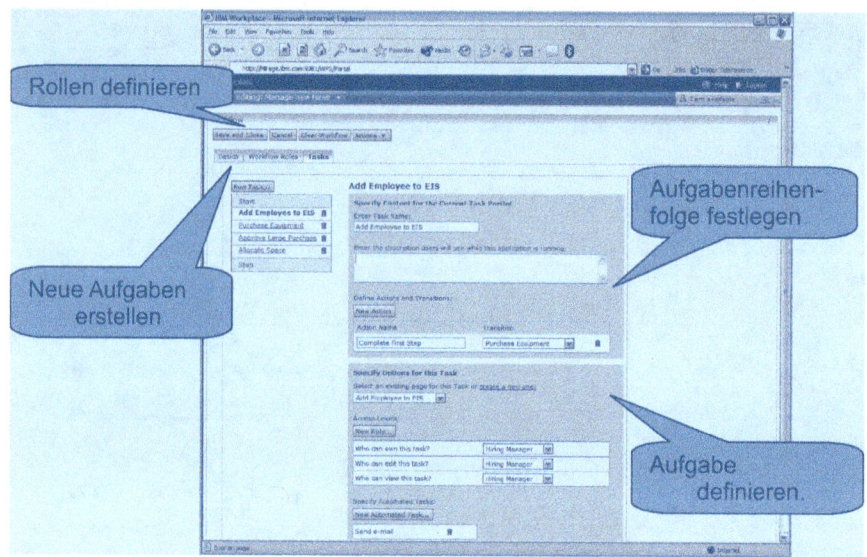

Abb. 2.13. Definieren der Geschäftsprozesse

2.3 Workflow von IBM: Eine Reise aus den Weiten des Weltalls ins Zentrum des On-Demand-Universums

Matthias Kloppmann, Dieter König, Gerhard Pfau, Michael Scheible und in memoriam Robert Junghuber (1958-2005)

2.3.1 Einleitung

Beim Begriff *Workflow* (Arbeitsablauf) geht es um die Abfolge von Arbeitsschritten in Organisationen oder Systemen. Die Wurzeln von Workflow gehen auf den Anfang des 20. Jahrhunderts zurück, als Frederick Taylor den Begriff der Arbeitsteilung prägte [T11]. Viele Jahre später, in den 90-er Jahren, wurden vergleichbare Ideen auf die „White-Collar"-Welt angewandt, als Michael Hammer, James Champy und andere danach strebten, Unternehmen durch die grundlegende Umgestaltung von Geschäftsprozessen (Business Process Reengineering) [HC93] wettbewerbsfähiger zu machen. Im neuen Jahrtausend erfuhr der Begriff Workflow nochmals eine andere Deutung: Workflow und die mit ihm verbundene Vorgangssteuerung zählten nun zu den wichtigsten Faktoren, die modernen Unternehmen die flexiblere Anpassung ihrer Geschäftsprozesse an die sich rasch ändernden Anforderungen einer globalisierten Welt ermöglichen und sie so zu „On-Demand-Unternehmen" werden lassen.

IBM und insbesondere das IBM Entwicklungszentrum in Böblingen bei Stuttgart spielten eine maßgebliche Rolle bei der Entwicklung der Workflow-Technologie. Dieser Artikel gibt einen Überblick über die wichtigsten Beiträge, die IBM in den vergangenen Jahrzehnten in diesem Bereich geleistet hat.

2.3.2 Was ist Workflow?

In [WFSysJrnl] beschreiben Leymann und Roller die Bedeutung *workflowbasierter Anwendungen* im Kontext des Business Process Reengineering. Sie unterscheiden in [LR00] zwischen *Geschäftsprozessen* als Vorgänge (Abläufe, Schritte oder Aktivitäten), die in Unternehmen in der täglichen Praxis – in der Regel wiederholt – ablaufen, und den Mustern, auf denen diese Geschäftsprozesse basieren. Diese Muster bezeichnen sie als *Prozessmodelle*. *Workflows* betrachten sie als Geschäftsprozesse, die auf Computersystemen ausgeführt werden.

Die Entwicklung von workflowbasierten Anwendungen wird durch Werkzeuge unterstützt. Die grafische *Modellierung* von Workflows ist eines der gängigsten Elemente solcher Entwicklungswerkzeuge. Das Konzept der Modellierung bezieht sich dabei auf die *Geschäftsebene* und die *Implementierungsebene*. Die *Geschäftsebene* befasst sich mit Elementen wie Organisationseinheiten und manuellen oder automatisierten Arbeitsschritten im Workflow aus der Sicht eines Geschäftsanalytikers. Die *Implementierungsebene* beschäftigt sich mit dem Steuerungsfluss, dem Datenfluss und den Aktivitäten auf technischer Ebene, die aus der Sicht eines Softwareentwicklers zur Implementierung und Ausführung von Workflows über die Software erforderlich sind.

Es gibt eine weitere wichtige Unterscheidung im Workflow-Bereich: Die Definition und Entwicklung von workflowbasierten Anwendungen beruht häufig auf der Metapher der *Komposition* von Geschäftsprozessen aus elementaren Services und kann daher als „*Programmierung im Großen*" klassifiziert werden, während die Entwicklung dieser elementaren Services selbst anderen bekannten Softwaredesignmethoden, beispielsweise der objektorientierten Analyse und Entwicklung, folgt und als „*Programmierung im Kleinen*" betrachtet werden kann.

Workflows können nach ganz unterschiedlichen Merkmalen *klassifiziert* werden. [LR00] beschreibt eine häufig verwendete Klassifizierung, die auf den beiden Charakteristiken „geschäftlicher Nutzen" und „Wiederholungshäufigkeit" basiert:

- *Kollaborative oder teambasierte Workflows* beruhen auf Interaktionen von Personen. Sie zeichnen sich durch hohen geschäftlichen Nutzen aus, werden jedoch meist nur einige Male ausgeführt.
- *Ad-hoc-Workflows* sind spontane, benutzerbasierte Workflows, die einen geringen geschäftlichen Nutzen und eine geringe Wiederholungsrate aufweisen.

- *Administrative Workflows* kommen normalerweise in Administrationsszenarien vor. Auch sie sind von geringem geschäftlichem Nutzen, jedoch ist ihr Wiederholungsfaktor hoch.
- *Produktions-Workflows* führen Kerngeschäftsprozesse in einem Unternehmen oder einer anderen Institution aus. Sie verfügen über einen hohen geschäftlichen Nutzen und einen hohen Wiederholungsfaktor.

Auf der Basis des Geltungsbereichs der Abläufe in einem Workflow lassen sich drei weitere Arten von Workflows unterscheiden:

- *Anwendungsinterne Workflows* befassen sich mit der Abfolge von Arbeitsschritten innerhalb einer bestimmten Anwendung.
- *Anwendungsübergreifende Workflows* steuern die Abfolge von Arbeitsschritten in unterschiedlichen Anwendungen wie zum Beispiel in einem EAI-Kontext (Enterprise Application Integration).
- *Unternehmensübergreifende Workflows* handhaben die Abfolge von Arbeitsschritten zwischen Unternehmen, in der Regel in Business-to-Business-Szenarien.

Abhängig von der Art der Arbeitsschritte in einem Workflow kann man weitere Varianten unterscheiden:

- *Automatische Workflows* steuern die Abfolge automatisierter Arbeitsschritte, während *manuelle Workflows* die Abfolge der von Benutzern durchgeführten Arbeitsschritte steuern. Sehr häufig findet sich jedoch eine Kombination beider Varianten. Wenn beispielsweise eine Ausnahmebedingung eintritt oder eine wichtige Geschäftsentscheidung getroffen werden muss, kann ein manueller Workflow innerhalb eines ansonsten vollautomatischen Workflows aufgerufen werden.
- *Generische Workflows* sind „blind" gegenüber dem Typ strukturierter oder unstrukturierter Informationen, die über einen Workflow weitergeleitet oder von einem Workflow gesteuert werden. Im Gegensatz dazu werden *dokumentorientierte* oder, allgemeiner formuliert, *inhaltsorientierte Workflows* dafür verwendet, den Fluss von Dokumenten, Formularen oder anderen Inhalten in einem Geschäftsprozess zu beschreiben. Die Automatisierung der Dokumentverarbeitung war einer der ersten Einsatzbereiche von Workflow-Lösungen in der Geschichte der Informationstechnologie.

Berücksichtigt man die Lebensdauer von Workflows, lässt sich eine weitere Unterscheidung treffen:

- *Workflows mit kurzer Laufzeit* beschreiben Arbeitsabläufe, die nur von sehr kurzer Dauer sind, zum Beispiel Sequenzen von Arbeitsschritten, die nur eine einzige Transaktion umfassen (sogenannte *Microflows*).
- *Workflows mit langer Laufzeit* beschreiben Arbeitsabläufe, die länger andauern, beispielsweise Geschäftsprozesse, die konkrete Anwendungsszenarien wie zum Beispiel den Lebenszyklus eines Kredits von dessen Beantragung bis zu seiner Abzahlung begleiten. Ein solcher Workflow kann mehrere Tage, Monate oder gar Jahre dauern.

Das Format, in dem Workflows beschrieben werden, lässt eine weitere Unterscheidung zu:

- *Gerichtete Graphen* sind ein sehr häufig benutztes Format. Sie verwenden Knoten, um die Arbeitsschritte in einem Workflow und die während dieser Schritte eingeleiteten Maßnahmen zu beschreiben, und Kanten zwischen diesen Knoten, um den Steuerungsfluss darzustellen.
- *Zustandsmaschinen* sind eine weitere Möglichkeit zur Beschreibung von Workflows. Sie verwenden Knoten zur Beschreibung der Zustände in einem Workflow und Kanten zwischen diesen Knoten zur Darstellung der Übergänge zwischen Zuständen, einschließlich der durchgeführten Maßnahmen während solcher Übergänge.

Gerichtete Graphen und Zustandsmaschinen sind in ihrer Ausdrucksfähigkeit größtenteils gleichwertig, sodass eine Zustandsmaschine in der Regel in einen entsprechenden gerichteten Graphen abgebildet werden kann und umgekehrt.

Einer der faszinierendsten Aspekte von Workflow ist die enorme Anzahl an *Workflow-Szenarien*, die in der täglichen Praxis vorzufinden sind. Hier einige Beispiele:

- Im Bereich *Enterprise Application Integration (EAI)* werden Workflows verwendet, um den Transaktionsfluss zwischen Anwendungen zu beschreiben und zu steuern – beispielsweise um eine Kundenbestellung zu bearbeiten, an der unterschiedliche Anwendungen beteiligt sind.
- In einem *Business-to-Business-Kontext (B2B)* werden Workflows für das Management der Abfolge von Arbeitsschritten zwischen Unternehmen eingesetzt, um so einen Auftrag zwischen zwei Unternehmen zu bearbeiten.
- In einem Szenario *manueller Workflows* werden Workflows für das Management der einzelnen Arbeitsschritte verwendet, die ein Mitarbeiter als Teil eines Geschäftsprozesses durchführen muss, einschließlich der Benutzerinteraktion zwischen dem Mitarbeiter und den zur Unterstützung des Workflows erforderlichen Systemen.
- *Kollaborative oder teambasierte Workflows* sind eine spezielle Variante manueller Workflows, bei der Teams zusammenarbeiten, um ein gemeinsames Geschäftsziel zu erreichen. Kollaborative Workflow-Szenarien folgen manchmal keinen vordefinierten, statischen Abläufen, sondern erfordern die dynamische Erzeugung von Ad-hoc-Schritten, während sie ausgeführt werden.
- In einem *ECM-Kontext (Electronic Content Management)* werden Workflows zur Steuerung des Dokumentenflusses innerhalb eines Unternehmens, zum Beispiel als Teil eines Freigabeprozesses, verwendet.
- Im Bereich der *Informationsintegration* steuern Workflows den Datenfluss zwischen unterschiedlichen, häufig heterogenen Systemen.
- Im Bereich des *Systemmanagements* ermöglichen Workflows die Automatisierung von Jobs, die bei der Systemautomatisierung oder im Rahmen der Bereitstellung von Systemressourcen erforderlich sind.

- Allgemeiner betrachtet sind Workflows der wichtigste Bestandteil des *Geschäftsprozessmanagements (Business Process Management, BPM)*, das sich mit der Definition, Ausführung und Überwachung von Geschäftsprozessen sowie deren kontinuierlicher Anpassung und Verbesserung auf der Basis geschäftlicher Ziele und Messgrößen befasst. Dabei können weitere BPM-Komponenten wie Geschäftsregeln oder wieder verwendbare Services in Verbindung mit Workflows eingesetzt werden.
- Ein weiterer Bereich, in dem Workflows zum Einsatz kommen, sind *serviceorientierte Architekturen (SOA)*. Dabei handelt es sich um einen Architekturstil in der Informationstechnologie, der ein Unternehmen als miteinander verbundene Services integriert [SOA]. Services sind in diesem Zusammenhang wiederholbare und wieder verwendbare Geschäftsaufgaben wie die Einrichtung eines Kontos oder die Prüfung eines Kundenkredits. *Durch den Einsatz von Workflows können ganze Geschäftsprozesse aus Services zusammengesetzt werden, und diese Geschäftsprozesse können wiederum als neue Services angeboten werden.* Damit hat sich Workflow in letzter Zeit zum entscheidenden Bindeglied zwischen SOA und BPM entwickelt und dadurch eine neue und größere Bedeutung gewonnen.

2.3.3 Die Geschichte der IBM-Workflow-Produkte im Überblick

Die Ursprünge der IBM-Workflow-Produkte gehen auf verschiedene Technologien der Mainframe-Ära zurück, auch wenn die entsprechenden Produkte in jenen Anfangstagen noch nicht unter der Bezeichnung „Workflow" angeboten wurden.

Mitte der 90-er Jahre war *IBM FlowMark* das erste Produkt, das auf die Anforderungen eines neu entstehenden „Workflow"-Marktsegments abzielte.

Auf der Basis der Erfahrungen aus dieser Frühphase entwickelte IBM die nächste Generation, *IBM MQSeries Workflow*, die 1998 auf den Markt kam und später in *IBM WebSphere MQ Workflow* umbenannt wurde.

Die dritte Generation entstand 2002 um den *Process Choreographer* in *IBM WebSphere Enterprise*. Sie übertrug die Workflow-Idee auf die IBM J2EE-Plattform, den *IBM WebSphere Application Server*. Zum ersten Mal wurden Workflow und J2EE, zwei zum damaligen Zeitpunkt wichtige Konzepte der Informationstechnologie, vereint. Schon bald erkannte IBM, wie wichtig branchenweite Standards für den Workflow-Bereich sind. Gemeinsam mit anderen bedeutenden Unternehmen der Branche entwickelte IBM die *Business Process Execution Language for Web Services (WS-BPEL)* und brachte 2005 eines der ersten Angebote auf der Basis dieses neuen Standards auf den Markt – den *Business Process Choreographer* im *IBM WebSphere Process Server*, die bis dato neueste Generation von IBM-Workflow-Produkten. Tabelle 1 vergleicht einige der wichtigsten Merkmale der verschiedenen IBM-Workflow-Systeme.

Tabelle 2.1. Drei Generationen von IBM-Workflow-Systemen im Vergleich

	IBM FlowMark	IBM MQSeries Workflow / IBM WebSphere MQ Workflow	Business Process Choreographer im IBM WebSphere Process Server
Umfang	• Manuelle und automatische Workflows	• Manuelle und automatische Workflows	• Manuelle und automatische Workflows • Workflows mit langer und kurzer Laufzeit • B2B-Prozesse
Architektur	• Grafisches Buildtime-Tool • Runtime auf der Basis von ObjectStore (einer objektorientierten Datenbank) und TelePath (einer proprietären Kommunikationsschicht) • Programmausführung auf dem Client über den Program Execution Agent	• Grafisches Buildtime-Tool • Skalierbare/zuverlässige Runtime auf der Basis einer relationalen Datenbank (DB2 oder Oracle) und MQ-Messaging • Anwendungsintegration über den (benutzerdefinierten) Programmausführungsserver (auf MQ-Basis)	• WebSphere Integration Developer: auf Eclipse basierendes Grafiktool • Runtime auf der Basis von WebSphere Application Server und integriertem Messaging • Unterstützung aller wichtigen Datenbanken • Serviceintegration über die Servicekomponentenarchitektur (Service Component Architecture, SCA)
Standards	• FDL-basierte Prozessdefinition (proprietär) • Referenzmodell der Workflow Management Coalition • Integrierte Personal- und Organisationsdefinition (proprietär)	• FDL-basierte Prozessdefinition (proprietär) • Referenzmodell der Workflow Management Coalition • Integrierte Personal- und Organisationsdefinition (proprietär) mit einer Verbindung zu LDAP-Verzeichnissen	• Prozessdefinition auf der Basis des WS-BPEL-Standards • WS-BPEL-Erweiterungen für Benutzertasks, Java-Snippets und andere • Zugriff in Echtzeit auf LDAP-Verzeichnisse für Personal- und Organisationsdaten
Plattformen	• Server: OS/2, Windows NT, AIX, HP-UX • Client: Windows 3.1/95/NT, OS/2, Lotus Notes	• Server: Windows NT/2000/XP, AIX, Solaris, HP-UX, z/OS • Client: Windows, web- und portalbasiert	• Server: Windows XP, Linux, AIX, Solaris, HP-UX, z/OS • Client: web- und portalbasiert

Workflow-Vorgänger

Sprachen für das Scripting von Anwendungsprogrammen in größere Einheiten, sogenannte *Jobs,* gab es schon, bevor die Workflow-Terminologie eingeführt wurde. Ein bekanntes Beispiel ist die *Job Control Language (JCL)* für die Beschreibung von Batch-Jobs, die auf dem Mainframe-Betriebssystem z/OS (zuvor OS/390 und MVS) ausgeführt und als besondere Form von Geschäftsprozessen angesehen werden können. Zu den von der JCL bereitgestellten Sprachkonstrukten gehören der Batch-Job selbst (JOB), das Aufrufen der Anwendung (EXEC), der Datenfluss (DD) und die bedingte Ausführung (COND).

Anfang der 90-er Jahre kam eine Reihe von Produkten auf den Markt, die als Vorgänger der Workflow-Produkte gelten können, viele davon für die z/OS-*CICS*-Umgebung *(Customer Information Control System)*. Beispiele hierfür sind *Application Integration Feature (AIF)* und *Message-Driven processing (MDp) for MVS*. Dabei handelt es sich um Nachrichtenbroker, die einfache Abfragen von einem Client in mehrere untergeordnete Anforderungen an andere Server oder Anwendungen aufteilen und anschließend die zurückgesendeten Daten wieder zu Antworten für den Client zusammensetzen.

Die erste Generation: IBM FlowMark

Anfang der 90-er Jahre erkannten die IBM-Softwarearchitekten und Produktmanager den Bedarf an dedizierter Workflow-Software und die damit verbundene wachsende Geschäftschance. Ein Team des IBM-Softwareentwicklungszentrums in Wien und des IBM Entwicklungszentrums in Böblingen entwickelte die Konzepte und den Prototypcode für das erste IBM-Workflow-Produkt, das 1994 auf dem Markt eingeführt wurde: *IBM FlowMark*.

Die Architektur von FlowMark unterschied erstmals zwischen einem benutzerfreundlichen grafischen Modellierungstool *(Buildtime)* für die Prozessdefinition und einer *Runtime*-Umgebung auf Client/Server-Basis für die Prozessausführung.

Die Grundlage der Prozessdefinition bildete die *Flow Definition Language (FDL)*, eine neue, auf Tags basierende Markup-Sprache, mit der die speziellen Anforderungen zur Beschreibung ausführbarer Workflows ausgedrückt werden konnten. Das Buildtime-Tool war in der Lage, FDL zu importieren und zu exportieren. Die Runtime-Komponenten unterstützten die Ausführung von FDL-basierten Workflows über eine Importfunktion. Zur Unterstützung von manuellen Workflows in IBM FlowMark gehörte eine leistungsstarke Staff-Resolution-Funktion, mit der *„die richtigen Aufgaben zur richtigen Zeit den richtigen Mitarbeitern"* zugewiesen werden konnten. Die Unterstützung für automatische Workflows beschränkte sich auf die Funktion zum Starten von Software auf dedizierten Knoten in einem Netzwerk über sogenannte *Program Execution Agents*.

Sowohl das Buildtime-Tool als auch die Runtime-Umgebung von IBM FlowMark nutzten ein innovatives objektorientiertes Design, wurden in C++ geschrieben und basierten auf einer objektorientierten Datenbank namens *ObjectStore* von *ODI Inc.*, mit der es relativ einfach war, einen komplexen Workflow nach dessen Definition im Buildtime-Tool persistent abzuspeichern. Wie sich jedoch später herausstellte, schränkte die objektorientierte Datenbank nicht nur den Durchsatz während der Ausführung, sondern auch die Anzahl und Größe der Workflow-Instanzen ein.

Die Kommunikation zwischen den Runtime-Komponenten in FlowMark erfolgte auf der Grundlage einer proprietären Kommunikationsschicht mit der Bezeichnung *TelePath*, die TCP/IP und APPC als zugrunde liegende Kommunikationsprotokolle unterstützte.

AIX, OS/2 und Windows 3.1 (Letzteres nur auf Clientseite) waren die ersten Plattformen, die von FlowMark unterstützt wurden. Mitte der 90-er Jahre unterstützte FlowMark zudem als eines der ersten IBM-Produkte Windows NT als Server- und Client-Plattform.

Anfangs war es nicht so einfach, wie es heute scheinen mag, die richtigen Marktsegmente und Markteinführungsstrategien für IBM FlowMark zu finden. Das Konzept „Workflow" im Allgemeinen war innerhalb von IBM und auf dem Markt noch kaum bekannt. Die ersten Kunden versuchten in diesen Anfangstagen, IBM FlowMark für sehr unterschiedliche Szenarien einzusetzen, wie beispielsweise für die teambasierte Anwendungsentwicklung, für die Entscheidungsfindung in Arbeitsgruppen und für dokumentorientierte Workflows in Verbindung mit Bildmanagementsystemen.

Die ersten Kunden wandten IBM FlowMark auf ihre Kerngeschäftsprozesse an und erzielten enorme geschäftliche Vorteile aus diesen frühen Workflow-Projekten. Da IBM Mitte der 90-er Jahre ein spezielles Vertriebsteam für Workflow-Produkte in den USA zusammengestellt hatte, stammten die meisten der insgesamt mehreren hundert Kunden, die IBM FlowMark kauften, aus den USA. Aus Branchensicht lag ein Schwerpunkt auf der Versicherungsbranche, da in dieser Zeit viele Versicherungsunternehmen versuchten, ihre papierbasierten Geschäftsabläufe durch den Einsatz von Workflow- und Bildmanagementsoftware zu automatisieren.

Eines der größten Versicherungsunternehmen in den USA wurde so zum größten Kunden von IBM FlowMark. Das Unternehmen setzte die Software zur Automatisierung der Schadensbearbeitung bei Feuer-, Kfz- und Elementarschadenversicherungen ein und profitierte dank der IBM-Workflow-Lösung von beachtlichen und messbaren Steigerungen der Produktivität sowie deutlichen Kosteneinsparungen. Die Implementierung bei diesem Kunden basierte auf verteilten AIX-Servern in Verbindung mit Tausenden von Windows NT-basierten kundenspezifischen Clients auf der Grundlage der leistungsstarken Anwendungsprogrammierschnittstellen (APIs) in IBM FlowMark. Die Implementierung versetzte die Mitarbeiter der Versicherung in die Lage, ihre Aufgaben durch die workflowbasierte Schadensbearbeitung effizienter zu erledigen.

Die zweite Generation: IBM MQSeries Workflow / IBM WebSphere MQ Workflow

Mitte der 90-er Jahre wurde deutlich, dass IBM FlowMark die Anforderungen an ein für den Einsatz im Produktionsbetrieb geeignetes Workflow-Management-System nicht voll erfüllen konnte. Bei steigender Nachfrage nach EAI-Software (Enterprise Application Integration) und einer immer stärkeren Abhängigkeit der Kunden von der Workflow-Technologie offenbarten sich Probleme mit der Zuverlässigkeit und Skalierbarkeit von IBM FlowMark, die von der zugrunde liegenden Technologie verursacht wurden, zum Beispiel der objektorientierten Datenbank und der selbst entwickelten Kommunikationsschicht. Dies führte zu einer Neukonzeption des Workflow-Systems auf der Basis bewährter Technologie. *IBM MQSeries Workflow* implementiert deshalb Workflow-Funktionen mit einem Systemdesign, das für hohe Verfügbarkeit und Skalierbarkeit sorgt, die man bislang nur von etablierten z/OS-Subsystemen kannte. Als IBM-Workflow-Management-System der nächsten Generation erfüllt MQSeries Workflow betriebliche Anforderungen, die sich unter dem Begriff „Produktions-Workflow" zusammenfassen lassen.

Dazu gehören Transaktionsmerkmale und Aspekte bezüglich der Zuverlässigkeit: Jeder Schritt wird nur genau einmal ausgeführt, der Prozess darf niemals in einen inkonsistenten Zustand versetzt werden, Nachrichten dürfen niemals verloren gehen. Auch die hohe Verfügbarkeit des Workflow-Systems ist Teil dieser Anforderungen, da die Kunden zunehmend rund um die Uhr für ihre eigenen Kunden erreichbar sein mussten. Außerdem ist das System äußerst skalierbar – ohne konzeptionell bedingte Einschränkungen in Bezug auf die unterstützte Anzahl an Prozessen oder Benutzern, die mit diesen Prozessen arbeiten.

Die Implementierung von MQSeries Workflow basiert auf *stratifizierten Transaktionen*. Geschäftsprozesse mit langer Laufzeit werden als eine Sequenz (oder mehrere gleichzeitig ablaufende Sequenzen) kleinster Schritte ausgeführt, die durch Nachrichten miteinander verkettet werden. Jede Workflow-Transaktion wird von einer Nachricht ausgelöst, führt Updates des Runtime-Zustands der Prozessinstanz durch und erstellt Nachrichten, die wiederum nachfolgende Transaktionen auslösen.

Die MQSeries Workflow-Server verwenden eine relationale Datenbank (DB2, später auch Oracle) als Speicher des Workflow-Prozesszustands und ein Message-Queuing-System (MQSeries) als gemeinsamen Kommunikationsbus für Nachrichten, die Workflow-Transaktionen miteinander verketten, sowie für Interaktionen mit der „Außenwelt". Alle Operationen, die auf die Datenbankressourcen und die Warteschlangenressourcen zugreifen, bleiben garantiert konsistent, da sie unter der Kontrolle eines Transaktionskoordinators ausgeführt werden. Mehrere MQSeries Workflow-Serverinstanzen können in einem Cluster zusammengefasst werden, um hohe Verfügbarkeit zu erreichen. Das HACMP-Failover-Management wird ebenso wie z/OS Parallel Sysplex-Umgebungen unterstützt.

In MQSeries Workflow werden Geschäftsprozesse mithilfe eines eigenständigen grafischen Authoring-Tools mit der Bezeichnung *Buildtime* erstellt. Dieses Tool war das erste Prozess-Authoring-Tool für die Windows-Plattform und basierte auf Microsoft VisualBasic- und ActiveX-Technologie. Es bietet Mehrbenutzerunterstützung und verwendet DB2 als Persistenzschicht. Aus der Buildtime-Komponente werden die Prozessmodelle dann in die Runtime-Datenbank importiert, um sie für den Einsatz im Produktionsbetrieb zur Verfügung zu stellen.

Die Runtime-Umgebung von MQSeries Workflow enthält zahlreiche APIs für eine Vielzahl verschiedener Client-Interaktionen mit Geschäftsprozessmodellen und den daraus erstellten Prozessinstanzen. Runtime-Clients, die diese Services nutzen, können in vielen verschiedenen Programmiersprachen implementiert werden. Client-Implementierungen wurden für Microsoft Windows bereitgestellt, einschließlich einer ActiveX-Schnittstelle für kundenspezifische Clients. Angesichts der raschen Ausbreitung des Internets und der zugehörigen webbasierten Technologien wurden neue Client-Technologien zu MQSeries Workflow hinzugefügt, das zu jener Zeit dann in *WebSphere MQ Workflow* umbenannt wurde. Client-Interaktionen werden per Web-Browser unterstützt, einschließlich der Unterstützung für Portale. Schließlich wurden XML-basierte Nachrichtenschnittstellen für Client-Server- und Server-Backend-Interaktionen veröffentlicht (sogenannte *„benutzerdefinierte Programmausführungsserver"*).

MQSeries Workflow ist für verschiedene Betriebssystemplattformen verfügbar, darunter mehrere Versionen von Windows, z/OS, AIX, HP UX und Sun Solaris. Eine clientseitige Linux-Unterstützung wurde vor kurzem ergänzt. In der z/OS-Umgebung profitiert das Workflow-System von den traditionellen Stärken des Betriebssystems, beispielsweise den Workload-Management- (WLM) oder Sicherheitsfunktionen (RACF). Eine dedizierte Workflow-Komponente, die man als *Programmausführungsserver* bezeichnet, verbindet Workflow-Prozesse direkt mit Geschäftsanwendungen, die in CICS- oder IMS-Subsystemen ausgeführt werden.

Zur Unterstützung *manueller Workflows* hat MQSeries Workflow viele Funktionen seines Vorgängers, IBM FlowMark, übernommen und erweitert. Die ersten beiden IBM-Workflow-Generationen basierten auf integrierten Personaldatenbanken, die Definitionen für Benutzer, Rollen und Organisationseinheiten enthielten. Da die Kunden zunehmend eigene, häufig unternehmensweite Verzeichnisse außerhalb von MQSeries Workflow verwendeten, wurde eine sogenannte *LDAP-Bridge* zum Produkt hinzugefügt. Die LDAP-Bridge erlaubt die Synchronisation von Daten zwischen LDAP-Verzeichnissen und der Personaldatenbank in MQSeries Workflow.

MQSeries Workflow wurde als Bestandteil der *IBM MQSeries*-Produktfamilie vermarktet. Die MQSeries-Produktfamilie bildete eine „Pyramide" verschiedener Produkte: Auf der untersten Ebene befand sich *MQSeries*, die marktführende Plattform für unternehmensweites Messaging, die die Integration zwischen unterschiedlichen Anwendungen, Systemen und Plattformen ermöglichte. Das Produkt auf der mittleren Ebene der Pyramide, der *MQSeries Integrator*, fungierte als zentraler Broker für die Verbindung heterogener Systeme. An der Spitze der Pyramide stand *MQSeries Workflow*, das Produkt für die Definition, Ausführung und Integration von Geschäftsprozessen. MQSeries Workflow unterstützte manuelle und automatisierte Workflows und nutzte MQSeries als Messaging-Engine (wie auch der MQSeries Integrator).

Viele der MQSeries-Kunden sehen MQSeries Integrator und MQSeries Workflow als natürliche Erweiterungspfade für die Implementierung leistungsfähiger

Integrationsszenarien. Eine ganze Reihe von Kunden setzt MQSeries Integrator und MQSeries Workflow zusammen ein, wobei MQSeries Integrator in der Regel für die vollautomatische, nachrichtenbasierte Verarbeitung von Arbeitsschritten verwendet wird, während MQSeries Workflow für die Ausnahmeverarbeitung durch manuelle Workflows eingesetzt wird.

In einer späteren Ausbauphase der MQSeries-Produktfamilie wurden die MQSeries-Produkte umbenannt und unter dem Namen der erfolgreichen Marke *IBM WebSphere* angeboten. Im Fall von MQSeries Workflow, das danach als *WebSphere MQ Workflow* (häufig als *MQ Workflow* abgekürzt) bezeichnet wurde, passte diese Namensänderung aus technischer Sicht hervorragend. Denn alle Web-Client- und Web-Service-Funktionen, die zum damaligen Zeitpunkt zum Produkt hinzugefügt wurden, basierten auf dem WebSphere Application Server. Aus der IBM MQSeries-Produktfamilie entstand zu jener Zeit die *IBM WebSphere Business Integration*-Plattform.

Einen weiteren wichtigen Meilenstein in der Entwicklung von MQ Workflow markierte die Zusammenarbeit mit *Holosofx*, einem Unternehmen, das sich auf Tools für das Business Process Management (BPM) spezialisiert hatte. Holosofx begann 1998 mit Unterstützung des deutschen IBM Entwicklungszentrums mit der Entwicklung der *Holosofx BPM Workbench*. Mit diesem leistungsstarken Tool konnten Kunden Geschäftsprozessmodelle auf der Ebene eines Geschäftsanalytikers definieren, die Prozessausführung auf der Basis der Ressourcenverfügbarkeit simulieren und diese Prozessmodelle auf Geschäftsebene zu ausführbaren Workflow-Modellen für MQ Workflow verfeinern. Aus der Partnerschaft mit Holosofx entstand außerdem der *Holosofx BPM Monitor*, der die grafische Überwachung wichtiger Leistungsindikatoren (beispielsweise der Ausführungsdauer von Geschäftsprozessen, die in MQ Workflow ausgeführt werden) erlaubte. Dadurch konnten Prozessmerkmale wie die geplante Ausführungsdauer mit den tatsächlichen Ausführungsergebnissen verglichen und Engpässe festgestellt werden. Zum ersten Mal in der Geschichte boten IBM und Holosofx Kunden die Möglichkeit, eine durchgängige Funktionalität für das Design, die Inbetriebnahme, Überwachung und Verbesserung von Geschäftsprozessen zu implementieren. Damit wurde im Business Process Management „der Kreislauf geschlossen", wie dieser Schritt häufig gewertet wurde. Holosofx wurde 2002 von IBM übernommen, und die Holosofx-Produkte wurden als IBM-Produkte in das *IBM WebSphere Business Integration*-Portfolio eingebunden.

Mit dem Erfolg des Internets und der Ausbreitung des E-Business um die Jahrtausendwende wurde klar, dass Workflow eine sehr viel größere Rolle im IT-Umfeld spielen würde: Die meisten E-Business-Szenarien erforderten die Verknüpfung mit Geschäftsprozessen, um Kundenanfragen zu beantworten, Bestellungen zu bearbeiten oder eine Verbindung zwischen Geschäftspartnern herzustellen. Die Workflow-Technologie wurde zur Schlüsseltechnologie für die Verbindung der internetfähigen „Frontends" mit den Geschäftsprozessen, die am „Backend" ausgeführt wurden. E-Business wurde von einer Vision zur Realität, und Workflow spielte eine immer wichtigere Rolle bei der Implementierung von E-business.

Ein weniger offensichtlicher Trend, der sich zu diesem Zeitpunkt abzeichnete, war die Kombination von Workflow mit *objektorientierten Technologien* wie CORBA und COM sowie mit *Komponententechnologien* wie J2EE und .NET. Aus technischer Sicht waren Workflows zu jener Zeit bereits in der Lage, den Kontroll- und Datenfluss zwischen Objekten und Komponenten zu steuern. Aufgrund fehlender herstellerübergreifender Standards und unterschiedlicher Komponententechnologien spielte diese Kombination Ende der 90-er Jahre jedoch noch eine untergeordnete Rolle.

Mit mehr als 1200 Kundeninstallationen weltweit, die wiederum unzählige Benutzerarbeitsplätze umfassten, erwies sich MQ Workflow als immenser Erfolg auf dem Markt. Kunden aus der Bank- und Finanzbranche implementierten Prozesse wie Kundenservice, Kredit- und Hypothekenbearbeitung, Kontoverwaltung und Verarbeitung von Finanztransaktionen. Versicherungen nutzten das Produkt zur Unterstützung der Risikoeinschätzung und zur Schadensbearbeitung. Telekommunikationsunternehmen richteten komplexe Provisioning-Prozesse ein, während Kunden aus dem öffentlichen Sektor administrative Prozesse mit MQ Workflow implementierten. Callcenter verwendeten MQ Workflow, um Prozesse zur Beantwortung eingehender Kundenanfragen zu initiieren und zu steuern.

So setzte eine US-Eisenbahngesellschaft MQ Workflow ein, um den Bahnbetrieb als komplexes Netz zusammenhängender Geschäftsprozesse zu steuern. Eine große Bank in Kanada nahm Tausende von Web-Clients auf MQ Workflow-Basis in Betrieb, um allen Mitarbeitern die Initiierung von und die Interaktion mit Kerngeschäftsprozessen zu ermöglichen. Eine andere Bank implementierte kritische Geschäftsprozesse, die über das Internet oder durch Callcenter-Agents initiiert wurden, und replizierte diese Implementierung in einer großen Anzahl an Filialen. Dieses Konzept wurde als „bank in a box" bekannt. Bei all diesen Implementierungen standen folgende geschäftlichen Ergebnisse im Vordergrund:

- Größere Effizienz und Benutzerproduktivität, höheres Maß an Automatisierung und kürzere Zykluszeiten
- Besserer Kundenservice durch schnellere Reaktionsfähigkeit, mehr Genauigkeit und weniger Fehler in der Sachbearbeitung
- Bessere Managementkontrolle durch größere Transparenz von Geschäftsprozessen, geringere Anzahl an unautorisierten Aktivitäten und Einhaltung von gesetzlichen Standards und Prüfanforderungen

Der Einsatz von Workflow wurde so zu einem wichtigen Wettbewerbsfaktor für Unternehmen, die sich im Markt erfolgreich behaupten wollten.

Die dritte Generation: Business Process Choreographer in IBM WebSphere

Ende der 90-er Jahre lösten verschiedene Einflussfaktoren eine Initiative aus, Workflow-Funktionen auf Basis des *WebSphere Application Server* bereitzustellen [BPCSysJrnl]. Die Komponente, die diese Funktionen zur Verfügung stellt, ist als *Business Process Choreographer (BPC)* bekannt [BPCConcepts].

Einer der Gründe für die Einführung des Business Process Choreographer lag darin, dass WebSphere-Anwendungen immer komplexer wurden. Deshalb musste ein zweistufiges Programmiermodell für WebSphere-basierte Anwendungen angeboten werden, damit Service-Implementierungen von der Geschäftslogik getrennt werden konnten. Dafür musste das Workflow-Programmiermodell zunächst mit dem Programmiermodell von J2EE-basierten Anwendungen und später mit dem Programmiermodell von auf Web Services basierenden Anwendungen kombiniert werden.

Ein weiterer wichtiger Grund für die Entwicklung des Business Process Choreographer auf der WebSphere-Plattform lag in der Konsolidierung der unterschiedlichen Runtime-Infrastrukturen. In der Vergangenheit wurde jede IBM-Middleware-Komponente mit einer eigenen Interpretation eines Anwendungsservers oder einem Teil der von einem Anwendungsserver bereitgestellten Funktionen geliefert. Dies war jedoch ungünstig, nicht nur weil dadurch dieselben Basisfunktionen wie Servermanagement und Anwendungsmanagement immer wieder neu erfunden wurden, sondern auch weil die Unterschiede einen höheren Wartungsaufwand zur Folge hatten. Als WebSphere sich zur IBM-Standardinfrastruktur für alle Arten von Anwendungen entwickelte – mit Funktionen für Transaktionsmanagement, Inbetriebnahme und Administration von Anwendungen sowie einem einheitlichen, auf J2EE basierenden Programmiermodell –, wurde deutlich, dass es keinen Platz mehr für weitere proprietäre Anwendungsserver nur für das Geschäftsprozessmanagement gab.

Eine wichtige Rolle spielten dabei auch Initiativen, die Welt der benutzerorientierten Workflows mit langer Laufzeit auch für feingranulare, extrem schnelle Geschäftsprozesse – sogenannte *Microflows* – zu erweitern. Zu dieser Kategorie zählen Straight-Through-Processing-Szenarien, beispielsweise der Wertpapierhandel oder die Verarbeitung von Banktransaktionen. Ein weiteres Szenario, in dem Microflows zum Einsatz kommen, sind Abläufe in der Unternehmensintegration, wo Microflows die Möglichkeit eröffnen, die Funktionen mehrerer Backend-Systeme effizient miteinander zu „verskripten".

Neben der Konsolidierung bei den Anwendungsservern vollzog sich eine ähnliche Entwicklung auf der Seite der Entwicklungswerkzeuge. Während zuvor verfügbare Workflow-Lösungen jeweils eigene Tools bereitstellten, entschieden sich IBM und große Teile der Branche nun für eine Umstellung auf *Eclipse*, die von IBM initiierte Open-Source-Tool-Plattform. Als Folge davon wurden sämtliche Entwicklungswerkzeuge, einschließlich der Tools für das Business Process Management, auf Eclipse umgestellt. Damit konnten Kunden alle Aspekte der Anwendungsmodellierung – von einfachen Verbindungsfunktionen über komplexere Services bis hin zu ausgefeilten Workflows – mithilfe desselben Tool-Konzepts abdecken.

Die erste Version des Business Process Choreographer wurde Anfang 2002 als Teil der *WebSphere Application Server Enterprise Edition 4.1* ausgeliefert. Diese Version konzentrierte sich ausschließlich auf Microflows. Die erste Workflow-Engine mit vollem Funktionsumfang, die sowohl Geschäftsprozesse mit langer Laufzeit als auch Microflows unterstützte, folgte ein Jahr später mit *WebSphere Application Server Enterprise 5.0*. Bei beiden Versionen lag der Schwerpunkt auf Workflow-Funktionen für den J2EE-Bereich.

Im Jahr 2003 veröffentlichten IBM, Microsoft, SAP, BEA und Siebel die *Business Process Execution Language for Web Services 1.1 (BPEL)* [BPEL1.1]. Diese Spezifikation war der Grundstein für die Standardisierung von Workflows. Die 2004 als Teil von *WebSphere Business Integration Server Foundation 5.1* ausgelieferte Version des Business Process Choreographer unterstützte erstmals BPEL. Dies bereitete den Weg für die Anwendung des Business Process Choreographer auf die auf offenen Standards basierende Web-Service-Koordination. BPEL-Konstrukte wie Kompensation und Instanzenkorrelation erlauben den Einsatz von Workflows in unternehmensweiten und unternehmensübergreifenden Anwendungen.

Als die BPEL der Organization for the Advancement of Structured Information Standards (OASIS) vorgelegt wurde, was eine Umbenennung in Web Services Business Process Execution Language, Version 2.0 (WS-BPEL 2.0) zur Folge hatte [BPEL2.0], stieg die Zahl der Befürworter weiter an: Auch Intalio, Sterling Commerce, TIBCO Software, webMethods und Oracle unterstützten nun den neuen Standard. Die Weiterentwicklung des Standards war der Schlüsselfaktor, der zur Einführung von Business Process Choreographer (BPC) 6.0 im Jahr 2005, jetzt als Teil des Angebots WebSphere Process Server (WPS) 6.0, führte. WebSphere Process Server 6.0 war der Nachfolger von WebSphere Business Integration Server Foundation (WBI-SF) und WebSphere InterChange Server (ICS). ICS, ein Produkt, das IBM 2002 im Rahmen der Übernahme von Cross-Worlds erworben hatte, konzentrierte sich auf die Enterprise Application Integration (EAI).

Technisch gesehen ist diese neueste Version des Business Process Choreographer (BPC) mehr als nur der nächste Schritt in der Implementierung von WS-BPEL und einer Workflow-Engine, die sowohl die WBI-SF- als auch ICS-Anforderungen erfüllt. BPC 6.0 markiert den ersten großen Schritt auf dem Weg zur Aufschlüsselung von Software in ihre einzelnen Komponenten (Componentization), einer wichtigen strategischen Initiative der IBM Software Group. Diese „Komponentisierung" wird in BPC 6.0 auf zweierlei Weise realisiert: erstens durch die Aufteilung der Runtime-Infrastruktur in ihre einzelnen Komponenten und zweitens durch die Aufteilung des Programmiermodells in seine einzelnen Komponenten.

Die Runtime-Komponentisierung führte zur Aufteilung der BPC-Funktionalität in den *Business Flow Manager (BFM)* und den *Human Task Manager*

(HTM). Der *Business Flow Manager* steuert unterschiedliche BPEL-Geschäftsprozesse, während der *Human Task Manager* alle Funktionen beinhaltet, die sich auf die Interaktion mit Benutzern beziehen.

Die Aufteilung des Programmiermodells in seine einzelnen Komponenten wurde durch die Einführung der *Servicekomponentenarchitektur (Service Component Architecture, SCA)* begünstigt. Die SCA, die ursprünglich als eine IBM-interne Initiative gestartet wurde, entwickelte sich rasch zu einer branchenweiten Bewegung, für die Ende 2005 eine erste Spezifikation veröffentlicht wurde [SCA0.9]. Die SCA beschreibt ein Modell für die Entwicklung von Anwendungen und Systemen mithilfe einer serviceorientierten Architektur und ermöglicht die Definition von Komponenten und deren Interaktionen. Eine SCA-Komponente stellt WSDL-Schnittstellen (Port-Typen) oder Java-Schnittstellen bereit und referenziert wiederum solche Schnittstellen. Die SCA basiert auf *Servicedatenobjekten (SDOs)* [SDO2.0.1], die sowohl Java- als auch XML-Datentypen darstellen. SDOs sind die „Lingua franca" des Datenaustauschs beim Einsatz der SCA.

Der WebSphere Process Server bietet eine Vielzahl von SCA-Komponententypen, von denen *Geschäftsprozesse* und *Human Tasks* (Benutzeraufgaben) die häufigsten sind. SCA-Geschäftsprozesskomponenten stehen dabei für BPEL-Geschäftsprozesse. Mithilfe der SCA können sie mit aufrufenden Komponenten und den von diesen Komponenten aufgerufenen Services verbunden werden. *WebSphere Integration Developer (WID),* das Entwicklungswerkzeug zum WebSphere Process Server, unterstützt die Entwicklung von SOA-Anwendungen durch einen komponentenbasierten Entwicklungsstil auf Basis der SCA.

Durch die SCA sind Geschäftsprozesskomponenten in der Lage, Human-Task-Komponenten aufzurufen und auf diese Weise Benutzer als „Implementierung" eines Schritts im Geschäftsprozess mit einzubeziehen. Wird der manuelle Arbeitsschritt später automatisiert, kann die Human-Task-Komponente sehr einfach durch einen automatisierten Service ersetzt werden, ohne dass der Geschäftsprozess geändert werden muss.

Der wichtigste Grund für die Einführung von Human Tasks lag darin, dass ein Weg gefunden werden musste, um Benutzer und Web Services zusammenzubringen (wie in [SOA4Humans] beschrieben). Eine wichtige Rolle spielte auch die Erfahrung aus zahlreichen Kundenprojekten, bei denen Workflow als Infrastruktur für ein *Vorgangslistenmanagement* (auch als *Tasklistenmanagement* bezeichnet) eingesetzt wurde. Mit Human Tasks ist dies möglich, ohne dass zwingend ein umgebender Prozess erforderlich ist. Human Tasks können spontan erstellt werden, ohne dass ihre Definition durch explizite Modellierung und Inbetriebnahme bekannt gemacht werden muss. Die auf diese Weise erstellten Tasks nennt man *Ad-hoc-Tasks*. Sie ermöglichen Szenarien mit Tasklisten-Clients, in denen ein Benutzer mit einer Anwendung arbeitet, die ihm zugeteilten Aufgaben ausführt und neue Tasks auf der Basis bekannter Taskdefinitionen erstellt (z. B. „Reisegenehmigungsprozess starten" oder „Bestellanforderung erstellen"). Dabei kann es vorkommen, dass ein Benutzer manchmal eine Task erstellen möchte, die zuvor nicht definiert wurde. In diesem Fall kommen

Ad-hoc-Tasks ins Spiel. Mit ihrer Hilfe kann der Benutzer umgehend einen neuen Tasktyp definieren (beispielsweise „bitte Entwurf der Broschüre prüfen und Feedback dazu abgeben").

Mit der besonderen Hervorhebung von Human Tasks, die mit BPC 6.0 eingeführt wurden, hat der klassische manuelle Workflow keineswegs an Bedeutung verloren: BPC 6.0 bietet flexible Unterstützung für die Einbeziehung von Benutzern in Geschäftsprozesse, einschließlich des Zugriffs auf den Prozesskontext, um Szenarien wie das Vier-Augen-Prinzip (auch als Aufgabenteilung bekannt) zu ermöglichen. Damit legt BPC 6.0 die Grundlage, auf der Kunden manuelle Workflow-Anwendungen auf die neue SOA-basierte Welt umstellen können. Untermauert wird dies durch die Unterstützung für externe Benutzerverzeichnisse (wie LDAP), typische manuelle Workflow-Funktionen wie Benachrichtigung und Eskalation sowie die Möglichkeit, Human Tasks Prioritäten zuzuweisen und ihre Namen und Beschreibung in mehreren Sprachen zu definieren. Weitere Anforderungen manueller Workflows, wie zum Beispiel komfortable Benutzerschnittstellen und die Verknüpfung mit Inhalten, wurden durch die Integration von Human Tasks in WebSphere Portal und die Demonstration der Verbindung mit der IBM Content Manager-Produktfamilie unterstützt.

Nachdem Workflow-Produkte viele Jahre lang eher eine Nische besetzt hielten, rücken sie nun – mit der Einführung von branchenweit anerkannten Workflow-Standards – in den Mittelpunkt des Interesses. Seltsamerweise wird die Workflow-Technologie jetzt, da sie eine sehr viel größere Rolle spielt, häufig nicht mehr „Workflow" genannt. Aus diesem Grund wird die Bedeutung der Workflow-Technologie völlig zu Unrecht nach wie vor unterschätzt. Denn Workflow steht im Mittelpunkt der Prozess- und Servicechoreografie. Workflow steuert die Microflows zwischen Services und Komponenten. Workflow verbindet und integriert Anwendungen. Workflow koordiniert die Arbeitsschritte zwischen Benutzern. Und Workflow steuert die Arbeitsabläufe zwischen ganzen Unternehmen. Aus all diesen Gründen ist die Workflow-Technologie im Zentrum des On-Demand-Business angekommen.

Ein weiterer wichtiger Trend in diesem Zusammenhang ist die Kombination des *Business Process Management (BPM)* mit einer *serviceorientierten Architektur (SOA)*. Beim Konzept des BPM, das wir schon seit Mitte der 90-er Jahre kennen, geht es um das Design, die Ausführung, Überwachung und Optimierung von *Geschäftsprozessen*. Verschiedene geschäftliche Einflussfaktoren zwingen Unternehmen heute dazu, sich zu verändern und ihre Geschäftsprozesse flexibler diesen Veränderungen anzupassen: Dazu zählen immer schnellere Zyklen bei Technologien, Produkten und Services, ein immer stärkerer Konkurrenzdruck, neue Vermarktungsmethoden, neue Geschäftsmodelle, ein verändertes Kundenverhalten, Fusionen und Übernahmen, die Deregulierung und vieles mehr. Vor diesem Hintergrund müssen Unternehmen ihre *Fähigkeit zur Änderung ihrer Geschäftsprozesse* verbessern und reaktionsfähiger und „beweglicher" werden. BPM spielt in diesem Kontext erneut eine wichtige Rolle. Workflow-Technologie liefert dabei eine unverzichtbare Voraussetzung für die Fähigkeit zu Veränderungen, da mit ihr Geschäftsprozesse aus den Anwendungen, die sie ausführen, extrahiert und von diesen entkoppelt werden können.

Ungefähr zur selben Zeit wie BPM entwickelte sich *SOA* als Architekturstil in der Informationstechnologie. SOA ermöglicht die Integration eines Unternehmens als eine Reihe von *Services,* bei denen es sich um miteinander verbundene, wiederholt ausführbare Geschäftsaufgaben handelt, die einen Geschäftsprozess durch neue Arten *modularer Anwendungen* auf der Basis dieser Services unterstützen.

In den letzten Jahren wurde deutlich, dass der wirkliche Schlüssel zu geschäftlicher Flexibilität in der Kombination von BPM und SOA liegt: Services (wie sie in SOAs gesehen werden) sind die Bausteine für Geschäftsprozesse (wie sie im BPM gesehen werden). Geschäftsprozesse können aus Services zusammengesetzt und als neue Services angeboten werden. Neue, allgemein anerkannte Standards, in erster Linie aus dem Bereich der Web Services, einschließlich WS-BPEL, ermöglichen diese Zusammensetzung oder „Komposition" von Geschäftsprozessen aus Services sowie die Darstellung von Geschäftsprozessen als Services.

Die IT-Branche integriert diese Philosophie in Betriebssysteme, Middleware und Anwendungen – in großem Stil und in rasantem Tempo. Im Mittelpunkt dieses Trends steht der Workflow, denn aus technischer Sicht handelt es sich nach wie vor um eine neue und modernisierte Form der „guten alten" Workflow-Technologie, die die technischen Voraussetzungen für die Kombination aus BPM und SOA schafft. Im Fall von IBM ist es der Business Process Choreographer, der diese zentrale Rolle spielt.

Immer mehr Kunden machen sich heute diese neue Philosophie zu Eigen und nutzen die Funktionen des Business Process Choreographer und der zugehörigen Technologien. So implementierte eine dänische Bank ein auf WS-BPEL basierendes System für das Management von Geschäftsprozessen im Bereich der Kundenbetreuung. Die Bank konnte ihren Kunden mithilfe der Business Process Choreographer-Technologie neue Services und Produkte mit geringerem Personalaufwand anbieten.

Sogenannte *Multi-Channel*-Geschäftsprozesse gewinnen zunehmend an Bedeutung. Ein australisches Telekommunikationsunternehmen verwendet den Business Process Choreographer, um seine für die Bereitstellung von Ressourcen wie Telefon- oder Internetanschlüsse verwendeten Geschäftsprozesse, beispielsweise Neuanschlüsse oder Umzüge bestehender Anschlüsse, komplett umzustrukturieren und diese über das Internet als primären Kanal und Einstiegspunkt für seine Kunden anzubieten. Als weiteren Kanal hat das Unternehmen diese Geschäftsprozesse als Web Services zusammengefasst, auf die auch seine Geschäftspartner, so etwa Wiederverkäufer der Telekommunikationsdienste des Unternehmens, Zugriff haben. Diese sind damit in der Lage, die Prozesse in ihre Anwendungen einzubinden, beispielsweise um Bestellungen aufzugeben.

Ein weiteres Beispiel ist ein deutsches B2B-Handelsportal, das auf dem Business Process Choreographer und einer SOA basiert. Diese Implementierung verbindet über 60 Lieferanten mit mehr als 2000 Handelspartnern über Bestellprozesse auf WS-BPEL-Basis, die mehr als 2000 komplexe Bestellungen pro Tag verarbeiten. Die Einführung von automatisierten Prozessen für die Auftragsprüfung und eine automatische Auftragskorrektur trugen dazu bei, dass 80% aller Aufträge vollautomatisch durch „Silent Commerce" bearbeitet werden können. Bei den übrigen 20% der Aufträge, die noch manuelle Intervention erfordern, sorgte die Neueinführung einer auf manuellen Workflows beruhenden Vorgangsbearbeitung für eine Senkung der Personalkosten und höhere Kundenzufriedenheit.

2.3.4 Die Zukunft der Workflow-Technologie

IBM hat die strategische Bedeutung seiner Workflow-Technologie für das eigene Produktportfolio, seine Kunden und die Branche erkannt und entwickelt diese Technologie in mehreren Bereichen weiter.

Um das Versprechen von Workflow im weiter gefassten Kontext des Business Process Management einzulösen, muss die Technologie Unternehmen das *durchgängige* Management ihrer Geschäftsprozesse – während des gesamten *Lebenszyklus der Geschäftsprozesse* – ermöglichen. Mit Tools wie *WebSphere Business Modeler* und *WebSphere Business Monitor* in Verbindung mit dem WebSphere Process Server und WebSphere Integration Developer beabsichtigt IBM, diesen durchgängigen Prozesslebenszyklus zu unterstützen.

Im Bereich der Funktionalität und Benutzerfreundlichkeit der *Modellierungswerkzeuge* für Workflows wurden deutliche Fortschritte gemacht. Dennoch ist das wahrscheinlich am häufigsten eingesetzte Tool für die Skizzierung von Workflows auf eine für Business-Anwender verständliche Weise immer noch Microsoft PowerPoint. Doch Tools, die nur auf der Präsentationsebene arbeiten, erlauben weder eine zuverlässige Umsetzung von Geschäftsprozessmodellen in Begriffe, die auf IT-Ebene interpretiert werden können, noch erfüllen sie Anforderungen wie die Simulation des Verhaltens modellierter Prozesse. Tools, die neue Standards wie *Business Process Modeling Notation [BPMN1.0]* unterstützen, tragen dazu bei, die Lücke zwischen der Modellierung auf Geschäftsebene und dem Prozessdesign auf IT-Ebene zu schließen. BPMN kann verwendet werden, um WS-BPEL-Prozesse grafisch darzustellen.

Am anderen Ende des Prozesslebenszyklus wollen Kunden die Ausführung ihrer Geschäftsprozesse visuell *überwachen* und mit wichtigen Leistungsindikatoren, sogenannten Key Performance Indicators (KPI), vergleichen, um Warnmeldungen bei außergewöhnlichen Situationen zu erhalten und dieses Feedback in Verbesserungen ihrer Prozesse einfließen zu lassen. Das Management und die Überwachung von Prozessen und Services wird durch Standards wie *Web Services Distributed Management [WSDM1.0]* vereinheitlicht, mit dem standardisierte Ereignisformate wie das *WSDM Event Format (WEF)* eingeführt werden.

Auf dem Weg zu Workflow-Standards markiert die Veröffentlichung der endgültigen WS-BPEL 2.0-Spezifikation innerhalb von OASIS (Organization for the Advancement of Structured Information Standards) den nächsten Schritt. Zudem hat IBM bereits damit begonnen, mit anderen Partnern der Branche an der Erweiterung von BPEL zu arbeiten. IBM und BEA planen Erweiterungen zur Verknüpfung von BPEL mit der Java-Programmiersprache [BPELJ]. Gemeinsam mit SAP arbeitet IBM daran, Unterstützung für manuelle Workflows über [BPEL4People] und Unterprozesse über [BPEL4SubProcs] zu BPEL hinzuzufügen.

Ein weiteres wichtiges Ziel der IBM-Strategie besteht darin, die Workflow-Technologie *dynamischer* zu machen, damit Geschäftsprozesse flexibler an veränderte geschäftliche Anforderungen angepasst werden können. Das beginnt mit der Fähigkeit, Prozessmodelle *ad hoc* zu erstellen und zu starten, ohne zeitraubende Schritte für deren Inbetriebnahme durchlaufen zu müssen. Die Dynamik bezieht sich auch auf die Möglichkeit, Prozessmodelle während ihrer Ausführung zu ändern. Mit geeigneten Tools und einer flexibleren Runtime-Infrastruktur können solche Modelländerungen entweder auf alle geeigneten in Ausführung befindlichen Instanzen eines Prozessmodells oder nur auf ausgewählte Instanzen angewandt werden.

Die IBM-Forschung und Entwicklung arbeitet auch daran, *Templates* als Grundlage für Workflows zu schaffen – ein Konzept, das aus Programmiersprachen bekannt ist. Werden Templates auf Workflows angewandt, ermöglichen sie die Erstellung und Verteilung generischer, parametrisierter Prozessmodelle, deren Parameter rasch angepasst und erweitert werden können, um auf variable Anforderungen zu reagieren.

Eine wichtige Initiative innerhalb der IBM-Softwarestrategie ist die Aufteilung von zentralen Technologien in einzelne Komponenten *(„Komponentisierung")* und die gemeinsame Nutzung dieser Technologien im gesamten Produktportfolio. Workflow und insbesondere die neueste Generation der IBM-Workflow-Technologie, Business Process Choreographer (BPC), ist eine der zentralen Technologien, die für die Komponentisierung ausgewählt wurden. Daher existiert eine Roadmap für die Verwendung und Integration von BPC in wichtigen IBM-Softwareprodukten neben dem WebSphere Process Server, zum Beispiel in WebSphere Portal, WebSphere Information Server und DB2 Content Manager. Eine einheitliche Workflow-Technologie erspart IBM nicht nur mehrfachen Entwicklungsaufwand, sondern bietet Kunden die Möglichkeit, ihre Workflows reibungslos in unterschiedlichen Implementierungen einzusetzen und ihre Anforderungen in puncto Know-How zu reduzieren und damit die Gesamtbetriebskosten zu senken.

Auch die *Open Source Software (OSS)* hat bislang ungenutztes Innovationspotential in der Entwicklung von Software offengelegt. Es ist keine Frage, dass Open Source Software in den nächsten Jahren in die Workflow-Domäne vordringen wird. Die Faktoren, die hierfür die treibende Kraft sein werden, und die Ergebnisse lassen sich jedoch noch nicht voraussagen. Ein Ausgangspunkt ist das BPEL-Editor-Projekt, das vor kurzem innerhalb von Eclipse.Org [EclipseB-PEL] mit Unterstützung von IBM und anderen Anbietern in Gang gesetzt wurde.

Nicht zuletzt werden bei der künftigen Entwicklung von IBM-Workflow-Produkten die Lektionen der Vergangenheit berücksichtigt. Eine dieser Lektionen besagt, dass Geschäftsprozesse nur einer von mehreren wichtigen Aspekten von Geschäftsanwendungen sind. *Benutzerschnittstellen* und der *Zugriff auf Geschäftsinformationen* sind ebenfalls von großer Bedeutung. Nichts deutet darauf hin, dass sich dies in absehbarer Zukunft grundlegend ändern wird, auch nicht mit einer SOA. Daher hängt der Erfolg der Workflow-Technologie maßgeblich davon ab, wie gut und wie einfach sie mit diesen beiden anderen Aspekten verknüpft werden kann. „Puristische", isolierte Workflow-Konzepte gehören daher der Vergangenheit an.

2.3.5 Zusammenfassung

In weniger als zwei Jahrzehnten durchlief die IBM-Workflow-Technologie drei wichtige Entwicklungsschritte. Die technologischen Veränderungen während dieser Phasen entstanden nicht zufällig, sondern waren das Ergebnis der veränderten Rolle, die Workflow innerhalb von Unternehmen und der IT-Landschaft eingenommen hat. In der *ersten Generation* besetzten Workflow-Produkte noch eine Marktnische und verwendeten sehr spezielle Nischentechnologien, um die angestrebten Ziele zu erreichen. In der *zweiten Generation* bahnte sich die Workflow-Technologie den Weg aus der Nische und etablierte sich im Middleware-Markt. Dabei nutzten die Workflow-Systeme Standardtechnologien wie Messaging und relationale Datenbanken. In der *dritten Generation* wurde deutlich, dass die nahtlose Integration und Interoperabilität von Workflow mit dem Rest der IT-Welt der wahrscheinlich wichtigste Faktor für den Erfolg von Workflow (oder, modern ausgedrückt, des Prozessmanagements) als zentrale Middleware-Funktion war – einer Funktion mit derselben Bedeutung wie Datenbanken, Anwendungsserver oder Portale. Die Standardisierung der Workflow-Technologie war ein wichtiges Element dieser letzten Entwicklungsphase und ist ein weiteres Indiz dafür, dass die Workflow-Technologie ausgereift und in der Mitte des IT-Universums angekommen ist.

Workflow spielt eine entscheidende Rolle in diesem Universum. Denn Workflow-Produkte ermöglichen Unternehmen die Ausführung, Verbindung und Anpassung ihrer Geschäftsprozesse in einer immer dynamischeren Umgebung – einer On-Demand-Business-Umgebung. *On-Demand-Business* versetzt Unternehmen in die Lage, ihre Geschäftsprozesse durchgängig im gesamten Unternehmen sowie mit wichtigen Partnern, Lieferanten und Kunden zu integrieren und damit flexibel und schnell auf Kundenanforderungen, Marktchancen und externe Risiken reagieren zu können. Geschäftsprozesse und somit auch Workflow gehören daher zum Kern des On-Demand-Business.

Darüber hinaus spielt Workflow auch eine maßgebliche Rolle für die serviceorientierte Architektur (SOA). Diese wichtige Beziehung wird in [KKPS06] und in Kap. 3.1 dieses Buches näher beschrieben.

Angesichts der rasanten Entwicklung in der Vergangenheit und der Rolle, welche die Technologie heute in der Informationstechnologie auf Unternehmensebene spielt, gibt es gute Gründe für die Prognose, dass Workflow in den kommenden Jahren genauso aufregende und turbulente Veränderungen wie in den zurückliegenden Jahrzehnten durchlaufen wird.

Literatur

[BPCConcepts] M. Kloppmann, G. Pfau: *WebSphere Application Server Enterprise Process Choreographer: Concepts and Architecture*, IBM developerWorks-Website, http://www.ibm.com/developerworks/websphere/library/techarticles/wasid/WPC_Concepts/WPC_Concepts.html.

[BPCSysJrnl] M. Kloppmann, D. König, F. Leymann, G. Pfau, D. Roller: *Business process choreography in WebSphere: Combining the power of BPEL and J2EE*, IBM Systems Journal 43, No. 270-296 (2004); auch unter http://www.research.ibm.com/journal/sj/432/kloppmann.html.

[BPEL1.1] Specification: *Business Process Execution Language for Web Services (BPEL4WS) Version 1.1* (Mai 2003), http://www.ibm.com/developerworks/library/ws-bpel/.

[BPEL2.0] Committee Draft: *Web Services Business Process Execution Language Version 2.0 (WS-BPEL 2.0)*, http://www.oasis-open.org/committees/download.php/18714/wsbpel-specification-draft-May17.htm.

[BPEL4People] M. Kloppmann, D. König, F. Leymann, G. Pfau, A. Rickayzen, C. v. Riegen, P. Schmidt, I. Trickovic: *WS-BPEL Extension for People – BPEL4People*, IBM developerWorks-Website, http://www.ibm.com/developerworks/webservices/library/specification/ws-bpel4people/.

[BPEL4SubProcs] M. Kloppmann, D. König, F. Leymann, G. Pfau, A. Rickayzen, C. v. Riegen, P. Schmidt, I. Trickovic: *WS-BPEL Extension for Sub-processes – BPEL-SPE*; IBM developerWorks-Website, http://www.ibm.com/developerworks/webservices/library/specification/ws-bpelsubproc/.

[BPELJ] M. Blow, Y. Goland, M. Kloppmann, F. Leymann, G. Pfau, D. Roller, M. Rowley: *BPELJ: BPEL for Java technology (BPELJ)*, IBM developerWorks-Website, http://www.ibm.com/developerworks/library/specification/ws-bpelj/.

[BPMN1.0] Specification: *Business Process Modeling Notation, (BPMN) 1.0*: OMG Final Adopted Specification, February, 2006, http://www.bpmn.org.

[EclipseBPEL] Open Source Project: *Eclipse BPEL*, http://www.eclipse.org/bpel/index.php.

[HC93] M. Hammer, J. Champy: *Reengineering the Corporation, A Manifesto for Business Revolution*, Harper Collins, 1st Edition 1993. ISBN 0-887-3064-03.

[KKPS06] M. Kloppmann, D. König, G. Pfau, M. Scheible: *Von singulären Web Services zu integrierten SOA-Plattformen: Die Evolution serviceorientierter Architekturen und Anwendungen*, Springer-Verlag, 2006.

[LR00] F. Leymann, D. Roller: *Production Workflow, Concepts and Techniques*, Prentice Hall Inc., Upper Saddle River, NJ, 2000.

[SCA0.9] Specification: *Service Component Architecture*, November 2005, IBM developerWorks-Website,
http://www.ibm.com/developerworks/library/specification/ws-sca/.

[SDO2.0.1] Specification: *Service Data Objects*, November 2005, IBM developerWorks-Website,
http://www.ibm.com/developerworks/webservices/library/specification/ws-sdo/.

[SOA] D. Ferguson: M. Stockton: *Introduction to IBM's Service Oriented Architecture Programming Model*, IBM developerWorks-Website,
http://www.ibm.com/developerworks/webservices/library/ws-soa-progmodel/index.html.

[SOA4Humans] M. Kloppmann, S. Liesche, G. Pfau, M. Stockton: *SOA programming model for implementing Web services, Part 8: Human-based Web services*, IBM developerWorks-Website,
http://www.ibm.com/developerworks/webservices/library/ws-soa-progmodel8/.

[T11] F. W. Taylor: *The Principles of Scientific Management*, 1911. Republished in Norton Library 1967. ISBN 0-393-00398-1.

[WFSysJrnl] F. Leymann, D. Roller: *Workflow-Based Applications*, IBM Systems Journal, 36, No. 1, 102–123 (1997); auch unter
http://researchweb.watson.ibm.com/journal/sj/361/leymann.html.

[WSDM1.0] Specification: *Web Services Distributed Management (WSDM) 1.0*, März 2005,
http://www.oasis-open.org/committees/tc_home.php?wg_abbrev=wsdm#overview.

3 Machen Sie sich das Leben leichter – durch die Optimierung von IT-Ressourcen

3.1 Einführung

Werner Ederer

Angesichts der anhaltenden Standardisierung in der Informationstechnologie (IT) verlieren die Rechenzentren in vielen Unternehmen ihre herausragende Position. Diese beruhte bisher auf ihrer Bedeutung für die Differenzierung des Unternehmens gegenüber der Konkurrenz. In dieser Funktion stand ihnen ein nahezu unbegrenztes Budget zur Verfügung, das sie in eine erstklassige Ausstattung und hoch qualifizierte Mitarbeiter investieren konnten.

Das hat sich inzwischen geändert. Die Folge: Die Rechenzentren stehen heute zunehmend unter enormem Kostendruck, der die Chief Information Officers (CIO) zwingt, das Management und den Betrieb ihrer Abteilung grundlegend zu ändern. Die meisten Rechenzentren sind historisch gewachsen. Sie bestehen aus einer Kombination alter und neuer Technologien und, da der Schwerpunkt zum Zeitpunkt ihrer Entstehung noch auf anderen Prioritäten lag, sind nicht für eine Optimierung der Kosten ausgelegt. Vor dem Hintergrund dieser historischen Altlasten lässt sich eine völlig neue Methode der IT-Optimierung nicht so einfach durchsetzen wie beispielsweise die Einführung neuer Management-Tools. Sie erfordert verschiedene Technologien zur Ressourcenoptimierung, beispielsweise für die Virtualisierung von Servern, Speichersystemen und Netzwerken, die Bereitstellung und Konfiguration von Ressourcen (Provisioning) für eine gemeinsame Nutzung, Workload-Management oder verschiedene Automatisierungstechnologien, um nur einige zu nennen. Diese Technologien müssen integriert werden, damit sie effizient zusammenarbeiten können und auf einer soliden zugrunde liegenden Architektur aufbauen. Eine neue Methode der IT-Optimierung setzt außerdem organisatorische Änderungen und Prozessanpassungen sowie ein neues Konzept für den Betrieb des Rechenzentrums als Unternehmen – im Gegensatz zu einem rein technischen Ansatz – voraus.

Die Optimierung der IT verlangt nach einer ganzheitlichen Vorgehensweise. Geringfügige, nur kosmetische Änderungen, gleich welcher Art, führen nicht zum gewünschten Ziel nämlich der grundlegenden Lösung des Kostenproblems und der Rückumwandlung der IT in einen strategischen Unternehmensbereich.

Dieses Kapitel erklärt die zentralen Bestandteile dieser ganzheitlichen Strategie:

- Das zugrunde liegende Architektur-Framework mit seiner auf einer serviceorientierten Architektur (SOA) basierenden Implementierung von IT-Infrastrukturressourcen, die als Services dargestellt werden
- Das neue Konzept des Managements der IT-Abteilung als Unternehmen im Unternehmen und die dazugehörigen Anpassungen von Prozessen, Messgrößen und Organisationsstrukturen
- Basistechnologien (zum Beispiel Virtualisierung, Bereitstellung und Workload-Management), die für die Optimierung von IT-Ressourcen sorgen, indem sie die gemeinsame Nutzung der Ressourcen durch mehrere Anwendungsumgebungen und deren dynamische Zuordnung zur Laufzeit auf der Basis des tatsächlichen Bedarfs ermöglichen
- Basistechnologien für die Automatisierung typischer Betriebsaufgaben
- Spezielle Technologien zur Optimierung von Speicherressourcen

3.2 Utility Computing – das Rechenzentrum als Unternehmen

Werner Ederer

3.2.1 Marktumfeld

Es gibt immer mehr Anhaltspunkte dafür, dass der IT-Markt sich fundamental wandelt hin zu einem neuen Modell, in dem Rechenzentren zu einer Art Unternehmen im Unternehmen werden und nicht mehr nur eine Ansammlung komplexer Technologien darstellen. Der wichtigste Grund für diesen Wandel liegt darin, dass in den meisten Unternehmen die IT in den letzten Jahren ihre Bedeutung für die Differenzierung des Unternehmens gegenüber der Konkurrenz eingebüßt hat. Die Zeiten, als Computer noch groß, imposant und in „Glashäusern" gleich neben dem Haupteingang der Firmenzentrale untergebracht waren, um die Kunden zu beeindrucken, sind längst vorbei. Auch die Rolle des CIO als Magier der Technologie und Herrscher über ein mystisches Hightech-Imperium mit praktisch unbegrenztem Budget gehört der Vergangenheit an.

Dennoch ist die IT nach wie vor absolut notwendig für den geschäftlichen Erfolg fast jedes Unternehmens. Sie gilt jedoch allein für sich genommen nicht mehr als Differenzierungsmerkmal gegenüber Mitbewerbern. Insbesondere Basiskomponenten der IT-Infrastruktur wie Prozessoren, Speicher, Netzwerke oder Betriebssysteme sind heute standardisiert und kostengünstig. Die IT ist in erster Linie ein „Werkzeug" zur Unterstützung des Kerngeschäfts eines Unternehmens – sie muss funktionieren, ähnlich wie eine Telefonanlage funktionieren muss. Dabei kommt es vor allem auf Kriterien wie Kosteneffizienz, Optimierung, Standardisierung, Flexibilität und Hochverfügbarkeit an. IT ist zur Selbstverständlichkeit geworden und damit hat sich auch die Rolle des CIO gewandelt. Er ist zum Leiter einer Kostenstelle und damit zum ständigen Ziel von Budgetkürzungen geworden.

Ein deutlicher Beleg für den oben beschriebenen Wandel ist der konstante und rapide Preisverfall bei Technologiekomponenten sowie deren rasche Standardisierung. Die gleiche Entwicklung vollzog sich auch bei Autos, Videorekordern, Digitalkameras und Mobiltelefonen.

Noch bis in die 80-er Jahre hinein waren die Preise von IT-Komponenten – insbesondere Hardware – der größte Kostenfaktor in jedem Rechenzentrum. Da die Hardware den größten Wert darstellte, konzentrierten sich sämtliche Optimierungsmaßnahmen auf die Ausnutzung jeder noch so kleinen Ressource, ganz gleich, wie hoch der dafür erforderliche Personalaufwand war. Viele Softwareprogramme wurden in Assembler geschrieben, um sicherzustellen, dass sie in höchstem Maße für das System optimiert waren, auf dem sie ausgeführt wurden. Die Technologie stand im Mittelpunkt aller Aktivitäten. Die Standardisierung war noch Zukunftsmusik, denn die Hardware versprach den IT-Providern nach wie vor ein hohes Maß an Kontrolle und hohe Gewinnspannen. Die IT-Provider hatten es zu ihrer Geschäftsstrategie gemacht, ihre Kunden mit hoch spezialisierten Technologien langfristig an sich zu binden.

Heute haben die Personalkosten den bei weitem größten Anteil an den IT-Gesamtkosten, gefolgt von den Kosten für Softwarelizenzen. Die Hardware belegt nur noch den dritten Platz.

Natürlich erwarten heute viele Unternehmen, dass ihre IT-Kosten ähnlich schnell sinken wie die Hardwarepreise, doch das ist meist nicht der Fall. Im Folgenden werden einige der wichtigsten Gründe dafür beschrieben.

3.2.2 Das Rechenzentrum – der neuralgische Punkt eines Unternehmens

Nachdem das Rechenzentrum in vielen Unternehmen jahrzehntelang eine entscheidende Rolle bei der Differenzierung des Unternehmens gegenüber der Konkurrenz gespielt hat, wird es heute sehr häufig vom Finanzvorstand, neudeutsch Chief Financial Officer (CFO), und den einzelnen Geschäftsbereichen vor allem als Problem wahrgenommen. In der Regel stehen folgende Punkte in der Kritik:

- Die Kosten für den Betrieb der Rechenzentren sind außer Kontrolle geraten. Das bedeutet, dass sie nicht nur geringfügig zu hoch sind, sondern dass sie jedes vernünftige Maß überschritten haben. Das mag berechtigt sein oder nicht. Sehr oft wird insbesondere durch die Finanzfunktionen im Unternehmen auf die Diskrepanz zwischen dem rapiden Preisverfall der eigentlichen Technologie und den bestenfalls stagnierenden Kosten des eigenen Rechenzentrums hingewiesen
- Den Löwenanteil an den IT-Gesamtkosten bilden die reinen Betriebskosten des Rechenzentrums, also Kosten für Hardwareabschreibung, Softwarelizenzen,

Personalkosten für Systemadministratoren, Energie- und Gebäudekosten und einige mehr. Die meisten Unternehmen geben mehr als 80% ihres IT-Budgets für den reinen Betrieb ihres Rechenzentrums aus und investieren nur 20% in Innovationen, die den Ausbau ihres Kerngeschäfts unterstützen.

- Da viele IT-Infrastrukturen statisch und unflexibel sind, ist eine deutliche Senkung der Betriebskosten und somit auch eine Transformation von rein operationalen Kosten hin zu Investitionen in strategische und innovative Projekte nur schwer möglich.
- Die Einführung neuer IT-Services (Funktionen und Anwendungen) dauert viel zu lang. Die Inbetriebnahme bis zur Produktionsreife nimmt häufig mehr als drei Monate in Anspruch – der Großteil dieser Zeit wird für den Aufbau einer völlig neuen IT-Infrastruktur für den Betrieb der neuen Services verwendet. Dadurch verkürzt sich bei neuen Funktionen und Anwendungen das Zeitfenster, in dem diese Services das Geschäft des Unternehmens unterstützen können.
- Das Rechenzentrum wird als eine in sich geschlossene Kostenstelle geführt, für die jeder Geschäftsbereich einen bestimmten Betrag in Form einer Umlage bezahlt. Die tatsächlichen Kosten eines IT-Service für einen bestimmten Geschäftsbereich sind weder transparent noch werden sie dem betreffenden Geschäftsbereich explizit in Rechnung gestellt. Daher sind auch die geschäftlichen Auswirkungen einzelner IT-Services nicht transparent. Geschäftliche Parameter, wie die Kosten in Bezug auf Service-Levels, spielen bei Entscheidungen über die Art und Weise der Servicebereitstellung keine Rolle. Hinzu kommt, dass die Geschäftsbereiche Änderungen an der Infrastruktur, die auf Kostensenkungen abzielen, nur ungern akzeptieren. Dabei ist es unwichtig, ob durch diese Änderungen die Gesamtkosten verringert (beispielsweise durch die gemeinsame Nutzung von Ressourcen) oder ob die Kosten eines bestimmten Service durch Einführung niedrigerer Service-Levels (nach dem „Gut-genug-Prinzip") reduziert werden sollen. Der wichtigste Grund für die mangelnde Veränderungsbereitschaft der Geschäftsbereiche liegt darin, dass diese nicht unmittelbar von solchen Veränderungen – sprich Kosteneinsparungen – profitieren. Das allgemeine Sinken der IT-Kosten und damit auch das Sinken der eigenen Abgaben ist für die meisten Geschäftsbereiche kein ausreichender Anreiz, um das Risiko einer Veränderung einzugehen.

Die eigentliche Ursache all dieser Probleme liegt darin begründet, dass die meisten Unternehmen ihre Rechenzentren auch heute noch mit den gleichen Strategien und Methoden betreiben und managen wie in den letzten Jahrzehnten. Das sind Strategien, die sich hauptsächlich auf die Technologie konzentrieren, anstatt sich an strikten Geschäftsparametern und -zielen zu orientieren. Das Rechenzentrum wird weniger als eigener Geschäftsbereich betrieben, in dem der Preis einer bestimmen Leistung durch seinen Wert gerechtfertigt ist, sondern noch immer als eine reine Kostenstelle. Das hat dazu geführt, dass Rechenzentren häufig ihren strategischen Wert für ihr Unternehmen verloren haben und zu

3.2 Utility Computing – das Rechenzentrum als Unternehmen

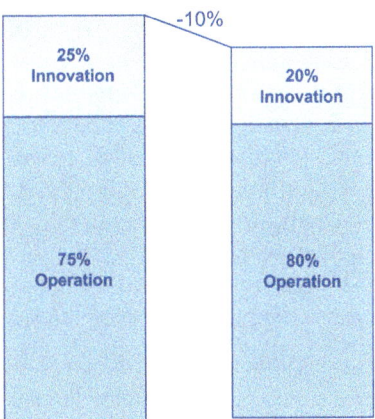

Abb. 3.1. Reduktion der IT-Kosten geht fast ausschließlich zu Lasten innovativer Projekte

einem Ziel ständiger Budgetkürzungen geworden sind. Wie bereits erwähnt, ist der Großteil dieser Kosten statisch und entfällt auf den reinen Betrieb des Rechenzentrums. Da eine Reduzierung dieser Kosten äußerst schwierig ist, betreffen die meisten Kürzungen stattdessen innovative Projekte, die eigentlich das Kerngeschäft des Unternehmens unterstützen sollten. Das Dilemma besteht darin, dass sich dadurch der relative Anteil der Betriebskosten gegenüber den Investitionen in strategische Projekte noch weiter erhöht.

Viele Unternehmen sind nicht in der Lage, den fundamental notwendigen Wandel bei den IT-Ausgaben – von reinen Betriebskosten hin zu Investitionen in innovative Projekte – zu vollziehen. Dies führt häufig dazu, dass die gesamte IT ausgelagert wird. CFOs erhalten genügend Angebote von Outsourcing-Anbietern, die den Betrieb der gesamten IT zu niedrigeren Kosten übernehmen. Dadurch geraten die CIOs immer mehr unter den Konkurrenzdruck durch externe Anbieter. Diesem Druck können sie nur standhalten, wenn sie das Management der IT-Abteilung von Grund auf ändern und diese künftig wie ein Unternehmen führen.

Die CIOs stehen dadurch vor einer großen Herausforderung, aber auch Chance.

3.2.3 Die Chance für CIOs

Es scheint paradox, dass die IT auf der einen Seite als reiner Kostenfaktor betrachtet und häufig nicht zum Kerngeschäft eines Unternehmens gerechnet wird, auf der anderen Seite aber angesichts der zunehmenden Komplexität globaler Märkte immer wichtiger für Unternehmen wird. Die Erwartungshaltung vieler Geschäftsleitungen ist, dass die IT unmittelbar und messbar die eigenen Geschäftsfelder unterstützt und möglicherweise sogar durch ein hohes Maß an Innovation erweitert.

Vor diesem Hintergrund haben die CIOs die Chance, ihre Rechenzentren wieder im strategischen Mittelpunkt des Unternehmens zu positionieren. Dazu bedarf es jedoch einer grundlegenden Reformation der Rechenzentren, eines fundamentalen Wandels hin zu Flexibilität, Reaktionsfähigkeit und Hochverfügbarkeit. Gleichzeitig müssen die interne und externe Kostenstruktur umgestaltet werden. Statische Kosten müssen radikal reduziert und die tatsächlichen Kosten der IT-Services müssen transparent und „nutzungsorientiert" abgerechnet werden. Die Kosten eines Service müssen direkt mit der Häufigkeit seiner Nutzung und seiner Qualität korrelieren. Im Folgenden werden die wichtigsten Elemente einer solchen grundlegenden Transformation beschrieben.

- Umwandlung statischer in dynamische Infrastrukturen. In einer statischen Infrastruktur bleiben die Ressourcen immer einer bestimmten Anwendung zugeordnet – unabhängig vom aktuellen Bedarf. Die Kapazität der Infrastruktur berechnet sich dabei anhand der Spitzenauslastung der jeweiligen Anwendungen, was zu relativ geringen durchschnittlichen Auslastungen führt. In einer dynamischen Infrastruktur dagegen werden die Ressourcen denjenigen Anwendungen zugeordnet, die sie tatsächlich benötigen, abhängig von deren jeweiliger Nutzung. Die Kriterien für die dynamische Zuweisung der Ressourcen sind Auslastung, Service Level Agreements (SLAs) und die relative Bedeutung der Anwendungen für die Unternehmensprozesse.
- Durchgängige Automatisierung immer wieder anfallender Routineaufgaben. Diesem Punkt kommt in den dynamischen Umgebungen, in denen die Ressourcen häufig neu zugeordnet werden, eine noch größere Bedeutung zu.
- Transparenz in Bezug auf die tatsächlichen Kosten eines jeden IT-Service. Damit können die Kosten mit dem Wert des Service in Verbindung gebracht und den Geschäftsbereichen die tatsächliche Nutzung in Rechnung gestellt werden.
- Erstellung und Management von Angeboten und Verträgen mit SLAs und Kostenberechnung auf der Basis der tatsächlichen Nutzung.

Eine solche grundlegende Umgestaltung des altehrwürdigen Rechenzentrums in eine dynamische, kostentransparente Unternehmensfunktion ist ein langwieriges und auch kostspieliges Unterfangen. Es setzt vorab zwingend eine deutliche Senkung der statischen Betriebskosten voraus, um die daraus erzielten Einsparungen in innovative Projekte und in die Optimierung der IT reinvestieren zu können. Die gute Nachricht ist, dass sich ein solches Modell nach einer Einführungsphase selbst finanziert. Das Projekt wird in mehreren Schritten durchgeführt, wobei mit jedem Schritt die nötigen Einsparungen für die Finanzierung des nächsten Schrittes erzielt werden.

Der Weg zum Ziel ist mühsam. Doch die Umstellung bietet die Chance, die Rolle des CIO von Grund auf zu ändern – vom Verwalter einer Kostenstelle zum Leiter eines Kerngeschäftsbereichs, der strategische Investitionen für die Unternehmensstrategie tätigt.

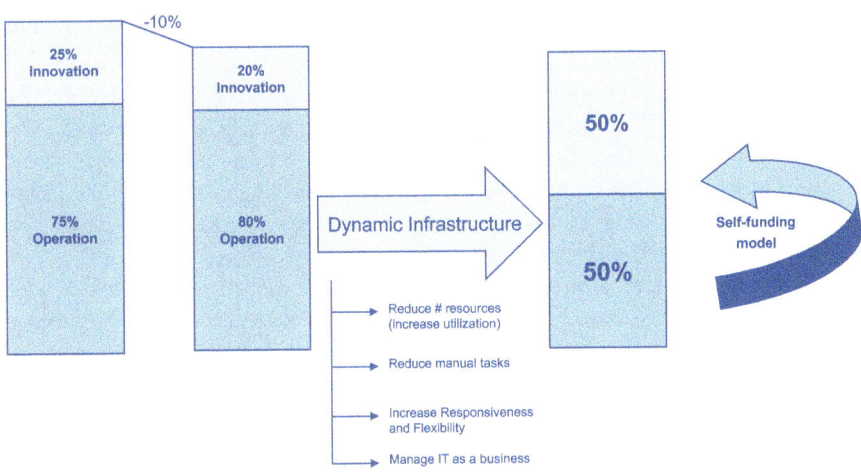

Abb. 3.2. Durch radikale „Dynamisierung" der IT-Infrastruktur lässt sich eine Umwandlung der IT-Kosten erreichen, ohne das Gesamtbudget zu erhöhen

Sobald die Umstellung erfolgreich abgeschlossen ist, eröffnen sich darüber hinaus neue Geschäftschancen. Einerseits kann das Rechenzentrum Services auch außerhalb des eigenen Unternehmens beispielsweise bei Partnern oder Geschäftskunden anbieten oder andererseits sogar als eigenständiger Service-Provider auf dem Markt auftreten und erfolgreich mit externen Service-Providern konkurrieren, was zu einer weiteren Stärkung der strategischen Position des CIO führt.

3.2.4 Verschiedene Definitionen von Utility Computing in der IT-Branche

Der Begriff „Utility Computing" basierte ursprünglich auf der Idee, dass IT-Services genauso bereitgestellt und genutzt werden sollten wie andere Leistungen von Versorgungsbetrieben (engl. utility) – sprich Strom, Wasser, Gasheizung oder Telefon. Vor dem Hintergrund der Standardisierung der IT, die in der Tat Gemeinsamkeiten mit der Standardisierung aufweist, die vor 100 Jahren bei anderen Versorgungsgütern stattfand, handelt es sich bei dieser Idee um eine brillante Vision. Die Realisierung dieser Vision liegt jedoch noch weit in der Zukunft und befindet sich längst noch nicht im unmittelbaren Blickfeld der CIOs. Ein weit verbreitetes Argument hierfür ist, dass Strom oder Wasser längst nicht so komplex wie die IT und daher nicht vergleichbar sind.

Aus diesem Grund haben sich viele Marktanalysten in der Zwischenzeit wieder von dieser visionären Form von Utility Computing entfernt und begonnen, den Begriff neu zu bestimmen – als Umwandlung der IT-Abteilung in einen professionellen Geschäftsbereich, der IT als Services auf der Basis klarer Geschäftsziele anbietet.

Im Grunde gelten dieselbe Definition, dieselben Grundsätze und Vorteile intern (wenn das Rechenzentrum alleiniger Anbieter von IT-Services für die Geschäftsbereiche ist), extern (wenn alle IT-Services von externen Service-Providern bezogen werden) und bei Modellen, die zwischen diesen beiden Positionen liegen (Mischformen, bei denen IT-Services teilweise vom eigenen Rechenzentrum und teilweise von externen Anbietern bereitgestellt werden).

Alle Marktanalysten stimmen darin überein, dass dieses modifizierte Modell von Utility Computing ein hohes Geschäftspotential hat und eine hohe Wachstumsrate verspricht – auch wenn die Prognosen über den Gesamtumfang deutlich auseinander gehen. Allerdings unterscheiden sich die Definitionen und Terminologie der einzelnen Analysten. Beispiele sind „Real Time Infrastructure" (Gartner), „Organic IT" (Forrester), „Dynamic Computing" (Summit) oder „Utility Computing" (IDC).

Auf der Grundlage der Beschreibung des allgemeinen Marktumfelds und der oben genannten Probleme und Chancen werden wir in diesem Kapitel die folgende Definition verwenden:

Utility Computing beschreibt eine grundlegende Transformation der Bereitstellung und des Managements von IT-Services – von einem technologieorientierten zu einem geschäftsorientierten Ansatz. Diese Umstellung erfordert eine äußerst flexible und effizient verwaltete dynamische IT-Infrastruktur mit vollständiger Kostenkontrolle, flexibler Kostenverrechnung und aktivem SLA-Management.

3.2.5 Beispiele

Bei Utility Computing handelt es sich zwar um eine relativ neue Idee, doch es gibt bereits Beispiele einer erfolgreichen Umsetzung:

- Eine „Test Center Utility", bei der die Entwicklungsbereiche eines Unternehmens Rechenkapazität über ein Selbstbedienungsportal für einen bestimmten Zeitraum zur Ausführung eines Tests anfordern. Die entsprechenden Ressourcen werden automatisch zugewiesen und nach Ablauf dieses Zeitraums wieder zurückgegeben. Der Preis wird auf der Basis der während des Testzeitraums genutzten Kapazität berechnet, und der gesamte Prozess des Bereitstellens und Entfernens der Ressourcen sowie der Messung der Kapazität läuft vollautomatisch ab. Durch die sehr dynamische Zuweisung und den konsequenten Abbau der Ressourcen nach Beendigung des Tests wird deren Auslastung optimiert und durch die vollständige Automation des gesamten Prozesses die Gesamtkosten minimiert. Ein weiterer Vorteil besteht darin, dass es sich hierbei um eine Lösung mit geringem Risiko für den Einstieg in Utility Computing für jedes Rechenzentrum und einen guten Ausgangspunkt für das sich selbst finanzierende Modell handelt, das in diesem Text bereits angesprochen wurde.

- Eine „Grid"-Umgebung, in der die Kapazität für rechenintensive Aufgaben einem Grid Scheduler zugeordnet wird, sobald diese nicht für ihren primären Einsatzbereich benötigt wird – wie beispielsweise nachts oder am Wochenende. Dadurch werden die Funktionen typischer Grid Scheduler um die Bereitstellung der Basisressourcen und der automatisierten Kostenverrechnung ergänzt.
- Anwendungsbasierte Utilities, die Services wie Customer Relationship Management (CRM), E-Mail, Portale und anderes anbieten. Dahinter steckt folgende Idee: Die Verbraucher melden sich für einen Service an (abonnieren ihn gewissermaßen) und geben an, wie sie den Service nutzen möchten. Das geschieht über Service Level Agreements (SLA). Diese haben entweder konkrete Ziele für Antwortzeiten, Verfügbarkeit, Sicherheit und anderes oder enthalten sehr allgemeine Qualitätsstufen, die dann auch zu unterschiedlichen Kosten und damit Preisen der verschiedenen SLAs führen. Die Verbraucher haben aber keinen Einfluss mehr auf die konkrete IT-Infrastruktur, auf der diese Services ausgeführt werden. Hier kommt die Idee eines Katalogs ins Spiel, aus dem die Benutzer der IT-Services den benötigten Service und die gewünschten SLAs auswählen, den dazugehörigen Preis akzeptieren und den Service anschließend nutzen, ohne dass sie sich Gedanken über die zugrunde liegende Technologie für den Betrieb des Service machen müssen.
- Es gibt verschiedene Beispiele von IT-Serviceangeboten im Web, die sich in erster Linie an Endverbraucher oder kleine Unternehmen richten. Offeriert werden einfache Versionen von Geschäftsanwendungen wie Enterprise Resource Planning oder Customer Relationship Management sowie Mobil- und Entertainment-Services.

3.2.6 Lösungselemente

Die Optimierung der zugrunde liegenden IT-Infrastruktur bildet die Grundlage jeder Utility-Lösung. Sie umfasst die Auslastung von Server- und Speichersystemen, die Automatisierung typischer, wiederholt anfallender Managementaufgaben, eine äußerst flexible Infrastruktur mit gemeinsamer Nutzung und dynamischer Zuordnung von Ressourcen sowie zugehörige Prozess- und Organisationsanpassungen. Eine Utility-Lösung enthält außerdem Technologien für das aktive Management von Angeboten, Verträgen und Subskriptionen mit den erforderlichen Funktionen für die Verbrauchsmessung, die eine nutzungsbasierte Kostenverrechnung oder Preisbestimmung ermöglichen. Eine solche Utility-Lösung setzt sich aus folgenden Basiselementen zusammen:

- Management der Ressourcenbereitstellung und -konfiguration („Provisioning") für die vollautomatische Zuordnung von Ressourcen während der Ausführung und für die Nutzung der Ressourcen in einem gemeinsamen Pool
- Virtualisierung von Ressourcen, einschließlich dynamischer Partitionierung, virtueller Maschinen und virtuellen Speichers auf Datenträger- und

Dateisystemebene, um eine rasche Anpassung der Ressourcengröße zu ermöglichen, ohne die Anwendung zu unterbrechen, die auf den Ressourcen ausgeführt wird
- Technologien zur Automation wiederholt anfallender Managementaufgaben auf Basis von Standards, Richtlinien und bewährten Verfahren (Best Practices)
- SLA-Manager wie Workload-Manager, die die Umgebung gemäß den während der Vertragsunterzeichnung definierten Zielen (SLA) steuern
- Verschiedene Technologien für die Erstellung von Angeboten, das Management von Verträgen, basierend auf diesen Angeboten, und die Messung der Nutzung von Ressourcen im Kontext dieser Verträge
- Eine zugrunde liegende Architektur, die Ressourcen sowie deren Managementschnittstellen auf standardisierte Weise nach außen repräsentieren. Dadurch kann jede Ressource, die auf dieser Architektur basiert, nahtlos in die Gesamtinfrastruktur integriert werden, sich selbst registrieren oder automatisch entdeckt werden. Eine manuelle Anpassung der Topologieinformationen zur Integration ist nicht mehr nötig. Sobald neue Ressourcen integriert sind, funktioniert deren Management auf standardisierte Weise, ohne dass die technischen Details der Ressourcen nach außen sichtbar sind. So lassen sich auch existierende (und zum Teil recht alte) Ressourcen leicht integrieren, ohne dass ihre internen proprietären Funktionen verändert werden müssen. In der Industrie setzt sich dazu ein auf Web Services basierender Ansatz durch, die sogenannte Service Oriented Architectur (SOA).
- Managementprozesse, die eine optimierte Ausführung von Standardaufgaben in der gesamten IT-Umgebung mit minimaler Intervention durch Mitarbeiter aus unterschiedlichen Abteilungen ermöglichen. Diese Prozesse sollten standardisiert sein und sich an Best Practices orientieren.
- Eine Organisationsstruktur, die sich an diesen Prozessen orientiert und damit manuelle Tätigkeiten auf ein Minimum und auf möglichst wenige verschiedene Mitarbeiter beschränkt

In den nachfolgenden Kapiteln werden Details zu den oben beschriebenen Elementen erklärt.

3.2.7 Auswirkungen auf Prozesse und Organisationsformen

Organisationsstrukturen und -prozesse erfordern erhebliche Anpassungen, damit sie das optimale Maß der Automatisierung und ein dynamisches Verhalten unterstützen können. In vielen Unternehmen orientieren sich Organisationsstrukturen an den verschiedenen installierten Technologien. So ist die „Mainframe-Gruppe" häufig strikt von der „Unix-Gruppe" getrennt. Es gibt unterschiedliche Abteilungen mit Experten für Speicher, Netzwerke, Datenbanken oder Sicherheit. Häufig nimmt die Durchführung einfacher Aufgaben wie beispielsweise die Inbetriebnahme eines neuen Servers, bis zu drei Monate in

Anspruch – eben auch deshalb, weil viele Mitarbeiter aus unterschiedlichen Abteilungen mit zahlreichen manuellen Schritten beschäftigt sind, sowie aufgrund der manuellen Übergabe zwischen Experten oder der zu späten Entdeckung von Konfigurationsfehlern.

In einem Utility-Szenario, das eine höchst dynamische Infrastruktur beinhaltet und in dem die für die Durchführung von Aufgaben wie der Bereitstellung eines neuen Servers benötigte Zeit auf wenige Stunden oder gar Minuten verkürzt wird, müssen Organisationsstrukturen für Prozesse und weniger für Technologien optimiert werden. Das klingt einfacher, als es ist. Denn die Mitarbeiter müssen das vertraute Terrain ihrer speziellen Fachkenntnisse verlassen und eine völlig neue Rolle übernehmen, bei der weniger die Technologie als vielmehr geschäftliche Aspekte und Prozesse im Vordergrund stehen. Hierfür ist ein grundlegender Wandel in der Unternehmenskultur erforderlich.

Auf dem Markt sind verschiedene Best Practices für das IT-Management und das Servicemanagement im Allgemeinen verfügbar. Am bekanntesten ist die IT Infrastructure Library (ITIL), eine Dokumentation von Best Practices für typische Managementaufgaben wie Change-, Configuration-, Incident-Management und anderen.

3.2.8 Hindernisse

Die beste Technologie nützt nichts, wenn die Struktur des Unternehmens ihrem Einsatz im Wege steht und wenn die Mitarbeiter und die Prozesse zwischen diesen Mitarbeitern einen Engpass darstellen. Die Transformation des Rechenzentrums in einen Geschäftsbereich erfordert eine konsistente Ausrichtung von Technologie, Prozessen und Organisationsformen – anderenfalls ist sie zum Scheitern verurteilt.

Die Umstellung auf ein Utility-Computing-Modell bedeutet eine große Veränderung für das Rechenzentrum eines jeden Unternehmens, und wie bei jeder großen Veränderung müssen auf dem Weg zu ihrer erfolgreichen Umsetzung viele Hürden genommen werden. Die wichtigsten Probleme sind nicht technischer Natur, sondern Dinge wie die Angst der Mitarbeiter vor einem Verlust des Arbeitsplatzes oder die für die Umstellung erforderliche Änderung der Unternehmenskultur. Doch auch die geschäftliche und technische Seite darf nicht vernachlässigt werden. Im Folgenden finden Sie einen Überblick über die wichtigsten Hindernisse auf dem Weg zu Utility Computing, die sorgfältig untersucht und gehandhabt werden müssen.

Kulturelle Faktoren

- *Angst vor und Widerstand gegen Veränderungen bei den IT-Mitarbeitern und den verschiedenen Geschäftsbereichen.* Dabei handelt es sich um ein weit verbreitetes Problem, das jegliche grundlegende Umgestaltung erschwert. Die

Mitarbeiter des Rechenzentrums verdienen ihr Geld damit, dass sie sehr spezielle Detailkenntnisse haben. Teil ihres persönlichen Wertbeitrags als Experten für das Unternehmen ist beispielsweise das Wissen darüber, wie ein Server in Betrieb genommen wird oder wie man einen Switch konfiguriert, um einen adäquaten Datenaustausch im Netz zu ermöglichen. Jede Form der Automatisierung dieser Aufgaben schürt die Angst vor der Versetzung oder gar dem Verlust des Arbeitsplatzes. Hier sind die Führungskräfte gefordert: Sie müssen die Mitarbeiter davon überzeugen, dass diese Veränderung unbedingt notwendig ist. Gleichzeitig müssen sie die Chancen verdeutlichen, die den Mitarbeitern offenstehen – Chancen auf eine sehr viel interessantere und strategisch wertvollere Position, die ihnen mehr Anerkennung bringt.

Für die verschiedenen Geschäftsbereiche des Unternehmens birgt jede grundlegende Veränderung das Risiko von Fehlern oder eingeschränktem Service, wenn sie jahrelang von einer bewährten Umgebung profitiert haben, die eine gewisse Qualität erreicht hat. Die Geschäftsbereiche würden gerne dieselbe Leistung, allerdings zu einem niedrigeren Preis erhalten. Sie haben häufig nicht das „Gut-genug-Prinzip" akzeptiert und fragen sich beispielsweise, warum sie langsamere Antwortzeiten für ihre Anwendungen in Kauf nehmen sollen, wenn ihnen zuvor erstklassige Antwortzeiten angeboten wurden. Wegen den damit verbundenen Unsicherheiten wollen sie „ihre" Ressourcen nicht gemeinsam mit anderen Geschäftsbereichen nutzen. Aber in diesem Fall gibt es nur ein überzeugendes Argument: Geld. Wenn die Akzeptanz des neuen Modells, einschließlich der gemeinsamen Nutzung von Ressourcen und der SLAs auf „Gut-genug-Basis", finanziell entlohnt wird, werden viele das Konzept akzeptieren. Ohne finanzielle Vorteile werden sie sich jedoch niemals umstimmen lassen. Dieser Punkt unterstreicht die große Bedeutung der flexiblen Kostenberechnung auf der Basis einzelner Services, die die Kosten mit den tatsächlichen Nutzungsmustern der Services in Verbindung bringt.

- *Angst vor einem Verlust des Arbeitsplatzes bei den IT-Mitarbeitern.* Dieses Thema ist eng mit dem oben beschriebenen allgemeinen Widerstand gegen Veränderungen verknüpft. Wie bereits erwähnt, kann jede Automatisierung manueller Aufgaben dazu führen, dass Arbeitsplätze wegfallen. Auch hier sind die Führungskräfte dafür verantwortlich, die Mitarbeiter von der Chance des Aufstiegs in eine anspruchsvollere Tätigkeit zu überzeugen. Die Mitarbeiter haben die Möglichkeit, von reinen Betriebsaufgaben, die bei niemandem Anerkennung finden, auf eine strategische Position vorzurücken, die Innovationen und damit das Kerngeschäft des Unternehmens fördert. Dies ist eine einmalige Chance, insbesondere wenn wir davon ausgehen, dass der Abbau oder die Verlagerung von Arbeitsplätzen ins Ausland im Bereich des rein operationalen IT-Betriebs ohnehin nicht aufzuhalten sind. Die Mitarbeiter müssen begreifen, dass eher die Gefahr besteht, ihren Job zu verlieren, wenn sie sich daran klammern, als wenn sie jetzt die Chance haben, in eine strategische Position aufzurücken und so ihren Job zu behalten.

- *Verlust der Kontrolle über wichtige Ressourcen und Angst vor dem Verlust der persönlichen Freiheit durch die Standardisierung der IT-Ressourcen vor allem in den Geschäftsbereichen.* In vielen Unternehmen haben die einzelnen Geschäftsbereiche noch immer die Kontrolle über die Ressourcen, die sie für ihre IT-Services benötigen, selbst wenn diese Ressourcen formal in den Verantwortungsbereich des Rechenzentrums gehören. Die Geschäftsbereiche entscheiden, welches Betriebssystem, welche Hardware, Middleware und Anwendungen verwendet werden. Diese Kontrolle aufzugeben und den Servicekatalog als einzige Schnittstelle zu IT-Services zu akzeptieren, stellt eine enorme Veränderung in der Unternehmenskultur dar. Das kann den Geschäftsbereichen, ähnlich wie bei den oben erwähnten Punkten, nur durch finanzielle Vorteile schmackhaft gemacht werden. Hier liegt eine einmalige Chance für Kostensenkungen im Rechenzentrum durch die konsequente Standardisierung von Ressourcen und deren Management. Dies bedeutet nicht, dass nur noch eine Lösung für alle Anforderungen angeboten wird. Lediglich der spezielle, proprietäre Einsatz von Ressourcen für jeden einzelnen Service soll vermieden werden. Ein Beispiel ist die Installation eines Serverbetriebssystems, das in wenigen Minuten von einem Master-Image geklont werden kann. Wird diese Aufgabe dagegen manuell mit sehr speziellen Konfigurationen durchgeführt, nimmt sie oft Wochen oder gar Monate in Anspruch. Wird der Kostenvorteil der Automatisierung an die Geschäftsbereiche weitergegeben, ist dies ein starker Motivationsfaktor.
- *Angst vor dem Verlust eines Wettbewerbsvorteils, wenn alle dieselbe „ganzheitliche Lösung" verwenden – hauptsächlich bei den Geschäftsbereichen.* Es ist wichtig zu verstehen, dass Utility Computing und das Konzept „One Size Fits All" – also die Idee einer Einheitslösung, die allen Anforderungen gerecht wird – nicht dasselbe sind. Wann immer eine bestimmte IT-Funktion ein echtes Differenzierungsmerkmal im Markt darstellt, muss sie auch als Innovation beibehalten werden. In diesen Bereich sollte das Unternehmen sogar verstärkt investieren, um seinen Wettbewerbsvorteil auszubauen. Die Standardisierung betrifft dagegen Bereiche, in denen die IT nicht unmittelbar die Differenzierung des Unternehmens am Markt beeinflusst. Dies trifft Marktforschungsergebnissen zufolge auf etwa 75 bis 80% des Rechenzentrums zu.

Geschäftliche Faktoren

- *Bedarf an flexiblen Softwarelizenzmodellen, die alle Softwareanbieter unterstützen.* Dieser Aspekt ist eindeutig ein Problem für jedes nutzungsbasierte Kostenverrechnungsmodell. Wenn Softwarelizenzen – nach den Personalkosten der zweitgrößte Kostenfaktor – statisch bleiben, liegt der Großteil des Risikos beim Serviceanbieter. Dieses Risiko verstärkt sich, wenn Lizenzmodelle auf der Anzahl an Servern oder Clients basieren. Was geschieht, wenn diese Server und Clients virtualisiert und von unterschiedlichen Anwendungen gemeinsam genutzt werden? Müssen die Kunden dann eine Lizenzgebühr für jedes System, auf dem die Anwendung möglicherweise ausgeführt werden kann, bezahlen? Für dieses Problem gibt es keine einfache Lösung. Die Diskussion zwischen den Softwareanbietern und den Kunden ist zwar bereits im Gange, doch eine Lösung ist noch nicht in Sicht. Viele Softwareunternehmen wollen ihre Lizenzmodelle nicht so einfach aufgeben. Auf lange Sicht wird jedoch der Markt dieses Problem lösen. Die Frage lautet somit nicht, ob, sondern wann sich diesbezüglich etwas ändert und welcher Softwareanbieter einen persönlichen Wettbewerbsvorteil darin sehen wird, sein Lizenzmodell als erster zu verändern.

- *Die Migrationskosten sind zu hoch, und der ROI kommt zu spät.* Die Umwandlung eines Rechenzentrums in einen Geschäftsbereich ist ein auf mehrere Jahre angelegtes Unterfangen. Unter den derzeitigen wirtschaftlichen Bedingungen akzeptiert natürlich kein Unternehmen eine Investition über mehrere Jahre ohne angemessenen „Return on Investment (ROI)". Daher ist es sehr wichtig, einen klaren Fahrplan für die Umstellung auszuarbeiten und zu befolgen – einen Fahrplan, der sich nicht nur an der Technologie orientiert, sondern sicherstellt, dass in jeder Phase der beste ROI erzielt wird. Hierbei handelt es sich um das sich selbst finanzierende Modell, das wir bereits angesprochen haben. Bei diesem Modell können die Einsparungen aus jeder Projektphase in die Finanzierung der nachfolgenden Phase reinvestiert werden.

- *Die Prognose der Ausgaben ist schwierig, und das Budget wird nach wie vor statisch für ein ganzes Jahr zugewiesen.* Jedes Unternehmen muss sein Budget managen. In vielen Fällen wird es für ein ganzes Jahr bereits im Herbst des Vorjahres zugewiesen. Nutzungsbasierte Abrechnungsmodelle bergen das Risiko von Budgetunsicherheiten. Auf lange Sicht kann ein Unternehmen dieses Risiko jedoch in den Griff bekommen, wenn genügend Daten und Erfahrungen zur Verfügung stehen. Auf kurze Sicht muss das Risiko auf alle Beteiligten verteilt werden, wie beispielsweise durch eine Kombination aus Grundgebühren und flexiblen nutzungsabhängigen Gebühren. Auch mit Pauschalbeträgen lässt sich das Risiko mindern. Eine solche Umstellung mit all den bereits erwähnten Vorteilen bringt auch Risiken mit sich. Die Herausforderung besteht darin, diese Risiken zu kontrollieren und auf angemessene Weise zwischen allen Beteiligten aufzuteilen.

Technische Faktoren

- *Bedenken bezüglich Sicherheit und Datenschutz bei der gemeinsamen Nutzung von Ressourcen.* Dieser Punkt ist innerhalb eines Unternehmens, in dem unterschiedliche Geschäftsbereiche dieselbe Infrastruktur verwenden, weniger wichtig. In externen Szenarien, in denen konkurrierende Unternehmen dieselbe Infrastruktur eines Service-Providers gemeinsam nutzen, kommt diesem Aspekt jedoch eine große Bedeutung zu. Unternehmen, die Bedenken haben, sollten Folgendes wissen: Die gemeinsame Nutzung von Ressourcen bedeutet nicht, dass alle Ressourcen jederzeit auch tatsächlich gemeinsam genutzt werden. Fakt ist: Sobald eine Ressource für einen IT-Service bereitgestellt wurde, bleibt sie diesem Service zu diesem Zeitpunkt dediziert zugeteilt. Sie kann zwar möglicherweise schon eine Minute später einem anderen IT-Service zugewiesen werden, doch sobald sie zugeordnet wurde, wird sie auch nicht mehr gemeinsam genutzt. Der Trick besteht darin, die erneute Zuordnung von Ressourcen auf sichere Weise durchzuführen, ohne dass Informationen aus dem vorhergehenden Service irgendwo auf der Ressource zurückbleiben. Heute gibt es Mechanismen, die eine vollautomatische Neuinstallation des kompletten Systems so ermöglichen, dass alle früheren Daten auch wirklich gelöscht werden. Für virtualisierte Umgebungen mit logischen Partitionen oder VM-Systemen auf denselben Hardwareressourcen gelten besondere Überlegungen. Es sind mehrere Mechanismen mit unterschiedlichen Sicherheitsmerkmalen verfügbar, die diese virtuellen Maschinen untereinander separieren, und es muss nach dem Gut-genug-Prinzip entschieden werden, welche Technologie die richtige für einen bestimmten Service ist.

- *Auf dem Markt fehlen Standards.* Die Realisierung von Utility Computing mit einer zugrunde liegenden dynamischen Infrastruktur ist ohne Standardisierung nicht möglich. Die häufige Handhabung von flexiblen Ressourcen auf individuelle, proprietäre Weise würde den Aufwand drastisch steigern und unbezahlbar machen. Ein ganz wichtiger Baustein einer solchen Umgebung ist eine serviceorientierte Architektur, die auch auf die Infrastruktur angewandt wird. In einer solchen Infrastruktur werden alle Ressourcen und deren externe Managementschnittstellen als standardisierte Services dargestellt. In den verschiedenen Standardisierungsgremien wie OASIS, DMTF oder GGF wurden große Fortschritte gemacht.
- *Zu große technische Komplexität und zu hohe Risiken.* In einem komplexen Umfeld, zum Beispiel in Utility-Szenarien, die mehrere Ebenen wie Verbraucher, Provider und Partner umfassen, könnte man argumentieren, dass das Ausmaß der Komplexität insgesamt konstant bleibt. Wenn das stimmt, bedeutet eine Verringerung der Komplexität für die Verbraucher, denen man die Anmeldung für und die automatische Nutzung von Services ermöglicht, dass sich die Komplexität auf der Seite des Anbieters erhöht. Die Anbieter wiederum können nur dann rentabel sein und die Betriebskosten senken, wenn sie diese Komplexität in der Technologie und nicht in manuellen Aufgaben, die mehr Personal und Know-How erfordern, implementieren. Die Integration der Komplexität in Technologie kann jedoch zu einem gravierenden Problem werden, wenn die Unternehmen die Umstellung auf Utility Computing ohne eine vollständige und einheitliche zugrunde liegende Architektur und ohne ein hohes Maß an Disziplin durchführen, das für die Implementierung dieser Architektur und für die richtigen Investitionen in Technologie erforderlich ist.

Es ist gefährlich einfach, Scripts oder ähnliche einfache „Programmiermethoden" zu verwenden, um rasch eine bestimmte Funktionalität zu implementieren. Dadurch lassen sich zwar problemlos einige schnelle Erfolge erreichen, doch dieser Weg endet leicht in einem Alptraum. Eine konsequente Implementierung einer serviceorientierten Architektur ist hier eine Kernverantwortung des CIO.

All diese Hindernisse müssen ernst genommen werden, und zwar bereits ganz am Anfang der Umstellung, da jeder dieser Faktoren die Transformation zum Scheitern bringen kann. Verschiedene Consulting-Services, die die Phase der Planung und Projektkoordination abdecken, unterstützen den CIO dabei, die Umstellung durchzuführen und sich die notwendige Unterstützung seiner Mitarbeiter und der Geschäftsbereiche zu sichern. Abhängig von der Unternehmenskultur, die über die Bereitschaft zu Veränderungen entscheidet, kann die Nutzung dieser Services über den Erfolg oder Misserfolg des Projekts entscheiden.

3.3 *Utility Computing* als integraler Bestandteil der serviceorientierten Architektur

Gerd Breiter

3.3.1 Der Bedarf an einer serviceorientierten Architektur

Die Notwendigkeit zur Verbesserung der Produktivität und Flexibilität in Unternehmen bedingt derzeit auch einen Wandel der Geschäftsprozesse. Die traditionellen monolithischen Prozesse werden aufgebrochen und in Komponenten zerlegt, die dann wiederum in unternehmensübergreifende dynamische Wertschöpfungsnetzwerke, sogenannte Value-Nets integriert werden können.

Da Geschäftsprozesse heute sehr stark von der IT-Infrastruktur abhängen (zum Beispiel einer SAP-Software), muss auch die Informationsverarbeitung in Unternehmen durch entsprechende Maßnahmen flexibilisiert werden.

Traditionell werden in der Informationsverarbeitung Applikationen bereitgestellt, die in den verschiedensten Geschäftsprozessen eine (Teil-)Rolle spielen. Für einen Geschäftsprozess sind in der Regel mehrere Anwendungen von Bedeutung, die aber nicht explizit miteinander verbunden sind. Aus rein betriebswirtschaftlicher Sicht wird der Geschäftsprozess also nicht explizit in der Software abgebildet. Aufgrund dieses Missstandes wird aber in der Softwareentwicklung jetzt mittlerweile der Ansatz verfolgt, Geschäftsprozesse explizit abzubilden und die Aktivitäten, die einen Geschäftsprozess konstituieren, durch Komponenten bereitstellen zu lassen, die in beliebigen anderen Geschäftsprozessen wiederverwendet werden können. Das zugrunde liegende Konzept von standardisierten, lose gekoppelten Komponenten, die in unterschiedlichen Kontexten zusammengesetzt werden können (zum Beispiel in explizit abgebildeten Geschäftsprozessen), nennt man serviceorientierte Architektur (SOA).

Monolithische Softwareentwicklung wird also zunehmend abgelöst durch einen Ansatz, bei dem die Lösungen sehr flexibel und automatisch aus standardisierten Komponenten zusammengesetzt werden, die ihre Funktionalität als Services im Rahmen einer serviceorientierten Architektur zur Verfügung stellen.

Die Überlegung, die Systeme in eine Reihe einzelner Komponenten mit wohldefinierten Schnittstellen zu zerlegen, ist natürlich auch ein Ansatz, die zunehmende Komplexität der Systeme in den Griff zu bekommen (absichtlich wird das Wort reduzieren hier vermieden). Diese kleineren Komponenten sind besser überschaubar und bedienbar. Dadurch wird die Komplexität gekapselt, selbst wenn die einzelnen Komponenten im Inneren komplexe Aufgaben bewältigen. Außerdem können die beim Aufbrechen der Systeme entstandenen Komponenten dann wieder modular zu größeren Einheiten zusammengefügt werden. In einer serviceorientierten Architektur stellt also jede Komponente einen Service dar, der über standardisierte Schnittstellen wie beispielsweise Web Services angesprochen werden kann.

Im Rahmen dieser Entwicklung findet heutzutage Business Process Reengineering im großen Maßstab statt. Sowohl ganze Geschäftsprozesse als auch Teile davon werden als Services abgebildet, die über Standardschnittstellen bereitgestellt und mit einem semantisch „wohldefinierten" Verhalten versehen werden. Diese Services werden dann mithilfe entsprechender Technologien (Workflow) orchestriert und aggregiert, um dadurch höherwertigere Services und komplexere Geschäftsprozesse zu bilden.

Der durch die Globalisierung zunehmende Kosten- und Flexibilisierungsdruck ruft bei den betroffenen Unternehmen die Bereitschaft hervor, Teile ihrer Geschäftsprozesse an fremde Unternehmen abzugeben, wenn diese garantieren, den entsprechenden Service zu besseren Konditionen (zum Beispiel Preisen) zu erbringen. Die Abbildung von Geschäftsprozessen in der IT erlaubt es nun, dies auch selektiv für einzelne Teile der Geschäftsprozesse zu tun. Das setzt natürlich eine entsprechende Konnektivität – beispielsweise durch das Internet – und eine Standardisierung der entsprechenden Schnittstellen zu den Services voraus. Diese Entwicklung und gute Fortschritte bei der Standardisierung haben eine Industrie von Serviceanbietern geschaffen, die sich auf die Bereitstellung entsprechender Geschäftsprozessteile als Services spezialisiert hat. Es entstehen also gerade industrielle Ökosysteme, die hochflexible, serviceorientierte, auf Komponenten basierende Geschäftslösungen entwickeln und anbieten. Auf diese Weise erhalten Unternehmen die Option, die von ihren Geschäftsprozessen benötigten Elemente bei den neu entstehenden Serviceanbietern einzukaufen.

Die Nutzung und Orchestrierung der Services, die solche standardisierten Komponenten zur Verfügung stellen, ermöglichen die schnelle Unterstützung neuer Geschäftsprozesse sowie die Anpassung vorhandener Abläufe an sich schnell ändernde geschäftliche Anforderungen. Die Fähigkeit zur Nutzung dieser Prozesskomponenten zur Unterstützung von existierenden oder Schaffung von neuen Geschäftsfeldern des Unternehmens wird künftig zu einem wichtigen Wettbewerbsvorteil werden.

Globalisierung und globale Integration zwingen also die Unternehmen derzeit, die Flexibilität und Wiederverwendbarkeit ihrer Prozesskomponenten mithilfe einer serviceorientierten Architektur zu verbessern. Die linearen Geschäftsprozesse der Vergangenheit werden aufgebrochen und die dabei entstehenden Teile werden in ganz unterschiedlichen Bereichen des Unternehmens oder gar bei entsprechenden Zulieferfirmen in Drittweltländern ausgeführt. Dieses Aufbrechen der existierenden Prozesse und Strukturen sowie die Pflege und Änderung der neuen, verteilten Prozesse ist sehr aufwendig und schwierig, da hierbei häufig gewachsene Organisationsgrenzen innerhalb eines Unternehmens überschritten werden müssen.

Eine weitere Schwierigkeit kommt dadurch hinzu, dass die Geschäftsprozesse von Unternehmen in immer kürzer werdenden Abständen angepasst werden müssen. Gleichzeitig ist eine Umstrukturierung dieser oder von Teilen daraus in wieder verwendbare Services im Hinblick auf eine effiziente Kostensenkung unvermeidbar. Aus diesem Grund werden wiederholbare geschäftliche Aufgaben – entweder ganze Geschäftsprozesse oder Teile daraus – als Services abstrahiert und zur Verfügung gestellt. Diese Services sind dann die Bausteine, die sich ganz einfach zu (neuen) Geschäftsprozessen zusammensetzen lassen.

Die serviceorientierte Architektur dient damit als IT-Architekturstil, der das Konzept der Serviceorientierung durch die Definition umfassender Geschäftsprozesse als modulare Anwendungen unterstützt. Diese (Teil-)Prozesse können dann entsprechend zusammengesetzt und miteinander verknüpft werden, um damit letztendlich die Gesamtheit der Geschäftsprozesse eines Unternehmens abzubilden und das Gesamtgeschäft eines Unternehmens zu unterstützen.

3.3.2 Das IT-Operating Environment

Die Aufgabe des IT-Operating Environment ist es, die Gesamtheit der Geschäftsprozesse eines Unternehmens durch den Einsatz von IT-Betriebsmitteln optimal und umfassend zu unterstützen und ein möglichst effizientes Business Performance Management für diese Prozesse zu gewährleisten. Wesentliche Funktionsteile hierbei sind die Integration von IT- und Non-IT-Ressourcen und -Prozessen, hocheffizientes Infrastrukturmanagement und die optimale Unterstützung der Entwicklung neuer Geschäftsprozesse. Die nachfolgende Grafik zeigt eine allgemeine Übersicht des Referenzmodells für das IT-Operating Environment:

3.3 Utility Computing als integraler Bestandteil der serviceorientierten Architektur

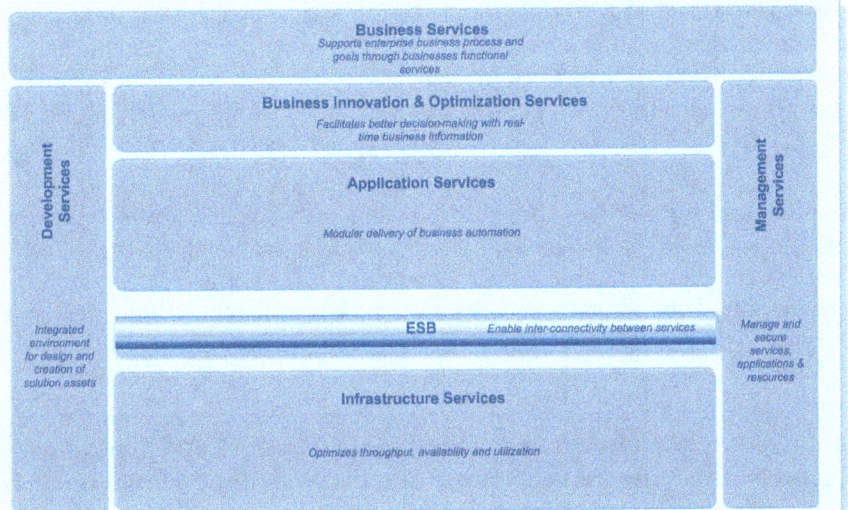

Abb. 3.3. Referenzmodell des IT-Operating Environment

Die **Business Services** sind die Gesamtheit aller Services, die letztendlich die IT-Realisierung der „End-to-End"-Geschäftsprozesse eines Unternehmens darstellen. Sie bestehen aus den Services, die die Prozesse der einzelnen Geschäftsbereiche abbilden und die über klar definierte Schnittstellen mit den entsprechenden Geschäftsprozessen von Kunden und Partnern, aber auch mit denen des eigenen Unternehmens, kommunizieren. Die Business Services sind also eigenständige abgeschlossene Prozesse, die anderen Geschäftseinheiten des eigenen Unternehmens oder Partnern angeboten werden. Extern angebotene Business Services bilden dabei die Beziehung zwischen dem Unternehmen und dessen Kunden beziehungsweise Zulieferern ab. Sie reflektieren das Kerngeschäft des Unternehmens, beispielsweise in Form einer Fahrzeuganmietung, einer Kreditauszahlung oder anderer Aktivitäten.

Business Innovation & Optimization Services stellen Echtzeitinformationen wie Trendanalysen aus den aktuellen Geschäftsprozessen zur Verfügung, um damit fundierte Unterstützung für schnelle Geschäftsentscheidungen in den Unternehmen zu liefern. Sie können als Sammlung von Geschäftsprozessen betrachtet werden, die Services für Statusinformationen, Überwachung, Analyse oder Informationsfilterung des laufenden Geschäfts eines Unternehmens bereitstellen.

Die **Application Services** umfassen die Laufzeitumgebung – den Container –, in der die Anwendungssoftware „deployed" wird, sowie die Services, die von der betreffenden Anwendungssoftware genutzt werden (zum Beispiel Interaktions-, Prozess-, Informations- oder Partnerservices), um die Logik und damit die Programmartefakte für das jeweilige Business Process Design zu implementieren.

Die **Development Services** ermöglichen einem Team aus Executives, Projektmanagern, Architekten, Designern, Entwicklern, Integrationsspezialisten, Testern und Systemadministratoren die Zusammenarbeit in einer global verteilten Umgebung, um Anwendungen zu entwerfen, zu konstruieren, zu integrieren und bereitzustellen, die dann von der IT-Umgebung gesteuert werden.

Wir bezeichnen die Kombination aus Development Services, Application Services, Infrastructure Services und Management Services als **SOA-Infrastructure**. Diese Infrastruktur steuert die IT-Artefakte, die die Business Services und Business Innovation & Optimization Services implementieren. Die Kombination dieser Artefakte, die eine definierte Gruppe zusammengehöriger Geschäftsprozesse umfasst, wird als **SOA-Anwendung** bezeichnet.

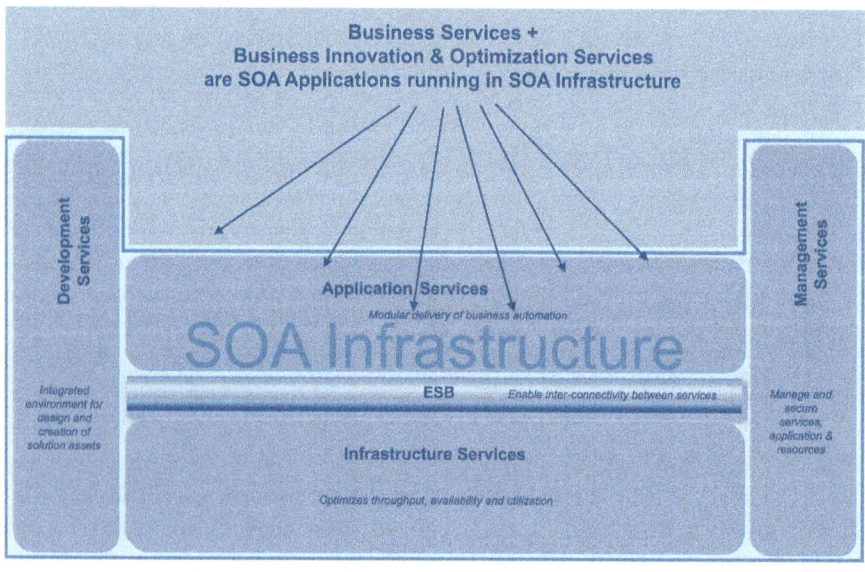

Abb. 3.4. Die SOA-Infrastruktur als „Container" für Geschäftsprozesse

Die Abbildung oben zeigt eine SOA-Infrastruktur, die als „Container" für die Geschäftsprozesse dient und alle vier Hauptphasen des Lebenszyklus einer SOA-Anwendung unterstützt (siehe folgende Abbildung):

3.3 Utility Computing als integraler Bestandteil der serviceorientierten Architektur

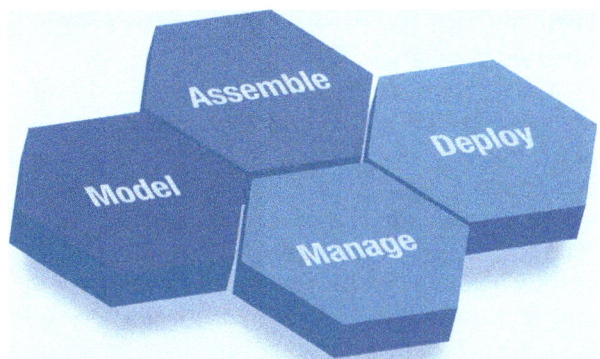

Abb. 3.5. Das Lifecycle-Modell einer SOA-Anwendung

Während der „**Model**"-Phase unterstützen Tools wie IBM WebSphere Business Integration (WBI) Modeler oder ARIS von IDS-Scheer die Modellierung der Geschäftsprozesse sowie die Umsetzung dieser allgemeinen Modelle in die entsprechenden IT-Modelle.

Diese Modelle werden dann mithilfe entsprechender Tools während der „**Assemble**"-Phase umgesetzt. Das heißt hier werden beispielsweise mithilfe von Eclipse- oder auf IBM Rational basierenden Tools die entsprechenden Servicekomponenten erstellt. Manchmal handelt es sich hierbei wirklich um komplett neu zu erstellende Programmkomponenten. In vielen Fällen adaptieren und kapseln diese Komponenten jedoch entsprechende Funktionalitäten bereits existierender „Legacy"-Anwendungen (zum Beispiel SAP, Oracle oder andere Datenbanken) und schaffen damit die Einbindung dieser Funktionalitäten in die serviceorientierte Architektur.

Diese Tools unterstützen also die Schaffung von Servicekomponenten (neu und alt) sowie die Anpassung und Zusammenstellung vorhandener Komponenten.

In der „**Deploy**"-Phase werden die so entstandenen Business Services und ihre unterstützenden Services für User Access und Interaction, Business Process Choreography, Information Management und so weiter in das IT-Operating Environment eingesetzt („deployed") (in vielen Fällen werden natürlich bereits „deployte" Services gemeinsam genutzt und wieder verwendet).

3.3.3 Die Service Oriented Infrastructure unterstützt SOA- und andere Anwendungen

Die „**Manage**"-Phase des Lifecycles wird nun von der **Service Oriented Infrastructure (SOI)** übernommen. Die SOI verwaltet und orchestriert die eingesetzten Business Services. Sie überwacht und steuert die Gesamtheit jedes einzelnen Business Service und sorgt dafür, dass die entsprechenden Service Level Agreements (SLA) der jeweiligen Services eingehalten werden.

Was ist nun praktisch unter einer Service Oriented Infrastructure zu verstehen? Wenden wir uns erneut der zuvor behandelten „Deploy"-Phase einer SOA-Anwendung zu. Der Business Service selbst und alle seine unterstützenden Funktionen lassen sich als Sammlung J2EE-bezogener Artefakte (Servlets, EJBs, Portlets, BPEL-Prozesse) verpackt in Enterprise Application Archives (EARs, WARs) betrachten, die in einer J2EE-Infrastruktur implementiert werden. Diese Infrastruktur besteht mindestens aus einem J2EE-Container, einer BPEL-Prozess-Engine und einer Portal-Engine. Die J2EE-Infrastruktur (die SOA-Umgebung selbst) wird auf einer Kombination von Infrastrukturkomponenten ausgeführt, die aus Server-, Speicher-, Netzwerk- und entsprechenden Softwarekomponenten besteht.

Diese Ressourcen haben natürlich einen massiven Einflusss auf die nicht funktionalen Eigenschaften der SOA-Anwendung und damit auch auf die SLAs. Lässt man zum Beispiel zu viele SOA-Anwendungen auf zu wenig Servern oder auf einem zu stark belasteten Netzwerk laufen, können die SLAs nicht eingehalten werden. Würde man allerdings jeder SOA-Anwendung so viele Ressourcen bereitstellen, dass sie jeder Last unter Einhaltung des SLA standhalten könnte, dann müsste das Unternehmen viel zu viel Ressourcen unausgelastet vorhalten. Ein cleverer und dynamischer Ressourcenzuteilungsmechanismus könnte den Umstand ausnutzen, dass unterschiedliche SOA-Anwendungen zu unterschiedlichen Zeitpunkten ihre Lastspitzen haben.

Aus diesen Überlegungen kann man unmittelbar ableiten, dass diese Ressourcen natürlich genau wie die Business Services selbst auch gesteuert werden müssen. Der gleiche Ansatz der Serviceorientierung, also die Zerlegung komplexer Systeme in kleinere Einheiten, kann auch bei der Infrastruktur, auf der die Business Services laufen, gewählt werden. Was spricht dagegen, Server, Router, Switches, Firewalls und ähnliche Infrastrukturressourcen auch als Services zu sehen und sie mit standardisierten Schnittstellen auszurüsten? Diesen Weg verfolgen neben Standardorganisationen wie OASIS auch Hersteller aus dem IT-Bereich, seien es Hardwareproduzenten wie Hewlett-Packard und Cisco, sowie Systemmanagement Anbieter von Software wie zum Beispiel IBM mit den Tivoli-Produkten oder auch der IBM Dynamic Infrastructure for mySAP Business Suite.

Genau diese Standardisierung der Schnittstellen bildet die Voraussetzung dafür, wie die Business Services eben auch die Infrastructure Services zu orchestrieren und zu größeren Einheiten zusammenzufassen: Beispielsweise kann ein

Server zuerst mit einem Betriebssystem ausgerüstet werden. Dann wird eine Anwendungssoftware und eventuell auch noch eine Datenbank installiert. Und zuletzt werden noch die nötigen Netzwerkkonfigurationen vorgenommen. Dies wird alles über die von OASIS definierte WSDM-Schnittstelle (Web Service Distributed Management) automatisiert ausgeführt. Zusätzlich zur Bereitstellung des Servers ist es auch möglich, den Betrieb des Servers über diese Schnittstelle zu überwachen und zu optimieren sowie notwendige Updates der verschiedenen Software vorzunehmen.

Wir verwenden also eine durchgängige serviceorientierte Architektur zum Management des Gesamtkonglomerats und repräsentieren deswegen auch die Infrastrukturkomponenten als Services, die wir als **Manageable Resources** (MR) bezeichnen. Manageable Resources stellen wohldefinierte, standardisierte Schnittstellen, sogenannte Manageability Interfaces zur Verfügung, die den übergeordneten Managementsystemen entsprechende Funktionalitäten zur Überwachung und Steuerung der jeweiligen Ressource bieten. Abhängig von der jeweiligen Interaktion mit der entsprechenden Ressource befindet sich diese in einem bestimmten Betriebszustand (zum Beispiel aktiv oder gestartet) – sie besitzt „State". Deshalb werden diese Ressourcen als sogenannte „stateful" Web Services implementiert.

Manageable Resources sind, wie schon erwähnt, nicht nur Server-, Speicher- und Netzwerkkomponenten, sondern auch Softwarekomponenten wie das Betriebssystem, der J2EE-Anwendungsserver, die Hostumgebung, das Datenbanksystem und vieles andere. Generell wird jede Ressource, die innerhalb einer SOA-Umgebung betrieben wird, als Manageable Resource dargestellt.

Diese Sammlung von Infrastrukturkomponenten wird als **Infrastructure Services** bezeichnet. Infrastrukturkomponenten werden zur Unterstützung der jeweiligen Business Services mithilfe der **Development Services** entsprechend zusammengestellt und das Aggregat wird dann durch die **Management Services** verwaltet und koordiniert. Die Kombination dieser drei Servicebereiche nennen wir **Service Oriented Infrastructure** (SOI). Die Service Oriented Infrastructure umfasst also sowohl die Hardware- als auch die Softwareplattformen zur Unterstützung der SOA-Umgebung.

Der vielleicht wichtigste Teil der Management Services sind die Services, die für die Einhaltung der SLAs sorgen. Jede Instanz eines Business Service, der von der Service Oriented Infrastructure gesteuert wird, kennzeichnet sich durch seine Service Level Objectives (SLO). Damit werden die nicht funktionalen Eigenschaften des Business Service wie Antwortzeit, Hochverfügbarkeit oder Sicherheit festgelegt. Ein konkretes Beispiel eines Service Level Objective ist, dass die Antwortzeit eines entsprechenden Service nicht länger als drei Sekunden sein darf.

Die Service Oriented Infrastructure stellt nun mit den SLA Management Services Funktionalitäten zur Verfügung, die weitgehend selbstoptimierend und autonom die individuellen SLAs der entsprechenden Business Services garantieren.

Der Systemadministrator oder der Kunde selbst definiert dabei die SLOs für die entsprechenden Business Services: die Anzahl der Transaktionen pro Sekunde, die durchschnittliche Durchlaufzeit der Transaktionen und anderes. Da das System autonom, sprich selbstverwaltend ist, legt es selbst fest, wie dieses Verhalten zu erreichen ist: beispielsweise durch Anpassung der Konfiguration einzelner Komponenten zur Performance-Optimierung, durch Hinzufügen weiterer Ressourcen zu einer bestimmten Instanz eines Business Service, um dessen Kapazität zu erhöhen, oder durch eine komplette Neukonfiguration von Teilen des Systems.

3.3.4 Die Service Oriented Infrastructure als Basis für Utility Computing

Wie bereits in den vorherigen Abschnitten erläutert, beschreibt der Begriff **Utility Computing** einen fundamentalen Wandel in der Bereitstellung von IT-Services – von einem technologieorientierten Ansatz hin zu einem geschäftsorientierten Ansatz.

Utility Computing basiert auf der Service Oriented Infrastructure und lässt sich erst durch die Implementierung auf der stabilen Grundlage einer SOA realisieren. Einige spezielle Anforderungen, zum Beispiel die Möglichkeit zur nutzungsbasierten Abrechnung eines Service, sind jedoch nicht Bestandteil der bisher diskutierten SOI. Die für eine nutzungsbasierte Abrechnung erforderliche Funktionalität wird im Folgenden mit **Utility Management Services** bezeichnet.

Die Utility Management Services erweitern somit die Service Oriented Infrastructure um all die Elemente, die erforderlich sind, um die IT-Infrastruktur dem Unternehmen in Form von Services bereitzustellen und eine nutzungsbasierte Abrechnung zu ermöglichen. Diese Kombination aus Service Oriented Infrastructure und Utility Management Services „hosted" dabei nicht nur alle SOA-Anwendungen, sondern auch alle anderen Anwendungen, die von einem Rechenzentrum zur Verfügung gestellt werden.

Sie unterstützt den Wandel der gesamten IT von einem Costcenter hin zu einem Profitcenter mit klaren, finanziell messbaren Zielen und der Kostenkontrolle für alle angebotenen Services.

Die nachfolgende Abbildung zeigt ein solches Rechenzentrum, das IT-Services für die Geschäftsbereiche eines Unternehmens bereitstellt.

3.3 Utility Computing als integraler Bestandteil der serviceorientierten Architektur

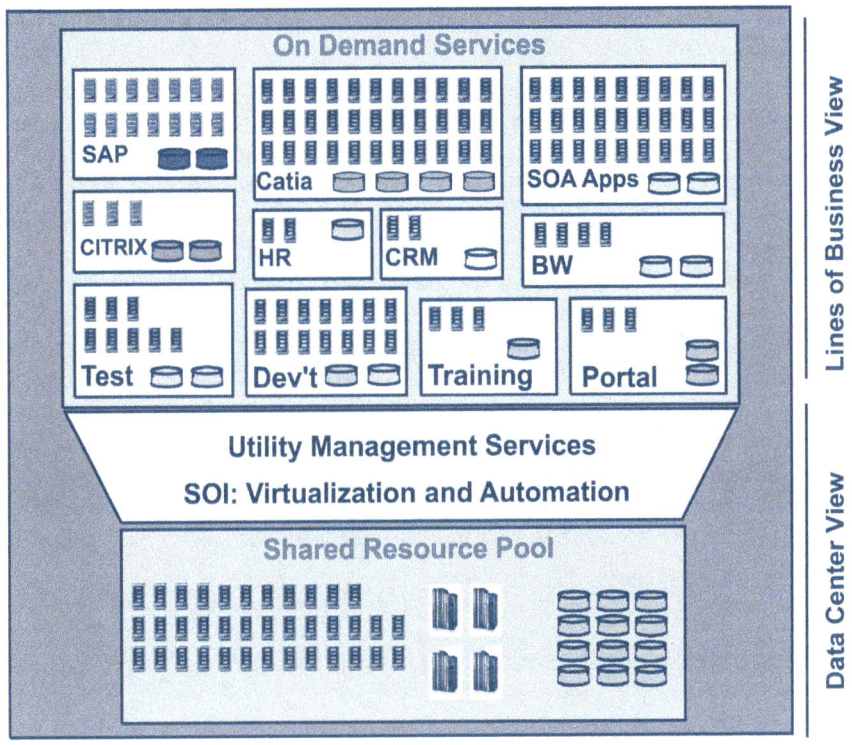

Abb. 3.6. Utility Computing im IT-Center

Alle von der Service Oriented Infrastructure verwalteten Anwendungen und Services werden hierbei durch sogenannte **On Demand Services (ODS)** repräsentiert. Ein On Demand Service kann als Aggregation von Ressourcen angesehen werden, die den individuellen Serviceabonnenten (Subscribern) Anwendungsfunktionen mit genau definierten Nutzungsbedingungen wie eben Service Level Agreements bereitstellt.

Ein Customer Relationship Management (CRM) On Demand Service aggregiert beispielsweise alle Ressourcen wie Server, Speicher, Netzwerk und Software, die erforderlich sind, um zu jeder Zeit die SLAs einzuhalten, die mit dem Subscriber des Service vereinbart wurden. Der ODS bildet auch den Geschäftskontext, der benötigt wird, um den Ressourcenverbrauch zu messen und den entsprechenden Verbrauchern zuzuordnen (in diesem Fall den Subscribern), sodass der Anbieter den Service nutzungsabhängig in Rechnung stellen kann.

Die Service Oriented Infrastructure unterstützt den Lebenszyklus der gesamten On Demand Services, die von ihr bereitgestellt werden.

Sie muss die „Model"-Phase unterstützen, die das IT Business Design abbildet, in dem sie die Modellierung eines **Offerings** aus geschäftlichen Gesichtspunkten heraus unterstützt. Architekturell beschreibt ein Offering den Typ eines On Demand Service wie beispielsweise WebSphere Portal, SAP und andere.

In der „Assemble"-Phase wird das Offering erstellt. Dies bedeutet, dass der Bauplan des ODS, die Beschreibung aller Managementaktionen sowie alle Business-Artefakte wie Business-Metriken, Kosten- und Preisdefinitionen, Service Level Objectives und so weiter erstellt und zu einem Offering zusammengefasst werden. Ein Offering kann dann in einem Servicekatalog publiziert werden. Ein Offering ist also technisch gesehen ein hochkomplexes Dokument, das alle Informationen enthält, um ein ODS in einem Servicekatalog anbieten und alle Phasen des Lebenszyklus einer ODS-Instanz verwalten zu können.

Verwendet nun ein Kunde ein solches Offering, wird während der „Deploy"-Phase basierend auf dem Bauplan – der ja Teil des Offerings ist – eine Instanz des On Demand Service automatisch durch die Service Oriented Infrastructure erstellt und in diese Infrastruktur „deployed". In der „Manage"-Phase schließlich wird der Service durch Endanwender genutzt, und die Service Oriented Infrastructure stellt dabei sicher, dass die vereinbarten SLAs für die individuelle Instanz eingehalten werden.

Da dieser Lebenszyklus eines On Demand Service ein so wichtiges Konstrukt in der Service Oriented Infrastructure ist, wollen wir ihn noch etwas näher betrachten.

3.3.5 Der Lebenszyklus eines On Demand Service

Ein On Demand Service wird in Form eines Offerings von einem **ODS-Provider** bereitgestellt. Im Beispiel in Abb. 3.7, das ein Utility innerhalb eines Unternehmens darstellt, ist der Anbieter die IT-Abteilung. Hier wird von einem ODS-Designer der IT-Abteilung mithilfe der Offering Management Tools ein Offering erstellt. Das Offering umfasst wie schon erwähnt den Bauplan des Service und die Beschreibung aller auf ein entsprechendes ODS anwendbaren Managementaktionen. Es definiert natürlich auch alle Servicefunktionen und die Business-Metriken für die spätere Verrechnung mit den Kunden wie Rating oder Service Level Objectives. Das fertige Offering wird in einen Servicekatalog aufgenommen, der die Offerings für alle von der IT-Abteilung angebotenen On Demand Services umfasst.

Ein einfaches Beispiel für das Offering eines IT-Infrastruktur-Service wäre das Angebot für Speicher-on-Demand. Bei diesem Offering könnten die Subscriber in einem bestimmten Umfang und für eine bestimmte Zeit Speicherplatz anfordern und verschiedene Servicequalitäten wie beispielsweise Verfügbarkeit und Geschwindigkeit des Speicherzugriffs, automatisches Backup und Wiederherstellung auswählen.

Ein Beispiel für ein höherwertiges Offering auf Anwendungs- oder Geschäftsprozessebene wäre ein On-Demand-CRM-Service. In diesem Fall würde der Kunde beispielsweise die maximale Anzahl gleichzeitiger Endanwender, die Antwortzeit eines Dialogschritts oder einer Transaktion und andere Parameter definieren.

3.3 Utility Computing als integraler Bestandteil der serviceorientierten Architektur

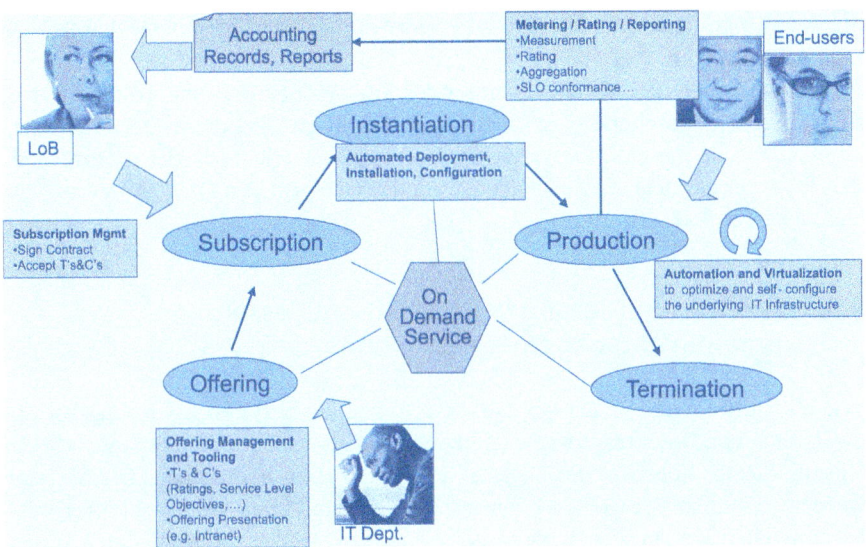

Abb. 3.7. Der Lebenszyklus eines On Demand Service

Im oben gezeigten Schema durchsucht der Kunde, das heißt, der Repräsentant des Geschäftsbereichs des Unternehmens, den Servicekatalog und wählt das gewünschte Offering aus.

Für die Nutzung eines ODS muss der Kunde ein entsprechendes Offering abbonnieren – er muss zu dem Offering „subscriben". Der Kunde tritt also als „Abonnent" des Offerings auf und definiert alle erforderlichen Parameter, beispielsweise die erforderliche Servicequalität oder gleichzeitige Anzahl von Endanwendern. Damit unterzeichnet der Kunde elektronisch einen Vertrag und akzeptiert die Nutzungsbedingungen des Offerings. Durch ein solches „Abonnement" wird dann die automatische Instanziierung eines ODS ausgelöst, das heißt eine neue ODS-Instanz wird von der Service Oriented Infrastructure durch automatisches Bereitstellen (Provisioning), Installation und Konfiguration der ODS-Komponenten gemäß Bauplan erzeugt. Nun kann diese ODS-Instanz gestartet werden, und die Anwender können den Service nutzen. Bei einem auf SAP basierenden CRM-ODS werden zu diesem Zeitpunkt beispielsweise der SAP-Anwendungsserver und der SAP-Datenbankserver bereitgestellt, konfiguriert und gestartet.

Während der Nutzung eines ODS können verschiedene Parameter geändert werden – so lassen sich beispielsweise SAP-Anwendungsserver hinzufügen oder entfernen. In der Produktionsphase des oben beschriebenen ODS-Lebenszyklus nutzt die serviceorientierte Infrastruktur Automatisierungs- und Virtualisierungstechnologien, um den ODS so zu steuern, dass dieser alle festgelegten Service Level Agreements einhält. Dem ODS werden beispielsweise zusätzliche Ressourcen hinzugefügt, wenn sich weitere Anwender anmelden und den Service nutzen. Entsprechend werden Ressourcen entfernt, wenn Anwender den Service nicht mehr nutzen.

Läuft der Vertrag schließlich aus oder entscheidet sich ein Administrator, dass er das entsprechende ODS nicht mehr benötigt, wird dieses beendet. Hierbei werden alle dem ODS zugewiesenen Ressourcen wieder in die entsprechenden Ressourcenpools „zurückgestellt", um danach anderen ODS zur Verfügung stehen zu können.

3.3.6 Serviceorientierung in Geschäftsprozessen und im IT-Management-Bereich

Wie wir in den vorigen Kapiteln gesehen haben, ist Serviceorientierung sowohl im Bereich von Business Process Reengineering als auch im IT- Management ein Ansatz, die Komplexität der Systeme in den Griff zu bekommen. Die Systeme werden dabei in eine Reihe einzelner Komponenten mit wohldefinierten Schnittstellen zerlegt, die dann besser überschaut und bedient werden können. Diese kleineren Komponenten können dann wieder zu größeren Einheiten zusammengefügt werden, die wiederum selbst einen Service darstellen, der über standardisierte Schnittstellen (in der Regel Web Services) angesprochen werden kann. Die Zusammenfügung und die Orchestrierung der Services geschieht mithilfe von Workflow-Technologien.

Die beiden folgenden Abbildungen erläutern nochmals die zentralen Definitionen einer serviceorientierten Architektur im Bereich der Geschäftsprozesse und im Bereich des IT-Managements.

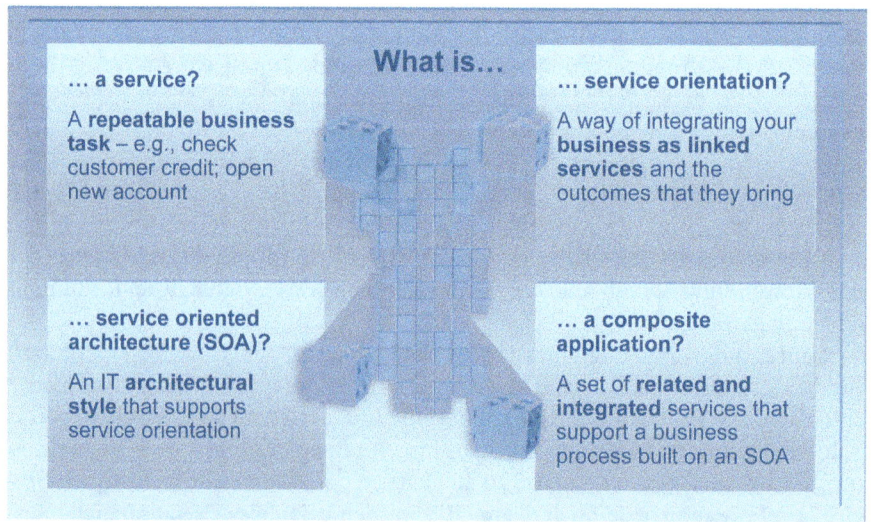

Abb. 3.8. SOA im Bereich der Geschäftsprozesse

3.3 Utility Computing als integraler Bestandteil der serviceorientierten Architektur

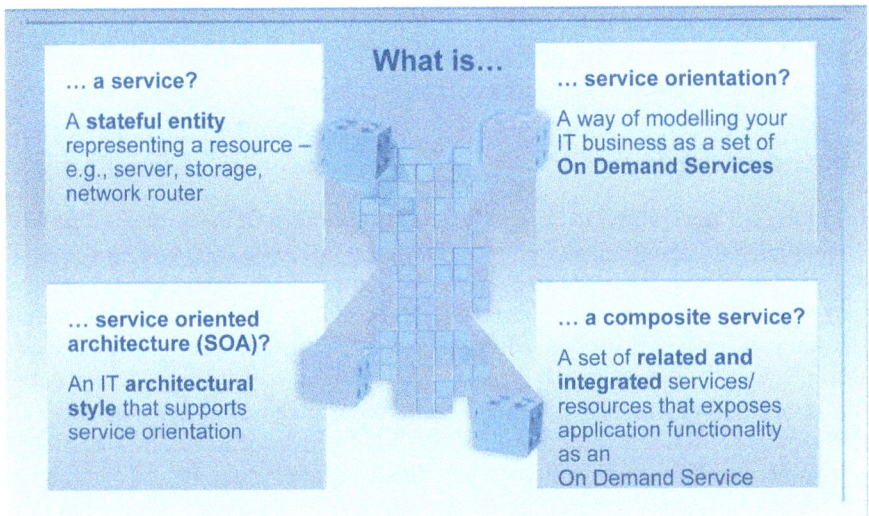

Abb. 3.9. SOA im Bereich des IT-Managements

Eine SOA vereinfacht also sowohl bei Geschäftsprozessen als auch im IT-Management die flexible Anpassung an sich ändernde geschäftliche Anforderungen und verbessert die interne und externe Integration.

Die Service Oriented Infrastructure (SOI) verwaltet alle Arten von Anwendungen, angefangen von „Legacy"-Anwendungen, wie beispielsweise SAP oder CATIA, über Datenbanken bis hin zu SOA-Anwendungen, also Geschäftsprozessen, die auf einer SOA-Infrastruktur laufen. Die Service Oriented Infrastructure selbst ist dabei auf der Basis von stateful Web Services im SOA-Architekturmodell implementiert.

Die Utility Computing Infrastructure ist eine Service Oriented Infrastructure, die um all diejenigen Elemente erweitert ist, welche erforderlich sind, um die IT-Infrastruktur eines Unternehmens in Form von Services bereitzustellen, denen bei Bedarf flexibel IT-Ressourcen zur Verfügung gestellt werden, und eine nutzungsbasierte Abrechnung zu ermöglichen.

3.3.7 Erforderliche Technologien einer Utility Computing Infrastructure

Die nachfolgenden Abschnitte bieten einen tieferen Einblick in einige Technologiekomponenten einer Utility Computing Infrastructure. Zunächst werden wir uns mit den eher technischen Details des Konzepts von Offering, Subscription und Orders befassen, um ein Verständnis für die Utility Management Services zu entwickeln, die dieses Konzept unterstützen. Anschließend werden wir die Komponenten erläutern, die für die Messung, Abrechnung und Rechnungserstellung in einer solchen Umgebung erforderlich sind. Abschließend werden wir zeigen, wie Utility Computing das prozessbasierte IT-Management auf der Grundlage der IT Infrastructure Library (ITIL) ergänzt.

Offerings und Orders

Kommen wir noch einmal auf die Offerings zurück. Ein Offering umfasst funktionale und nicht funktionale Elemente. Funktionale Elemente sind dabei Orders, die wie das Offering selbst technisch ebenfalls durch XML-Dokumente repräsentiert werden. Die sogenannte „Initial Order" beinhaltet dabei den schon erwähnten Bauplan und die Konfigurationsdaten für die Instanziierung eines On Demand Service. Der Satz von sogenannten „Modification Orders" umfasst dabei die genauen Baupläne für alle möglichen Änderungen an einer vorhandenen ODS-Instanz inklusive aller für diese Änderungen erforderlichen Daten. Die „Termination Order" schließlich enthält den Plan, der beschreibt, was zu tun ist, um eine ODS-Instanz zu terminieren. Zu den nicht funktionalen Elementen zählen die Nutzungsbedingungen des Service, beispielsweise Service Level Objectives, Business-Metriken sowie Kosten- und Preisdefinitionen. Ein Offering wird in einem internen oder externen Servicekatalog veröffentlicht und kann dort von potentiellen Interessenten ausgewählt werden. Konzeptionell kann also gesagt werden, dass ein Offering wiederverwendbare Komponenten (Ressourcen) miteinander verschaltet und durch die Verschaltung ein System erzeugt, das mehr ist als die Summe seiner Teile. Besonders wichtig ist dabei wieder, dass durch die Beschreibung der Kopplung in einem Offering die Komponenten nicht direkt voneinander abhängen und somit in anderem Kontext losgelöst wiederverwendet werden können.

In technischer Hinsicht ist ein Offering – wie schon erwähnt – ein XML-Dokument, das alle Orders enthält, die zur Erstellung, Änderung und Terminierung einer Instanz dieses Offerings erforderlich sind. Eine solche Instanz wird als On Demand Service (ODS) bezeichnet. Es wurde bereits ausgeführt, dass ein On Demand Service eine Aggregation aller Ressourcen ist, die zur Bereitstellung der definierten Anwendungsfunktionalität, sprich des Business Service, erforderlich sind. Ressourcen werden innerhalb einer serviceorientierten Architektur als „stateful" Web Services dargestellt, die wir als „Manageable Resources" bezeichnen. Die „Initial Order", die den Bauplan des ODS beinhaltet, enthält das Template, das die „Manageable Resources" und ihre Relationships beschreibt. Sie stellen letztendlich die Aggregation dar, die nötig ist, um genau solch eine Instanz eines ODS bauen zu können. Das nachfolgende Schema zeigt das (stark vereinfachte) Beispiel eines On Demand Service für SAP. Hierbei steht jedes Kästchen für eine Manageable Resource (das heißt ein stateful Web Service), und jede Linie definiert eine Relationship zwischen den Ressourcen. Jede Instanz eines SAP-ODS ist damit letztendlich eine solche Komposition aus Manageable Resources und deren Relationships, die in einem „Web Services Container" „lebt".

3.3 Utility Computing als integraler Bestandteil der serviceorientierten Architektur 93

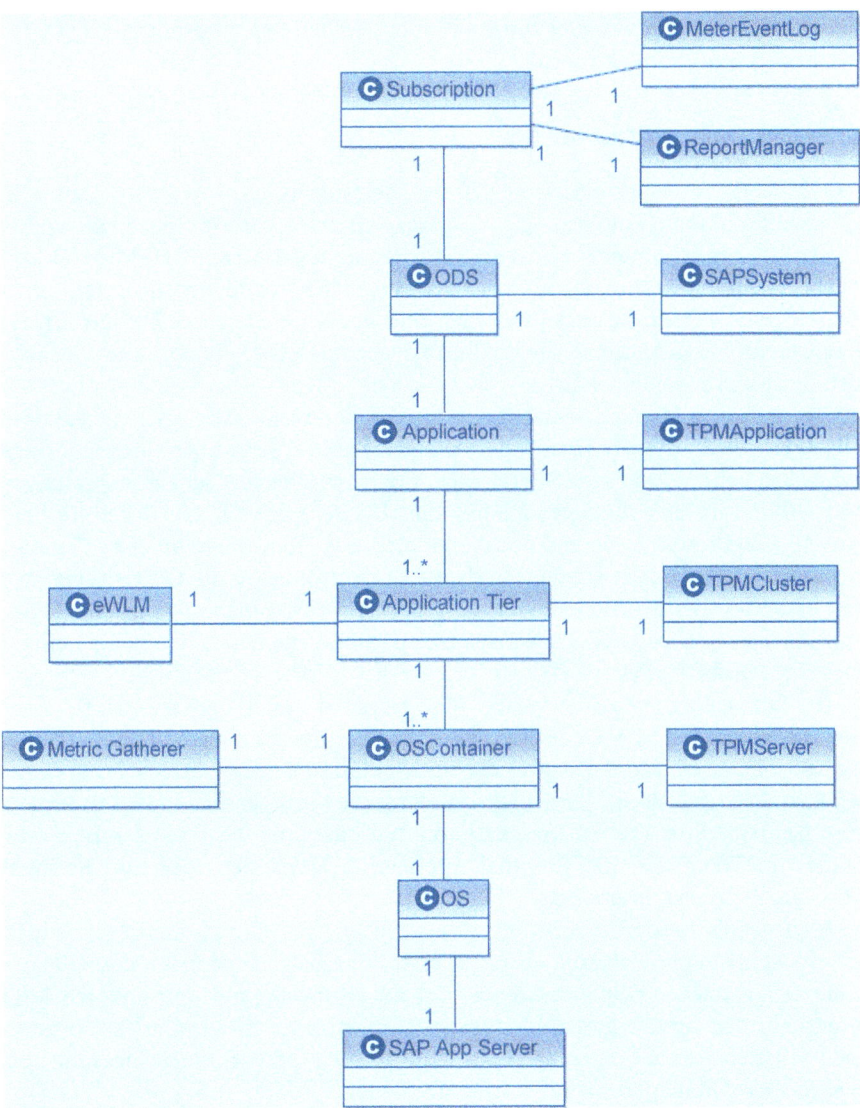

Abb. 3.10. Vereinfachte Darstellung eines SAP On Demand Service

Orders sind XML-Dokumente, die genau definieren, wie die Struktur eines On Demand Service beschaffen sein muss, um die zur Erhaltung der Service Level Agreements erforderlichen Änderungen herbeizuführen. Eine „Modification Order" zum Hinzufügen eines weiteren Anwendungsservers zu einem SAP-ODS enthält daher alle Informationen, die die entsprechende Manageable Resource (im konkreten Beispiel der SAP Application Server, das entsprechende Betriebssystem und das entsprechende Computersystem) benötigt, um die Änderung durchzuführen. Einige dieser Informationen werden beim Ausführen der Order von anderen MRs angefordert.

Utility Management Services

On Demand Services werden von einer Vielzahl von Anwendern dynamisch, gleichzeitig und auf der Grundlage nutzungsbasierter Abrechnungen verwendet. Die Utility Management Services ermöglichen dabei, dass den ODS zu jeder Zeit die benötigten Ressourcen aus einer hochdynamischen und virtualisierten Infrastruktur zur Verfügung gestellt werden und der Kunde letztendlich nur für die Ressourcen bezahlen muss, die die ihm zugeordnete ODS-Instanz auch tatsächlich für ihn „verwendet" hat.

Das **Offering Management** enthält als Teil der Utility Management Services alle Werkzeuge, die zur Erstellung, Änderung und Verwaltung eines Offerings oder ODS benötigt werden. Die Entwicklung eines Offerings ist ein mehrstufiges Verfahren. Zunächst müssen auch hier die MRs definiert und entwickelt werden. Anschließend muss basierend auf diesen MRs das „Resource Topology Template" eines ODS definiert werden. Im letzten Schritt müssen die Order-Templates zur Erstellung, Änderung und Löschung des ODS zusammen mit den Topologiespezifischen Service Level Objectives und den Managementdirektiven zu einem Offering kombiniert werden.

Die Entwicklung von Manageable Resources zur Erstellung eines On Demand Service beinhaltet die Definition der MR-Schnittstellen (WSDL-Dokumente, XML-Schemadefinitionen) sowie die Entwicklung der zugehörigen Programmartefakte (beispielsweise J2EE-EAR-Dateien), die die eigentliche MR-Implementierung darstellen. Die Entwicklung von Web Services wird heute schon sehr stark von Tools wie IBM Rational Application Developer oder IBM Rational Software Architect unterstützt.

Manageable Resources im Kontext von Utility Computing unterliegen jedoch einer viel größeren Dynamik als traditionelle Services und müssen deshalb spezielle Schnittstellen implementieren, um im „Konzert" mit den anderen MRs innerhalb der Service Oriented Infrastructure mitspielen zu können. So muss jede MR zum Beispiel entsprechende Schnittstellen für Verbrauchsmessung und Service Level Management zur Verfügung stellen.

Diese Schnittstellen lassen sich mit den zuvor erwähnten Tools sehr einfach implementieren, sodass der Entwickler nicht gezwungen ist, Standardcode immer wieder neu zu schreiben. Funktionen dieser Art sind jedoch nicht im Lieferumfang von Allzweck-Tools wie Rational Software Architect enthalten, sondern müssen nachträglich integriert werden. Solche Erweiterungen ergänzen das Tool um bestimmte Merkmale für Utility Computing und damit auch für die Erzeugung von MR-Artefakten.

Nach der Entwicklung und Implementierung einer MR wird sie in den sogenannten Teilekatalog integriert. Aus diesem Katalog können Bausteine ausgewählt und zu einer Ressourcen-Topologie für einen On Demand Service zusammengestellt werden. Es ist zu beachten, dass der Teilekatalog nicht der Entwicklung eines speziellen ODS dient, sondern vielmehr ein Repository wieder verwendbarer Bausteine für die Entwicklung einer breiten Palette von On Demand Services ist.

Die Definition des Resource Topology Template eines On Demand Service erfolgt durch Auswählen von MRs aus dem Teilekatalog und durch Zusammenstellen dieser MRs sowie ihren entsprechenden Beziehungen in einem Ressourcenmodell. Die Auswahl von MRs geschieht im Prinzip durch Abgleichen der funktionalen oder nicht funktionalen Anforderungen des On Demand Service mit den entsprechenden Möglichkeiten der Ressourcen. Dieses Verfahren wird rekursiv wiederholt, bis alle Anforderungen erfüllt wurden. Zu beachten ist in jedem Fall, dass hierbei nicht die fertige Topologie, sondern ein Topology Template definiert wird, das variable Punkte für einen On Demand Service enthält. Ein On Demand Service benötigt beispielsweise einen Server-Cluster, bei dem die Anzahl der Server variabel ist. Die endgültige Auflösung aller Parameter erfolgt bei der Instanziierung des ODS.

Die Definition der Templates wird naürlich auch wieder mit UML-basierten grafischen Tools gemacht, die um die entsprechenden Plugins für diese Utility-Computing-Erweiterungen ergänzt werden.

Von einem Resource Topology Template können mithilfe von Graphentransformationen dann die Initial- und Termination Order abgeleitet werden. Darüber hinaus können mithilfe des Toolings auch die gewünschten Modification Orders grafisch definiert werden, die jene Managementaktionen beschreiben, die für eine ODS-Instanz ausgeführt werden können.

Neben der Entwicklung von Orders umfasst die Definition eines Offerings auch die Definition von Business-Metriken und -Direktiven zur Verbrauchsmessung, zu Preis- und Kostendefinitionen sowie Service Level Objectives. Auf der Grundlage dieser Managementdirektiven kann die Managementinfrastruktur dann zur Laufzeit reaktive oder proaktive Managementaktionen ausführen, die dann letztendlich zu Änderungen an den variablen Stellen der Topologie führen (zum Beispiel Server hinzufügen oder entfernen, Speicher vergrößern oder verkleinern). Im konkreten Szenario werden dann auf der Grundlage von Service Level Objectives und aktueller Auslastung entsprechend Server zu einem Cluster hinzugefügt oder entfernt.

Das komplette Offering wird schließlich in einen Servicekatalog gestellt. Für den Nutzer sind natürlich nur die für ihn relevanten Teile eines Offerings in Servicekatalog sichtbar. Technische Inhalte wie beispielsweise Modification Orders bleiben verborgen.

Das Subscription Management weist einem Kunden auf der Grundlage eines bestehenden Offerings einen On Demand Service zu. Diese Zuweisung wird als **Subscription** bezeichnet und bildet den Kontext für die spätere Verbrauchsmessung (Metering), Kosten- beziehungsweise Preisermittlung (Costing oder Pricing) und Berichterstellung (Reporting). Zu beachten ist hierbei, dass nicht unbedingt eine 1:1-Beziehung zwischen Kunde und Endanwender existiert. In vielen, wenn nicht sogar in den meisten Fällen gibt es pro Kunde oder Subscriber viele Anwender, die den betreffenden Service nutzen. In einem Szenario innerhalb eines Unternehmens agiert der Geschäftsbereich beispielsweise als Kunde und hat natürlich zahlreiche Endanwender, die den Service nutzen. ODS-Instanzen können auch von mehreren Kunden gemeinsam genutzt werden.

Das Subscription Management ermöglicht auch die programmatische Nutzung von On Demand Services: Ein On Demand Service kann somit gleichzeitig Nutzer eines anderen On Demand Service sein.

Eine Subscription ist letztendlich der Verbindungspunkt zwischen den Services für Metering und Reporting mit den darunterliegenden Provisioning und Management Services.

Wie bereits zuvor erwähnt, definieren Orders die Bau- und/oder Änderungspläne für den On Demand Service, einschließlich aller Daten für die Koordination und Interaktion zwischen den einzelnen ODS- Komponenten. Eine **Order-Processing-Infrastruktur** ermöglicht die Orchestrierung und Interaktion der ODS-Komponenten bei der Verarbeitung von Orders. Sie sorgt dafür, dass Orders in zuverlässiger Weise, das heißt transaktionssicher und nachprüfbar (ein Stichwort dafür ist beispielsweise die Richtlinienkonformität nach Sarbanes-Oxley), ausgeführt werden.

Da das Management von Subscriptions und ODS-Instanzen Teil einer größeren IT-Management-Landschaft sein kann, rufen verschiedene Arten von Clients (standalone Managementprogramme, grafische Benutzerschnittstellen und IT-Business-Prozesse) die Utility Management Services auf. Zu den IT-Prozessmanagement-Modellen, die in der Regel in Rechenzentren von Bedeutung sind, zählen ITIL, eTOM und CBM for IT sowie deren Implementierungen.

Metering und Accounting in Utility-Computing-Umgebungen

Im Gegensatz zu Metering-Systemen in traditionellen Rechenzentrumsumgebungen mit größtenteils statischen, fixen Ressourcen müssen Metering-Systeme in Utility-Computing-Umgebungen mit hochdynamischen, virtuellen Ressourcen zurechtkommen.

Ressourcen können innerhalb von sehr kurzer Zeit einer ODS-Instanz weggenommen und einer anderen ODS-Instanz zugewiesen werden. Eine ODS-Instanz kann einem Verbraucher zugeordnet oder sogar von mehreren Verbrauchern gemeinsam genutzt werden. Eine Subscription bindet eine ODS-Instanz an einen Verbraucher. Metering und damit auch Reporting und Billing erfolgen stets im Kontext der Subscription.

Verbrauchsmessungen in Utility-Computing-Umgebungen erfolgen service- und ressourcenbezogen.

Servicebezogenes Metering erfasst dabei alle Änderungen, die durch Managementaktionen an der jeweiligen ODS-Instanz vorgenommen werden. Hierbei werden also Erstellung und Beendigung einer Subscription zu einer ODS-Instanz sowie alle Kapazitätsänderungen der ODS-Instanz festgehalten. Dies umfasst zum Beispiel die vorübergehende Zuweisung einer (virtuellen) Ressource zu einer Subscription sowie die Änderung der Kapazität einer Ressource durch Veränderung der CPU-Anzahl oder der Hauptspeichergröße einer virtuellen Ressource.

Da die Bildung von Instanzen, die Änderung und die Beendigung von ODS mithilfe von Orders erfolgt, ist servicebezogenes Metering direkt an die Ausführung von Orders gekoppelt. Die entsprechenden Metering Events werden dabei von der Infrastruktur selbst erstellt und gespeichert.

Ressourcenbezogenes Metering, wie es heute schon von traditionellen Metering-Systemen durchgeführt wird, muss die Ressourcennutzung (beispielsweise die CPU- und die Hauptspeichernutzung) und den Ressourcenverbrauch verfolgen. Dies geschieht in der Regel auf Endanwender- oder Transaktionsbasis. Traditionelle Metering-Systeme greifen normalerweise in fest definierten Zeitabständen wie zum Beispiel alle 24 Stunden auf die Instrumentierungsdaten von Betriebssystemen oder Anwendungen zu und holen sich die benötigten Informationen.

Bei statischen Systemen ist das kein Problem, da die Ressourcen den entsprechenden Anwendungen einmal fest zugeordnet sind und auch bleiben. In Utility-Computing-Umgebungen werden die Ressourcen jedoch je nach Last sehr oft zwischen ODS hin- und hergeschaltet. Dabei werden aus Sicherheitsgründen natürlich alle Daten auf den Systemen gelöscht. Man spricht hierbei vom sogenannten „De-Provisioning" und anschließendem „Bare-Metal Provisioning". Um die entsprechenden Verbrauchsdaten in solchen Systemen trotzdem zu erhalten, muss das Metering-System vor jeder Änderung von der Infrastruktur informiert werden, damit es die entsprechenden Daten noch sicherstellen kann. Die Verbrauchs- und Auslastungsdaten müssen also von den Ressourcen geholt werden, wann immer eine Ressource aus einem ODS entfernt wird oder wenn die Subscription beendet ist und damit das ODS terminiert wird.

Um letztendlich den Ressourcenverbrauch der einzelnen ODS ermitteln zu können, müssen die gesammelten Rohdaten den entsprechenden Subscriptions zugewiesen werden. Man spricht bei diesem Vorgang vom sogenannten Accounting. Diese Auflistung ermöglicht dann eine Ermittlung des Ressourcenverbrauchs des jeweiligen ODS und diese Daten bilden letztendlich die Grundlage zur Ermittlung der Kosten des Providers. Durch Anwendung entsprechender Kosten- und Preisdefinitionen werden dann diese Daten in monetäre Einheiten umgewandelt, die schließlich dem Verbraucher in Rechnung gestellt werden können.

Metering und Accounting lassen sich also nicht isoliert betrachten. Ein Accounting-Modell definiert sowohl die Einheiten eines On Demand Service, die einem Verbraucher in Rechnung gestellt werden, die Einheiten, die die Kosten eines On Demand Service für den Anbieter definieren als auch die Beziehung zwischen den beiden.

Analog zu den schon seit Jahrzehnten im Telekommunikationsbereich gebräuchlichen Modellen erstreckt sich auch hier der Bereich der Accounting-Modelle von sogenannten „Cost-plus"- über „Pay-per-usage"- bis hin zu „Flat-Rate"-Modellen.

3.3.8 Utility Computing und ITIL

IT-Management unter Zuhilfenahme von ITIL-basierten „Best Practices" ist derzeit ein anderer wichtiger Trend in der IT-Industrie.
Schauen wir uns deshalb zum Schluss noch die Beziehung zwischen ITIL-basiertem prozessorientiertem IT-Management und dem Utility Computing etwas näher an.

Ähnlich dem Utility Computing werden auch in klassischen ITIL- basierten Prozessmanagementsystemen IT-Services von der IT-Organisation den internen Benutzern basierend auf Service Level Agreements zur Verfügung gestellt. Der IT-Service selbst setzt sich ebenfalls aus Ressourcen zusammen und unterstützt dabei – genau wie bei Utility Computing – die Ausführung einer Anwendung oder eines Geschäftsprozesses. Allerdings ist – im Gegensatz zu Utility Computing – die Anwendung dabei meist nicht Teil des IT-Service. ITIL-konforme Umgebungen verwalten auch nur eine kleine Anzahl von IT-Services, die sich aus einer festen Anzahl von mehr oder weniger statischen Ressourcen zusammensetzen. Begriffe und Technologien wie Pooling und virtuelle Ressourcen sind in ITIL unbekannt. Im Gegensatz zu Utility-Computing-Umgebungen haben wir damit in traditionellen ITIL-Umgebungen nur eine sehr geringe Dynamik. Auch der Begriff einer Service-Instanz ist in ITIL unbekannt. Die Einführung von neuen IT-Services wird normalerweise zu Beginn eines Geschäftsjahres zwischen den Geschäftsbereichen eines Unternehmens und dessen Rechenzentrum vereinbart, da selbst Kapazitätsänderungen von existierenden IT-Services lange Planungszyklen brauchen.

Accounting ist in ITIL-konformen Umgebungen optional. Es wird – wenn überhaupt – meist manuell mithilfe von Spreadsheets durchgeführt. In diesen Spreadsheets wird dabei die statische, fixe Zuordnung von Ressourcen zu den entsprechenden IT-Services festgehalten, die in den oben erwähnten Verhandlungen festgelegt werden.

Im Gegensatz dazu wird in Utility-Computing-Umgebungen eine große Anzahl von Services in Form von Offerings einer Vielzahl von Verbrauchern innerhalb oder außerhalb des Unternehmens über den Servicekatalog zur Verfügung gestellt. Die Verbraucher vereinbaren und kündigen Subscriptions für diese Offerings elektronisch, was zu einer sehr hohen Anzahl von Service-Instanzen – den On-Demand-Service-Instanzen – führt.

Diese ODS-Instanzen nutzen die Infrastruktur gemeinsam, da sie auf virtuellen Ressourcen basieren. Da die Einhaltung von Service Level Agreements Teil der Subscription ist, „atmen" die Service-Instanzen, das heißt sie bekommen von der Infrastruktur je nach Bedarf mehr oder weniger Ressourcen zur Verfügung gestellt. Das passiert je nach Anwendung im Sekunden-, Minuten- oder Stundenabstand. Apropos Anwendung: Im Gegensatz zu ITIL-basierten Systemen können Services im Utility-Umfeld die gesamte Palette von Infrastrukturservices und Anwendungsservices umfassen: Beispielsweise die Bereitstellung von Hardware mit entsprechenden Betriebssystemen oder aber auch komplette Geschäftsprozesse oder Anwendungsservices wie das CRM-System.

Dies erfordert die enge Verzahnung von ITIL-Prozessen im IT-Servicemanagement, vom Infrastrukturmanagement über Service-Support und Servicebereitstellung bis hin zum Anwendungsmanagement. Ein On Demand Service muss als eine Einheit betrachtet und verwaltet werden. Anwendungsmanagement kann nicht vom Infrastrukturmanagement getrennt werden.

Innerhalb von Utility-Computing-Umgebungen ist die Rückvergütung (charge back) im Gegensatz zu ITIL nicht optional. Vielmehr ist ein Accounting- und Metering-System absolut erforderlich. Der Ressourcenverbrauch des kompletten Service für den jeweiligen Verbraucher muss über die Zeit gemessen werden, was die Einführung von Service-Instanzen dazu zwingend notwendig macht. Diese Instanzen müssen als Einheit betrachtet und verwaltet werden – die traditionelle Sicht, IT-Services und Anwendungen als mehr oder weniger separate Einheiten zu betrachten, wird abgelöst durch eine ganzheitliche Modellierung der On Demand Services.

Die Konfiguration einer Service-Instanz ist – wie schon erwähnt – nicht länger statisch. Die Anzahl von Ressourcen und deren Kapazitäten für eine Service-Instanz können je nach Service Level Agreement schnell ändern. ODS-Instanzen werden auf einer gemeinsam genutzten Infrastruktur ausgeführt, und Ressourcen können zur Verbesserung der Serviceverfügbarkeit und der Servicebeständigkeit schneller neu zugewiesen werden. Ein höherer Grad an Automatisierung für alle Prozesse zur Verwaltung der Neuzuweisung wie beispielsweise Konfigurationsmanagement ist eine Grundvoraussetzung. Darüber hinaus muss die Konfigurationsdatenbank die aktuelle Zuweisung einer Ressource zu einer ODS-Instanz widerspiegeln.

Die Konfigurationsdatenbank (CMDB) ist tatsächlich der Integrationspunkt zwischen der Utility-Computing-Umgebung und dem IT-Prozessmanagement. Die elementaren Einheiten aus dem Utility-Computing-Modell (beispielsweise ODS und Manageable Resources) werden in der CMDB als Konfigurationselemente aufgeführt. Mit anderen Worten: Die ODS-Instanzen und deren Status sind den übergeordneten IT-Prozessen bekannt und können von diesen verwaltet werden.

Die Integration des Utility-Computing-Modells ermöglicht daher dem IT-Prozessmanagement auf die Manageability Interfaces von On Demand Services zuzugreifen, das heißt das gesamte operationale Management wird von den ODS und letztendlich von der darunterliegenden Service Oriented Infrastructure ausgeführt.

Daraus folgt, dass übergreifende Prozesse, wie beispielsweise Konfigurations- oder Versionsmanagement, je ODS-Instanz oder je Kunde ausgeführt werden können.

Diese Art der Integration wirkt sich auch auf die in ITIL definierten Service-Delivery-Prozesse wie beispielsweise das IT-Finanzmanagement aus. Auch diese Prozesse müssen von dem statischen, klassischen „Apportionment"-Ansatz, der lange Planungszyklen bedingt, in einen Ansatz geändert werden, der die tatsächliche Konfiguration und Ressourcennutzung der ODS-Instanzen widerspiegelt. Dadurch kann das IT-Prozessmanagement-System dann letztendlich das von den Kunden geforderte nutzungsabhängige Gebührenmodell unterstützen.

3.3.9 Zusammenfassung

Zusammenfassend lässt sich sagen, dass Utility-Computing-Modelle aufgrund ihrer hohen Dynamik technologisch äußerst anspruchsvoller Managementsysteme bedürfen. Die technologische Entwicklung der letzten zehn Jahre, der Reifegrad der XML – und speziell Web-Services-Technologien und Standards – ermöglicht es heute, solche Managementsysteme auf der Grundlage der serviceorientierten Architektur zu entwickeln und sie noch dazu mit einem hohen Grad von autonomem selbststeuerndem Verhalten zu versehen. Durch den konsequenten Einsatz solcher Systeme wird damit ein Wandel des Rechenzentrums vom Cost- zum Profitcenter ermöglicht. Damit wird das Rechenzentrum zur wichtigsten Keimzelle fortlaufender Innovationen des Unternehmens.

3.4 Virtualisierung

Boas Betzler

3.4.1 Die Auswirkungen der Virtualisierung

Es wurden bereits viele Versuche unternommen, den Boom im Bereich der Informationstechnologie mit dem Silicon Valley in Verbindung zu bringen und die Ursprünge dieser Entwicklung bis zu Haight-Ashbury als Zentrum der amerikanischen Hippiekultur in San Francisco zurückzuverfolgen. Die Suche nach dem Aufkommen der Virtualisierung in der Popkultur führt uns nach Yorkville, dem kanadischen Hippiezentrum der späten 60-er Jahre. Hier erläuterte der 19 Jahre alte William Gibson die Bewegung wie folgt: „Anstatt die Gesellschaft zu attackieren ... zum Zusammenbruch zu bringen ... könnte auch eine Subkultur entstehen. Eine Subkultur mit der entsprechenden Größe könnte wiederum die vorhandene Kultur verändern." [1]

Der Film „Matrix" spielte nicht nur an den Kinokassen einen unerwarteten Gewinn von 460 Mio. Dollar weltweit ein [2], sondern verursachte auch einen Moderummel um schwarze Sonnenbrillen und lange Trenchcoats. Die Geschichte beschreibt eine virtuelle Welt, die parallel zur realen, physischen Welt existiert. Personen aus der realen Welt können mithilfe von cybernetischen Implantaten mit der virtuellen Welt interagieren. Möglicherweise wurde bisher der gedankliche Einfluss von William Gibson zu wenig beachtet. Gibson begann seine Karriere als Autor und prägte den Begriff „Cyberspace" als Bezeichnung für eine virtuelle Welt oder Realität. In seinem ersten Roman „Neuromancer" [3] beschreibt er eine Umgebung, in der eine Gemeinschaft in einem Computernetzwerk namens Matrix gedeiht, das über Techniken der virtuellen Realität zugänglich ist.

3.4.2 Die Definition von Virtualisierung

Während diese Beispiele aus der Pop-Art unterhaltsame Aspekte der Virtualisierung mit sich brachten, kann der Begriff „virtuell" bis zum mittelalterlichen Ausdruck „virtualis" („Leistung", „Potenz", „Effizienz") zurückverfolgt werden. Die Verbindung zum Computer im Sinne von „nicht physisch existent, sondern durch Software dargestellt" stammt aus dem Jahre 1959 [4]. Das Konzept der „Virtualität" lässt sich auch auf die Physik (virtuelle Partikel) und auf die Philosophie übertragen. Wir konzentrieren uns hier jedoch auf den Zusammenhang dieses Begriffs mit Computern und mit der Geschäftswelt. Heute sind viele verschiedene Definitionen für den viel zitierten Begriff „Virtualisierung" eingeführt. Daher empfiehlt es sich, einige Beispiele anzuführen, um Merkmale zu ermitteln und die verschiedenen Aspekte der Virtualisierung verständlich zu machen. Bestimmte Konzepte kehren immer wieder und kristallisieren sich eindeutig heraus:

- Abstraktion
- Simulation und Emulation
- Sharing
- Partitionierung
- Isolation
- Aggregation

3.4.3 Beispiele für Virtualisierung

Das Konzept der Virtualisierung wird in vielen Bereichen der Informationstechnologie angewendet. Wir werden zwei Beispiele – virtueller Speicher und virtuelle Maschinen – ausführlicher behandeln. Auch in anderen Bereichen, beispielsweise bei Netzwerken, wird die Virtualisierung als Mittel der Abstraktion und

Isolation eingesetzt. Virtual Private Networks (VPN) nutzen ein öffentliches Netzwerk und stellen durch Tunnelprotokolle verschlüsselte Kommunikation bereit, um Authentifizierung und Datensicherheit zu erzielen. Die Einführung einer Verbindungsüberlagerung führt zu einer virtuellen Abstraktion von Netzwerkressourcen wie beispielsweise Router, Switches, physische Verbindungen und Firewalls, sodass die Kommunikation zwischen Endpunkten durch Vereinbarungen zur Servicequalität (Service Level Agreements, kurz SLA) für Antwortzeit, Bandbreite, Sicherheit und Kosten definiert werden kann.

Virtueller Speicher

Am Beispiel des virtuellen Speichers lassen sich grundlegende Konzepte erläutern, die auf andere Nutzungsarten der Virtualisierung übertragen werden können. Dieses Beispiel mag an einen Computergrundkurs erinnern, aber wir werden die grundlegenden Eigenschaften auf neue Technologien übertragen können. Das hier erläuterte System basiert auf dem IBM System/360 Modell 67 [5]. Ein virtuelles Speichersystem kann generell als Informationssystem definiert werden, in dem zwischen den virtuellen (logischen), von einem Programm erzeugten Adressen und den physischen Adressen eines realen Speichersystems (von dem die Informationen eingelesen werden) unterschieden wird.

Der Begriff „virtueller Speicher" bezieht sich allgemein auf die Adressierung einzelner Speicherworte durch einen zentralen Prozessor und im Besonderen auf Systeme, bei denen Speicheradressen übersetzt oder durch Adressübersetzung dynamisch neu zugewiesen werden. Ein einfaches System dieser Art findet sich in Computern, bei denen den virtuellen (effektiven, logischen) Adressen eine einfache Offsetkonstante hinzugefügt wird.

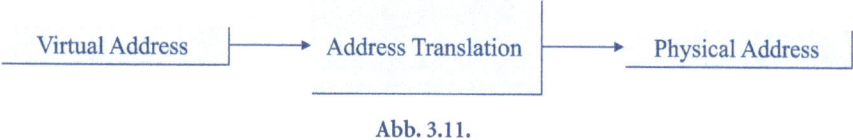

Abb. 3.11.

Aus diesem Modell lassen sich verschiedene grundlegende Merkmale ableiten. Zunächst dient die Einführung der Adressübersetzung als Mittel zur Kapselung der Implementierung der physischen Adressauflösung gegenüber dem Beobachter. Diese Abkopplung ermöglicht außerdem die Standardisierung der Beobachterschnittstelle, während die zugrunde liegende Implementierung modifiziert werden kann, ohne die Anwendung in der Nutzung virtueller Adressen zu beeinträchtigen. Der virtuelle Adressraum kann beispielsweise wesentlich größer als der physische Adressraum sein. Man kann verschiedene Schnittstellen simulieren und alle Arten von nicht funktionellem Verhalten emulieren. Der Nutzen dieser Abstraktion lässt sich mit der folgenden Abbildung veranschaulichen.

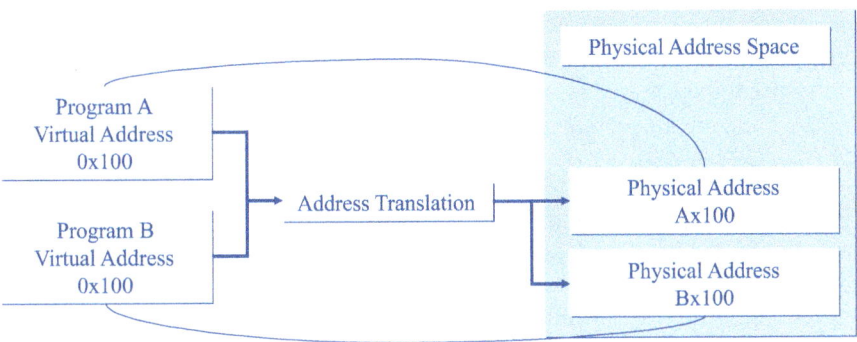

Abb. 3.12.

In diesem Beispiel verwenden zwei Programme den gleichen physischen Speicher, aber das Konzept der Virtualisierung ermöglicht den Programmen A und B die Nutzung der gleichen logischen Adresse. Die Virtualisierungsebene löst die von A und B verwendeten Adressen in verschiedene physische Speicherpositionen auf. Auf diese Weise können A und B ohne Kenntnisse weiterer Teilnehmer im jeweiligen Programm gemeinsam auf den gleichen Speicherraum zugreifen. In diesem Fall partitioniert die Speichervirtualisierung die physischen Ressourcen und projiziert ein normalisiertes Adressierungsschema über die Programmpartitionen. Auf diese Weise werden auch die beiden Programme isoliert, die gemeinsam auf die gleichen Ressourcen zugreifen.

Bis zu diesem Punkt haben wir uns damit befasst, wie Abstraktion für Simulation und gemeinsame Nutzung eingesetzt werden kann. Virtueller Speicher ist jedoch auch ein Beispiel für das Konzept der Aggregation.

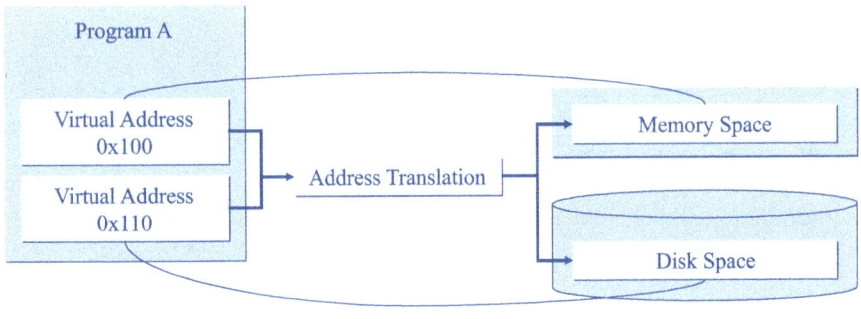

Abb. 3.13.

In diesem Fall verwendet Programm A zwei Adressen, in einem aus seiner Perspektive linearen Adressraum. Die Virtualisierung durch Adressübersetzung ermöglicht die Auflösung einer Adresse zu einem Ort im physischen Speicher und die Auflösung einer anderen Adresse zu einem Ort auf einer Festplatte. Mit anderen Worten: Aus Sicht eines Beobachters werden die physischen Ressourcen Speicher und Festplatte zu einer einzigen Ressource, dem virtuellen Adressraum, zusammengefasst.

Virtuelle Maschinen

Ähnlich wie ein virtueller Speicher lässt sich auch eine virtuelle Maschine als Datenverarbeitungssystem definieren, bei dem sich die von einem Programm übergebenen Anweisungen von jenen Anweisungen unterscheiden können, die von der Hardware zur Erfüllung der Aufgabe ausgeführt werden. Da Anweisungen in der Regel sowohl Speicheradressen als auch Betriebscodes enthalten, kann ein virtuelles Maschinensystem sowohl virtuellen Speicher als auch andere virtuelle Hardwaremerkmale beinhalten. In dieser Hinsicht ist das Konzept einer virtuellen Maschine eine Verallgemeinerung des Konzepts des virtuellen Speichers. Typischerweise stellt in einem solchen System ein Computer (das Hostsystem) die funktionelle Simulation einer oder mehrerer Computer, also virtueller Maschinen, bereit. Das virtuelle Maschinensystem muss die funktionale Simulation der grundlegenden Komponenten eines realen Systems zur Verfügung stellen.

In dem Ausmaß, in dem die Komponenten einer virtuellen Maschine direkte oder identische Gegenstücke im physischen Hostsystem aufweisen, kann die funktionelle Simulation durch reale Komponenten des Hostcomputers übernommen werden – ansonsten ist eine detaillierte, schrittweise Simulation erforderlich. Die Verwendung von Komponenten im Hostcomputer zur Beeinflussung einer funktionellen Simulation der virtuellen Maschinen hängt vor allem von den gegebenen Architekturen von Host und virtuellem Computer ab, also von der Möglichkeit zur Abstraktion dieser Komponenten. Sind beispielsweise die Anweisungen der virtuellen Maschine und des Hostcomputers identisch, können viele der von der virtuellen Maschine auszuführenden Anweisungen von der Hosthardware direkt umgesetzt werden. Das ist dann der Fall, wenn eine Zwischenstufe (eine Virtualisierungsebene) eingefügt werden kann. Ein Beispiel hierfür ist die Möglichkeit, die virtuelle Maschine daran zu hindern, ihren Status zu verändern (beispielsweise durch Initiieren eines E/A-Vorgangs).

Ein frühes Beispiel einer virtuellen Maschine wurde im Jahre 1967 unter dem Namen CP-67 implementiert. Hierbei handelte es sich um ein virtuelles Maschinensystem für mehrere Anwender zum IBM System/360 Modell 67, das die funktionelle Simulation der Computerreihe /360, einschließlich des Modells 67 selbst, zur Verfügung stellte. Darüber hinaus konnte das System CP-67 eine interaktive Umgebung bereitstellen, die auf dem Konzept des „time sharing" basierte.

Im Laufe der Zeit wurden zahlreiche Ansätze zur Implementierung virtueller Maschinen mit verschiedenen Abstraktionsgraden vorgestellt. Bei der vollständigen Systememulation (etwa bei Bochs [6]) wird eine Prozessorarchitektur simuliert, sodass Programme und Betriebssysteme, die für andere Computer entwickelt wurden, ausgeführt werden können. Die Paravirtualisierung bricht mit dem Dogma der Kapselung und setzt voraus, dass das Gastbetriebssystem zum Zwecke der gemeinsamen Nutzung an der Virtualisierung kooperiert. Die Virtualisierung auf Betriebssystemebene abstrahiert Partitionen in einem einzigen Betriebssystem, führt jedoch zur weiteren Isolation von Anwendungen, die in verschiedenen Partitionen ausgeführt werden.

Die möglicherweise gängigste Form der Implementierung virtueller Maschinen auf einer den Betriebssystemen übergeordneten Ebene ist die Java Virtual Machine. Als Beispiel für eine virtuelle Maschine auf der Anwendungsebene abstrahiert diese Lösung die Laufzeitumgebung für Anwendungen durch Definition des Java-Bytecode-Standards. Interpreter oder Just-In-Time-Compiler im Laufzeitsystem dienen dann als Simulation der auf dem Zielsystem implementierten Java Virtual Machine. Mehrere Java-Anwendungen profitieren von dieser Isolation, wenn sie in verschiedenen Java Virtual Machines ausgeführt werden.

3.4.4 Ein breiteres Anwendungsfeld

Die Konzepte der Abstraktion, Teilung, Isolation und Aggregation lassen sich ganz allgemein auch auf die IT-Infrastruktur anwenden. Das führt zu einer Umgebung, in der Ressourcen dynamisch bereitgestellt und mithilfe geschäftlicher Regeln verwaltet werden. In dieser Umgebung werden Arbeiten geplant und überwacht, während sie die Ebenen des Systems durchlaufen (vom Netzwerk durch Firewalls, Webserver, Anwendungsserver, Datenbankserver und zurück). Unabhängig davon, ob diese Server auf physischen oder virtuellen Plattformen existieren, ob ein Ablauf Netzwerkzugriff und Datenspeicher beinhaltet, gilt, dass die Systeme so zugewiesen werden können, dass deren Nutzung maximiert wird. Gleichzeitig bleiben diese Systeme in aktuellen und zukünftigen Bereitstellungen flexibel und reaktionsfähig.

Virtualisierung wird in der Regel auf physischen Hardwareressourcen angewendet, kann jedoch auch auf nicht physische Ressourcen (zum Beispiel Software) und sogar für virtuelle Ressourcen eingesetzt werden. Virtualisierung kombiniert häufig mehrere physische Ressourcen zu gemeinsam genutzten Pools, aus denen den Anwendern virtuelle Ressourcen zugewiesen werden.

3.4.5 Warum ist Virtualisierung sinnvoll?

Virtualisierung trennt die Darstellung von Ressourcen für Anwender von den eigentlichen physischen Ressourcen. Dies schafft die Voraussetzung für die folgenden nützlichen Eigenschaften:

Gemeinsame Nutzung. Mehrere virtuelle Ressourcen können von einer physischen Ressource aus implementiert werden – entweder durch Zuweisung von Teilen der physischen Ressource oder durch deren gemeinsame Nutzung. Die

Anwender einer virtuellen Ressource haben den Eindruck, eine vollständige physische Ressource zu nutzen. Die gemeinsame Verwendung physischer Ressourcen kann deren Nutzung erhöhen und das Auslastungsmanagement vereinfachen, da sich die Aufteilung physischer in virtuelle Ressourcen kontrollieren lässt. Virtuelle Ressourcen können den Anwendern außerdem einen Grad der Isolation bieten, der bei direkter gemeinsamer Nutzung einer physischen Ressource nicht möglich wäre. Auf diese Weise werden die Sicherheit und die Verfügbarkeit verbessert. Zu den Beispielen für Virtualisierung zur gemeinsamen Nutzung zählen LPARs (Logical Partition), virtuelle Maschinen, virtuelle Festplatten und VLANs (Virtual Local Area Network).

Aggregation. Virtuelle Ressourcen können mehrere physische Ressourcen umfassen, sodass sich deren wahrgenommene Kapazität erhöht beziehungsweise deren Nutzung und Verwaltung vereinfacht. Zu den Beispielen für dieses Konzept zählen virtuelle Festplatten, die größer als jede verfügbare physische Festplatte sein können. Diese virtuellen Festplatten können sogar größer sein als alle verfügbaren physischen Festplatten zusammen (auf diese Weise entstehen erweiterbare, robuste virtuelle Festplatten).

Emulation. Virtuelle Ressourcen können Funktionen oder Merkmale aufweisen, die in den zugrunde liegenden physischen Ressourcen nicht zur Verfügung stehen. Zu den Beispielen hierfür zählen Architektur-Emulationssoftware, die mithilfe einer Prozessorarchitektur eine andere implementiert, sowie Internet Small Computer System Interface (iSCSI) zur Implementierung eines virtuellen SCSI-Bus in einem IP-Netzwerk. Auch virtueller Bandspeicher, der auf physischem Festplattenspeicher implementiert wird, lässt sich hier anführen.

Transparente Änderungen. Die Zuweisung von virtuellen zu physischen Ressourcen kann dazu führen, dass die physischen Ressourcen verändert werden können, ohne die virtuellen Ressourcen der Anwender zu beeinflussen. Beispiele hierfür finden sich bei der logischen Partitionierungsfunktion in Mainframes, mit der ein virtueller Prozessor automatisch von einem physischen Prozessor mit ersten Fehlersymptomen auf einen anderen physischen Prozessor verlagert werden kann. Ein weiteres Beispiel ist der RAID-Speicher, der mithilfe redundanter Festplatten Gerätefehler automatisch vor den Anwendern verbirgt.

3.4.6 Welche Vorteile ergeben sich?

Höhere Ressourcennutzung. Virtualisierung ermöglicht die gemeinsame dynamische Nutzung physischer Ressourcen und Ressourcenpools. Dies führt zu höherer Ressourcennutzung, vor allem bei variabler Auslastung, bei der die durchschnittlichen Anforderungen geringer sind als bei einer vollständig dedizierten Ressource.

Geringere Managementkosten. Virtualisierung kann die Mitarbeiterproduktivität verbessern, da die Anzahl zu verwaltender physischer Ressourcen verringert wird. Auf diese Weise wird ein Teil der Komplexität maskiert, was zur Vereinfachung allgemeiner Managementaufgaben und zu Möglichkeiten für die Automatisierung des Auslastungsmanagements führt.

Flexible Nutzung. Mit Virtualisierung können Ressourcen dynamisch bereitgestellt und neu konfiguriert werden, um wechselhafte Anwenderanforderungen zu erfüllen.

Mehr Sicherheit. Mit Virtualisierung lässt sich der kontrollierte, sichere Zugriff auf Daten und Services sicherstellen.

Höhere Verfügbarkeit. Mit Virtualisierung können physische Ressourcen ohne Beeinträchtigung der Anwender entfernt, aktualisiert oder geändert werden.

Mehr Skalierbarkeit. Durch Ressourcenpartitionierung und Aggregation kann eine virtuelle Ressource viel kleiner/größer sein als seine einzelne physische Ressource.

Interoperabilität und Investitionsschutz. Virtuelle Ressourcen können die Kompatibilität mit Schnittstellen und Protokollen sicherstellen, die in den zugrunde liegenden physischen Ressourcen nicht zur Verfügung stehen.

Verbesserte Bereitstellung. Virtualisierung kann die Ressourcenzuweisung gegenüber einzelnen physischen Einheiten verfeinern.

Da sich Unternehmen weiterentwickeln und Strategien einbringen, die die Implementierung echter integrierter End-to-End-Abläufe und gemeinsamer Verarbeitung vorantreiben, wird auch die Anzahl der Anwendungssysteme steigen, die diese Abläufe unterstützen. Diese Anwendungen werden immer mehr Server und verschiedene Technologien umfassen. Sofern ein Unternehmen von den hier beschriebenen Vorzügen profitieren möchte, müssen diese heterogenen, plattformübergreifenden Technologien ganzheitlich verwaltet, überwacht und bewertet werden, um sicherzustellen, dass die Anforderungen von Unternehmen und Service Level Agreements (SLA) erfüllt werden.

3.4.7 Virtualisierung und das Management von IT-Ressourcen

Virtualisierung kann als Technologie durch Management-Services ergänzt werden, um Administratoren beim Systemmanagement zu unterstützen. Beispielsweise kann eine Workload, die von der Hardware entkoppelt ist, unterbrechungsfrei von einem physischen System auf ein anderes verlagert werden.

Darüber hinaus können intelligente Funktionen der Virtualisierungsebene erkennen, ob eine Fehlfunktion bevorsteht; sie können die Isolation zwischen virtuellen Domains bereitstellen und sie können die Integrität der Workload sicherstellen, da Manipulationen bei der Installation und dem Starten erkannt werden.

Die Virtualisierung von Ressourcen und geschäftlichen Funktionen erfolgt zunehmend durch die Bereitstellung von Geschäftsprozessen und deren realer und virtueller Ressourcen als separate Services. Diese Services werden in einer serviceorientierten Architektur (SOA) zusammengefasst. In einer solchen Architektur werden logische Geschäftsabläufe in Form einer Reihe verbundener Aktivitäten dargestellt. Jede dieser Aktivitäten steht als Service zur Verfügung. Jeder Service kann unabhängig genutzt und kombiniert werden, wenn sich neue geschäftliche Möglichkeiten ergeben.

Das SOA-Modell der Bereitstellung logischer Abläufe und Ressourcen in Form unabhängiger Services, die dennoch verbundene Aktivitäten umfassen, ist ein idealer Ansatz für das Management von IT-Ressourcen. Ein gutes Beispiel hierfür sind die aktuellen Grid-Systeme.

Die nächste Phase der Virtualisierung besteht häufig in der Virtualisierung heterogener Umgebungen. Die Integration heterogener Systeme kann zur Vereinfachung der Infrastruktur und zur Senkung der Administrationskosten beitragen, da eine Person oder eine Gruppe die Aufgaben mehrerer Gruppen übernehmen kann, die bisher ihre eigenen Server überwacht haben.

Außerdem bietet sich hier die Möglichkeit eines Einblicks in die virtualisierte Umgebung, unabhängig von der Anzahl der verwendeten logischen oder physischen Server. Diese bildet auch die Grundlage für mehr geschäftliche Stabilität durch integrierte Virtualisierung. Fällt eine Anwendung, ein Server oder ein

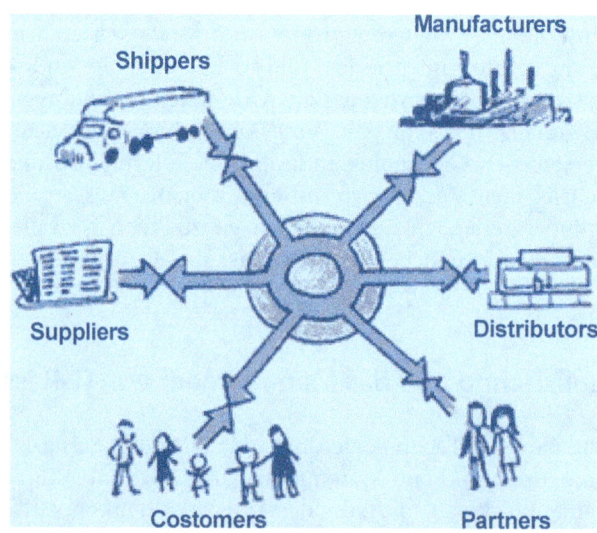

Abb. 3.14.

Netzwerk aus, kommt es nicht zu fehlerhafter Isolation (die dedizierte Notfallsysteme in Bereitschaft erfordert) oder zu Leerlaufzeiten während der Wiederherstellung. Stattdessen bedient sich die dynamische Natur der Virtualisierung vorhandener Ressourcen für andere Aufgaben oder weist vorhandene Server neu zu, um die fehlerhaften Server zu ersetzen.

Collaborative Processing markiert einen weiteren IT-Fortschritt und trägt dazu bei, organisatorische Silos zu überbrücken, sodass Unternehmen schneller Innovationen entwickeln und höheren wirtschaftlichen Nutzen bieten können. Dieser Ansatz nutzt Integration, um mehr interaktive Echtzeitanwendungen zu unterstützen und eine IT-Umgebung zu schaffen, die offener und intensiver gemeinsam genutzt wird und dynamischer ist. Diese Umgebung muss schnell auf wechselhafte Anwenderanforderungen reagieren können und Informationen sowie Ressourcen hinzufügen und neu zuweisen können, um geschäftliche Anforderungen zu erfüllen.

3.4.8 Ein Blick in die nahe Zukunft

Williams Gibson wird das folgende Zitat zugeordnet: „Neue Technologie ist aufgrund ihrer Natur außer Kontrolle und führt zu unvorhersehbaren Ergebnissen." Ein Beispiel dient der Validierung. Ein 16-Jähriger wird von seinem Vater zum Abendessen gerufen. Als er endlich aus seinem Zimmer kommt, fragt ihn sein Vater, warum er dafür zehn Minuten gebraucht hat. Der Sohn erklärt, dass er einen Bewerber als mögliches neues Gildemitglied prüfen, das Gespräch jedoch abkürzen musste, da der Mann seine Kinder zur Schule fahren wollte. Der Vater fragt: „Und wie alt war der Mann?" Darauf der Sohn: „40 oder so." Der Vater hatte nie gewusst, dass sein Sohn in einem Online-Rollenspiel der Meister einer Gilde mit über 100 Mitgliedern war [7].

Solche virtuellen Welten ziehen zum Teil (wie bei „World of Warcraft") bis zu sechs Millionen Spieler in ihren Bann und versinnbilichen den nächsten Quantensprung der Datenverarbeitung – hin zu einem kollaborativen und intelligenten Arbeiten im Netz, das die reale Welt ergänzt und alle Möglichkeiten bietet, um uns in unserem Leben und bei unserer Arbeit zu unterstützen.

In den vergangenen zehn Jahren haben wir erlebt, dass sich die Art und Weise, wie wir kommunizieren und zusammenarbeiten, auf Inhalte zugreifen und Handel treiben, mit der Weiterentwicklung und dem Erfolg des Internets vollständig verändert hat. In den kommenden zehn Jahren werden wir einen mindestens ebenso tief greifenden Wandel erleben, da alle Arten innovativer neuer Anwendungen auf diesen technologischen Fortschritten aufbauen und neue geschäftliche und soziale Vorzüge schaffen. Diese Entwicklungen fördern einen ganzheitlichen Ansatz für das Management der IT-Infrastruktur im Sinne eines Unternehmens.

Literatur

[1] Video-Interview mit William Gibson aus dem Jahr 1967
http://archives.cbc.ca/IDC-1-69-1587-10799/life_society/60s/clip11Reference
[2] Box Office Mojo: The Matrix
http://www.boxofficemojo.com/movies/?id=matrix.htm
[3] Website von William Gibson
http://www.williamgibsonbooks.com/
[4] Online Etymology Dictionary
http://www.etymonline.com
[5] Konzepte für virtuellen Speicher und virtuelle Maschinen
http://www.research.ibm.com/journal/sj/112/ibmsj1102B.pdf
[6] Bochs Emulator
http://bochs.sourceforge.net/
[7] Aus einem Gespräch anlässlich des Directors Guild of America's Digital Day, Los Angeles, 17. Mai, 2003.

3.5 Systemautomatisierung

Jürgen Schneider

3.5.1 Überblick

Der Begriff Automation beschreibt im Allgemeinen die Fähigkeit, den Computer selbst einzusetzen, um einige der täglich anfallenden Aufgaben im IT-Unfeld auf programmatische Weise zu managen und zu optimieren. Die Systemautomatisierung (SA) hat ihren Ursprung in dem sehr verständlichen Bedürfnis der IT-Systembediener, einige der wiederholt anfallenden und vordefinierten Aktionen in kleinen Einheiten von Befehlsscripts zu „programmieren". Die IT-Systembediener führen in der Regel folgende Aufgaben durch:

- Überwachung der IT-Systeme
- Analyse und Korrelation maßgeblicher Informationen
- Eingabe von Befehlen zur Änderung des Systems, um zu dem gewünschten Verhalten zurückzukehren

Der hier grob beschriebene Aufgabenablauf (Überwachung, Analyse, Planung, Ausführung) ist ein häufig eingesetztes Muster für die Erstellung autonomer Komponenten. Im Rahmen der IBM Autonomic-Computing-Initiativen wurde der MAPE-K-Regelkreis (Monitor, Analyze, Plan, Execute – Knowledge) als Referenzarchitektur entwickelt.

3.5 Systemautomatisierung

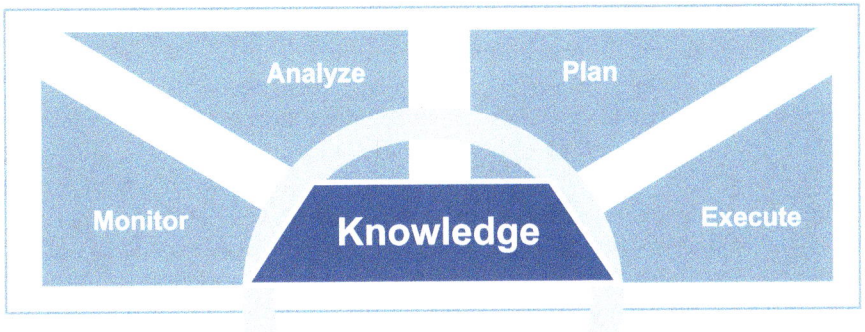

Abb. 3.15. MAPE-K-Feedback-Loop

Für die effiziente Ausführung der oben genannten Aufgaben (Phasen) – entweder durch ein Programm (automatisch) oder einer Person (manuell) – sind Technologien erforderlich.

Monitor (Überwachung): IT-Monitore sind heute in der Lage, eine Menge Daten über den Zustand der Systeme zu liefern.

Die Schwierigkeit besteht darin, die normalerweise unstrukturierten Daten zueinander in Beziehung zu setzen (das heißt sie zu korrelieren), um eine Bedeutung im Kontext der zu optimierenden Eigenschaft (Verfügbarkeit, Performance, Kapazität) abzuleiten. Hier greifen sogenannte Event-Korrelation-Technologien, die weiter unten noch etwas genauer beschrieben werden.

Analyze (Analyse): Diese Phase ist notwendig, um die aktuell überwachte Situation im Hinblick auf die Realisierung eines Plans zu analysieren. Die Automatisierung kann sogenannte Reasoning-Engines bereitstellen, um die richtige Aktion zur Unterstützung des Plans zu bestimmen.

Plan (Planung): Hierbei geht es um die Formulierung eines gewünschten Status oder Ziels. Beispiel: Die durchschnittliche Antwortzeit einer CRM-Transaktion (Customer Relationship Management) sollte in 80% aller gemessenen Fälle unter einer Sekunde liegen. Oder: Der Datenbankserver muss während der Arbeitszeiten betriebsbereit sein.

Execute (Ausführung): Damit ist die Ausführung einer Änderung gemeint, um den Plan und die aktuelle Situation zu unterstützen. Hierbei kann es sich um einen Befehl, ein Script oder jede Art eines Programms handeln. Diese bezeichnet man häufig als Effektor.

Knowledge (Wissen): Damit bezeichnet man bewährte Verfahren (Best Practices) zur Behebung einer unerwünschten Situation.

Systemsautomatisierungs-Tools haben im Kern diesen MAPE-K-Regelkreis implementiert. Dabei wird es immer wichtiger, die notwendigen Regeln in jeder MAPE-Phase dramatisch zu vereinfachen. Die heutigen Kunden wollen es sich nicht mehr leisten, eigene Programme und komplizierte Regelwerke zu schreiben. Der Trend geht hin zur Beschreibung eines zielorientierter Sollzustands. Dieser Sollzustand ist im Allgemeinen viel verständlicher und wird oft auch Teil eines Vertrags (Service Level Agreement) zwischen dem IT-Anbieter und dem Benutzer.

In den 90-er Jahren lag der Schwerpunkt des Begriffs „Systemautomatisierung" auf der Automatisierung des Aktvierens und Deaktivierens von MVS-Systemen mit ihren Anwendungen. Dieser Schwerpunkt wurde erweitert auf andere Systeme (AIX, Windows, Sun und andere), die im Verbund agieren.

3.5.2 Die Krise im Systemmanagement

Die Personalkosten für den Betrieb in IT-Zentren nehmen heute einen Anteil von etwa 70% am Budget des CIO ein – und dieser Anteil wird sich sogar noch vergrößern. Das folgende Diagramm verdeutlicht, wie dramatisch die Situation ist, wenn man davon ausgeht, dass das IT-Gesamtbudget nicht wesentlich erhöht wird.

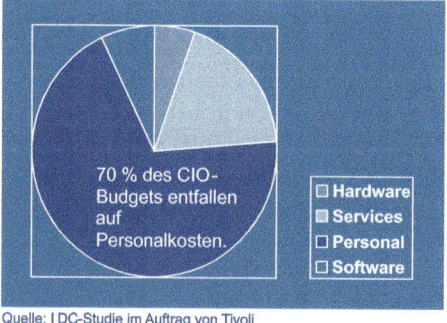

Quelle: IDC-Studie im Auftrag von Tivoli

Abb. 3.16.

Woran liegt das? Wir bauen auch weiterhin vielseitig einsetzbare Hardware, Betriebssysteme, Middleware und Anwendungssysteme – und überlassen unseren Kunden das Management dieser einzelnen IT-Komponenten. Wir setzen nicht nur spezielles Know-How auf dem Gebiet der unterschiedlichen Komponenten voraus, sondern erwarten, dass die Kunden alle Einzelteile miteinander verbinden, um das eigentliche IT-Business-System zu erstellen. Beispielsweise erfordert die Entwicklung einer CRM-Geschäftsfunktion die Anwendungslogik, einschließlich der Anwendungsmiddleware wie SAP oder WebSphere, außerdem eine Datenbank, Internetzugang, Server, Speicher, Sicherheit und Systemmanagement. Aus verschiedenen Gründen gibt es eigentlich nie eine Installation auf einer einzelnen Plattform oder von einem einzigen Hersteller. IT-Zentren sind extrem heterogen – und werden es auch bleiben. Als Folge davon wird auch die Arbeit der IT-Abteilungen und die wechselseitigen Beziehungen immer komplizierter und kostenintensiver.

Beispielsweise müssen sie die Ursache eines Ausfalls des CRM-Systems finden. Liegt der Fehler in der Datenbank, dem Netzwerk für die Datenbank, dem Server der Datenbanksoftware oder einer Speichereinheit? Komplexe IT-Probleme können sich auf die Aufgabenbereiche und Verantwortlichkeiten vieler einzelner Mitarbeiter erstrecken.

Die folgende Grafik verdeutlicht dies auf anschauliche Weise.

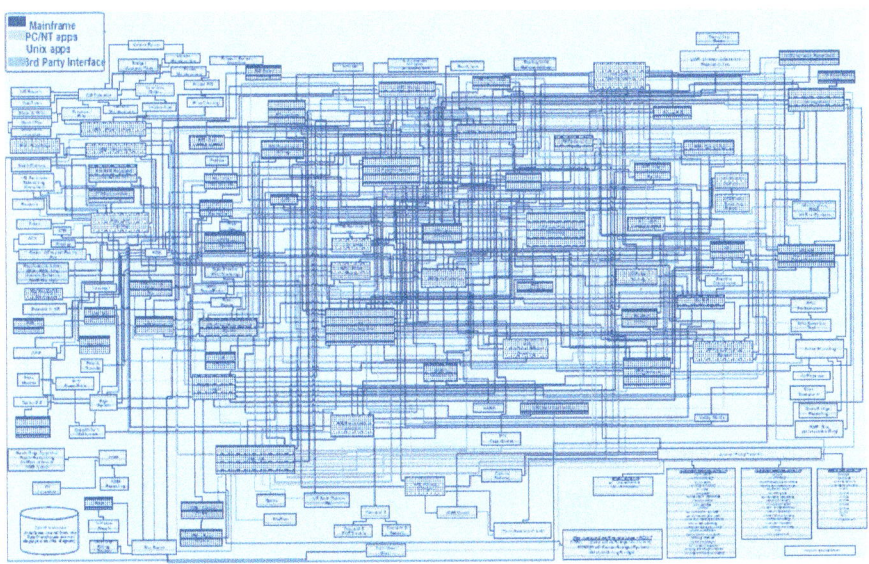

Abb. 3.17.

Diese chaotisch aussehende Abbildung stellt die tatsächliche IT-Anwendungsarchitektur eines Unternehmens aus der Unterhaltungselektronik dar. Die Kästchen stehen für die IT-Ressourcen, farblich unterschieden nach den einzelnen Plattformen. Die Linien markieren die operativen Abhängigkeiten zwischen ihnen, die zum Beispiel bei folgenden IT-Aufgaben berücksichtigt werden müssen:

- Ermittlung der Ursache eines Problems
- Optimierte Wartung (kürzere Ausfallzeiten)
- Aktivierung und Deaktivierung von Komponenten in der richtigen Reihenfolge

Die Systemautomatisierung ist eine Möglichkeit, den Betrieb komplexer IT-Zentren mithilfe der MAPE-K-Konzepte zu vereinfachen.

Diese Technologien werden in den folgenden Kapiteln jetzt näher beschrieben.

3.5.3 Event Automation

Wie bereits angesprochen, geht es bei der Automatisierung um die Überwachung des IT-Systems und die Erfassung wichtiger Informationen (Situationen), damit entsprechende Maßnahmen zur Unterstützung eines gewünschten Status oder Ziels eingeleitet werden können. Dieses Kapitel befasst sich mit den Konzepten der Situationserkennung. Wir beschreiben die unterschiedlichen Korrelationsmuster, mit denen man eine solche Situation ableiten kann.

Ein Ereignis (Event) kann als eine Nachricht mit Informationen betrachtet werden, die als benannte Wertepaare – auch als Attribut bezeichnet – angeordnet sind. Bei der Korrelation werden Ereignisse auf der Basis ihrer Attributwerte mit anderen Ereignissen in den Ereignisabläufen unter Berücksichtigung der Reihenfolge und/oder der Rate des Eintreffens der Ereignisse in einem bestimmten Zeitraum identifiziert.

Regeln für die Beschreibung einer Situation

Einfacher Filter Dieser Mechanismus identifiziert ein eintreffendes Ereignis, indem die Daten der Nachricht nach mathematischen Regeln (Prädikate) ausgewertet werden. Es handelt sich dabei um das Selektieren einzelner Ereignisse, ohne den Bezug zu anderen herzustellen.

Abb. 3.18. Correlation Pattern [2]

Ereignisse wie

&serverLoad > 75 for events of type Server

werden ausgewählt, weil das Prädikat zutrifft.

Prädikate sind boolesche Ausdrücke, die Datenverknüpfungen mit den bekannten logischen Operatoren wie „Und", „Oder", „Nicht" ermöglichen.

Event-Sammlung Ereignisse treten mehrfach auf, haben aber denselben Hintergrund. Die Situation lässt sich daher besser durch eine Zusammenfassung dieser Ereignisse beschreiben oder durch die Beschreibung eines einzelnen Ereignisses, während die anderen lediglich Kopien sind. Dieses und alle nachfolgenden Muster sind insofern reelle Korrelationsmuster, weil unterschiedliche Ereignisse über einen bestimmten Zeitraum (Zeitfenster) miteinander verbunden werden. Das Ganze lässt sich wie folgt darstellen:

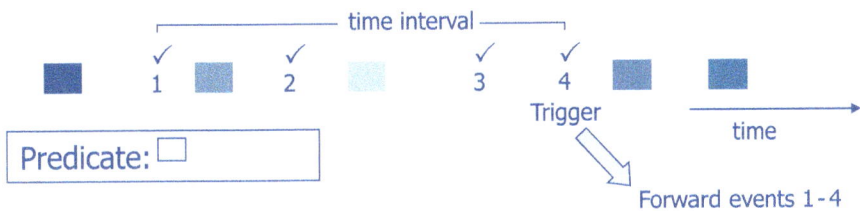

Abb. 3.19. Correlation Pattern [2]

Event Thresholding Die Bedeutung dieser Situation wird von der Eingangsrate der ausgewählten und erfassten Ereignisse beschrieben (das heißt der Anzahl der in einem bestimmten Zeitfenster eintreffenden Ereignisse). In anderen Worten: Das Überschreiten oder Nichtüberschreiten eines Schwellenwerts innerhalb eines bestimmten Zeitintervalls erzeugt diese Situation.

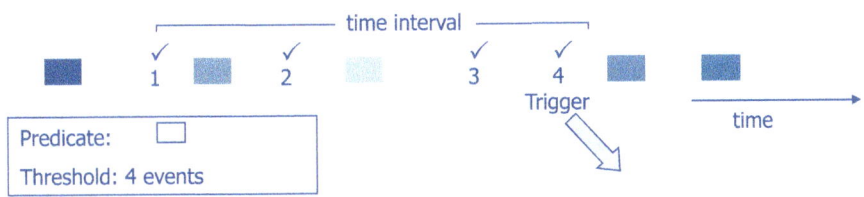

Abb. 3.20. Correlation Pattern [2]

Ein anschauliches Beispiel für dieses Muster wäre im Aktienhandel, wenn die Anzahl der Verkaufsorders einer bestimmten Aktie innerhalb einer Stunde einen bestimmten Schwellwert übersteigt.

Event Sequence (Reihenfolge) Die Bedeutung dieses Musters besteht darin, dass eine bestimmte Reihenfolge von Ereignissen innerhalb eines bestimmten Zeitintervalls eintrifft. Darüber hinaus kann es möglicherweise ebenfalls wichtig sein, dass die spezifizierte Reihenfolge nicht eintritt. Der Auslöser für das Nichteintreffen der Reihenfolge befindet sich am Ende des Intervalls. Die Prüfung des Vorhandenseins einer Reihenfolge sollte nach dem Eintreffen des letzten Ereignisses stattfinden, da die nächste Instanz derselben Reihenfolge möglicherweise unmittelbar danach beginnt.

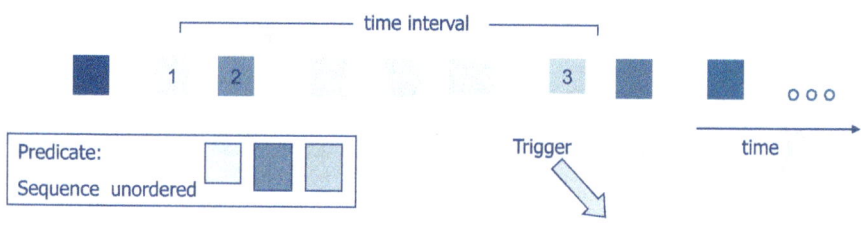

Abb. 3.21. Correlation Pattern [2]

Ein Beispiel für dieses Muster wäre der Sicherheitsbereich einer Bank, in der Türen zu einem Tresor nur in einer bestimmten Reihenfolge geschlossen oder geöffnet werden dürfen.

Die eigentliche Automatisierung findet statt, wenn auf eine so abgeleitete Situation eine Aktion folgt, die helfen soll, die Situation im richtigen Sinne zu korrigieren. Man nennt dieses Konzept Event Automation im Gegensatz zum Konzept einer IT Resource Automation.

3.5.4 IT Resource Automation

IT-Systeme und die zugrunde liegenden Ressourcen wie CPU, Memory, Speicher, Betriebssystem, Platten, Anwendungen und vieles mehr werden seit einigen Jahren modelliert, wobei die Vorteile der Objektorientierung (OO) mit Klassenhierarchien und -beziehungen genutzt wurden. Zudem ging die Entwicklung verstärkt hin zur Standardisierung. Ein bekanntes Beispiel hierfür ist das DMTF CIM. (Distributed Management Task Force, Computer Information Model).

Diese IT-Ressourcenmodelle trugen dazu bei, das Management (Aktionen und Richtlinien) von der Basisüberwachung und der implizierten Event Correlation zu trennen. Informationen werden jetzt als Resource Attribute geführt und verwaltet und stehen jeder Art Management gleichermaßen zur Verfügung. Wenn beispielsweise ein IT-System, das als Objekt modelliert wird, über ein Attribut verfügt, welches den operationalen Status reflektiert, können unterschiedliche Systemmanagementdisziplinen (wie Capacity-, Availability- oder Utility-Management) dieselben Informationen weiterverarbeiten. Sie nutzen

3.5 Systemautomatisierung

dieselben Monitore und müssen sich daher nicht mit den Details der Überwachung auseinandersetzen.

Erinnern Sie sich noch an das komplizierte Diagramm der Abhängigkeiten zwischen den IT-Ressourcen? Auch wenn es chaotisch scheint, handelt es sich dabei doch um eine wirklichkeitsgetreue Beschreibung von operativen Abhängigkeiten.

Ein Beispiel: Stellen wir uns vor, dass ein SAP-Anwendungsserver immer einen Datenbankserver als Backend erfordert.

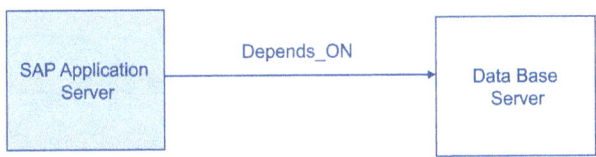

Abb. 3.22. Dependency Graph [4]

Dafür müssen wir die Semantik der Abhängigkeit **Depends_ON** näher definieren. Gemeint ist, dass der SAP-Anwendungsserver nur dann korrekt arbeiten kann, wenn der Datenbankserver ebenfalls in Betrieb ist. Dies führt zu dem erwarteten und damit automatisierbaren Verhalten.

- Starten Sie zuerst den Datenbankserver, wenn Sie den Anwendungsserver aktivieren wollen.
- Beenden Sie den Datenbankserver, bevor Sie den Anwendungsserver beenden.
- Wenn der Datenbankserver ausfällt, ist der Anwendungsserver nicht mehr betriebsbereit. Bei der Ursachenforschung eines Problems muss beachtet werden, dass der SAP-Anwendungsserver zwar Fehler melden kann, die Ursache aber beim Datenbankserver liegen könnte.

Andere leistungsfähige Abhängigkeiten für die Systemautomatisierung sind:

- **StartsAfter, StopBefore** dient der Koordination von Aktivierungs- und Deaktivierungssequenzen.
- **ForceDown** erzwingt eine Deaktivierung, wenn die verknüpfte IT-Ressource ausgefallen ist.
- **Is_hosted_by** bedeutet, dass eine IT-Ressource als Host für eine andere IT-Ressource fungiert. Ein WAS-Anwendungsserver übernimmt beispielsweise die Rolle des Hosts für ein EJB (die Anwendung selbst). Als Host für den WAS-Anwendungsserver fungiert eine Java Virtual Machine (JVM), die wiederum ein Betriebssystem als Host hat. Diese Kette kann auf andere Basisbetriebsmittel wie CPU und Memory weitergeführt werden.
- **Collocation, Anti-Collocation** drückt Entscheidungen über die Positionierung von Ressourcen aus.
- **Is Member Of** wird für Gruppierungen von IT-Ressourcen verwendet.

118   3 Machen Sie sich das Leben leichter – durch die Optimierung von IT-Ressourcen

Bei der Definition der Semantik solcher Abhängigkeiten müssen wir außerdem einen Kontext erstellen, in dem diese Semantik Sinn ergibt. Beispielsweise werden die oben beschriebenen Abhängigkeiten von den Produkten des IBM Tivoli System Automation für die Modellierung der operativen Aspekte hochverfügbarer IT-Zentren mittels redundanter IT-Ressourcen (CPU, Memory, Speicher, Netzwerk, Anwendung und Daten) verwendet.

Die folgende Grafik modelliert die Abhängigkeiten der IT-Ressourcen des SAP Enqueue Replication Servers:

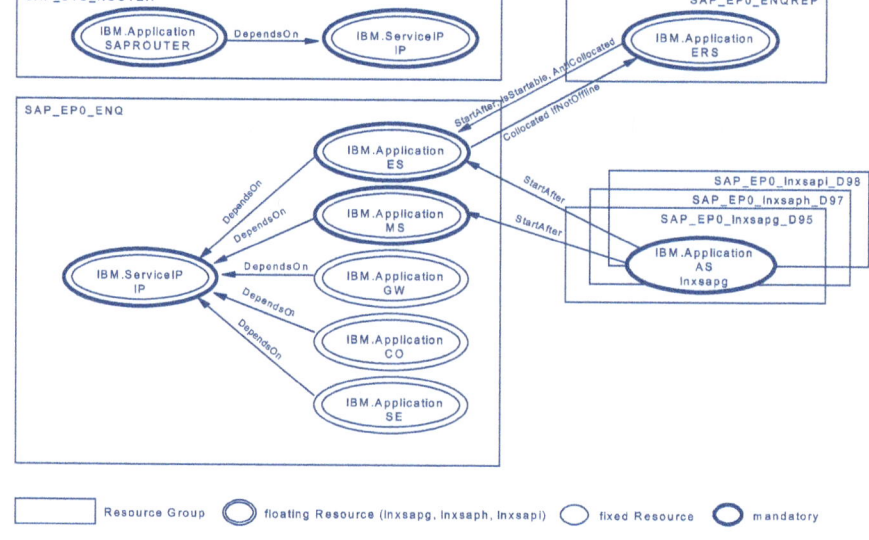

Abb. 3.23. Multi-Relationship Graph SAP ENQ Topology [4]

Ein bisschen mehr Details werden im nächsten Kapitel geliefert.

3.5.5 IBM Tivoli System Automation in der Praxis zur Steuerung von hochverfügbaren IT-Systemen

Eine Vielzahl von Herstellern hat sich den Anforderungen der Hochverfügbarkeit auf unterschiedlichster Ebene gestellt. Die Palette der angebotenen Bausteine reicht von speziellen RAID- und SAN-Lösungen bis zu Standby-Datenbanken und Software aller Art.

Das vor kurzem in neuer Version erschienene IBM Tivoli System Automation erkennt Ausfälle einzelner Komponenten oder Anwendungen und leitet im Bedarfsfall korrektive Maßnahmen ein.

Unabhängig von dem Anwendungsziel – etwa der Reduzierung von Downtime – verfolgt die Systemautomatisierung stets denselben Grundgedanken: Das vom Administrator gewünschte Laufzeitverhalten der Softwareumgebung soll, einmal formell beschrieben, von einer Automation Engine autonom sichergestellt werden. Ohne die Nutzung eines dedizierten Werkzeugs bliebe dem Administrator nichts anderes übrig, als die gewünschte Logik in eigens entwickelten Skripten umzusetzen und bei jeglicher Veränderung der Systemtopologie anzupassen. System Automation kann hier Abhilfe schaffen, indem es die einmalig erfassten Abhängigkeiten der Komponenten situationsabhängig auswertet, um Anforderungen des Operators in Aktionen umzusetzen. So führt das Produkt etwa ohne manuelles Zutun den Failover einer Anwendung durch, sofern die Administratorvorgabe deren Verfügbarkeit verlangt.

Die systemübergreifende Automatisierung erfordert jedoch zunächst eine geeignete Infrastruktur. Im Falle von System Automation die Reliable Scalable Cluster Technology (RSCT), die AIX-Anwender als Teil des Betriebssystems kennen. RSCT verwaltet sämtliche Systembausteine, seien es Netzwerkadapter, IP-Adressen oder Anwendungen, als Ressourcen. Mehrere Server lassen sich zu einem Cluster verbinden, um ihre Ressourcen gemeinsam nutzbar zu machen.

Wer nun glaubt, er müsse RSCT jede für die Automatisierung relevante Komponente einzeln bekannt machen, darf getrost aufatmen. Stattdessen erkennt der Harvesting-Mechanismus viele existierende Ressourcen automatisch. So findet RSCT alle eingerichteten Dateisysteme, erzeugt entsprechende Ressourcen und aktualisiert regelmäßig seinen Bestand. Eine explizite Instanziierung ist für Anwendungen (zum Beispiel DB2) noch nötig. Hier muss der Administrator beim Anlegen Befehle für Start, Stopp und Statusüberwachung der Anwendung hinterlegen.

Um die definierten Ressourcen systematisch zu organisieren und der Automatisierung zugänglich zu machen, kann der Administrator ausgewählte Ressourcen gruppieren. Eine durchdachte Hierarchie solcher Ressourcengruppen ist in komplexen Systemumgebungen unerlässlich. Der vom Administrator änderbare Sollstatus einer Gruppe legt dabei als Automatisierungsziel fest, ob die darin enthaltenen Ressourcen augenblicklich aktiv oder inaktiv gehalten werden sollen. Dem gegenüber steht ihr festgestellter Status als aktuell ermittelter, aggregierter Zustand der in der Gruppe enthaltenen Einzelressourcen. Während Ressourcengruppen eine logische Zusammengehörigkeit verschiedenartiger Ressourcen abbilden, dienen Äquivalenzen dazu, Ressourcen mit gleicher Funktion zu verknüpfen. So lassen sich mehrere Netzwerkkarten, die als „Wirte" (Hosts) für eine IP-Adresse in Frage kommen, zu einer Äquivalenz zusammenfassen. Beim Ausfall einer Karte kann die IP-Adresse mittels System Automation ad hoc auf eine andere Karte „umziehen", sodass eingehende Anfragen entsprechend umgeleitet werden.

Die bisher beschriebenen Konzepte genügen zwar, um die Handhabung von Ressourcen und Ressourcengruppen zu vereinfachen. Zu einer autonomen Handlungsfähigkeit des Automationsmanagers fehlt jedoch ein entscheidendes

Element: die gegenseitigen Abhängigkeiten der Ressourcen à la „SAP-Applikationsserver A startet nach NFS-Server B". Das genannte Beispiel illustriert eine Start-/Stopp-Beziehung der Art StartAfter.

Die Beziehungen Collocation, AntiCollocation, Affinity, und AntiAffinity dagegen reflektieren Umgebungsabhängigkeiten von Ressourcen. So gehören beispielsweise ein Webserver und dessen IP-Adresse stets auf das gleiche IT System – beide Ressourcen verbindet eine Collocation.

Um eine Ressourcengruppe zu automatisieren, braucht der Administrator im Regelfall also lediglich die relevanten Ressourcen zu definieren, ihre Abhängigkeiten zu modellieren und sie zur besagten Gruppe hinzuzufügen. Die Gesamtheit der so erzeugten Ressourcengruppen, Beziehungen und Äquivalenzen wird als Richtlinie bezeichnet. Auf dieser Basis stellt System Automation den Sollstatus jeder Gruppe kontinuierlich sicher, indem es die Kommunikation im Cluster und den festgestellten Status einzelner Ressourcen überwacht und sie bei Bedarf neu startet oder auf andere Knoten transferiert.

In vielen Anwendungsfällen liefert Tivoli System Automation ein Best-Practices-Regelwerk, in dem solche Beziehungsregeln vorgegeben sind.

Als Ergänzung zur Kommandozeile ermöglicht die SA-Bedienerkonsole eine grafische Überwachung der von System Automation verwalteten Ressourcen.

Ihre topologische Darstellung verschafft dem Administrator einen Überblick über den Zustand sämtlicher Cluster und Systeme. Start- und Stopp-Befehle kann er per Mausklick absetzen und deren Ausführung verfolgen.

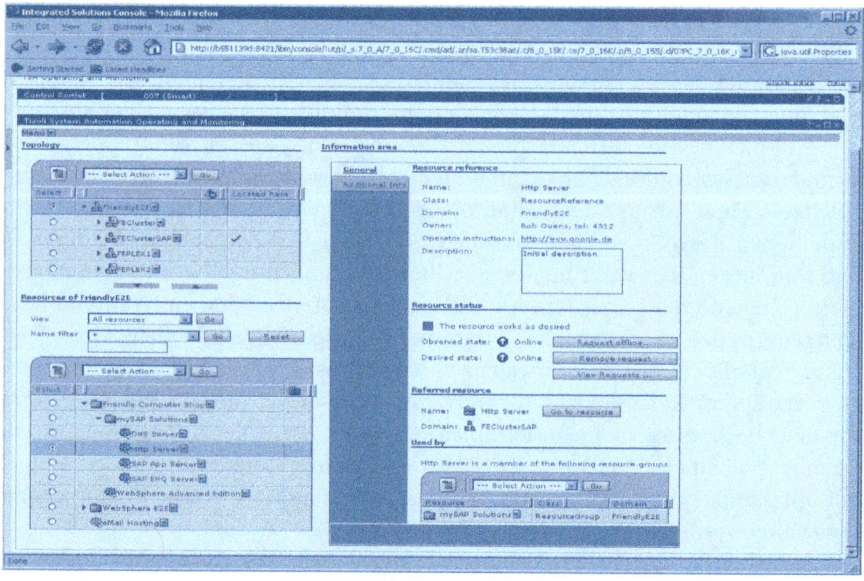

Abb. 3.24. Tivoli System Automation Operation Console [1]

Als Königsdisziplin der Automatisierung ist die Verwaltung heterogener Systemumgebungen, bestehend etwa aus Linux-, AIX- und z/OS-Servern, zu betrachten. Speziell diesem Zweck dient die getrennt bestellbare Komponente End-to-End Automation Management, die eine Verwaltung von Clustern und Systemen unterschiedlicher Betriebssysteme ermöglicht.

3.5.6 Die Bedeutung des IT-Servicemanagements für die Systemautomatisierung

Die Entwicklung im Bereich des IT-Managements hat zur Entstehung von ressourcenorientierten, voneinander getrennten Experten und Tools geführt – Datenbankexperten und -tools, Netzwerkexperten und -tools, Systemexperten und -tools.

Somit steht eine Vielzahl an Tools zur Verfügung, die jeweils eine bestimme Aufgabe lösen. Diese Aufgaben sind aber miteinander verzahnt und ergänzen sich zu einem Gesamtwerk. Die Übergänge dieser Aufgaben und Personen sind zeitaufwendig und kostenintensiv. Folglich sollten diese Tools besser miteinander agieren können. Sie sollten besser integriert sein. Doch diese Integration erfordert einen Kontext. Welche Tools sollten und welche müssen nicht integriert werden? Welche Daten sollten von den inegrierten Produkten gemeinsam genutzt werden und welche Daten bleiben toolspezifisch? Wie steht es um die Interaktion dieser Tools? Und nicht zuletzt: Inwieweit müssen die vorhandenen Tools umstrukturiert werden, um die Verbindung mit anderen Tools zu unterstützen?

Mit der Einführung von ITSM (IT Service Management) wird der Grund einer zweckmäßigen Integration von Tools deutlich. Beim ITSM geht es um die Integration zur Unterstützung von IT-Prozessen sowie deren Standardisierung. Verschiedene Mitarbeiter in der IT-Abteilung mit definierten Aufgabenbereichen und Verantwortlichkeiten verwenden Tools in einer bestimmten Reihenfolge oder Abfolge, um ein allgemeines Problem im Zusammenhang mit dem IT-Management zu lösen. Angesichts der Standardisierung dieser Prozesse werden Systemmanagement-Tools erweitert, um eine workflowbasierte Prozessintegration zu ermöglichen, die in der folgenden Abbildung dargestellt wird.

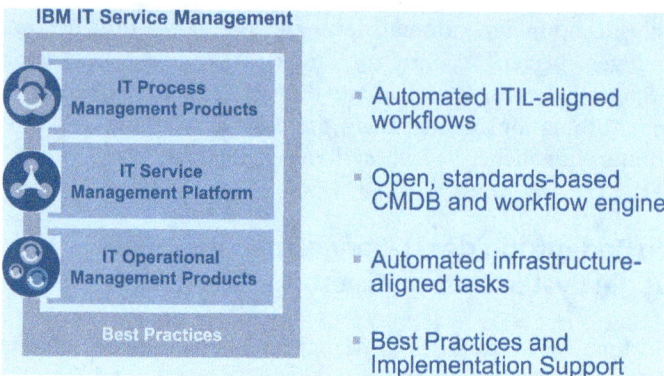

Abb. 3.25. Tivoli ITSM Architecture [2]

IT-Prozesse folgen heute zunehmend den De-facto-Standards der ITIL (IT Infrastructure Library). Die IT-Prozesse werden dort im Sinne der Verantwortlichkeiten und Aktivitäten beschrieben und zu anderen IT-Prozessen abgegrenzt. Abläufe (Workflows) können zu einem gewissen Grade automatisiert werden. Tivoli verwendet zu diesem Zwecke den BPEL-basierten IBM Web Sphere Process Choreographer (WPC). Zwischen den verschiedenen Prozessschritten können Daten übertragen werden, da einheitliche Daten in der CMDB (Configuration Management Database) mittels Standard-IT-Ressourcenmodellen gespeichert werden. Anders ausgedrückt: Die Integration erfolgt im Kontext eines ITIL-Prozesses, unter Benutzung einheitlicher Daten in der CMDB.

Das oben beschriebene Tool Tivoli System Automation (TSA) kann in folgende IT-Prozesse integriert werden:

- **Change- und Release-Management:** Eine Änderung oder die Installation eines kompletten Release erfordert möglicherweise ein Beenden und erneutes Starten von IT-Ressourcen. TSA kann einen Wechsel auf redundante Konfigurationen automatisieren, um Ausfallzeiten zu minimieren. Dieser Vorgang wird häufig als „geplanter Ausfall" bezeichnet.
- **Availability-Management:** In diesem Bereich organisiert TSA die Standardaktivierung und -deaktivierung von IT-Systemen und überwacht deren Status.
- **Service-Continuity-Management:** Dieser Prozessbereich, deckt die Planung, Implementierung, Überwachung und Ausführung der IT-Recovery-Konfiguration zur Unterstützung eines allgemeinen Disaster-Recovery-Plans ab. TSA automatisiert die Verfügbarkeit und Hochverfügbarkeit von Anwendungen, einschließlich der IT-Server. Ein erheblicher Teil der Disaster-Recovery-Konfigurationen befasst sich mit der Datenredundanz und -replikation.

Im Grunde ist die IT-Prozessintegration mit der workflowbasierten Automatisierung der nächste logische Schritt in der Evolution automatisierter IT-Systeme. Wir hatten damit angefangen, einfache Systemereignisse (Events) zu verarbeiten, bieten heute ausgreifte IT Resource Automation Tools (IT-Ressourcen und deren Beziehungen) und stehen nun an der Schwelle, IT-Prozesse dramatisch zu vereinfachen und unsere Tools danach auszurichten.

Wir machen uns das Leben schwer, um unseren Kunden das Leben zu vereinfachen.

Literatur

[1] Bert Ungerer, Elmar Meier zu Bexten: Ressourcen im Griff. Tivoli System Automation in heterogenen Umgebungen. iX, 1/2006, Seite 140
[2] Alan Ganek, Dave Lindquist, Rob Orr und andere (IBM SWG Tivoli): Designing IT Service Management Architectures, Presentations for the IBM SWG Software University
[3] Metin Feridun, John Dinger, Ana Biazetti, Cesar Arajuo, Jürgen Schneider: ACT Concepts and Requirement Specification, IBM internes Papier
[4] Walter Schüppen, Mike Clarke, Jürgen Schneider: System Automation Manager Basic Principle, IBM internes Papier

3.6 Administration von Speichersystemen

Oliver Augenstein

3.6.1 Einführung

Bedingt durch das explosionsartige Wachstum der Datenmenge eines typischen Rechenzentrums steigen seit einigen Jahren die Kosten, die für Speichersysteme und deren Verwaltung ausgegeben werden müssen. Sie wachsen sogar deutlich schneller als die übrigen Ausgaben für den Betrieb der unternehmensweiten IT-Infrastruktur.

Das schnelle Datenwachstum verschiedenster unternehmenskritischer Anwendungen erschwert es außerdem, existierende Servicevereinbarungen einzuhalten. Gleichzeitig verringert es die Fähigkeit, steigenden Anforderungen an die Verfügbarkeit von IT-Dienstleistungen gerecht zu werden. Zusätzliche Bedürfnisse, wie der zuverlässige Schutz vertraulicher Daten, die Fähigkeit, große Datenmengen im Unternehmensinteresse zu nutzen (Data Mining), und neue staatliche Vorschriften (Basel-II, Sarbanes-Oxley), machen den Betrieb von Speichersystemen heute zu einer der größten Herausforderungen innerhalb eines Rechenzentrums.

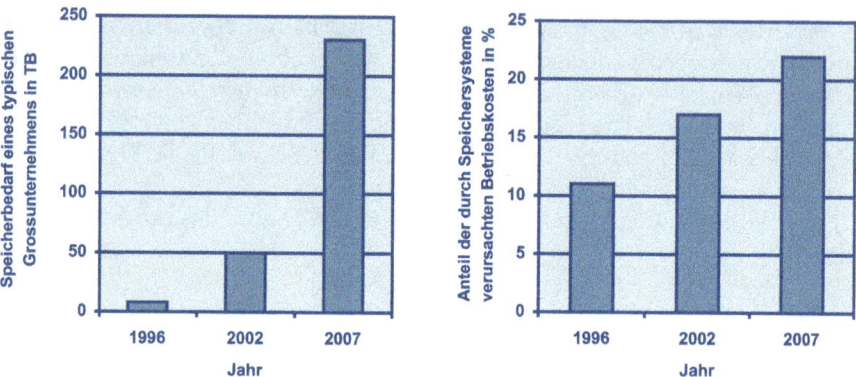

Abb. 3.26. Bedeutung von Speichersystemen innerhalb eines Rechenzentrums

Um den steigenden Anforderungen an die Speicherinfrastruktur bei gleichzeitiger Kostenkontrolle gerecht zu werden, wird heute meist ein zentral verwaltetes Speichernetzwerk verwendet, in dem die zur Verfügung stehenden Ressourcen zu einem hohen Grad virtualisiert sind. Um eine größere Freiheit bei der Auswahl der verwendeten Komponenten zu bekommen, basiert die Verwaltung der Infrastruktur typischerweise auf Protokollen, die offenen Standards genügen.

3.6.2 Virtualisierungstechnologien

Virtualisierung in Speichernetzen erlaubt es, die Sichtweise des Endbenutzers auf seine Daten (logische Sichtweise) von deren Speicherung auf einem Datenträger (physische Sichtweise) zu trennen. Diese auf den ersten Blick einfache Aufteilung in eine logische und eine physikalische Ebene ermöglicht die Bereitstellung neuer Basisfunktionen, mit deren Hilfe der Umgang mit Speichersystemen deutlich vereinfacht werden kann.

Leider stellen Hardwarekomponenten in der Regel nur sehr einfache, auf einen speziellen Speichertyp zugeschnittene Funktionen zur Verfügung. Diese lassen sich oft nur schwer in die bereits etablierten Prozesse eines bestehenden Rechenzentrums integrieren. Außerdem führt eine direkte Verwendung dieser Funktionen oft zu einer dauerhaften Bindung an einen Hardwareanbieter (engl. vendor lock-in), da es nach wie vor deutliche Unterschiede zwischen den angebotenen Produkten gibt, trotz intensiver Bemühungen zur Standardisierung von Virtualisierungsfunktionen.

Mithilfe von spezieller Speicherverwaltungssoftware lassen sich die von der Hardware zur Verfügung gestellten Virtualisierungsfunktionen in den bestehenden Betrieb eines Rechenzentrums integrieren, ohne dabei in eine Abhängigkeitsbeziehung zu einem Anbieter zu gelangen.

Im Folgenden werden einige der hardwarenahen Virtualisierungsfunktionen vorgestellt. Dabei wird gezeigt, wie sich diese Funktionen verwenden lassen, um den Speicherbedarf eines Rechenzentrums zu reduzieren, die Durchführung von Wartungsarbeiten zu vereinfachen und die für die Datensicherung benötigten Zeitfenster zu verkürzen. Wir werden zeigen, dass mittels *Speicherpools* und mehrstufiger *Speicherarchitekturen (tiered storage)* ein höherer Nutzungsgrad des physikalischen Speichers erreicht und durch logisches Kopieren *(Snapshots)* sowie durch *verteilte Dateisysteme* die Redundanz innerhalb der gespeicherten Daten verringert werden kann. Außerdem werden wir darauf eingehen, wie sich Wartungsarbeiten (beispielsweise eine *Datenmigration)*, die ohne Virtualisierung eine Unterbrechung des Betriebs erfordert haben, jetzt im laufenden Betrieb vornehmen lassen und wie sich mithilfe von *Snapshots* der Datensicherungsprozess optimieren lässt. Im zweiten Teil werden wir darauf eingehen, wie sich diese Basisfunktionen mithilfe von darauf spezialisierter Software in die bestehenden Prozesse eines Rechenzentrums einbetten lassen.

3.6.3 Speicherpools und Nutzung des physikalischen Speichers

In einer virtualisierten Speicherumgebung kann ein Endbenutzersystem nicht direkt auf physikalischen Speicher wie Festplatten oder Magnetbänder zugreifen. Stattdessen werden in einem ersten Schritt physikalische Ressourcen mit ähnlichen Eigenschaften in einer Gruppe (engl. pool) zusammengefasst, aus der danach mehrere logische Einheiten gebildet werden. In einem dritten Schritt wird jede der logischen Einheiten einem Endbenutzersystem so zugewiesen, dass dieses auf die entstandenen logischen Ressourcen genauso zugreifen kann wie ohne Virtualisierung auf physikalische.

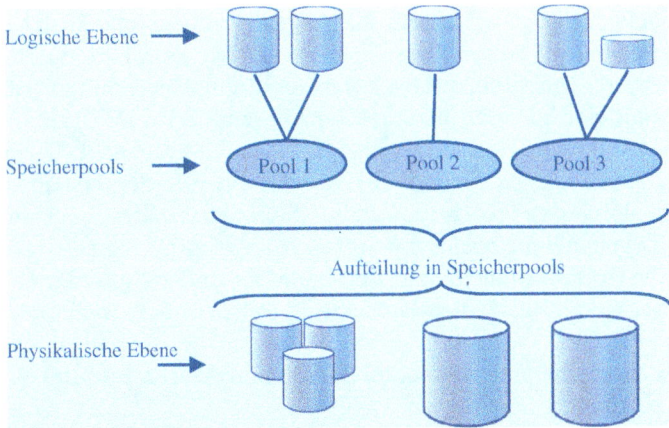

Abb. 3.27. Bildung logischer Ressourcen durch Speicherpools

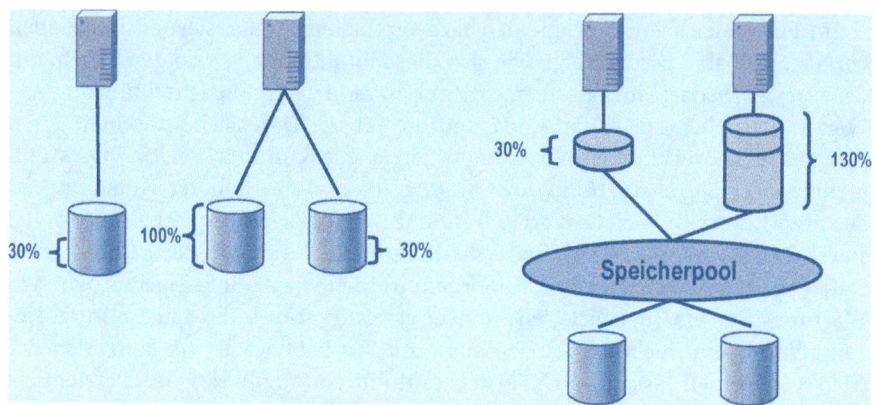

Abb. 3.28. Verbesserung der Speicherauslastung durch logische Ressourcen

Dadurch entsteht eine Aufteilung in eine physikalische Ebene, die sich mit der Zuordnung von physikalischem Speicher zu den Pools befasst, und eine logische Ebene, die sich mit der Aufteilung des Pools in mehrere für den Endbenutzer zur Verfügung stehende logische Einheiten befasst.

Da durch die Einführung von Speicherpools Anwendungssysteme nicht mehr direkt mit den physikalischen Speichermedien verbunden sind, vereinfacht sich die Pflege der gesamten Infrastruktur deutlich: Wartungsarbeiten, wie das Austauschen einer Festplatte oder sogar eines ganzen Disksubsystems, lassen sich nun unterbrechungsfrei durchführen. Außerdem wird die Provisionierung von Speicherplatz, das heißt die Vergrößerung oder Verkleinerung des einem Anwendungssystem zur Verfügung stehenden Speichers ermöglicht, ohne dabei in die physikalische Infrastruktur eingreifen zu müssen.

Zusätzlich zur Vereinfachung der Wartbarkeit kann mit der Einführung von Speicherpools auch der von einem Rechenzentrum benötigte Speicherplatz reduziert werden: Zum Beispiel lässt sich eine einzige Festplatte durch Unterteilung in mehrere logische Einheiten auf mehr als ein Anwendungssystem verteilen und damit eine bessere Nutzung ihrer Kapazität erzielen. Unter Umständen bietet eine moderne Speicherinfrastruktur sogar die Möglichkeit, einen Speicherpool „überzubelegen", indem den verschiedenen Rechensystemen lediglich eine maximal erlaubte Speicherkapazität (Quota) zugewiesen, aber im Pool nur der tatsächlich benötigte Speicher belegt wird.

Durch die Überwachung der zur Verfügung stehenden Kapazität und tatsächlichen Auslastung eines Speicherpools wird es einem Systemadministrator ermöglicht, eine gute Speicherauslastung in seinem Rechenzentrum zu erzielen und dennoch flexibel auf veränderte Speicheranforderungen seiner Anwender reagieren zu können.

3.6.4 Mehrstufige Speicherarchitekturen (tiered storage)

Die Einführung von Speicherpools ermöglicht es, physikalische Speichermedien so zu gruppieren, dass Pools mit unterschiedlichen, für den Endbenutzer verständlichen Charakteristiken entstehen. Durch die darauf folgende Aufteilung des Pools in mehrere logische Einheiten vererben sich diese charakteristischen Eigenschaften auf alle aus dem Pool gebildeten Segmente. Diese Idee lässt sich verwenden, um unterschiedlichen Anwendungen in einem Rechenzentrum Speicher mit verschiedenen Eigenschaften zuzuweisen: So kann man zum Beispiel einen Pool für unternehmenskritische Anwendungen, der sich aus hochperformantem und hoch verfügbarem physikalischem Speicher zusammensetzt, einen Pool aus kostengünstigerem Speicher für Daten von Testsystemen oder einen Pool aus sequentiellen Speichermedien für die Datensicherung generieren.

Die charakteristischen Eigenschaften des dem Endanwendersystem zur Verfügung gestellten logischen Speichers lassen sich deutlich erweitern, wenn die logischen Speichereinheiten nicht mehr nur einem, sondern mehreren Pools zugeordnet werden können und durch Regeln (engl. policies) festgelegt wird, welcher Pool für die Speicherung welcher Daten herangezogen wird.

Die möglichen Regeln, nach denen Daten einem Pool zugewiesen werden, können sehr unterschiedlich ausfallen: Zum Beispiel können Daten nach ihrer Wichtigkeit klassifiziert werden. Anderseits können aber auch mehrere Pools hierarchisch angeordnet werden, sodass selten verwendete Dateien automatisch

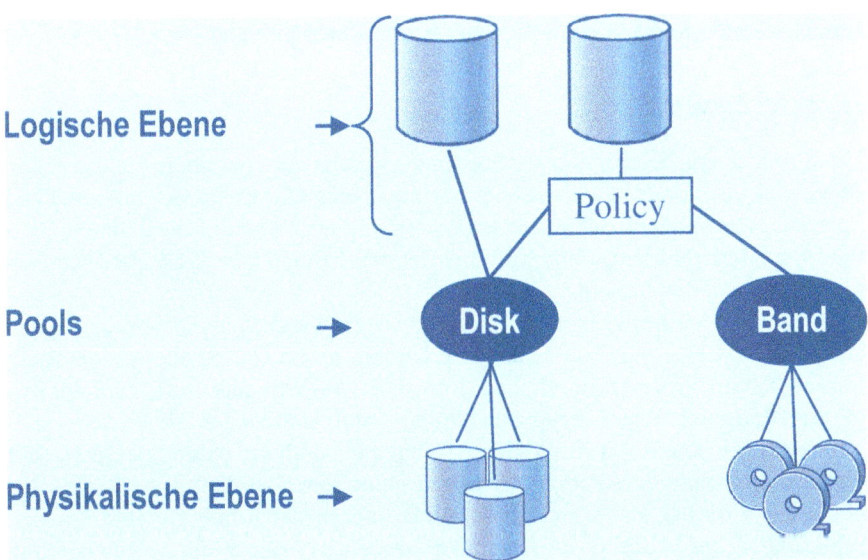

Abb. 3.29. Poolübergreifende logische Ressourcen

in Pools aus kostengünstigerem, langsamerem Speicher (beispielsweise Bändern) ausgelagert werden. Außerdem ist es möglich, über Regeln festzulegen, dass von bestimmten Daten eines Pools eine redundante Kopie in einem anderen Pool erzeugt wird, um die Ausfallsicherheit des Systems zu erhöhen.

Gerade die Möglichkeit, Daten transparent auf Bänder auslagern zu können und sie dennoch im Zugriff zu behalten, ermöglicht es, die Menge des an Plattenplatz zur Verfügung stehenden Speichers in einem Rechenzentrum signifikant zu reduzieren. Dabei kann dieses Konzept entweder eingesetzt werden, um alte Daten dauerhaft aus einem plattenbasierten Pool zu entfernen und in einen Bandpool zu migrieren, ohne den Zugriff auf die Daten zu verlieren. Oder es wird lediglich dafür verwendet, die zur Verfügung stehende Speichermenge eines festplattenbasierten Pools kurzzeitig gefahrlos „überbuchen" zu können.

3.6.5 Kopieren und Replizieren von Daten

Um die stetig wachsende Datenmenge eines Rechenzentrums erfolgreich verwalten zu können, ist es neben der Fähigkeit zur unterbrechungsfreien Durchführung von Wartungsarbeiten innerhalb der physikalischen Infrastruktur notwendig, den kontinuierlichen Betrieb der auf diesen Speicher angewiesenen Anwendungen gewährleisten zu können. Dazu gehört die erfolgreiche Durchführung von Backups innerhalb der dafür zur Verfügung stehenden Zeitfenster, die Replikation von Daten für Hochverfügbarkeits- und Disaster-Recovery-Lösungen sowie das Klonen großer Datenmengen zur Erzeugung von Test- und Schulungssystemen. Eine moderne, auf Virtualisierung basierende Speicherinfrastruktur unterstützt diese Aufgaben in der Regel dadurch, dass sie Methoden zum effizienten Kopieren und Replizieren von Daten anbietet.

Logisches Kopieren

Die durch Virtualisierung erreichte Entkopplung der logischen Sicht auf die Daten von ihrer physikalischen Speicherung ermöglicht es, große Datenmengen innerhalb von wenigen Sekunden logisch zu kopieren und auf die erzeugte logische Kopie zuzugreifen, ohne auf einen zeitraubenden physikalischen Kopierprozess angewiesen zu sein.

Obwohl es mittlerweile eine Vielzahl unterschiedlicher Technologien wie Snapshot und FlashCopy gibt, die es erlauben, große Datenmengen innerhalb weniger Sekunden zu kopieren, liegt immer das Prinzip zugrunde, dass die Kopie zum Zeitpunkt ihrer Erzeugung mit dem Original identisch ist.

Somit kann eine Kopie aus logischer Sicht auch dadurch erzeugt werden, dass dieser gemeinsame Ursprungsdatenstand eingefroren wird und zusätzlich nur noch die ab diesem Zeitpunkt am Original und an der Kopie vorgenommenen Änderungen physikalisch aufgezeichnet werden. Da durch die Virtualisierung alle Endanwendungssysteme nur mit logischen Ressourcen und nicht direkt mit

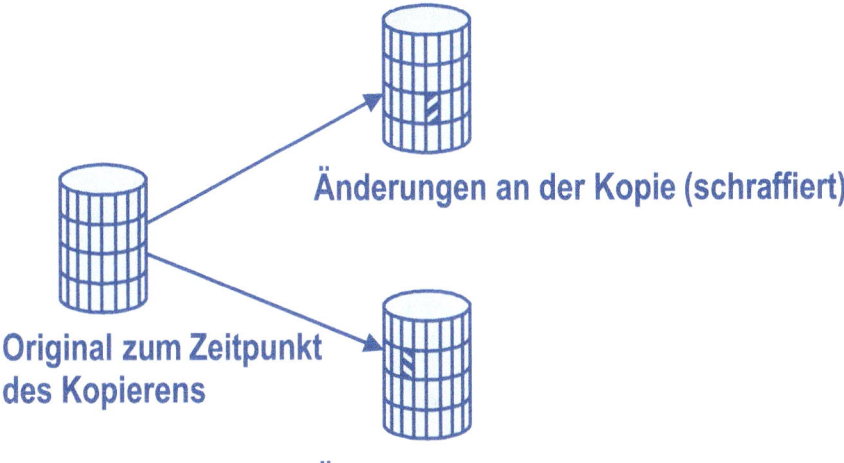

Abb. 3.30. Für eine logische Kopie benötigter physikalischer Speicher (schraffiert)

den physikalischen Speichermedien verbunden sind, können nun in der Virtualisierungsebene aus den physikalisch abgespeicherten Daten zwei voneinander logisch unabhängige Datenstände – nämlich die Originaldaten und die kopierten Daten – rekonstruiert werden.

Redundanz von Daten und Überbelegung von Speicher

Der Verzicht auf einen physikalischen Kopiervorgang beim Erzeugen einer logischen Kopie impliziert neben einer nahezu unendlich schnellen Kopiergeschwindigkeit auch eine Verringerung des für die Kopie benötigten Speicherplatzes, da für diejenigen Datensegmente, in denen sich Original und Kopie nicht unterscheiden, kein Platz beansprucht wird. Allerdings wächst mit steigender Lebensdauer der Kopie auch der benötigte physikalische Speicherplatz so lange an, bis der für eine vollständige Kopie erforderliche Platz eingenommen ist.

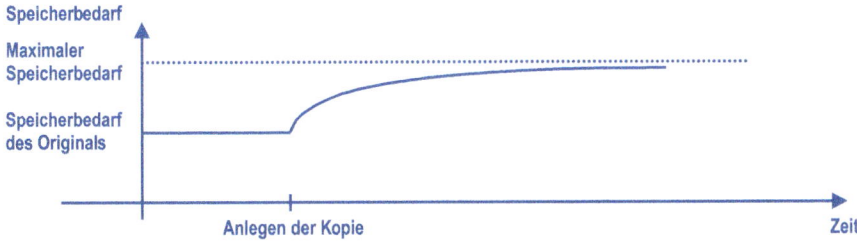

Abb. 3.31. Wachstum des Speicherbedarfs einer logischen Kopie

Dieser Effekt ist oft erwünscht und erlaubt es, den zur Verfügung stehenden physikalischen Speicherplatz besser auszunutzen, indem für temporäre Kopien nur ein kleiner Prozentsatz des für eine vollständige Kopie benötigten Speicherplatzes reserviert wird. Da in diesen Fällen der physikalische Speicherplatz logisch überbelegt wird, verliert bei den meisten Speichersystemen, die solche Überbelegungen zulassen, die logische Kopie ihre Gültigkeit, sobald der zur Verfügung stehende Speicherplatz nicht mehr ausreicht, um die geänderten Daten aufzuzeichnen.

In Kombination mit Speicherpools lässt sich die Auslastung des physikalische Speichers weiter optimieren, indem der für Kopien verwendete Speicher nicht pro Kopie, sondern auf Basis des Pools reserviert und unter den vorhandenen Kopien dynamisch aufgeteilt wird. Auf diese Art lässt sich zum Beispiel der Speicherbedarf in einem Schulungszentrum deutlich reduzieren, da zu Beginn einer Schulung viele logisch identische Systeme benötigt werden, die während der Schulung von den Teilnehmern aber nur geringfügige Änderungen erfahren.

Neben der Reduktion des Speicherbedarfs beim Anlegen einer logischen Kopie resultiert aus dem Verzicht auf einen physikalischen Kopiervorgang aber auch die physikalische Kopplung der Originaldaten mit den Daten der Kopie und eine Reduktion der Redundanz innerhalb der Daten. Das ist vor allem dann nicht erwünscht, wenn die Kopie über einen längeren Zeitraum erhalten werden soll (zum Beispiel beim Klonen eines Entwicklungssystems), da in diesem Fall der Vorteil des geringeren Speicherbedarfs verschwindet. Gleiches gilt, wenn die Kopie zu Backup-Zwecken angelegt wird und damit physikalische Datenredundanz erwünscht ist. Aus diesem Grund bieten viele Disksubsysteme die Möglichkeit, nach der Erzeugung einer logischen Kopie einen im Hintergrund laufenden physikalischen Kopierprozess anzustoßen.

Reduktion der Datenredundanz durch verteilte Dateisysteme

Im vorigen Abschnitt wurde gezeigt, wie sich beim logischen Kopieren durch Vermeidung redundanter Daten physikalischer Speicherplatz einsparen lässt. Eine weitere Möglichkeit, durch Vermeidung von Datenredundanz physikalischen Speicherplatz zu sparen, bieten verteilte Dateisysteme. Mit ihrer Hilfe können Daten, wie Betriebssysteme oder Softwarepakete, die auf mehreren Systemen in identischer Form zur Verfügung stehen müssen, gemeinsam verwendet werden. Da somit nicht jedes System „seine Kopie" der Daten benötigt, sondern alle Systeme dieselbe Instanz der Daten verwenden, kann auch mittels verteilter Dateisysteme eine deutliche Reduktion des benötigten physikalischen Speichers erreicht werden.

Anders als beim logischen Kopieren, bei dem lediglich auf der physikalischen Ebene Datenblöcke geteilt werden, aber jedes System seine eigene logische Kopie besitzt, handelt es sich im Falle von verteilten Dateisystemen auch auf der logischen Ebene um „gemeinsame" Daten. Dieser Unterschied hat zur Folge, dass sich die am Teilen der Daten beteiligten Systeme gegenseitig stören können. Er erlaubt es allerdings auch, dass sich die verschiedenen Systeme gegenseitig unterstützen. So benötigt man zum Beispiel für gemeinsam verwendete Daten nur eine Datensicherung für die gesamte Systemlandschaft. Außerdem wird die Wartung der beteiligten Systeme zentralisiert, wodurch Aufgaben wie ein Software-Update lediglich auf einem der Systeme ausgeführt werden müssen, um die komplette Systemlandschaft zu aktualisieren.

Replikation von Daten

Unter Replikation versteht man die Erzeugung eines physikalisch redundanten Abbildes von Originaldaten und danach das dauerhafte Einspielen aller am Original vorgenommenen Änderungen. Anders als beim Kopieren von Daten, bei dem sich Original und Kopie nach Abschluss des Kopiervorgangs unabängig voneinander entwickeln, dient beim Replizieren von Daten die Replik lediglich zur Erzeugung physikalischer Datenredundanz. Sie kommt nur dann zum Einsatz, wenn die Originaldaten zerstört oder nicht mehr zugreifbar sind.

Da Replikation im Wesentlichen dafür eingesetzt wird, Ausfälle zu vermeiden, die auf ein zerstörtes Speichermedium zurückzuführen sind, ist es wichtig, dass sich Original und Replik in voneinander getrennten physikalischen Einheiten befinden. Diese Einheiten können im einfachsten Fall auf zwei physikalisch voneinander getrennte Festplatten (RAID) und im Fall von Disaster-Recovery-Lösungen auf zwei räumlich voneinander getrennte Rechenzentren verteilt sein.

Aus der Verschiedenheit der möglichen Systemumgebungen folgt eine große Anzahl unterschiedlicher Anforderungen an die Replikationstechnologie: So ist es beim Spiegeln einzelner Festplatten erwünscht, dass parallel von beiden Platten gelesen wird. Zum einen, um die Zugriffsgeschwindigkeit auf die Daten zu erhöhen, und zum anderen, um im Falle eines Lesefehlers auf einer der Platten die angeforderten Daten für die Anwendung transparent von der anderen Festplatte lesen zu können. Dagegen wird bei einer Disaster-Recovery-Lösung für ein Rechenzentrum kein automatischer Umzug der Speicherinfrastruktur von einem auf das andere Rechenzentrum gewünscht sein. Vielmehr wird dieser anhand eines in einem Katastrophenplan beschriebenen Vorgehens durchgeführt werden.

Synchrone und asynchrone Replikation

Da zum Replizieren von Daten jede Schreiboperation nicht nur auf einem, sondern auf zwei Speichermedien durchgeführt werden muss, verringert jede Replikationstechnologie grundsätzlich die Schreibgeschwindigkeit. Aufgrund der Tatsache, dass beide Schreiboperationen parallel durchgeführt werden können, ist dieser Geschwindigkeitsverlust jedoch klein, solange die beiden Speichermedien eine ähnliche Zugriffsgeschwindigkeit aufweisen. Im Fall von Disaster-Recovery-Lösungen hängt es stark von der räumlichen Entfernung ab, in der sich die beiden Rechenzentren befinden, da die Zugriffsgeschwindigkeit mit wachsender Distanz zwischen Anwendung und Speichersystem abnimmt. Um bei großen Distanzen zwischen den Rechenzentren dennoch akzeptable Zugriffsgeschwindigkeiten zu erzielen, lässt sich der Einfluss des entfernteren Rechenzentrums auf die Zugriffszeit durch Verwendung von asynchroner Replikation mindern. Bei asynchroner Replikation muss im Gegensatz zur synchronen Replikation nicht jede Schreiboperation in beiden Rechenzentren abgeschlossen werden, sondern die Daten werden lediglich in einen Puffer geschrieben, der dann im Hintergrund entleert wird. Dies hat allerdings zur Folge, dass bei asynchroner Replikation im Katastrophenfall ein kleiner Datenverlust in Kauf genommen werden muss.

Konsistenzgruppen

Eine wesentliche Anforderung an jede Disaster-Recovery-Lösung ist es, im Katastrophenfall in der Lage zu sein, einen konsistenten Stand des ausgefallenen Rechenzentrums als Startpunkt für den Notbetrieb zur Verfügung stellen zu können. Das ist auch dann wichtig, wenn der letzte nach Eintreten der Katastrophe zur Verfügung stehende konsistente Zeitpunkt nicht den aktuellen Stand des ausgefallenen Rechenzentrums repräsentiert, wie dies bei einer auf asynchroner Replikation aufbauenden Disaster-Recovery-Lösung der Fall ist. Allerdings ist es schwierig, beim Eintreten einer Katastrophe wie einem Brand oder einem Erdbeben, konsistente Daten zu gewährleisten, da normalerweise nicht alle Komponenten des betroffenen Rechenzentrums exakt zur gleichen Zeit ausfallen.

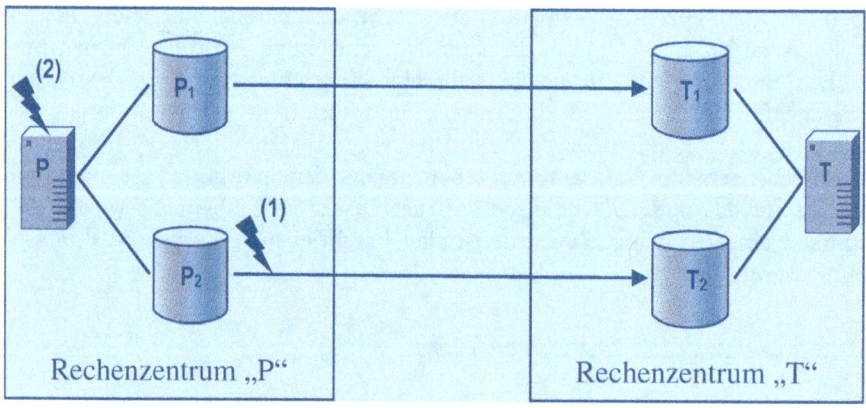

Abb. 3.32. Schrittweiser Ausfall eines Rechenzentrums

Das oben stehende Diagramm illustriert das Problem eines schrittweisen Ausfalls (engl. rolling disaster) der Komponenten im Rechenzentrum „P". Im Beispiel wird zunächst das für die Replikation des Speichers P_2 verantwortliche Netzwerk zerstört (1), ohne dass dabei der Zugriff des produktiv arbeitenden Systems (P) beeinträchtigt wird. Als Folge davon werden P_1 und P_2 weiterhin

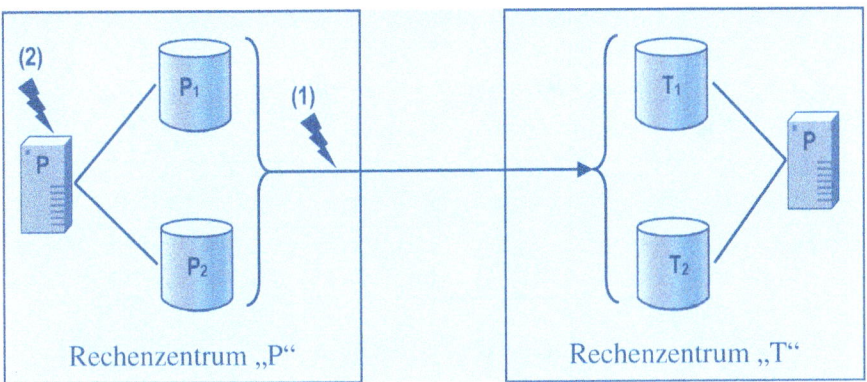

Abb. 3.33. Rolling Disaster in einem Rechenzentrum mit Konsistenzgruppen

vom System P beschrieben, obwohl nur noch die Daten des Speichers P_1 repliziert werden. Mit dem Ausfall weiterer Komponenten (2) im Rechenzentrum P kommt es zur Übernahme durch das Rechenzentrum T, in dem sich jetzt allerdings keine konsistenten Daten mehr befinden, da die Replikation der beiden Speichersysteme P_1 und P_2 zu unterschiedlichen Zeiten unterbrochen wurde.

Um diese Probleme vermeiden zu können, stellen viele moderne Speichersysteme ein Konzept von Konsistenzgruppen zur Verfügung, durch das die zeitliche Reihenfolge von Schreibzugriffen auf verschiedene Speichersysteme festgehalten werden kann. Im oben beschriebenen Beispiel einer schrittweisen Katastrophe bewirkt dies eine konsistente Unterbrechung der beiden Replikationsströme zum exakt gleichen Zeitpunkt.

Zum Zeitpunkt der Systemübernahme durch das Rechenzentrum T befinden sich dann zwar in P_1 und P_2 aktuellere Daten als in T_1 und T_2, aber die Konsistenz der Daten T_1 und T_2 ist nach wie vor gewährleistet.

Neben Disaster-Recovery-Lösungen treibt auch die steigende Verbreitung von verteilten Anwendungen die Entwicklung von Konsistenzgruppen voran. Replikations- und Kopieroperationen werden dann auf der Ebene von Konsistenzgruppen durchgeführt, wobei die aufgezeichnete Schreibreihenfolge beim Durchführen der Operation berücksichtigt wird.

Beständige Datensicherung (engl. Continuous Data Protection, CDP)

Neben Replikation wird bis heute die Datensicherung (engl. backup) als zweites Standbein zum Schutz vor Datenverlust gesehen. Im Gegensatz zur Replikation steht dabei allerdings der Schutz vor fehlerhafter Software oder vor Bedienungsfehlern im Vordergrund. Dieser wird von Replikationstechnologien nicht oder nur unzureichend gewährleistet, da zur Behebung solcher Fehler auf Daten aus der Vergangenheit zurückgegriffen werden muss.

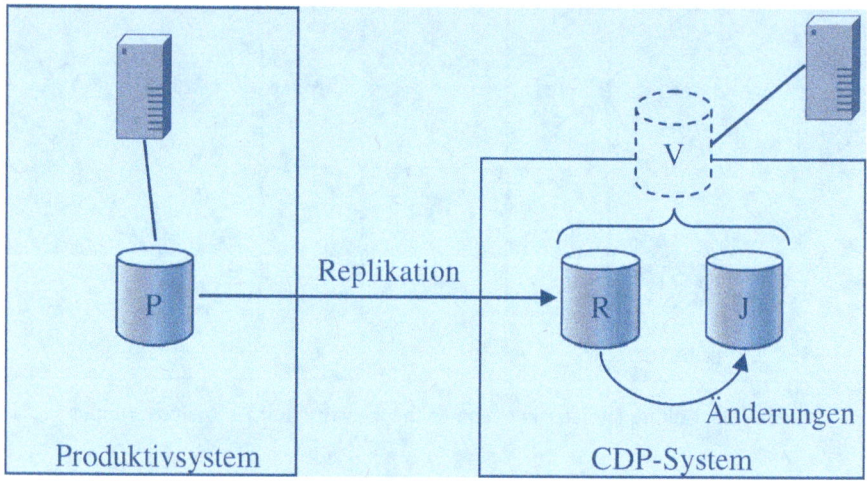

Abb. 3.34. Continuous Data Protection

Bis vor kurzem waren die zur Datensicherung und zur Replikation verwendeten Technologien weitgehend voneinander unabhängig. Aufgrund der jüngsten Fortschritte bei den Virtualisierungstechnologien zeichnet es sich jetzt jedoch ab, dass es zwischen diesen beiden Technologien wertvolle Synergien gibt: Als „beständige Datensicherung" (engl. „Continuous Data Protection", CDP) wird heute eine Technologie bezeichnet, die die Konzepte der traditionellen Datensicherung mit denen der Datenreplikation verbindet und damit in der Lage ist, Systeme ganzheitlich vor Datenverlust zu schützen.

Anders als bei herkömmlicher Replikation wird bei der beständigen Datensicherung zusätzlich zu den replizierten Daten (R) ein Journal (J) verwaltet, in dem alle an der Replik vorgenommenen Änderungen abgelegt werden. Damit besitzt das CDP-System neben einer Kopie (R) der momentan gültigen Daten des Produktivsystems (P) im Journal (J) all diejenigen Daten, die zu einem vergangenen Zeitpunkt im Produktivsystem gültig waren und mittlerweile überschrieben wurden. Anhand dieser Informationen ist das CDP-System in der Lage, jeden historischen Datenstand des Produktivsystems bis hin zu den zuletzt replizierten Daten zu rekonstruieren und diesen einem Endbenutzersystem als einen virtuellen Datenträger (V) zur Verfügung zu stellen.

Somit ermöglicht die beständige Datensicherung die Verschmelzung von Hochverfügbarkeit und Disaster Recovery mit der Datensicherung: Die produktiv genutzten Anwendungsdaten können direkt in ein CDP-fähiges Speichermedium repliziert werden, das sowohl als Datenbasis für eine Hochverfügbarkeitslösung als auch als Speichermedium für die Datensicherung genutzt werden kann.

Die beständige Datensicherung unterscheidet sich von der konventionellen Datensicherung aber noch in weiteren Punkten: Während bei der beständigen Datensicherung jeder Zeitpunkt innerhalb des geschützten Zeitintervalls rekonstruiert werden kann, erlaubt die herkömmliche Datensicherung lediglich diejenigen Zeitpunkte direkt wiederherzustellen, zu denen vorher eine Datensicherung (zum Beispiel durch einen täglichen Backup) erfolgt ist. Für diejenigen Applikationen, für die diese Granularität der Wiederherstellungspunkte zu ungenau ist, ist die herkömmliche Datensicherung direkt auf die Unterstützung der Applikation angewiesen. Bei einer beständigen Datensicherung wird dagegen lediglich verlangt, dass die Applikation in der Lage ist, sich nach einem Absturz selbstständig reparieren zu können (engl. crash recovery). Obwohl heute alle wichtigen Anwendungen die notwendige Unterstützung für konventionelle Datensicherungslösungen bieten, kann sich diese Tatsache in Zukunft als ein großer Vorteil der CDP-Technologie erweisen. Sie entledigt nämlich Softwareentwickler von der Verantwortung, dafür zu sorgen, dass die von ihnen entwickelten Anwendungen mit Datensicherungslösungen integrierbar sind. Diese Tatsache wird wegen der wachsenden Verbreitung von Softwarelösungen, die mehrere Anwendungen miteinander verbinden, und durch das Fehlen von konsistenten Datensicherungskonzepten für solche Lösungen weiter an Bedeutung gewinnen.

Ein weiterer Vorteil der CDP-Technologie liegt darin, dass der für die Datensicherung benötigte Speicher bei datenbankartigen Applikationen sehr effizient ausgenutzt wird, weil neben der für die Replikation benötigten vollständigen Kopie des Originals nur noch die geänderten Datensegmente aufgezeichnet werden. Darüber hinaus erlauben es CDP-Lösungen aufgrund ihrer Fähigkeit, einen beliebigen Zeitpunkt in der Vergangenheit rekonstruieren zu können, anspruchsvolle Servicevereinbarungen zu realisieren und die aus diesen Vereinbarungen entstehenden Kosten zu berechnen.

Bedauerlicherweise verlangen alle heute auf dem Markt erhältlichen CDP-Lösungen „Random-Access"-Zugriff auf die Speicherinfrastruktur und verhindern somit den effizienten Einsatz von Bändern für die Datensicherung. Da die beständige Datensicherung außerdem noch eine ausgesprochen junge Technologie ist und sich auf dem Markt erst noch beweisen muss, wird sie momentan höchstens als Ergänzung zur konventionellen Datensicherung eingesetzt und wird erst in Zukunft an Bedeutung gewinnen. Durch das enorme Datenwachstum in Rechenzentren und die wachsenden Anforderungen an die Verfügbarkeit von IT-Dienstleistungen hat diese Technologie jedoch mittelfristig das Potential, den Replikations- und Datensicherungsmarkt deutlich zu verändern. Dazu ist es allerdings noch nötig, dass sich diese Technologie besser in die traditionellen Datensicherungskonzepte einbinden lässt und sich eine klare Strategie zur Integration von Bandsicherungen in das neue Datensicherungskonzept herauskristallisiert.

Neben dem Einsatz in Rechenzentren sind mittlerweile auch andere Einsatzgebiete für die beständige Datensicherung entstanden. So lässt sich mit ihrer Hilfe zum Beispiel ein besserer Schutz vor Bedienfehlern auf einem Endbenutzersystem wie einem Laptop erreichen, indem man vor dem Überschreiben bestimmter Dateien, beispielsweise Textdateien und Präsentationen, automatisch eine Sicherungskopie erzeugen lässt. Da in diesen Fällen meist der Schutz vor logischen

Fehlern (Benutzerfehlern) im Vordergrund steht, ist es nicht unbedingt erforderlich, dass die gesicherten Daten sofort auf einem unabhängigen Speichermedium abgelegt werden. Vielmehr ist hier eine intelligente Integration mit traditionellen Backups gewünscht, die es zum Beispiel ermöglicht, einen Laptop im Offline-Betrieb vor Benutzerfehlern zu schützen, und die, sobald der Laptop Zugang zu einem externen Datensicherungssystem erhält, automatisch alle seit der letzten Sicherung vorgenommenen Änderungen an dieses System überträgt.

3.6.6 Verbreitung von Speichervirtualisierung

Mit Ausnahme der beständigen Datensicherung sind die oben beschriebenen Virtualisierungstechnologien heute bereits in vielen Rechenzentren anzutreffen. Speicherpools finden sich aktuell praktisch auf allen Ebenen des Infrastruktur-Stacks: Sie haben sich als Konzept in Betriebssystemen genauso durchgesetzt wie in jedem modernen Disksubsystem. Dasselbe gilt auch für die Möglichkeit, Daten auf der logischen Ebene zu kopieren (Snapshot, FlashCopy). Allerdings gibt es dabei noch große funktionale Unterschiede: Zwar lassen bereits viele Standard-Filesysteme die Erzeugung von Snapshots zu, allerdings meist mit einem deutlich geringeren Funktionsumfang als bei Disksubsystemen oder spezialisierten Virtualisierungsmodulen. Ähnlich verhält es sich mit Replikationstechnologien: Hier wird von vielen Betriebssystemen zwar eine Basisimplementation für die synchrone Replikation logischer Platten angeboten, allerdings werden von dieser in der Regel keine systemübergreifenden Konsistenzgruppen unterstützt. Die Unterstützung solcher Konsistenzgruppen sowie die Fähigkeit zur asynchronen Replikation ist heute nach wie vor fast ausschließlich in Form von spezieller Speicherverwaltungssoftware oder über spezialisierte Hardware wie Disksubsysteme oder Switches erhältlich.

Mittelfristig kann davon ausgegangen werden, dass sich die in den vorigen Abschnitten beschriebenen Technologien weiter verbreiten und damit immer häufiger auf allen Ebenen des Infrastruktur-Stacks angetroffen werden können. Dies gilt, mit einer gewissen Zeitverzögerung, auch für neue Technologien, wie die beständige Datensicherung, die sich im Moment erst auf dem Markt etablieren.

Obwohl sich die Virtualisierungsfunktionen den verschiedenen Ebenen des Infrastruktur-Stacks immer mehr annähern, ist es heute schon absehbar, dass jede Ebene auf andere Funktionen besonderes Gewicht legen wird. So wird zum Beispiel ein wesentlicher Vorteil von Virtualisierungskomponenten, die sich zwischen Speicher und Anwendungssystem ansiedeln, die Fähigkeit sein, Virtualisierungsdienste für inhomogene Systemlandschaften anzubieten, die sich aus unterschiedlichen Speicher- und Serversystemen zusammensetzen. Auf der anderen Seite werden Hersteller von Disksubsystemen ihr Augenmerk auf die optimale Ausnutzung des zugrunde liegenden physikalischen Speichers legen und Betriebssystemhersteller werden versuchen, aus der größeren Nähe ihrer Systeme zur Endanwendung Vorteile zu ziehen.

Aufgrund der hohen Attraktivität von Virtualisierungsfunktionen halten diese in einer stetig wachsende Zahl von Infrastrukturkomponenten Einzug. Da sich die Virtualisierungsfunktionen der verschiedenen Ebenen des Infrastruktur-Stacks allerdings gegenseitig beeinflussen können, kann es dadurch auch zu einer Komplexitätssteigerung der gesamten Speicherinfrastruktur kommen. Ursache für die unerwünschten Wechselwirkungen verschiedener Virtualisierungsebenen sind dabei meist Prozesse, die sich nicht innerhalb einer einzigen Virtualisierungsebene abhandeln lassen. Beispiele für solche Prozesse sind das Erzeugen einer logischen Kopie von einer Anwendung (oberste Ebene) durch ein Disksubsystem (unterste Ebene) oder die Suche nach der Ursache für die schlechte Performance einer bestimmten Applikation.

Durch den Einsatz spezialisierter Verwaltungssoftware lässt sich der direkte Kontakt zu den hardwareabhängigen Virtualisierungsfunktionen vermeiden, ohne dabei auf deren Nutzen verzichten zu müssen. Gute Beispiele dafür sind Datensicherungsprodukte. Sie unterstützen bereits seit langer Zeit mehrstufige Speichersysteme (engl. tiered storage) und können auch mit den Virtualisierungstechnologien von Speichern unterschiedlicher Charakteristik wie Platten- oder Bandspeicher operieren. Diese Fähigkeit wird jetzt durch die Einbeziehung von Snapshots in den Datensicherungsprozess erweitert. Die damit verbundene Einbindung von auf Snapshots basierenden Sicherungen in den traditionellen Datensicherungsprozess bewirkt, dass der Benutzer von den Vorteilen der Virtualisierung profitiert, ohne bestehende Prozesse im Rechenzentrum verändern zu müssen. In Zukunft ist zu erwarten, dass sich die beständige Datensicherung auf die gleiche Weise in die existierenden Datensicherungsanwendungen integrieren wird, um für den Benutzer ein ganzheitliches Datensicherungskonzept zu bewahren.

Des Weiteren ist zukünftig zu erwarten, dass der Vorteil, Virtualisierungsfunktionen nur indirekt über Verwaltungssoftware zu verwenden, zunehmen wird. Diese Software kann durch die von der Hardware-Infrastruktur bereitgestellten Grundfunktionen hochwertige Dienste anbieten, die sich leicht in den bestehenden Rechenzentrumsbetrieb integrieren lassen. Diese Tatsache begründet sich nicht alleine dadurch, dass sich die Pflege von Prozessen vereinfacht, wenn die Grundbausteine, aus denen die Prozesse aufgebaut sind, einen hohen Abstraktionsgrad besitzen. Vielmehr bekommt sie durch die mit der Verbreitung der IT Infrastructure Library (ITIL) einhergehende Standardisierung hochwertiger Administrationsprozesse weiteren Auftrieb: Durch diese Standardisierung wird es erstmals möglich, die Benutzerschnittstellen von Verwaltungssoftware so zu vereinheitlichen, dass Veränderungen der damit verwalteten Infrastruktur sich nicht unmittelbar auf die Administrationsprozesse des Rechenzentrums auswirken.

Flexibilität bei der Wahl der Infrastrukturkomponenten entsteht aber nur dann, wenn die Verwaltungssoftware in der Lage ist, eine große Zahl unterschiedlicher Hardwarekomponenten zu unterstützen. Das lässt sich am leichtesten

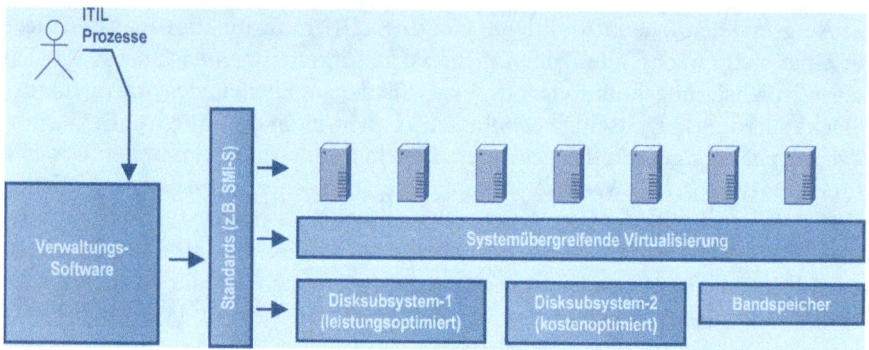

Abb. 3.35. Abstraktion von Virtualisierungsfunktionen durch Verwaltungssoftware

dadurch erreichen, dass die Verwaltungssoftware ihrerseits über standardisierte Schnittstellen auf die verwaltete Infrastruktur zugreift.

Das oben stehende Diagramm skizziert eine Infrastruktur, in der die Endbenutzer ihre Systemlandschaft mithilfe von ITIL-Prozessen administrieren, die durch eine zentralisierte Verwaltungssoftware angeboten werden. Diese Software ist in der Lage, zur Verbesserung der angebotenen Dienste auf die von der Infrastruktur zur Verfügung gestellten Virtualisierungsfunktionen zuzugreifen, sofern diese über einen veröffentlichen Standard anzusteuern sind.

Um in einem Rechenzentrum erfolgreich von Virtualisierungstechnologien profitieren zu können, sollten deshalb folgende Prinzipien beachtet werden:

- Der Infrastruktur-Stack sollte aus logischer Sicht in wenige klar voneinander abgegrenzte Ebenen unterteilt sein. Für jede dieser Ebenen sollten außerdem die eingesetzten Virtualisierungsfunktionen und deren Verwendungszweck beschrieben werden.
- Vor dem Einsatz einer neuen Komponente sollte stets sorgfältig geprüft werden, in welche Virtualisierungsebene die Komponente einzufügen ist.
- Der Einfluss der verschiedenen Virtualisierungsebenen auf diejenigen Prozesse, die sich über mehrere Ebenen des Infrastruktur-Stacks erstrecken, sollte klar verstanden und beschrieben sein.
- Um nicht in Abhängigkeit zu einem Infrastrukturanbieter zu geraten, sollten die verwendeten Komponenten gebräuchlichen und offenen Standards genügen. Das ist vor allem auch deshalb wichtig, weil proprietäre Hardware die Verwendung von kommerzieller Verwaltungssoftware auch dadurch erschwert, dass solche Software häufig Hardware voraussetzt, die offenen Standards genügt.
- Durch den Einsatz von spezialisierter Verwaltungssoftware lassen sich die von den Hardwarekomponenten angebotenen Basisfunktionen in Form höherwertiger Dienstleistungen benutzen, die sich leichter in die bestehenden Prozesse (beispielsweise ITIL-Prozesse) eines Rechenzentrums integrieren lassen.

4 Grenzgänger – Informationstechnologie im Wandel

4.1 Radio Frequency Identification Solutions – Anwendbarkeit in der heutigen Geschäftswelt und Herausforderungen für IT-Infrastrukturen

Matthias Grützner, Holger Maier und Udo Pletat

4.1.1 Kurzdarstellung

Dieser Artikel geht auf die aktuellen Entwicklungen bei der Anwendung der RFID-Technologie (Radio Frequency Identification) in verschiedenen Unternehmensbereichen und -branchen wie Einzelhandel, Ressourcenkontrolle und -management, Gesundheitswesen oder Fertigung ein. Nach der Vorstellung möglicher Einsatzszenarien soll im Detail die Architektur für die Ressourcenkontrolle betrachtet werden. Darüber hinaus werden einige der zentralen Komponenten einer RFID-Lösung in einer solchen Architektur ausführlich beschrieben.

4.1.2 Vorwort

Dieser Artikel zum Thema RFID (Radio Frequency Identification) richtet sich in erster Linie an Interessenten aus unterschiedlichen Tätigkeitsfeldern und Bereichen wie Industrieanwendungen, in denen RFID neben den IT- und Elektroniktechnologien in Form von RFID-Lösungen Anwendung findet. Die hier geschilderten Konzepte und Szenarien setzen größtenteils kein tiefergehendes technisches Wissen beim Leser voraus. Ziel des Artikels ist es, dem Leser den geschäftlichen Nutzen und die logischen Funktionalitäten der RFID-Technologie zu vermitteln und aufzuzeigen, wo diese Technologie in der heutigen Geschäftswelt eingesetzt werden kann.

RFID ist eine der bedeutendsten Technologien der heutigen Zeit, die den Wandel der Geschäftsprozesse beeinflusst und im weiteren Sinne zum Ressourcenmanagement gehört (siehe dazu auch 1, 5 oder 6). In vielen Bereichen wie Industrie, Finanzen, Einzelhandel oder Logistik sieht IBM in der weiteren Verbesserung von Strategien zur Ressourcenoptimierung die ideale Grundlage, um

Kunden bei der Neugestaltung ihrer Geschäftsprozesse in den vorhandenen Infrastrukturen bestmöglich zu unterstützen. Darüber hinaus hat RFID das Potential, eine Veränderung der Gesellschaft zu bewirken, wie wir sie bereits mit der Einführung des Personal Computers in den späten 70-er Jahren erlebt haben.

Die RFID-Aktivitäten im IBM Entwicklungszentrum in Böblingen konzentrieren sich in erster Linie auf die Anwendung der RFID-Technologie in den Bereichen „Supply Chain Management (SCM)", „Retail and Logistics" (Einzelhandel und Logistik) sowie „Critical Asset Tracking" (Kontrolle kritischer Ressourcen) bei der „Just in Time"-Produktion. Hinzu kommt der Bereich Mitarbeitersicherheit in Arbeitsumgebungen mit erhöhtem Gefahrenpotential. RFID-Lösungen in Unternehmen sind Teil der unternehmensweiten IT-Infrastruktur, in die diese Lösungen nahtlos integriert werden müssen. Derartige Lösungen können auf dem branchenführenden IBM-Middleware-Portfolio sowie der IBM Asset Optimization Strategy aufbauen, um Prozesse und damit auch den Kapitaleinsatz zu optimieren, damit die betriebliche Wertschöpfung maximiert wird.

4.1.3 Einführung

In der heutigen Welt dreht sich alles um Daten – Daten, die man, wie es ein Unternehmenssprecher einmal formulierte, „immer zur Hand haben sollte". Die technologische Entwicklung hat einen langen Weg hinter sich und hat einschneidende Veränderungen in der Organisation sowohl des Berufs- als auch des Privatlebens bewirkt. Mit der zunehmenden Dominanz des Information Highway (oder Internets) haben wir uns bestimmt alle schon einmal gefragt, wie wir unser Leben „vor dem Internet" bestreiten konnten.

Bei der Entwicklung, wie sie sich in den letzten Jahre darstellt, geht es in erster Linie um die Nutzung der Daten, die wir tagtäglich produzieren. Die gezielte Nutzung dieser Daten soll dazu beitragen, unsere Lebensqualität, unser Zusammenleben und unsere wirtschaftlichen Verhältnisse auf lokaler Ebene und weltweit zu verbessern. Beeinflusst wird dies in erster Linie von der wirtschaftlichen Entwicklung. Viele Branchen verkürzen kontinuierlich ihre Zykluszeiten mit dem Ziel, mehr Wertschöpfung zu erzielen und die Kosten zu senken. Um dieses Ziel zu erreichen, müssen die generierten Daten nahezu in Echtzeit verfügbar sein, damit die jeweiligen Prozesse schnell an die sich verändernden Marktbedingungen angepasst werden können.

Daten hat es schon immer gegeben. In der Vergangenheit wurden sie manuell erfasst und mithilfe von Statistiken analysiert. Mit der aufkommenden Informationsverarbeitung hat sich dies schrittweise gewandelt. Die Datenerfassung wurde automatisiert und dadurch immer schneller. Die Datenerfassung nahezu in Echtzeit wurde in der Industrie mit Einführung der ersten Computersysteme möglich. In anderen Bereichen des täglichen Lebens hinkt die Datenerfassung allerdings hinterher. Das liegt in erster Linie an personalintensiven Prozessen, unstrukturierten (unvorhersehbaren) Prozessen oder Prozessen, die sich über einen großen geografischen Bereich erstrecken. Hierfür sehen die konventionellen Ansätze oftmals keine Datenerfassung in Echtzeit vor, weil eine potentielle Erfassung in Echtzeit entweder nicht praktikabel oder zu kostspielig ist. In der kurzzyklischen, dynamischen Welt von heute beobachten wir allerdings den Trend, dass mehr und mehr geschäftliche und industrielle Prozesse von sofort verfügbaren Daten abhängen.

Mit dem Aufkommen und der wirtschaftlichen Umsetzbarkeit der RFID-Technologie wird sich die Datenerfassung bei Geschäftsprozessen verändern – dies kann sehr wohl in Bereichen stattfinden, die wir im Moment noch nicht einmal erahnen.

In diesem Artikel wird die RFID-Technologie vorgestellt und die Autoren erläutern, wie diese Technologie zu der zuvor genannten Entwicklung beitragen kann. RFID umfasst Technologien, die Identifizierungsinformationen jeder Art über Funkwellen befördern. Hierfür werden Ressourcen, Personen und so weiter mit sogenannten Tokens[1] versehen, die eine eindeutige Identifikation aufweisen. Diese Tokens stellen die Datenquellen für Geschäftsprozesse dar, an die sie Informationen nahezu in Echtzeit liefern. Die RFID-Technologie wird so zur treibenden Kraft bei neuen oder umgestalteten Geschäfts- und Industrieprozessen.

4.1.4 Nutzenpotential

Jedes Unternehmen, jede Behörde, jede Schule und Hochschule oder jede Non-Profit-Organisation repräsentiert sich heute zunehmend durch seine/ihre Prozesse. Diese Prozesse umfassen (a) Ressourcen, (b) Mitarbeiter, (c) Standorte und (d) Prozessregeln. Für die Beschreibung des Nutzenpotentials an dieser Stelle gehen wir zunächst der Einfachheit halber davon aus, dass jeder Prozess auf diesen vier Pfeilern aufbaut.

Da die RFID-Technologie als Quelle für die echtzeitorientierte Erfassung von Daten zu den einzelnen Beteiligten eines Geschäftsprozesses gesehen werden kann, stellen sich die zentralen Werte der RFID-Technologie wie folgt dar. Unternehmen können

- neue Geschäftsprozesse erstellen, die jetzt sinnvoll werden, da Echtzeitdaten über die Prozessbeteiligten verfügbar sind, oder
- vorhandene Geschäftsprozesse so umgestalten, dass damit eine kontinuierliche Verbesserung durch die Datenbereitstellung in Echtzeit erreicht wird.

Situationen, in denen die Verfügbarkeit der Daten zu den Prozessbeteiligten in (nahezu) Echtzeit von wesentlicher Bedeutung ist, führen häufig zu Lösungen, in denen die Onlinedatenerfassung bisher oft sehr arbeitsintensiv ist und Benutzereingriffe erfordert. Die RFID-Technologie kann dazu beitragen, dieses

---

[1] Eine ein-eindeutige ID, welche zur Kennzeichnung und Identifikation des Token Trägers verwendet wird, typischerweise als Warenanhänger oder Firmenausweis für Mitarbeiter ausgeprägt.

Dilemma zu beheben, da sie die Datenbereitstellung für Geschäftsprozesse im Unternehmen ohne Benutzereingriffe erlaubt.

Die RFID-Technologie kam in ihrer heutigen Form Mitte der 90-er Jahre auf. Zuvor hatten die fehlende Integration und Paketierung der Elektronikkomponenten, die technische Realisierung und den wirtschaftlichen Durchbruch dieser Technologie verhindert. Mittlerweile haben wir jedoch einen Punkt erreicht, an dem diese Technologie realisierbar und bezahlbar geworden ist.

Für Unternehmen, die sehr früh RFID-Lösungen einsetzten, waren die ausschlaggebenden Kriterien gesetzliche Bestimmungen (Mitarbeitersicherheit), Qualitäts- und Prüfungsanforderungen („Operational Excellence") sowie Margen- und Gewinnmanagement (Prozess-/Flowoptimierung).

Im folgenden Abschnitt werden verschiedene Anwendungsbereiche der RFID-Technologie aufgezeigt und es wird dargestellt, welche Geschäftsprozesse von RFID-Lösungen profitieren können.

4.1.5 Technische Begriffe und Einsatzbereich von RFID

Bevor wir in die Diskussion aktueller und zukünftiger Einsatzbereiche der RFID-Technologie einsteigen, soll an dieser Stelle in Kürze auf einige technische Begriffe im Zusammenhang mit RFID eingegangen werden; detailliertere Information findet man beispielsweise in 1 oder 4.

Die sensorische (und aktuatorische) Infrastruktur einer RFID-Installation besteht aus den sogenannten RFID-Tags und -Readern. RFID-Tags sind Token, die identifizierende Informationen und andere Datenelemente zu Personen oder Ressourcen, die mit einem solchen Tag ausgerüstet sind, speichern und übertragen können. Die auf diesen Tags gespeicherten Daten werden von sogenannten RFID-Readern erfasst.

Die RFID-Tags und -Reader bilden gemeinsam die Sensorinfrastruktur, die in zwei Formen, der aktiven und der passiven, auftreten kann. Der Unterschied liegt dabei in der Funktionalität. Eine passive RFID-Sensorinfrastruktur verwendet Tags, die nur dann Daten übertragen können, wenn sie durch einen elektromagnetischen Puls eines Readers mit Strom versorgt werden. Einfach gesagt bedeutet dies, dass passive Tags selbst keine Informationen übermitteln können, es sei denn, sie werden von der (in unmittelbarer Nähe befindlichen) Readerinfrastruktur dazu angeregt. Dieses Konzept wird auch „Choke Point" oder „RFID Gate" genannt. In einer aktiven RFID-Sensorinfrastruktur versenden die Tags Informationen vollständig autonom, unabhängig davon, ob sie sich in unmittelbarer Nähe eines empfangenden Geräts befinden oder nicht. Die Nähe zur Readerinfrastruktur ist nicht kritisch, wodurch eine weit größere Reichweite bei der Datenübertragung zwischen Tag und Reader abgedeckt werden kann als bei einer passiven RFID-Infrastruktur.

Kommen wir noch zu den RFID-Hubs, die manchmal auch als Edgeknoten bezeichnet werden. Sie sammeln und konzentrieren die von verschiedenen Readern

4.1 Radio Frequency Identification Solutions 143

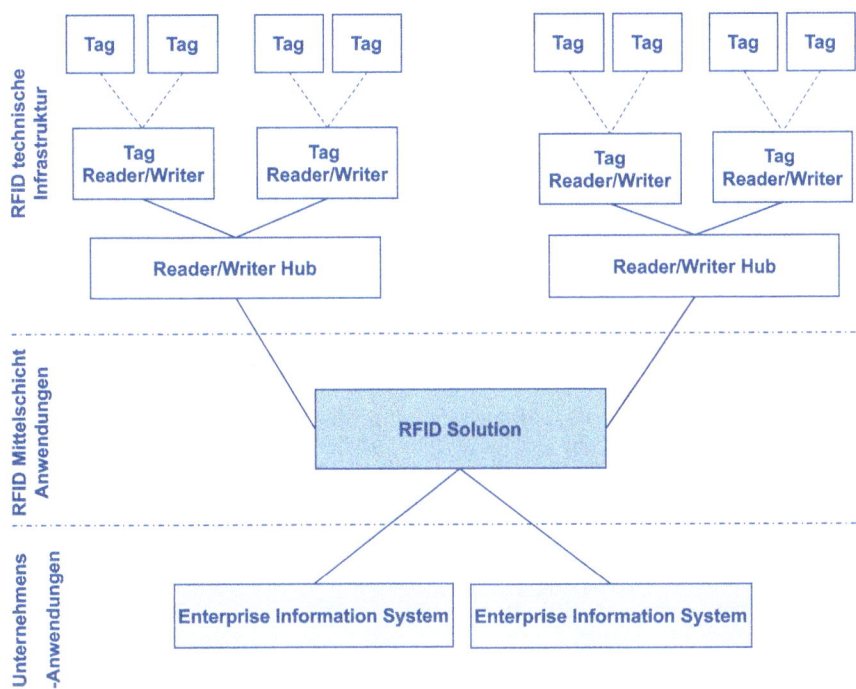

Abb. 4.1. Von den RFID-Tags zur Unternehmensanwendung

erfassten Daten und stellen sie der IT-Infrastruktur zur Verfügung, die die über eine Sensorinfrastruktur erfassten Signale verarbeitet. Das Diagramm in Abb. 4.1 veranschaulicht die Beziehung zwischen Tags, Readern und Hubs.

Der Einsatz der RFID-Technologie und RFID-basierter Geschäftslösungen ist in den letzten fünf Jahren immer mehr in den Mittelpunkt des Interesses gerückt. Dies hat in erster Linie zwei Ursachen:

- Durch die Fortschritte bei den technischen RFID-Infrastrukturelementen wie Tags, Reader und Hubs wurde die RFID-Technologie immer ausgereifter.
- Mittlerweile hat sich ein weit besseres Verständnis dafür entwickelt, welche Geschäftsprozesse (im weiteren Sinne) von Daten profitieren, die über eine RFID-Infrastruktur erfasst und über diese versendet werden können.

Um zu verstehen, wo und wie die RFID-Technologie angewendet werden kann, ist es wichtig, zwei wesentliche Aspekte einer RFID-basierten Lösung/Anwendung zu trennen:

- Auf der einen Seite haben wir die technische RFID-Infrastruktur, die sich aus RFID-Tags, -Readern und -Hubs zusammensetzt. Die Datenerfassung erfolgt wie beschrieben über RFID-Lese-/Schreibgeräte (Reader und Writer), die in einer passiven RFID-Infrastruktur auch als „Interrogator" und in einer aktiven RFID-Infrastruktur als „Sensor" bezeichnet werden. Um die

Schreib-/Lesefunktionalität bei RFID-Tags sicherzustellen, müssen diese natürlich mit einem internen Speicher ausgestattet sein. Die RFID-Infrastruktur enthält zudem Reader-/Writer-Hubs, die die RFID-Reader/-Writer steuern. Diese Hubs oder Edgegeräte bilden das Gateway zwischen der technischen RFID-Infrastruktur und den RFID-Middle-Tier-Lösungen, siehe hierzu auch Abb. 4.1.

- Auf der anderen Seite haben wir die RFID-basierten Anwendungen oder Lösungen, die aus den über die technische RFID-Sensorinfrastruktur erfassten Daten unternehmensrelevante Informationen machen. Diese RFID-basierten Middle-Tier-Lösungen können als eigenständige Anwendungen fungieren, das heißt, sie interagieren nicht mit anderen Geschäftsanwendungen im Unternehmen; alternativ dazu können sie eine durchaus globalere Reichweite besitzen, indem sie Geschäftsprozesse in verschiedenen Unternehmensanwendungen wie ERP- (Enterprise Resource Planning) oder CRM-Systeme (Customer Relationship Management) auslösen. Die wichtige Aufgabe dieser RFID-Middle-Tier-Lösung besteht also darin, die über die Tags gesammelten technischen Daten und Informationen mithilfe ausgereifter Algorithmen in geschäftsrelevante Informationen umzuwandeln und dann auf deren Basis Geschäftsprozesse auszuführen oder auszulösen.

Abbildung 4.1 veranschaulicht die Rolle der technischen RFID-Infrastruktur und der RFID-basierten Lösungen in der IT-Topologie eines Unternehmens. Die Abbildung verdeutlicht, dass RFID-Tags, Reader/Writer und Hubs Voraussetzungen für die Nutzung der RFID-Technologie in einem Unternehmen sind. Ohne die Verbindung der technischen Infrastruktur mit den Geschäftsanwendungen des Unternehmens durch die zitierten RFID-Middle-Tier-Lösungen sind die unternehmensweiten Vorteile einer RFID-Implementierung jedoch nicht realisierbar.

Bevor wir im Detail auf die einzelnen Anwendungsbereiche für RFID-basierte Lösungen eingehen, soll ein weiterer wichtiger Aspekt dieser Lösungen beleuchtet werden.

Die RFID-Tags und die Reader/Sensorinfrastruktur stellen raumbezogene, geospezifische Informationen zu mit Tags ausgestatteten „Entitäten" her. Das können Warenpaletten, Mietfahrzeuge oder aber auch Personen sein, die etwa in Gefahrenbereichen einer Chemiefabrik arbeiten. Ein gängiges Muster bei fast allen RFID-basierten Anwendungen ist es, aus der Kenntnis des physischen Standorts der unternehmensrelevanten Ressourcen – Palette, Fahrzeug, Mitarbeiter – zu einem bestimmten Zeitpunkt (Zeit-/Raumbeziehung der Ressource) geschäftsrelevante Schlussfolgerungen zu ziehen. Allerdings sind die von der RFID-Infrastruktur gelieferten Rohdaten – bestehend aus Identifikationsdaten (wer oder was) und Standort- sowie Zeitangaben – letztlich nur dann sinnvoll, wenn beispielsweise auch bekannt ist, dass

- das Tag an einer Warenpalette befestigt ist, die das Wareneingangstor eines Einzelhandelsunternehmens passiert hat, oder
- das Tag an dem Fahrzeug befestigt ist, das sich nach wie vor auf dem Parkplatz der Mietstation befindet, oder
- das Tag von der Mitarbeiterin Judy Miller getragen wird, die einen Bereich betreten hat, in dem giftige Dämpfe auftreten können.

Die Beispiele zeigen, dass bei der Verarbeitung von Daten, die von einer RFID-Sensorinfrastruktur geliefert werden, eine Wertschöpfungskette entsteht. Diese reicht von den Basisdaten über die Position eines Tags zu einem bestimmten Zeitpunkt bis hin zu geschäftsrelevanten Ereignissen. Die geschäftsrelevanten Ereignisse stellen Informationen zum Standort und Zeitpunkt der Ressourcen oder Menschen dar und sind die Grundlage für die Anwendung von „Regeln" für die jeweilige Situation, um geschäftsrelevante Schlussfolgerungen ziehen zu können.

Die im Folgenden beschriebenen Projekte zeigen, wie die RFID-Technologie sowohl für den Markt als auch die Gesellschaft nutzbringend sein kann. Sie belegen den geschäftlichen Mehrwert einer grundlegenden Umgestaltung der Geschäftsprozesse durch den Einsatz von RFID-Technologien und -Lösungen.

4.1.6 Überwachung wichtiger Ressourcen (Critical Asset Tracking)

Der erste Anwendungsbereich der RFID-Technologie, der näher betrachtet werden soll, leitet sich aus der Standortverfolgung von Personen in Gefahrenbereichen, beispielsweise einer Chemiefabrik, ab. Im folgenden Beispiel bewegt sich Judy Miller im Rahmen ihrer Tätigkeiten in gefährlichen Bereichen innerhalb eines Fabrikstandortes. Um sicherzustellen, dass ihre Kollegen wissen, wo genau sie sich in diesem Bereich befindet und wie ihr beim Auftreten einer kritischen Situation geholfen werden kann, müssen folgende Fakten bekannt sein:

- **Wo** (Position) befindet sich Judy während ihrer Arbeit im Gefahrenbereich?
- **Wie lange** (Zeit) arbeitet sie dort, falls es in diesem Bereich eine zeitliche Aufenthaltsbeschränkung für die Mitarbeiter gibt?
- Verfügt sie über die **erforderlichen Zertifizierungen** (Qualifikation/Schulungen/Unbedenklichkeitsbescheinigung), um diesen Bereich betreten zu dürfen?
- Trägt sie die **erforderliche Ausrüstung,** etwa eine Atemschutzmaske?

Eine RFID-basierte Lösung für die Überwachung von Mitarbeitern oder kritischer Ressourcen, die für das obige Szenario geeignet wäre, könnte wie folgt implementiert werden:

- Durch die Installation einer RFID-Sensorinfrastruktur, die sowohl die Position von Mitarbeitern als auch die Position wichtiger technischer Ausstattungen wie Atemschutzmasken überwacht.
- Durch die Bereitstellung einer Statusübersicht (Dashboard), die die Visualisierung von Ressourcenstandorten in Echtzeit erlaubt und die etwa die Aufenthaltsdauer kritischer Ressourcen in einem Gefahrenbereich anzeigen kann.
- Durch den Aufbau einer Regelbasis, die die von der RFID-Sensorinfrastruktur gelieferten Daten analysiert und entscheidet, ob ein Sicherheitsalarm ausgelöst werden muss. Damit können potentielle und reale Gefahrensituationen auf einer Statusübersicht visualisiert werden,
  - sobald Judy einen Gefahrenbereich betritt oder
  - wenn Judy ihre Atemschutzmaske nicht aufgesetzt hat oder
  - wenn Judy den Bereich betritt, obwohl ihre letzte Zertifizierung zum Betreten von Gefahrenbereichen abgelaufen ist, oder
  - wenn sich Judy länger als zulässig in diesem Gefahrenbereich aufhält.

Die Notwendigkeit, Aufenthaltsorte und -dauer von Mitarbeitern und/oder Ressourcen innerhalb eines Unternehmens zu kennen, zu visualisieren und zu protokollieren, kann sich aus unterschiedlichen Gründen ergeben:

- *Gesetzliche Bestimmungen*, die die Überwachung von Personen in sicherheitskritischen Bereichen innerhalb eines Unternehmens vorgeben. Dies kann eben für Branchen wie Chemie, Atomkraft oder andere Bereiche gelten, in denen die Sicherheit der Mitarbeiter sehr stark von der Kenntnis des Standorts und der Aufenthaltsdauer in gefahrenträchtigen Bereichen abhängt.
- *Diebstahlschutz* für wertvolle, mobile und leicht zu stehlende Geräte oder Ausrüstungen.
- *Inventarisierung* von wichtigen Betriebsmitteln für die interne Buchhaltung oder zur Wahrung steuerlicher Abschreibungsregeln.

Neben den oben angesprochenen, eher RFID-basierten Ansätzen zur Ressourcenüberwachung gibt es mittlerweile eine Reihe von Wi-Fi-(Wireless-Fidelity-)basierten Systemen, die es gestatten, vorzugsweise Geräte zu erfassen bzw. zu überwachen, deren Position sich über ein drahtloses IP-Netzwerk ermitteln lässt, siehe beispielsweise 8 oder 9.

4.1.7 Fertigungsprozesse

Verschiedene Automobilhersteller haben damit begonnen, RFID-Lösungen zu prüfen und einzusetzen, um ihre Fertigungsprozesse zu optimieren. Dies gilt für die Fertigung von Einzelkomponenten, wie beispielsweise Getriebeeinheiten, bis hin zur Fertigung von Karosserien oder in der Endmontage des gesamten Fahrzeugs.

Bei der Fahrzeugfertigung (Schweißen, Lackieren und Montage) ist es besonders wichtig, den Standort des Fahrzeugs zu kennen, um dessen Produktionsstatus verfolgen und Geschäftsprozesse auf Basis des aktuellen Fertigungsstatus auslösen zu können. In vielen Fällen hängt die Kontrolle des Fahrzeugfertigungsstatus im Produktionsprozess nach wie vor von fest installierten Überwachungsstationen ab, die die Fahrzeuge in der Produktionslinie passieren müssen. Die Registrierung der Fahrzeuge erfolgt beim Zugang und Abgang aus dem Presswerk, beim Passieren des Lackierbereichs, beim Eintritt in die Montagelinie oder bei einer eventuell notwendigen Übergabe an den Nachbearbeitungsbereich. Das sind jedoch eher grobe Meilensteine im Fertigungsprozess. Exakter lässt sich der Fertigungsprozess verfolgen, wenn die Fahrzeuge die verschiedenen Arbeitsstationen in der Montagelinie passieren. Wesentlich für diese heute noch vorwiegend anzutreffende Art der Fahrzeugerfassung ist, dass sie durch die Fertigungsgeräte und die entsprechenden IT-Systeme zu eindeutig definierten, sprich *diskreten Zeitpunkten* erfolgt und dann an das MES (Manufacturing Execution System), das den Fahrzeugproduktionsprozess steuert, weitergeleitet wird. Dort werden dann die erfassten Fahrzeugdaten entsprechend weiter verarbeitet.

Die Ausstattung von Karosserien mit aktiven RFID-Tags würde allerdings eine beträchtliche Verbesserung dieser Situation herbeiführen. Informationen zur Fahrzeugposition könnten dann *kontinuierlich und unabhängig* von den IT-Systemen der verschiedenen Arbeitsbereiche in der Produktionskette eines Fahrzeugs bereitgestellt und an das MES übertragen werden.

Die durchgängige Verfolgung der Fahrzeuge im Produktionsprozess kann mit der Bereitstellung von Montageprotokollinformationen für die an den Karosserien befestigten RFID-Tags gekoppelt werden. Die RFID-Technologie ist so weit ausgereift, dass die RFID-Tags mittlerweile hitzebeständig sind, sodass die Karosserien mit den Tags ausgestattet werden können, sobald sie die Schweißerei verlassen. Sogenannte Read/Write-Tags nehmen dabei Informationen von derzeit bis zu einem Megabyte auf, sodass sich die individuellen Montageinformationen am Fahrzeug selbst befinden können und nicht mehr wie heute in der Regel üblich im MES gespeichert werden. Dies wiederum ist ein Weg, die Ausfallsicherheit der Fertigungssteuerung zu erhöhen, da Fertigungslinien für einen „längeren" Zeitraum (ca. 30 Minuten) vom MES abgekoppelt sein können.

Auch das hier beschriebene Szenario setzt auf zwei Aspekten auf, und zwar auf

- der am Fertigungsstandort installierten technischen RFID-Infrastruktur – einschließlich der mit RFID-Tags ausgestatteten Fahrzeuge – sowie einer
- RFID-Middle-Tier-Lösung, die
  - die Daten über die Struktur des Fertigungsstandorts verwaltet und die Informationen zur physischen Position eines mit einem RFID-Tag versehenen Fahrzeuges mit den Fertigungsanlagen abgleichen kann und
  - in der Lage ist, Aussagen über den Produktionsstatus von Fahrzeugen zu machen, die sich an bestimmten Positionen am Fertigungsstandort befinden[2].

Ein wichtiger Schritt nach vorne bei der Anwendung RFID-basierter Konzepte zur Überwachung des Fertigungsprozesses wäre eben diese kontinuierlichere Erfassung des Fahrzeugstatus, die die bisher vorherrschende Erfassung von Einzelstatusinformationen ersetzen könnte. Diese kontinuierliche Überwachung kann bereits in einer frühen Phase der Produktion beginnen und endet dann, wenn das Fahrzeug an den Kunden ausgeliefert wird. Szenarien, bei denen Vertragshändler mit einer RFID- Reader/Writer-Infrastruktur ausgestattet werden, sind durchaus vorstellbar. Auf diese Weise könnte die Fahrzeugkontrolle auch nach dem Verkauf des Fahrzeugs fortgeführt werden.

Das obige Beispiel für die Einsatzmöglichkeiten ist in der Automobilindustrie angesiedelt, aber auch andere Fertigungsbereiche wie etwa Luftfahrttechnik sind Einsatzgebiete für vergleichbare Lösungen, siehe etwa 7.

4.1.8 RFID im Gesundheitswesen

Überraschenderweise gibt es gerade im Bereich des Gesundheitswesens ein breites Einsatzspektrum für RFID-Technologie und -Lösungen. Wir möchten hier auf einige der am häufigsten diskutierten Szenarien eingehen:

- Patientenregistrierung und -standortüberwachung
- Patientenspezifische Überwachung der medizinischen Behandlung
- Überwachung der Medikamentenbereitstellung und -einnahme
- Überwachung der medizinischen Geräte
- Zugangskontrolle zu bestimmten Bereichen
- Vorbeugung gegen Medikamentenfälschungen
- Management des Medikamentenbedarfs

---

[2] Beispiel: Fahrzeug F befindet sich an Position P zum Zeitpunkt Z. Das kann bedeuten, dass es sich an der Station für die Montage der Windschutzscheibe befindet. Das wiederum hat zur Folge, dass ein Lieferant darüber informiert werden muss, dass die roten Ledersitze für Fahrzeug F in fünf Stunden geliefert werden müssen. Ein weiterer Geschäftsprozess, der durch das Lesen eines RFID-Tags ausgelöst werden könnte, wäre beispielsweise die Ergänzung von Bestellungen auf der Grundlage von Teileverbrauchsinformationen, die durch das Lesen des Tags aktualisiert wurden.

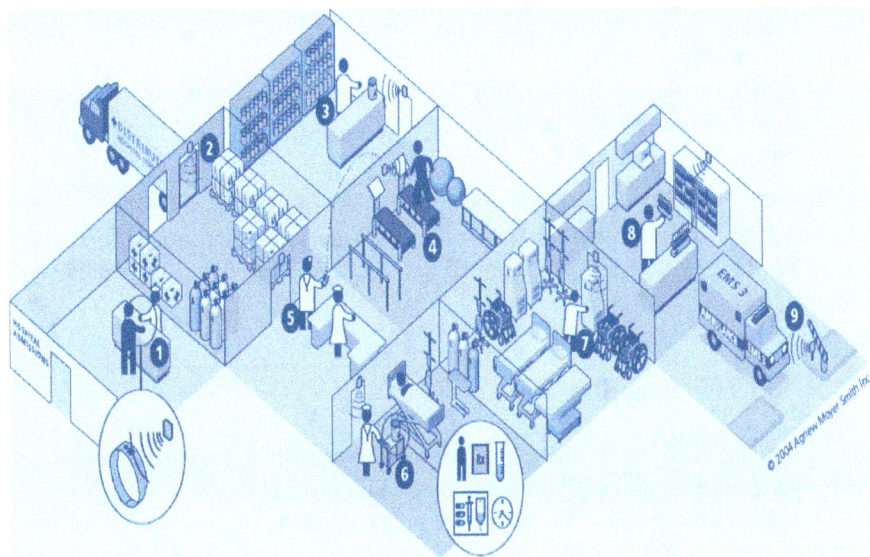

Abb. 4.2. Einsatz von RFID-Lösungen in einem Krankenhaus[3]

Sowohl 1, 1 als auch 2 beschreiben weitere Details für den potentiellen Einsatz von RFID-basierten Lösungen im medizinischen Bereich.

Das Diagramm in Abb. 4.2 zeigt verschiedene Situationen in einem Krankenhaus, in denen RFID-basierte Lösungen für die Optimierung der Abläufe und das Schließen von Lücken bei der Überwachung von Patienten und Geräten eingesetzt werden können.

Ähnlich wie in den vorherigen Szenarien müssen für eine durchgängige RFID-Lösung in einem Krankenhaus folgende Voraussetzungen erfüllt sein:

- Eine technische RFID-Infrastruktur für die Erfassung und Weitergabe von Daten von und an RFID-Tags, die entweder von Patienten getragen werden oder die an den medizinischen Geräten befestigt sind
- Eine RFID-Middle-Tier-Lösung für die Analyse der von der technischen RFID-Infrastruktur gelieferten Daten und den daraus einzuleitenden Abläufen und Geschäftsprozessen. Solche „krankenhausrelevanten" Geschäftsprozesse könnten beispielsweise wie folgt aussehen:
  - Patientenerkennung während eines Krankenhausaufenthalts
  - Berechtigungskontrolle beim Zugang zu Röntgenstationen für Krankenhauspersonal oder Patienten
  - Initiierung des Wiederauffüllens des Medikamentenbestands, wenn Schwellenwerte für bestimmte Medikamente unter ein vordefiniertes Limit fallen

---

[3] Diagrammquelle: 1

- Überwachung wichtiger medizinischer Geräte wie beispielsweise deren physischer Standort
- Zugriff auf Patientendaten, um Verwechslungen zu vermeiden, wenn ein Patient beispielsweise in verschiedene Stationen während seines Aufenthalts verlegt wird

Diese RFID-Middle-Tier-Lösung kommuniziert in der Regel mit den medizinischen Informationssystemen (Hospital Information Systems, HIS), die die medizinischen Geschäftsprozesse ausführen und die für den Krankenhausbetrieb unerlässlich sind.

4.1.9 RFID im Einzelhandel

Das wahrscheinlich bekannteste und am häufigsten genannte Einsatzgebiet der RFID-Technologie ist das Warenmanagement im Einzelhandel.

Zahlreiche Pilotprojekte wurden in den vergangenen Jahren gestartet und viele dieser Projekte haben einen so hohen Reifegrad erreicht, dass die Ergebnisse zwischenzeitlich bereits in produktionsfähige RFID-Lösungen eingeflossen sind.

Die folgenden Szenarien beim Einsatz der RFID-Technologie im Einzelhandel sind Bestandteil vieler RFID-Projekte auf diesem Gebiet:

- Registrierung von Warenlieferungen an den Wareneingangs und -ausgangstoren von Verteilzentren und Einzelhandelsgeschäften. Solche Lösungen ergänzen oder ersetzen die Nutzung von Barcodes und führen zu einer berührungsfreien Registrierung der Warenbewegungen. Ein typischer Geschäftsprozess, der von einer RFID-Lösung dieser Art profitiert, ist die Registrierung von Warenlieferungen im ERP-System des Einzelhändlers, das verschiedene Interaktionen zwischen Einzelhändler und Lieferant einleiten kann. Hierzu gehört beispielsweise die verbesserte automatische Handhabung von Zahlungen oder Gewährleistungsansprüchen.
- Lagerbestandskontrolle innerhalb eines Einzelhandelsgeschäfts zur Optimierung des Warenverkaufs an Kunden und zum Auffüllen von Regallagern.
- Verbesserte elektronische Zahlungsabwicklung – zumindest für wertvolle Waren, für die es sich lohnt, sie individuell mit RFID-Tags auszustatten.

Das „klassische" Dock-Door-Management-Szenario ist in Abb. 4.3 dargestellt. Hier sind die Wareneingangstore mit Tag-Reader-Stationen ausgestattet, die die mit passiven Tags versehenen Waren registrieren, sobald sie die Tore passieren.

Das Edgegerät (Reader/Writer-Hub) empfängt die Tagsignale und übermittelt sie an die RFID-Middle-Tier-Lösung. Ziel dabei ist es, die Interaktion mit dem ERP-Backend-System zu ermöglichen, um entsprechende Geschäftsprozesse für das Warenmanagement auszulösen. Dazu gehören etwa die Bestätigung

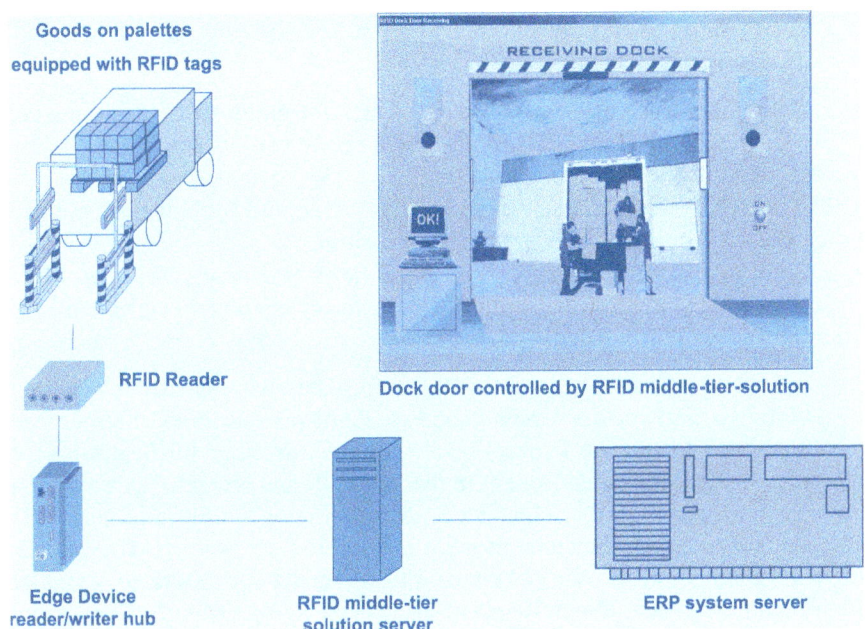

Abb. 4.3. RFID-Lösung für Dock-Door-Management

von Warenlieferungen, die Aktualisierung des Lagerbestands oder auch Lieferantenzahlungen. Die RFID-Middle-Tier-Lösung enthält auch Anwendungslogik, die es gestattet, Feedbackdaten an die technische RFID-Infrastruktur zu übermitteln. In einem typischen Beispielszenario wird der Warenerhalt bestätigt, indem die Ampel am Wareneingang von rot auf grün geschaltet wird. Dadurch kann die nächste Palette vom LKW durch das Tor in den Eingangsbereich transportiert werden.

4.1.10 Konzeptionelle Architektur von RFID-Lösungen

Wie bereits in Abschn. 4.1.5 erwähnt, stellen RFID-Lösungen die Verbindung zwischen der technischen RFID-Infrastruktur und den Geschäftsanwendungen des Unternehmens her. Da diese Geschäftsanwendungen in der Regel bereits vorhanden sind, lautet die Zielsetzung bei der Implementierung von RFID-Lösungen, die RFID-Technologie aus technischer und geschäftsprozessbezogener Sicht an die vorhandenen IT-Systeme anzubinden.

Dadurch sind die folgenden Features einer RFID-Lösung als grundlegende Voraussetzung anzusehen:

- Erfassung der Positions- und Identifikationsinformationen für Tags, die von der technischen RFID-Infrastruktur bereitgestellt werden, sowie Analyse dieser Daten für geschäftliche Zwecke.
- Extraktion der geschäftsrelevanten Informationen und Aufbau eines geeigneten Geschäftsobjekts für die weitere Verarbeitung.
- Auslösung geschäftsrelevanter Prozesse, die entweder als Teil der RFID-Lösung selbst oder von Back-Office-Geschäftsanwendungen wie einem ERP-System ausgeführt werden.

Somit bilden die RFID-Lösungen das Bindeglied zwischen der technischen RFID-Infrastruktur und der bereits etablierten IT-Infrastruktur im Unternehmen.

Abbildung 4.4 zeigt die konzeptionelle Architektur einer RFID-Lösung, auf die wir hier näher eingehen wollen. In dieser Abbildung ist eine Partitionierung in Systemkomponenten bei einer unternehmensweiten Einführung der RFID-Technologie zu sehen, die typischerweise bei unternehmensweiten IT-Architekturen vorgefunden wird. Wir meinen damit den Ansatz einer serviceorientierten Architektur, kurz SOA, die mittlerweile als neues Paradigma zur Strukturierung von Unternehmensapplikationen akzeptiert ist, siehe auch 12 oder 15. In Bezug auf die Gesamtheit der Unternehmensanwendung wird mit dieser Architektur der Enterprise Service Bus (ESB) als wesentliches Kommunikationsmedium

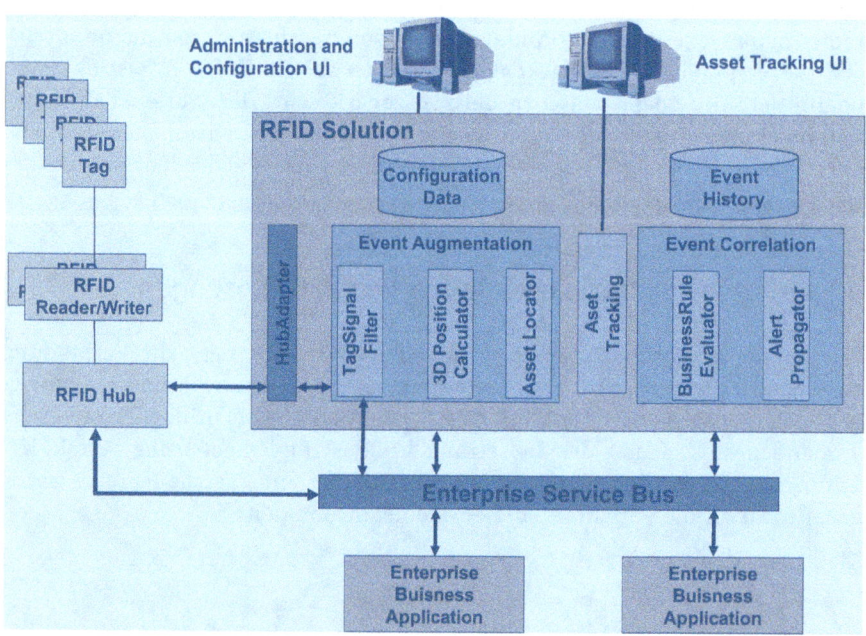

Abb. 4.4. Allgemeine Architektur einer RFID-Lösung

eingeführt, vgl. 13 und 14. Dieser kann als spezielle Gruppe von weitgehend anwendungsneutralen Services gesehen werden, die Vermittlungs- und Weiterleitungsfunktionen bereitstellen, um die Integrationsprozesse zu erleichtern. Der ESB dient demgemäß als Backbone für die Anwendungsintegration.

Diese Architektur positioniert auf der einen Seite die RFID-Reader/Writer-Hubs, die über einen Hub-Adapter mit der RFID-Lösung verbunden sind. Der Kern der RFID-Lösung besteht aus einer Ansammlung von Services, die die empfangenen Informationen auf unterschiedlichen Abstraktionsstufen verarbeiten. Die weiteren Verarbeitungsschritte werden im Folgenden näher beschrieben.

Als architektonische Alternative kann die technische RFID-Infrastruktur auch Ereignisse handhaben, die von den Sensoren direkt über den ESB in die RFID-Lösung eingespeist werden. Dabei muss jedoch auf potentielle Einschränkungen beim Leistungsverhalten geachtet werden. Wenn die Anwendung vergleichsweise selten vorkommende Anhäufungen von RFID-Taginformationen wie bei der in den Einzelhandelsszenarien verwendeten RFID-Infrastruktur handhaben muss, wäre die direkte Anbindung der Reader/Writer-Hubs an den Enterprise Service Bus durchaus eine brauchbare Option. Bei der kontinuierlichen Überwachung des physischen Standorts von Personen oder Ressourcen ist die Architektur mit Hub-Adaptern von Vorteil, da diese hochfrequente Datenkommunikationsanforderungen besser unterstützt.

Die RFID-Lösung selbst besteht typischerweise aus folgenden Komponenten (siehe auch Abb. 4.4):

- Event Augmentation: Für die Analyse der von den Tags generierten Positionsereignisse und deren Umwandlung in Positionsereignisse für Ressourcen oder Personen, die aus Sicht der Relevanz für Geschäftsprozesse als höherwertig anzusehen sind. Diese Positionsereignisse für Personen bzw. Ressourcen dienen als Auslöser für die Auswertung von geschäftsrelevanten Schlussfolgerungen.
- Event-History-Datenbank: In dieser Datenbank werden wichtige Ereignisse für Protokoll- und Analysezwecke aufgezeichnet.
- Configuration Data: Diese Datenbank enthält wichtige Daten zur Konfiguration der RFID-Lösung. Dazu gehören etwa die Strukturdefiniton der RFID-Infrastruktur sowie alle im System bekannten Ressourcen und Personen, die ein Tag tragen. Letztlich bildet sie auch die Wissensbasis für alle geschäftsrelevanten Entscheidungen, die von der RFID-Middle-Tier-Lösung getroffen bzw. initiiert werden.
- Event Correlation: Diese Komponente erlaubt die regelbasierte Bewertung von Ereignissen, die daraus abzuleitenden Geschäftsereignisse sowie die Auslösung von Geschäftsprozessen.

Zu den weiteren Architekturkomponenten zählen eine grafische Benutzerschnittstelle für die Ressourcenkontrolle (Asset Tracking Grafical User Interface), die zur echtzeitnahen Visualisierung der Standorte von Personen und Ressourcen dient. Ein typischer Nutzer dieses Interface wäre beispielsweise ein für die Unternehmenssicherheit verantwortlicher Mitarbeiter, der die aktuelle

Situation in einem Gefahrenbereich überwacht. Last but not least gibt es noch die Konsolen für das Komponentenmanagement. Über diese Konsolen wird das System konfiguriert und während des Betriebs überwacht und gesteuert.

Weitere Einzelheiten erfahren Sie im Folgenden Abschnitt.

Aus Implementierungssicht kann die RFID-Lösung als ergänzende, technologisch ausgereifte neue Unternehmensanwendung gesehen werden. Folglich besteht auch hier ein Bedarf für eine entsprechende IT-Technologie zur Implementierung dieser Lösung. Erfahrungswerte mit konkreten Projekten haben gezeigt, dass moderne Java-basierte Technologien für Unternehmensanwendungen (J2EE-Konzept) sehr gut dafür geeignet sind, siehe auch 11. Dazu gehören:

- Zugriff auf die technische RFID-Infrastruktur entweder über Socket-Schnittstellen als schnelle, aber eher betriebssystemnahe Kommunikationsebene oder – im Rahmen eines applikationsnäheren Ansatzes – über das sogenannte Message-Queuing beziehungsweise über Web-Service-Aufrufe.
- Bereitstellung der notwendigen Bandbreite für den Datenverkehr, die es gestattet, auch hochfrequente Signal- und Tagereignisse, die von der RFID-Infrastruktur generiert werden, zu verarbeiten.
- Integration in die Geschäftsanwendungen des Unternehmens durch vielfältige Mechanismen zur Integration von Applikationen.
- Unterstützung von Benutzerschnittstellen, die auf Web-Technologien basieren.

Die Implementierung einer RFID-Lösung in eine IT-Infrastruktur im Unternehmen, in der bereits ein ESB vorhanden ist, wäre – aus Sicht moderner Ansätze zur Integration von Unternehmensanwendungen – der Idealfall. Dann könnte der Zugriff der RFID-Middle-Tier-Lösung auf die Geschäftsservices der Geschäftsanwendungen gemäß dem aktuellen Technologiestand erfolgen.

Die Implementierung eines ESB als Teil der Installation einer durchgängigen RFID-Lösung kann sowohl als Option als auch als Chance in Erwägung gezogen werden. Diese Option kann durchaus wertschöpfend für das Unternehmen sein, da sie auf offenen Standards aufbaut, wodurch sich Änderungen und Erweiterungen am System leichter durchführen lassen. Zugleich ist es eine Chance, da für eine überschaubar große Anzahl von zu integrierenden Anwendungen eine ESB-Infrastruktur eingeführt und so die Voraussetzung für standardisierte Web Services und Schnittstellen für Unternehmensanwendungen geschaffen werden können. Somit wäre die RFID-Lösung mit „State-of-the-art"-Mitteln in die IT-Infrastruktur eines Unternehmens eingebunden. Offene Standards und das Serviceskonzept eignen sich auch hervorragend für die kommenden geschäftlichen Veränderungen, die mit der vermehrten zukünftigen RFID-Nutzung zu erwarten sind.

Wie gezeigt, umfasst eine durchgängige RFID-Lösung sowohl eine technische RFID-Infrastruktur, also die Erfassung und Bereitstellung von Daten von und zu RFID-Tags, als auch eine RFID-Middle-Tier-Lösung, die die technische RFID-Infrastruktur mit den Geschäftsanwendungen des Unternehmens verbindet, sowie auch die in der Regel bereits vorhandenen IT-Systeme im Unternehmen.

Die erfolgreiche Implementierung der RFID-Technologie im Unternehmen setzt diesen durchgängigen Ansatz voraus. Dabei wird davon ausgegangen, dass Architektur und Design der gesamten IT-Infrastruktur, in die die „RFID-Implementierung" eingebettet werden soll, an den Integrationsansätzen des Unternehmens ausgerichtet ist.

4.1.11 Einzelheiten zur Kontrolle kritischer Ressourcen

Die Aufgabe einer RFID-Lösung für die Kontrolle kritischer Ressourcen besteht darin, auf der Basis von Positions- und Identifikationsinformation einer zu überwachenden Person oder Ressource, die von einer entsprechenden Sensorinfrastruktur (RFID-Geräte) erkannt und übertragen wird, geschäftsrelevante Prozesse auszulösen. Die von den RFID-Tags bereitgestellten Daten werden häufig als „technische Ereignisse" oder „unbearbeitete Ereignisse" bezeichnet. Diese stehen am Anfang einer RFID-Wertekette, die zunächst mit den rein technischen Ereignissen beginnt und dann mit jedem weiteren Verarbeitungsschritt mehr und mehr geschäftliche Relevanz erhält. Dabei wird das reine, unbearbeitete Ereignis, das über die technische Infrastruktur der RFID-Tags und -Reader erfasst wurde, in einer Weise erweitert und angereichert, dass letztendlich aus den erfassten Tagpositionsdaten Ereignisse werden, die sich auf geschäftsrelevante Entitäten beziehen und geschäftsrelevante Maßnahmen initiieren.

Einige der Elemente dieser Wertekette, auf die wir jetzt näher eingehen wollen, finden Sie in Abb. 4.4.

HubAdapter und TagSignalFilter

Bei einer RFID-Infrastruktur mit Tags und Readern können sowohl aktive als auch passive Tags ihre Signale an eine Lösung für die Ressourcenkontrolle senden. Dies erfolgt über einen entsprechenden Hub, der auch als Edgekomponente angesehen wird und als Gateway zwischen der technischen RFID-Infrastruktur und den Lösungen für die Datenerfassung der RFID-Installation fungiert. Die Funktionalität der anderen Lösungkomponenten für die Ressourcenkontrolle ist in Bezug auf die RFID-Tag- und Readerinfrastruktur grundsätzlich agnostischer Natur. Aufgabe des HubAdapters ist es, gerade diese Unabhängigkeit der „inneren" Komponenten der Lösung von der „äußeren", technischen RFID-Infrastruktur zu gewährleisten.

Die erste Komponente in der Architektur einer Lösung für die Ressourcenkontrolle, die mit der Sensorinfrastruktur verbunden wird, ist der HubAdapter. Seine Aufgabe besteht unter anderem darin, die Verbindung zu verschiedenen Tag-Hubs herzustellen, deren Signale (unbearbeitete Ereignisse) zu empfangen und eine einheitliche Darstellung der Tagsignale auf der Grundlage des IT-Modells der Lösung (Normalisierung) zu generieren. Diese vom Hub kommenden Tagereignisse enthalten die folgenden Daten:

- **Tag-ID**
- **Positionsdaten zum Tag**, deren Qualität je nach Position des Choke-Point (Gate) zwischen 1-D, 2-D oder 3-D variieren kann
- **Zeitpunkt**, zu dem das Tag in der Infrastruktur ermittelt wurde
- **Tagsignal erfassender Sensor**, also Informationen zu den Readern, die die Tagdaten bereitstellen

Die normalisierten Tagereignisse werden dann an das Modul *TagSignalFilter* weitergeleitet, das die in das System einfließenden Tagsignale flexibel und auf heuristische Weise filtert. Diese Filterkomponente kann beispielsweise entscheiden, dass Ereignisse bestimmter Tags nur alle zehn Minuten verarbeitet werden müssen. Als Konsequenz daraus werden viele unwichtige Tagsignale herausgefiltert, um die Arbeitslast für die anderen Verarbeitungsmodule im weiteren Verlauf zu minimieren.

3-D PositionCalculator

In Umgebungen für die Kontrolle kritischer Ressourcen werden Tagereignisse mit einer bestimmten Frequenz ausgegeben. Diese Frequenz hängt von Auflösungsfaktoren bezüglich Raum und Zeit ab: Sollen sich schnell bewegende Ressourcen oder Personen erfasst werden, ist eine hochfrequente Erfassung der Tagsignale erforderlich, um eine korrekte Standortermittlung pro Zeiteinheit zu ermöglichen. Bei entsprechend langsameren Bewegungen der zu erfassenden Entitäten reichen weniger frequente Tagsignale aus.

Aufgrund der Beschaffenheit der RFID-Sensortechnologie und der Implementierungsumgebungen können einige Tagereignisse zeitweise keine vollständigen 3-D-Positionsdaten enthalten. In solchen Fällen kommen Algorithmen zur Anwendung, über die das Modul *3-D PositionCalculator* die vollständigen 3-D-Tagpositionsdaten auf Basis der partiellen Positionsdaten eines bestimmten Tags sowie vorheriger Tagereignisse heuristisch berechnet. Bei fehlenden oder unvollständigen Tagpositionsdaten bewertet das Modul *3-D PositionCalculator* die Geschwindigkeit und Bewegungsrichtung des Tags auf der Grundlage von „Protokolldaten" von unmittelbar zuvor aufgetretenen Ereignissen an diesem Tag.

Das Diagramm in Abb. 4.5 zeigt einen vereinfachten 2-D-Bereich, in dem die Tagbewegung durch die grauen und weißen Punkte dargestellt ist. Es wird davon ausgegangen, dass an den Zeitpunkten $t1$ bis $t4$ jeweils die vollständigen 2-D-Positionsdaten vom Tag zur Verfügung gestellt werden, am Zeitpunkt $t5$ jedoch nur der Wert der x-Koordinate. Aufgrundlage der Bewegungsgeschwindigkeit des Tags zwischen den Zeitpunkten $t4$ und $t5$ und den Daten zur x-Koordinate kann die Tagposition auf heuristische Weise als eine der durch die weißen Punkte angegebenen Positionen festgelegt werden.

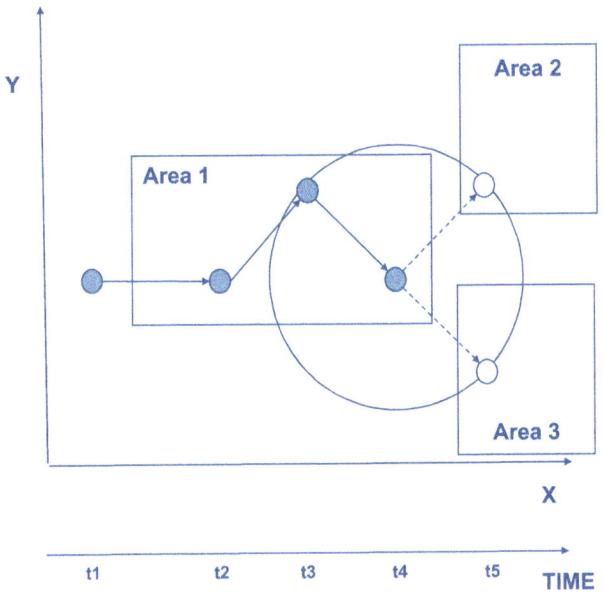

Abb. 4.5. Heuristische Berechnung der 3-D-Positionsdaten

Wenn die Abtastrate für den Empfang von RFID-Tagereignissen hoch genug ist (bei einer aktiven Tag-Infrastruktur werden Tagereignisse in der Regel mit einer Rate von ein bis zu vier Hertz empfangen), sind im Allgemeinen kaum räumliche Bewegungen zwischen zwei aufeinander folgenden Zeitpunkten zu erwarten, sodass eine zufallsgesteuerte Auswahl einer der beiden neuen, durch die weißen Punkte angegebenen Tagpositionen passend erscheint. In diesem Szenario wird typischerweise erwartet, dass vollständige 2-D-Positionsdaten kurz nach der Übertragung der unvollständigen Positionsdaten empfangen werden können.

In einer Infrastruktur mit passiven Tags können die Tagpositionsdaten nur von den entsprechenden Gate- (oder Reader-)Infrastrukturen mit einer Rate von 1/60 Hertz, also einem Lesevorgang pro Minute oder sogar weniger, erfasst werden. Die Tags passieren die Reader-/Gate-Topologie gemäß den geschäftlichen Abläufen in vergleichsweise größeren zeitlichen Abständen. Bei solchen Konstellationen sind heuristische Ansätze für die Berechnung der Position eines Tags weniger geeignet, da die physische Distanz, die das Tag zwischen zwei Erfassungen überwunden hat, recht groß sein kann. Nehmen wir zur Verdeutlichung folgendes Szenario: In einem Einzelhandelsgeschäft liefert ein an einer Warenpalette befestigter Tag präzise Informationen, anhand derer festgestellt werden kann, dass sich die Ware im Wareneingangsbereich (= Area1) am Wareneingangstor des Geschäfts befindet. Dort nimmt ein Gabelstapler die Palette auf, die für die Warenannahme sichtgeprüft wird, um zu entscheiden, ob die Palette akzeptiert oder abgewiesen und zum Lieferanten zurückgeschickt wird.

Je nach Entscheidung wird die Palette entweder in den Lagerbereich (= Area2) oder in den Rücksendungsbereich (= Area3) verschoben. Stellt der am Zeitpunkt t5 gelesene Tag nicht die vollständigen Tagpositionsdaten bereit (2-D-Darstellung im Beispiel von Abb. 4.5), kann die Palette akzeptiert oder zurückgewiesen werden. Das bedeutet, die Palette wird abweichend von den üblichen Geschäftsprozessen des Unternehmens völlig anders behandelt.

Wir können also zwei Dinge aus der obigen Diskussion lernen: RFID-Lösungen, die ihre Tagpositionsdaten von einer RFID-Infrastruktur mit aktiven Tags erhalten, sind in Bezug auf den Erhalt vollständiger 3-D-Positionsdaten etwas toleranter, da die Abtastrate, also die Frequenz des Signalempfangs, relativ hoch ist. Bei der Verarbeitung der Positionsdaten aktiver Sensorinfrastrukturen ist davon auszugehen, dass vollständige Positionsdaten häufig genug empfangen werden, ohne dass geschäftsrelevante Positionsänderungen des Tags zwischen zwei vollständigen und damit korrekten Abtastvorgängen auftreten. Bei einer RFID-Lösung, die ihre Tagpositionsdaten von einer RFID-Infrastruktur mit passiven Tags bezieht, ist die Abtasthäufigkeit pro Tag in der Regel deutlich niedriger als bei einer Infrastruktur mit aktiven Tags. Die Tagerkennung erfolgt in den meisten Fällen nur an bestimmten Punkten (Reader-Gates), deren Position genau bekannt ist. Daher ist es eher unwahrscheinlich, dass unvollständige Positionsdaten von einer Infrastruktur mit passivem Tag empfangen werden.

AssetLocator

Nach der Berechnung der 3-D-Positionsdaten für ein Tag kommen dem sogenannten AssetLocator folgende Aufgaben zu:

- Personalisierung:
  Zuordnung der Tag-ID zu den geschäftsrelevanten Ressourceninformationen
- Lokalisierung:
  Festlegung, in welchen geschäftsrelevanten Bereichen sich die Ressource in Relation zu den vom Tag bereitgestellten Positionsdaten befindet

Um dies zu erreichen, muss das Informationsmodell des Ressourcen-Kontrollsystems die Geschäftsartefakte reflektieren, damit die unaufbereiteten Ereignisse den relevanten Geschäftsdaten zugeordnet werden können. Außerdem müssen die geschäftsrelevanten Bereiche definiert und deren physische Dimensionen innerhalb des zu überwachenden Unternehmensstandortes spezifiziert werden. Hierfür muss das Informationsmodell dafür ausgelegt sein, die Prozessbeteiligten (Menschen und Ressourcen) und deren Standortkontext darzustellen, da nur so die Komponente BusinessRuleEvaluator die entsprechenden geschäftsrelevanten Schlussfolgerungen aus diesem Ereignis ziehen kann. Der Einfachheit halber wird hier angenommen, dass jeder geschäftsrelevante Bereich ein dreidimensionaler Quader mit einer bestimmten Länge, Breite und Höhe sowie einem fest zugeordneten Anfangspunkt (beispielsweise die linke untere vordere Ecke) ist.

Die geschäftsrelevanten Ressourcen und Bereiche können über speziell definierte Attribute verfügen. Diese Attribute und ihre Werte

- beschreiben verschiedene geschäftsrelevante Eigenschaften sowohl der Ressourcen als auch der Bereiche und
- werden von der Komponente BusinessRuleEvaluator zum Ziehen von Schlussfolgerungen in Bezug auf die innerhalb des Unternehmens verschobene Ressource verwendet.

Eine RFID-Lösung, die zum Beispiel zur Überwachung der Bewegung von Menschen und Ressourcen im Gefahrenbereich eines Unternehmens eingesetzt wird, interpretiert die Mitarbeiter als Ressourcen, deren Bewegungsabläufe verfolgt werden sollen. Die Qualifikationsstufe (Zertifizierungen) von Mitarbeitern kann ein solches Attribut sein. Die verschiedenen Werte eines solchen Attributs geben die unterschiedlichen, tätigkeitsbezogenen Qualifikationsstufen an, die eine bestimmte Person beispielsweise durch entsprechende Schulungen erworben haben kann. Die geschäftsrelevanten (Gefahren-)Bereiche sind beispielsweise Bereiche mit außergewöhnlicher Hitze- oder Rauchentwicklung. Diese Gefahrenstufen von Bereichen der erforderlichen Qualifikationen, die zum Zutritt zu den Bereichen notwendig sind, können als entsprechende Bereichsattribute im Informationsmodell definiert werden. Als Beispiel sei hier noch einmal die vorausgesetzte Qualifikation „Fähigkeit mit Atemschutzmasken zu arbeiten" als mögliches Attribut eines zu überwachenden Bereiches genannt.

BusinessRuleEvaluator

BusinessRuleEvaluator ist die nächste Komponente in der Verarbeitungskette. Diese Komponente zieht prozessbezogene Schlussfolgerungen aus den abstrakteren Geschäftsereignissen wie „*Entität E ist in Bereich B*". Diese Schlussfolgerungen basieren auf ‚Geschäftsregeln' (auch „Ereignis-Analyse-Regeln" genannt), die Richtlinien festlegen, welche Ressourcen oder Personen sich in welchen Bereichen auf dem Unternehmensgelände aufhalten dürfen – oder auch nicht. Diese Regeln werden normalerweise wie folgt dargestellt:

Bedingung für Ressource(n) und/oder Bereich(e) und/oder < andere Bedingungen >
   → Aktion

Bisher haben wir uns primär auf die Schwerpunkte Standort-Awareness und Ressourcenkontrolle konzentriert. Bei der Bewertung von Bedingungen solcher Ereignis-Analyse-Regeln werden verschiedene Eigenschaften und Bedingungen zur Ressource sowie der Bereich geprüft, wo sich die Ressource befindet oder nicht befindet.

Typische Regeln können wie folgt aussehen:

1. *Standortgebundenheit:* Ressourcen R mit den Eigenschaften P(R) dürfen den Bereich B nicht verlassen.
2. *Zugangsberechtigung:* Personen R mit den Eigenschaften P(R) haben Zugang zum Bereich B.
3. *Zeitbasierte Präsenz:* Ressourcen R mit den Eigenschaften P(R) dürfen nicht länger als X Minuten in einem Bereich B verbleiben, wenn dieser Bereich die Eigenschaften P(B) aufweist.
4. *Zugangskontrolle individuell:* Die Person P hat keinen Zugang zum Bereich B.

Während bei den Regeln 1 und 2 nur die aktuelle Position einer Ressource berücksichtigt wird, müssen bei Regel 3 auch einige „historische" Positionsdaten zur Ressource in Betracht gezogen werden. Alle drei Regeln haben einen generischen Charakter, da sie weder konkrete Personen und Ressourcen noch konkrete Bereiche referenzieren. Regel 4 gibt an, dass auch individuelle Regeln für konkrete Ressourcen und Bereiche formuliert werden können. Natürlich sind auch Mischformen der angesprochenen Regelmuster möglich. Dieser Prozess der Bewertung einer Bedingung der Ereignis-Analyse-Regeln ist auch unter dem Namen *Ereigniskorrelation* bekannt und basiert auf einer entsprechenden *Event Correlation Engine*, die die logischen Bewertungen und den Aufruf von Aktionen als Reaktion auf eine zutreffende Regelbedingung ausführt.

Damit eine Lösung für Ressourcenkontrolle und Standort-Awareness richtig funktioniert, müssen die Ereignis-Analyse-Regeln entsprechend konfiguriert werden. Sobald diese Regeln verfügbar sind, wird die Event Correlation Engine mit dieser Regelbasis gefüllt. Ab diesem Zeitpunkt wendet die Engine diese Regelbasis auf einzelne eingehende Ereignisse oder auch Folgen von Ereignissen aus der entsprechenden Vorgeschichte an. Wenn die Bedingungen mehrerer solcher Regeln für ein bestimmtes Ereignis zutreffen, können mehrere Aktionen ausgelöst werden.

Als Resultat der regelbasierten Ereignisanalyse können beliebige Auslöser von geschäftsrelevanten Prozessen im Kontext von Ressourcenkontrolle auftreten. Zwei typische Arten von Aktionen bilden die Grundlage für die Lösung zur Ressourcenüberwachung:

- Bereitstellung von Standort- und Statusinformationen zu allen Ressourcen für die Geschäftsanwendungen im Unternehmen; etwa zur Visualisierung für Steuerungs- und Überwachungszwecke, Geschäftstransaktionen in ERP-Systemen und andere
- Ausgabe von sogenannten Alerts, die durch Regeln ausgelöst und über verschiedene Kommunikationsmechanismen wie Message Queuing oder Web Services den jeweiligen Unternehmensanwendungen bereitgestellt werden.

4.1.12 Schlussfolgerung

Dieser Artikel zu RFID-Lösungen hat einen Einblick in die aktuelle Technologie und das geschäftliche Umfeld geboten und aufgezeigt, wie RFID-Lösungen mehr und mehr an Bedeutung gewinnen.

Mit diesem Überblick zu exemplarischen Geschäftsszenarien, technologischen Grundlagen sowie Lösungsbereichen und deren Chancen und Herausforderungen hoffen wir, Ihnen wertvolle Informationen vermittelt zu haben, die Sie motivieren und bei der Bewertung der RFID-Technologie für Ihr Unternehmen und Ihre Prozesse unterstützen werden.

In dem Maße, in dem sich die RFID-Technologie weiter etabliert, wird sich eine weitergehende Standardisierung von Lösungsansätzen ergeben. Wurden bisher etwa aktive und passive RFID-Lösungen als disjunkt angesehen, so lassen sich doch durchaus Gemeinsamkeiten erkennen, die zu einheitlicheren Lösungen führen, als wir sie derzeit kennen. Somit ergibt sich auch eine Ressourcenbündelung, die der Bedeutung der Technologie zugutekommt.

Andere Technologien zur Positionsbestimmung von Objekten, etwa Wi-Fi (Wireless-Fidelity), sollten auch im Zusammenhang mt den hier beschriebenen Einsatzfeldern für RFID gesehen werden. Wi-Fi-Techniken erlauben eine weit globalere Lokalisierung von Objekten als RFID heute, sodass bei immer weiter fortschreitender digitaler kartografischer Erfassung unserer Welt immer mehr Geschäftsprozesse von den Lokationsinformationen der beteiligten Objekte profitieren können.

Als erste Verallgemeinerung dieser Konzepte hat sich der Begriff RealTime Location Services etabliert. Diesen als Ausgangspunkt nehmend kann man RFID als einen vorwiegend lokal orientierten Location Service ansehen, während Wi-Fi-basierte Ansätze einen eher globalen Charakter haben. Während sich beide Ansätze bei der technischen Infrastruktur zur Erfassung der Positionsdaten von Objekten gravierend unterscheiden, sind die eher serverseitigen Aspekte der geschäftsprozessorientierten Verarbeitung der erfassten Daten durchaus vergleichbar. Das deutet daraufhin, dass serverseitige Architekturen zur Verarbeitung von Lokationsinformationen, wie etwa in Kap. 4.1.10 skizziert, eine weit größere Relevanz erlangen werden, als ihnen heute noch zugestanden wird.

RFID-basierte Anwendungen werden in den nächsten Jahren stark an Bedeutung gewinnen. Für Industrie, Handel und Gesundheitswesen zeichnet sich diese Entwicklung heute schon ab. Bereiche des öffentlichen Lebens, Politik, Freizeit und Unterhaltung werden folgen und die dort verstandenen Vorteile nutzen.

Literatur

1. RFID White Paper – Technology, Systems, and Applications; BITKOM, German Association for Information Technology, telecommunications and New Media e. V., Berlin 2005.
2. BearingPoint and Alliance: RFID in Healthcare: Poised for Growth; www.bearingpoint.com, 2005.
3. J. Pearson: Securing the Pharmaceutical Supply Chain with RFID and Public-key infrastructure (PKI) Technologies, Texas Instruments, 2005.
4. L. M. Ni, Y. Liu, Y. C. Lau, A. P. Patil: LANDMARC: Indoor Location Sensing Using Active RFID, 2004.
5. RFID Overview – Introduction to Radio Frequency Identification, Intermec Technologies Corporate, 1999.
6. S. Garfinkel, B. Rosenberg: RFID: Applications, Security, and Privacy, Addison-Wesley Professional, 2005.
7. M. Bhuptani, S. Moradpour: RFID Field Guide: Deploying Radio Frequency Identification Systems, Prentice Hall PTR, 2005.
8. Manufacturing Visibility Applications, AeroScout Inc, 2006.
9. AeroScoutEngine (Datasheet), AeroScout Inc, 2006.
10. Ekahua Positioning Engine, (Datsheet), Ekahau Inc, 2006.
11. M. Fowler: Patterns of Enterprise Application Architecture, Addison-Wesley Publishing Company, 2003.
12. R. Monson-Haefel: Enterprise Java Beans, O'Reilly Publishing Company, 2002.
13. M. Endrei et al.: Patterns: Service-Oriented Architecture and Web Services, IBM Redbook, IBM Corporation, 2004.
14. D. Chappel: ESB Myth Busters: 10 Enterprise Service Bus Myths Debunked, SYS-CON media, 2005.
15. D. Chappel: Enterprise Service Bus, O'Reilly Media, 2004.
16. G. Hope, B. Woolfe: Enterprise Integration Patterns, Pearson Education Inc., 2004.
17. RFID im Blick, „Sicherheit als Business-Faktor", Ausgabe 06/2006.

4.2 Multilinguale Spracherkennung und Sprachsynthese

Volker Fischer, Markus Klehr und Siegfried Kunzmann

4.2.1 Einführung

„Gesprochene Sprache ist die natürlichste Form der zwischenmenschlichen Kommunikation." – Mit dieser Feststellung wurden in der Vergangenheit zahlreiche Publikationen auf dem Gebiet der automatischen Verarbeitung gesprochener Sprache durch Computer motiviert. Obwohl die hier als Ziel zumindest suggerierte vollständige Nachbildung menschlicher Kommunikationsleistung durch den Computer auch nach mehreren Jahrzehnten intensiver Forschung noch immer nicht erreicht ist, ist gesprochene Sprache mittlerweile dennoch in vielen Situationen ein bevorzugtes Mittel der Interaktion zwischen Mensch und Computer geworden. Die wesentlichen Gründe dafür liegen einerseits im relativen Erfolg universitärer wie industrieller Forschungsarbeiten im Bereich der statistischen Analyse von (Sprach-)Signalen, andererseits in einer sich im Umbruch befindenden Informationsgesellschaft, in welcher der allgegenwärtige und kostengünstige Zugriff auf Informationen sowohl für Privatpersonen als auch für Geschäftsprozesse zunehmend wichtiger wird und die durch das Zusammenwachsen von Daten- und Telekommunikationsnetzen gekennzeichnet ist.

Folgerichtig hat sich in der Vergangenheit auch der Schwerpunkt der von Spracherkennungs- und Sprachsynthesetechnologien[4] bedienten Anwendungen verschoben. Standen noch vor zehn Jahren (Diktier-)Systeme zur Informations*eingabe* im Brennpunkt des Interesses [1], so liegt das Hauptaugenmerk heutiger Anwendungsentwicklung und Forschung auf der natürlichsprachigen Informations*abfrage*, der computerbasierten Bereitstellung von Dienstleistungen über Mobilfunknetze sowie – etwa im Bereich der maschinellen Übersetzung gesprochener Sprache – auf der Unterstützung des Informations*austauschs* zwischen zwei oder mehreren menschlichen Gesprächspartnern. War dabei die Verwendung von Tastatur und Bildschirm eine durchaus effiziente Alternative zur Nutzung der „akustischen Schreibmaschine", so macht ein Blick auf die heute dominierenden miniaturisierten Endgeräte (PDA, Mobiltelefon) und die vorherrschenden mobilen Szenarien – denken wir nur an die Navigation im Fahrzeug – deutlich, dass Spracheingabe und -ausgabe oft die bequemste und sicherste Möglichkeit der Mensch-Maschine-Interaktion darstellen.

In gleichem Maße, in dem Sprachtechnologien in immer mehr, in unterschiedlicher Hinsicht anspruchsvollen Szenarien zum Einsatz kommen, verschärfen sich die Anforderungen an die zugrunde liegenden Algorithmen. Durften die Entwickler von Diktiersystemen noch auf einen kooperativen Benutzer vertrauen, dem man zumuten konnte, einen Spracherkenner durch das geduldige Einsprechen von zum Teil mehreren hundert Äußerungen an die persönliche Sprechweise anzupassen, so haben es heutige Auskunftssysteme oft mit untrainierten oder sogar unkooperativen Benutzern zu tun und können sich zur Online-Sprecheranpassung bestenfalls auf wenige Sekunden Sprache stützen. Die in vielen Szenarien – und insbesondere im Auto – anzutreffenden Umgebungsgeräusche, die Bandbegrenzung des Übertragungskanals, die unterschiedliche und oft unzureichende Qualität von Mikrophonen in mobilen Endgeräten und nicht zuletzt deren knappe Systemressourcen (Speicher, Rechenleistung) sind weitere Rahmenbedingungen, die eine fehlerfreie Spracherkennung erheblich erschweren.

---

[4] An dieser Stelle vereinbaren wir zwei abkürzende Schreibweisen: Ein Spracherkennungssystem wird künftig auch ASR-System (von engl.: *automatic speech recognition*) genannt, Sprach*synthese*systeme werden kurz als TTS-Systeme (von engl.: *text-to-speech*) bezeichnet.

Durch den Wegfall von Bildschirm oder Display als Ausgabemedium in Telefonieanwendungen und mobilen Szenarien lässt sich ein ähnliches Bild auch im Bereich der Sprachsynthese zeichnen. War diese bei den erwähnten Diktiersystemen für den PC als Feedbackmechanismus oder zur Unterstützung manuell durchzuführender Korrekturen noch verzichtbar (und daher nahezu bedeutungslos), so ist die Generierung einer qualitativ hochwertigen, natürlich klingenden Systemantwort heute von zentraler Bedeutung für die Nutzbarkeit und Akzeptanz gleich welcher Anwendung. Die Erzeugung eines den Dialogkontext berücksichtigenden Sprechstils – beispielsweise zur angemessenen Übermittlung positiver oder negativer Nachrichten –, Methoden zur Simulation einer vorgegebenen Sprechweise oder „Persönlichkeit" (*voice morphing*) und die Generierung von mehrsprachigen synthetischen Stimmen – etwa zur verbesserten Aussprache von anwendungsspezifischen Fremdwörtern – sind daher aktuelle Schwerpunkte von Forschung und Entwicklung auf dem Gebiet der Sprachsynthese.

Trotz der skizzierten Schwierigkeiten sind leistungsfähige Spracherkennungs- und -synthesesysteme mittlerweile für zahlreiche Sprachen verfügbar. Ist dieser Erfolg auch dem Zusammenwirken von technischer Informatik, Mustererkennung und anderen wissenschaftlichen Disziplinen, darunter insbesondere Phonetik und Linguistik, zuzuschreiben, so wäre er sicherlich nicht ohne bedeutende Fortschritte auf dem Gebiet der statistischen Modellierung mittels *Hidden-Markov-Modellen* (HMMs) möglich gewesen.[5] Auf eine detaillierte Diskussion der verwendeten Techniken muss im Rahmen dieses Beitrags zwar verzichtet werden, ausgezeichnete Lehrbücher zu allen Aspekten der statistischen Modellierung sind jedoch vorhanden [6,7]. Als entscheidend für den Erfolg des seit den späten 70-er Jahren beständig verbesserten Ansatzes erweisen sich aber immer wieder zwei Faktoren: Zum einen die Möglichkeit der Integration unterschiedlichster Wissensquellen in einem mathematisch fundierten Modell und zum anderen die Existenz effizienter Trainingsalgorithmen. Sie erlauben es, die freien Parameter eines solchen Modells anhand realer, anwendungsspezifischer Daten zu erlernen. Die Anzahl der zu schätzenden Parameter – typischerweise in der Größenordnung von $10^6 - 10^8$ – variiert dabei je nach Größe und Struktur des Modells und der zu leistenden Erkennungsaufgabe; ihre verlässliche Schätzung macht jedoch im Allgemeinen die Verwendung umfangreicher Trainingsstichproben mit mehreren hundert Stunden gesprochener Sprache notwendig.

Mit dieser zunächst vor allem für die automatische Sprach*erkennung* relevanten Feststellung haben wir uns dem Thema dieses Kapitels genähert: Sehen wir uns vor die Aufgabe gestellt, einen Spracherkenner für eine bislang noch nicht in unserem Repertoire vorhandene Sprache zu konstruieren, so setzt dies

---

[5] Die Tagungsbände der wichtigsten internationalen Fachtagungen [2,3,4,5] dokumentieren den maßgeblichen Anteil der IBM-Forscher in Yorktown Heights, New York, an diesen Fortschritten sowie die erfolgreiche Replikation und sprachenspezifische Anpassung ihrer Entwicklungen in den (europäischen) Wissenschaftszentren der IBM in Heidelberg, Hursley bei Winchester, Paris, Rom, Sevilla, und Kairo.

zunächst eine umfangreiche und gegebenenfalls langwierige und kostspielige Sammlung von Sprachdaten voraus. Ein Ziel *multilingualer Sprachverarbeitung*, nämlich die Konstruktion des Modellinventars unserer neuen Sprache aus den vorhandenen Stichproben *anderer* Sprachen, erweist sich damit nicht nur als wissenschaftlich interessant, sondern auch als ökonomisch relevant.[6]

4.2.2 Grundlagen von Spracherkennung und Sprachsynthese

Bevor wir uns der zuletzt angesprochenen Thematik widmen, wollen wir die Funktionsweise heutiger ASR- und TTS-Systeme insoweit darstellen, wie es für das Verständnis unserer Ausführungen zur multilingualen Sprachverarbeitung notwendig ist.

Vergegenwärtigen wir uns zunächst, dass TTS-Systeme jedes *beliebige* Wort synthetisieren können, und überlegen wir weiter, dass das aktive Vokabular heutiger Spracherkenner durchaus mehrere hunderttausend Einträge umfassen kann. Damit ist klar, dass die Elementareinheiten automatischer Sprachverarbeitung unterhalb der Wortebene angesiedelt sein müssen. Jeder Versuch, genügend Sprachdaten für das Training einer solchen Anzahl von Ganzwortmodellen zu sammeln oder diese auch nur speichern zu wollen, wäre aus ökonomischen Gründen von vornherein zum Scheitern verurteilt (vgl. dazu auch [6], S. 170 f.). Die automatische Sprachverarbeitung setzt deshalb auf eine laut- oder *phonemorientierte* Vorgehensweise und behandelt größere Einheiten – wie etwa Wörter und Sätze bzw. deren Modelle – als Komposition von Phonemen bzw. Phonemmodellen. Den Darstellungen in [9] und [10] folgend skizzieren wir daher zunächst einige wesentliche Aussagen der artikulatorischen Phonetik, die auch den Weg zu dem im nächsten Abschnitt beschriebenen multilingualen Modellierungsansatz weisen.

Artikulatorische Phonetik

An der Erzeugung gesprochener Sprache sind im Wesentlichen die menschlichen Atmungsorgane und die im Kehlkopf befindliche Glottis (bestehend aus Stimmbändern und Stellknorpeln), der Vokaltrakt (bestehend aus Mund-, Nasen- und Rachenraum) sowie die Artikulatoren (also Zunge, Lippen, Zähne, Gaumen und Zäpfchen) beteiligt.

Ein in den Lungen gebildeter Luftstrom erreicht dabei durch die Luftröhre den Kehlkopf und lässt die Stimmbänder vibrieren. Sind letztere weit geöffnet, so entstehen durch Turbulenzen *stimmlose* Laute (wie z. B. [p] in „Pein"), sind

---

[6] Die Rolle von Hidden-Markov-Modellen bei der automatischen Konstruktion von Sprachsynthesesystemen werden wir noch betrachten, merken hier jedoch bereits das Vorhandensein von Synergien zwischen Spracherkennung und -synthese an, vgl. dazu auch [8].

die Stimmbänder dagegen angespannt, so geraten sie in Schwingungen, die zur Produktion *stimmhafter* Laute (beispielsweise [b] in „*B*ein") führen. Einige Sprachen, so auch das Deutsche, kennen den Sonderfall des kurzfristigen totalen Verschlusses der Glottis mit anschließender explosionsartiger Öffnung; der resultierende Laut wird als Glottisschlag bezeichnet.

Mund- und Rachenraum bilden zusammen mit dem – durch das Senken des weichen Gaumens – „hinzuschaltbaren" Nasenraum einen Resonanzkörper, dessen Charakteristik durch Stellung und Bewegung der Artikulatoren verändert werden kann. Strömt die Luft kontinuierlich und ungehindert durch den Vokaltrakt, so entstehen Vokale, die stets stimmhaft sind und anhand der Stellung der Zunge und des Rundungsgrades der Lippen unterschieden werden; Doppellaute aus zwei Vokalen werden auch als Diphthonge bezeichnet. Im Gegensatz dazu liegt bei der Erzeugung von Konsonantlauten eine Engebildung im Vokaltrakt vor, die das Ausströmen der Atemluft zeitweise hemmen kann. Konsonanten werden nach ihrer Artikulationsart, dem Artikulationsort – er bezeichnet die Stelle der stärksten Einengung des Luftstroms – und der Art der Anregung des Vokaltrakts unterschieden. Nach der Art der Artikulation unterscheiden wir Plosive, die durch einen kurzzeitigen, vollständigen Verschluss der Artikulatoren und deren anschließende abrupte Freigabe entstehen, von Nasalen, bei denen der Mundraum ebenfalls fest verschlossen ist, die Luft aber durch den geöffneten Nasaltrakt entströmt, und Frikativen, bei denen die Artikulatoren so eng zusammenstehen, dass sie Turbulenzen im ausströmenden Luftstrom erzeugen, die als Reibegeräusche wahrgenommen werden. Zusätzlich kennen wir Laterale und Approximanten, bei denen eine friktionslose Einengung vorliegt, sowie Vibranten, bei denen Lippen, Zungenspitze oder Zäpfchen quasiperiodisch schwingen.

Bei der symbolischen Beschreibung gesprochener Sprache – etwa mit dem Ziel der Erstellung eines Aussprachewörterbuches – bleiben physikalisch messbare Eigenschaften der Laute weitgehend unberücksichtigt. Die Definition der abstrakten Basiseinheit der Phonologie, des Phonems, als „kleinste bedeutungsunterscheidende lautliche Einheit" weist vielmehr auf dessen Rolle bei der Informationsübertragung hin: So verändert etwa der Austausch von [p] durch [b] im oben erwähnten Beispiel („Pein" vs. „Bein") die Bedeutung der Wörter und führt deshalb zur Unterscheidung der Phoneme /p/ und /b/.

Die wohl bekanntesten und am weitesten verbreiteten Phonemalphabete sind das seit Ende des 19. Jahrhunderts entwickelte Internationale Phonetische Alphabet (IPA[7]) und das maschinenlesbare, zwischen 1987 und 1989 entstandene SAMPA-Alphabet[8] [11, 12, 13]. Das IPA-Alphabet erhebt den Anspruch, die verschiedenen Laute aller bekannten Sprachen der Welt abzudecken, und unterscheidet in seiner aktuellen Version etwa 30 Vokal- und 100 Konsonantsymbole

---

[7] Die Abkürzung IPA bezeichnet sowohl die International Phonetic Association als auch das International Phonetic Alphabet.

[8] SAMPA steht für *Speech Assessment Methods – Phonetic Alphabet*, ein von der Europäischen Gemeinschaft gefördertes Forschungsprojekt.

sowie zahlreiche Diakritika zu deren Verfeinerung oder Modifikation. Natürlich verwendet keine der ungefähr 4000 bekannten Sprachen der Welt *alle* definierten Laute; für das Deutsche zählen wir beispielsweise 22 Konsonanten, 16 Vokale und drei Diphthonge, im Japanischen finden wir dagegen lediglich 16 Konsonanten und fünf Vokale. Obwohl ohne Betrachtung der für die automatische Sprachverarbeitung relevanten signalphonetischen Eigenschaften der Laute – Dauer, Intensität, Frequenzspektrum und dessen Dynamik – entworfen, bildet das IPA-Alphabet nicht nur die Grundlage für die Definition von Lautinventaren für ASR-Systeme in vielen verschiedenen Sprachen, sondern ermöglicht es auch, Überschneidungen und Ähnlichkeiten zwischen den Inventaren festzustellen; damit wird es auch zu einem wichtigen Hilfsmittel beim Entwurf multilingualer Sprachverarbeitungssysteme.

Statistische Spracherkennung

Unter dem eingangs erwähnten, seit mehr als 20 Jahren erfolgreichen statistischen Verarbeitungsparadigma wird automatische Spracherkennung als ein Dekodierprozess aufgefasst, der in Abb. 4.6 schematisch dargestellt ist und der im Folgenden kurz erläutert wird.

Ein Sprecher wählt eine Folge von Wörtern w zur Übermittlung einer Nachricht und erzeugt mithilfe der oben beschriebenen Mechanismen der Sprachproduktion ein (analoges) Sprachsignal f, das in digitalisierter und quantisierter Form Ausgangspunkt der maschinellen Verarbeitung durch unseren Spracherkenner ist. Dem allgemeinen Vorgehen zur Klassifikation komplexer Muster folgend (vgl. [14]) wird das Sprachsignal zunächst in eine Folge reell-wertiger Merkmalvektoren $O = o_1, o_2, ..., o_n$ umgewandelt; als besonders geeignete Merkmale haben sich seit den frühen 80-er Jahren die sogenannten *Mel-Cepstrum*-Koeffizienten [15] erwiesen, die – um der nicht stationären Natur unseres Signals gerecht zu werden – für gewöhnlich auf kurzen, überlappenden Intervallen von 10–15 Millisekunden Dauer berechnet und zusammen mit ihrer diskreten Ableitung und einem Maß für die Kurzzeitenergie des Signalabschnittes abgespeichert werden.

Ziel der Erkennung ist die möglichst fehlerfreie Rekonstruktion der tatsächlich geäußerten Wortfolge aus der Sequenz der beobachteten Merkmalvektoren. Die statistische Spracherkennung nutzt hierzu ein fundamentales Resultat aus

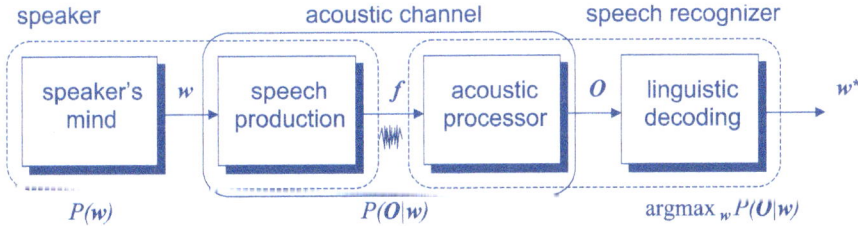

Abb. 4.6. Das statistische Kanalmodell der Spracherkennung (nach [7])

dem Gebiet der statistischen Klassifikation (vgl. [14]) und entscheidet sich zur langfristigen Minimierung der Fehlerwahrscheinlichkeit für die Wortfolge w^*, welche bei gegebener Beobachtungsfolge O die maximale A-posteriori-Wahrscheinlichkeit besitzt:

$$w^* = \arg\max_{w} P(w|O) \qquad (1)$$

Mithilfe der *Bayesregel* für bedingte Wahrscheinlichkeiten und unter Ausnutzung der Tatsache, dass $P(O)$ für die Maximierung über alle möglichen Wortfolgen ohne Bedeutung ist, kann Gl. (1) zur *Fundamentalformel der Spracherkennung* umgeschrieben werden:

$$w^* = \arg\max_{w} P(w) \cdot P(O|w) \qquad (2)$$

Zur Bestimmung der wahrscheinlichsten Wortfolge benötigen wir somit die A-Priori-Wahrscheinlichkeit $P(w)$ beliebiger Wortfolgen und die Wahrscheinlichkeit $P(O|w)$ für die Beobachtung der Sequenz O beim Anliegen der Wortfolge w am Eingang des akustischen Kanals; da beide Wahrscheinlichkeiten in der Regel unbekannt sind, müssen ihre Parameter aus hinreichend großen Stichproben geschätzt werden.

Die Schätzung von $P(w)$ ist Aufgabe der *linguistischen* Modellierung, die sich zu diesem Zwecke der Methode der Faktorisierung von $P(w)$ in bedingte Wahrscheinlichkeiten bedient:

$$P(w) = P(w_1) \cdot P(w_2|w_1) \cdot \ldots \cdot P(w_n|w_1, w_2, \ldots, w_{n-1}) \qquad (3)$$

Die bedingten Wahrscheinlichkeiten in Gl. 3 können zwar durch das Auszählen sehr großer Textstichproben durch ihre relativen Häufigkeiten approximiert werden, es ist jedoch illusorisch zu erwarten, das Auftreten aller möglichen Wortfolgen zuverlässig schätzen oder auch nur beobachten zu können. Der Stand der Technik wird daher durch *Bigramm*- oder *Trigrammsprachmodelle* definiert, welche die Zahl der freien Modellparameter drastisch reduzieren, indem sie zur Abschätzung der bedingten Wahrscheinlichkeiten nur eine begrenzte Historie von ein oder zwei Wörtern heranziehen; im Falle der Verwendung eines Bigrammsprachmodells wird Gl. 3 schließlich zu

$$P(w) = P(w_1) \cdot \prod_{i=2}^{n} P(w_i|w_{i-1}). \qquad (4)$$

Der zweite Faktor der Fundamentalformel, $P(O|w)$, beschreibt die statistischen Eigenschaften des aus Sprachproduktion und Merkmalextraktion bestehenden akustischen Kanals. Das vorherrschende Instrument dazu ist das Hidden-Markov-Modell, das wir uns als stochastischen Automaten vorstellen können, der zu diskreten Zeitpunkten einen – dem Beobachter verborgen bleibenden – Zustand s_i einnimmt und dabei einen Merkmalvektor o_i als Ausgabe erzeugt (vgl. Abb. 4.7). Die Zustandsübergänge hängen nur vom aktuellen, nicht aber von den

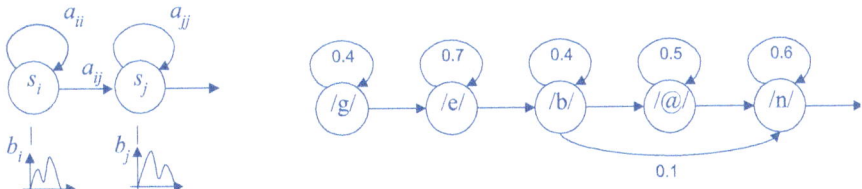

Abb. 4.7. Schematische Darstellung eines Hidden-Markov-Modells (links) und eines statistischen Modells für die Aussprache des Wortes „geben" (ohne Ausgabewahrscheinlichkeiten, rechts).

früher eingenommenen Zuständen ab[9] und werden durch eine Matrix von Übergangswahrscheinlichkeiten $A = [a_{ij}]$ beschrieben, die das HMM zusammen mit den Ausgabe- oder Emissionswahrscheinlichkeiten b_i vollständig definiert.

Nach der Konstruktion eines geeigneten Markovmodells $\lambda(w_i)$ für jedes Wort w_i des Erkennervokabluars kann die bedingte Verteilung $P(O|w)$ einer Wortfolge w mit der Produktionswahrscheinlichkeit einer passenden Folge λ von Markovmodellen identifiziert werden. Wie bereits angedeutet erfolgt die Konstruktion von Wort- oder Satzmodellen durch die Verkettung elementarer Phonemmodelle, (vgl. Abb. 4.7), die im Modellinventar mehrfach vorhanden sind, um Koartikulationseffekte separat trainieren zu können. Heutige Spracherkenner verwenden mehrere tausend kontextabhängige HMMs, die mit automatischen Clustering-Verfahren aus den Trainingsdaten gewonnen werden. Überlegen wir weiter, dass Ausgabewahrscheinlichkeiten in der Regel als hochdimensionale Gauß'sche Mischverteilungen modelliert werden – typische Werte sind 40–60 für die Dimension des Merkmalvektors und etwa 20 Mischverteilungskomponenten pro HMM-Zustand –, so erklärt dies die eingangs erwähnte hohe Anzahl freier Modellparameter.

Für das Training des Erkenners genügt es nun, im Besitz eines Aussprachelexikons und einer zwar großen, aber lediglich mit der tatsächlich gesprochenen Wortfolge versehenen Sprachstichprobe zu sein: Ausgehend von einer initialen Schätzung der Übergangs- und Ausgabewahrscheinlichkeiten können wir den Pfad größter Wahrscheinlichkeit durch das für eine vorliegende Äußerung konstruierte Satzmodell bestimmen und die dabei erzeugte Zuordnung zwischen Modellzuständen und Merkmalvektoren (der Beobachtungssequenz O der Fundamentalformel) zu einer Neuschätzung der Parameter verwenden. Zahlreiche Varianten und Details des als *Forward-backward*-Algorithmus bekannten Verfahrens sind in [6] beschrieben und sollen hier nicht nachvollzogen werden; im Hinblick auf den folgenden Abschnitt sei jedoch hervorgehoben, dass durch die Berechnung einer optimalen Zuordnung von Modellzuständen und Merkmalvektoren zugleich eine Segmentierung des Sprachsignals in lautliche Einheiten vorgenommen wird.

---

[9] Dies ist die namensgebende Markov-Eigenschaft des Modells.

Konkatenative Sprachsynthese

Zwar besitzt die Sprachsynthese den gleichen interdisziplinären Charakter wie die maschinelle Spracherkennung, sie muss aber auf den wohldefinierten mathematischen Überbau von Statistik und Wahrscheinlichkeitsrechnung bislang weitgehend verzichten. Der wesentliche Grund für diesen Missstand dürfte im Fehlen eines eindeutigen Optimierungskriteriums liegen: Besitzen wir mit der Fundamentalformel eine klare Vorschrift zur Minimierung einer objektiven Zielgröße, der Wortfehlerrate, so sind die Qualitätsmerkmale synthetischer Äußerungen oder Stimmen – hierzu gehören beispielsweise Natürlichkeit und Verständlichkeit, aber auch Freundlichkeit und Angemessenheit – formell kaum fassbar und lassen sich nur durch psycho-akustische *Mean-Opinion*-Tests bewerten.

Abbildung 4.8 zeigt schematisch den Aufbau eines TTS-Systems und lässt eine grobe Zweiteilung in Module zur Textnormalisierung und linguistischen Analyse – ihre Aufgabe ist die Erstellung einer symbolphonetischen Spezifikation der geschriebenen Eingabe – einerseits und zur eigentlichen Sprachgenerierung andererseits erkennen. Normalisierungsoperationen, von denen einige in Abb. 4.9 gezeigt sind, umfassen unter anderem die korrekte Erkennung und Verschriftung von Ordinal- und Kardinalzahlen, Datums- oder Währungsangaben, aber auch die Auflösung von Abkürzungen und die Erkennung und Umsetzung spezieller Zeichenfolgen wie beispielsweise E-Mail-Adressen, denen ansonsten keine Aussprache zugeordnet werden könnte.

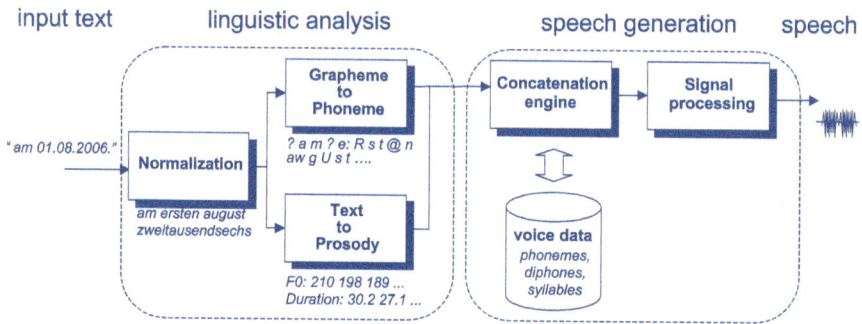

Abb. 4.8. Aufbau eines konkatenativen Sprachsynthesesystems

Text	normalisierter Text
FC Köln	erster eff tseh köln
am 01.08.2006	am ersten august zweitausendsechs
der 01.08.2006	der erste august zweitausendsechs
EUR 25,35	fünfundzwanzig euro und 35 cent
sam@us.ibm.com	sam at uh ess punkt ih beh emm punkt komm

Abb. 4.9. Beispiele zur Textnormalisierung

Der so aufbereitete Text wird anschließend einer linguistischen Analyse unterzogen, die Phrasen-, Morphem- und Silbengrenzen bestimmt und Wortarten ermittelt; all dies geschieht mit dem Ziel, eine fehlerfreie Graphem-Phonem-Konvertierung und die Berechnung einer Intonationskontur – also die Bestimmung geeigneter Werte für Intensität, Lautdauer und Tonhöhe – zu ermöglichen[10]. Für eine ausführliche Darstellung der generellen Vorgehensweise und sprachenspezifischen Besonderheiten der linguistischen Analyse verweisen wir auf [16].

Ein Paradigmenwechsel bei der Umsetzung der so erzeugten phonetisch-prosodischen Symbolkette in ein akustisches Signal hat der Sprachsynthese in jüngerer Zeit zu einer durchbruchartigen Qualitätsverbesserung verholfen: Beherrschten bis vor etwa zehn Jahren noch Systeme die Szene, die versuchten, den in Abschn. 2.1 skizzierten menschlichen Spracherzeugungsprozess durch ein parametrisches *Source-Filter*-Modell[11] zu simulieren – eine exzellente Darstellung der Geschichte und Funktionsweise dieser Systeme findet man in [17] –, so dominieren heute *konkatenative* Syntheseverfahren, die zur Sprachgenerierung auf ein geeignetes Neu-Arrangement von kleinen Segmenten natürlicher Sprache setzen [18, 19, 20].

Zur Auswahl geeigneter Segmente – je nach Sprache oder Systemdesign kann es sich dabei um Phone, Diphone oder Silben handeln – durchsucht unser TTS-System eine mit den Sprachaufnahmen eines Sprechers (einer Sprecherin) gefüllte Datenbank, in der mehrere tausend Ausprägungen jedes Segments zusammen mit Informationen über ihren artikulatorischen Kontext und ihre prosodischen Merkmale abgelegt sind. Kriterien für die Segmentauswahl sind neben einem passenden Kontext die Übereinstimmung dieser Merkmale mit den Vorhersagewerten der linguistischen Analyse und die Eignung der Segmente für die möglichst nahtlose Verkettung mit einem bereits ausgewählten Vorgängersegment; zusammengefasst in eine heuristisch ermittelte Bewertungsfunktion steuern diese Kriterien eine auf dem Prinzip der dynamischen Programmierung basierende Suche in der Segmentdatenbank, die notwendig ist, um dem Problem der kombinatorischen Vielfalt an Auswahlmöglichkeiten wirkungsvoll zu begegnen. Abschließend werden nach der Verkettung der so bestimmten Sprachsegmente hörbare Artefakte entfernt, die durch diskontinuierliche Energie- und Tonhöhenverläufe an den Nahtstellen entstehen können; besonders gute Ergebnisse erzielen hierbei Verfahren, die auf der Methode des „*Overlap-and-add*" beruhen (vgl. dazu auch [21]).

Waren für die Konstruktion von TTS-Systemen – und insbesondere für die Erstellung der Segmentdatenbank – in der Vergangenheit oftmals linguistisches

---

[10] Durch eine fehlerhafte Morphemzerlegung entstehen zum Beispiel Fabelwesen wie die bekannten *Blumento|pferde* und der *Tee|nager*, aber auch obskure Glaubensgemeinschaften (*Urin|sekten*).

[11] Die Quelle (*Source*) ist der Luftstrom am Ausgang der Larynx, als zeitlich variables *Filter* wird der Vokaltrakt aufgefasst.

Expertenwissen und zeitraubende Handarbeit erforderlich, so erlauben Anleihen bei den etablierten statistischen Verfahren der Spracherkennung mittlerweile eine weitgehende Automatisierung des Prozesses. Zu nennen sind hier neben schon länger bekannten Ansätzen zur statistischen Graphem-Phonem-Konvertierung [22] und dem automatischen Erlernen von Modellen zur Vorhersage von Intonationskonturen [23] in erster Linie die Verwendung von Hidden-Markov-Modellen zur automatischen Zuordnung von Sprachdaten und phonetischer Umschrift (vgl. Abschn. 2.2). Verstehen wir weiterhin die korrekte Aussprache und Erkennung von Fremdwörtern als analoge Probleme, stehen Sprachsynthese und -erkennung damit letztlich vor den gleichen Fragestellungen, wenn es um eine Erweiterung des Sprachenportfolios oder die Verbesserung existierender Applikationen geht.

4.2.3 Multilinguale Sprachverarbeitung

Die Konstruktion von State-of-the-Art-Spracherkennungs- und Synthesesystemen stellt sich uns nunmehr als ein maschineller Lernprozess dar, bei dem die freien Parameter einer vorgegebenen Modellstruktur aus Beispieldaten zu erlernen sind. Die Tatsache, dass aus technologischer Sicht nahezu identische ASR- und TTS-Systeme für grundverschiedene Sprachen wie etwa Englisch, Deutsch, Französisch, Japanisch, Mandarin, Türkisch und viele andere mehr existieren, belegt dabei die Richtigkeit der Vermutung gemeinsamer, sprachübergreifender Modellannahmen.

Gestützt auf diese Prämisse befasst sich *multilinguale Sprachverarbeitung* mit der Frage, inwieweit nicht nur Modellannahmen, sondern auch Trainingsdaten verschiedener Sprachen gemeinsam genutzt werden können. Ausgangspunkt derartiger Untersuchungen ist stets die – sicherlich vereinfachende – Überlegung, dass sich die Phoneme als Elementarbausteine verschiedener Sprachen nur wenig unterscheiden und es daher gelingen müsste, einen Spracherkenner oder ein TTS-System aus vorhandenen Sprachstichproben auch dann konstruieren zu können, wenn nur wenige oder gar keine Trainingsdaten aus der Zielsprache zur Verfügung stehen. Ein globales Modell sollte es darüber hinaus auch ermöglichen, einen universellen Spracherkenner zu erschaffen, der Äußerungen aus sämtlichen am Training beteiligten Sprachen simultan erkennen kann und dadurch Design, Wartung und grenzüberschreitende Verbreitung sprachgestützter Anwendungen erleichtert. Die Möglichkeit des Zugriffs auf ein universelles Lautinventar würde schließlich auch die systematische Modellierung von Aussprachevarianten ermöglichen und so für eine bessere Erkennungsleistung für Nichtmuttersprachler sowie die verbesserte Synthese von Fremdwörtern sorgen. Auch vor dem Hintergrund eines relativ großen Marktes mit zahlreichen, auf engstem Raum gesprochenen Sprachen ist es daher sicherlich kein Zufall, dass die wichtigsten Beiträge zur Forschung und Entwicklung auf dem

Gebiet multilingualer Sprachverarbeitung überwiegend aus Europa stammen [24, 25, 26, 27, 28, 29].

Ein universelles Phonemalphabet

Ansätze zur Definition eines sprachübergreifenden, universellen Phonemalphabets bedienen sich in der Regel der bereits erwähnten, für zahlreiche Sprachen vorhandenen Kategorisierung von Sprachlauten durch das IPA- oder SAMPA-Alphabet. Die grundsätzliche Vorgehensweise – Phoneme verschiedener Sprachen werden als *identisch* definiert, wenn sie das gleiche Symbol im jeweiligen sprachspezifischen Phonemvorrat besitzen – gibt die aus Sicht des Phonetikers wünschenswerte Exaktheit zugunsten eines ingenieurmäßigen Pragmatismus auf: Beispielsweise werden bei der Erstellung eines deutsch-französischen Phonemalphabets sämtliche Plosivlaute beider Sprachen (also [b,d,g,k,p,t]) auf jeweils ein gemeinsames Phonem abgebildet, obwohl sich sowohl [d] als auch [t] (wie etwa in „doux" und „das" bzw. in „tout" und „traurig") in beiden Sprachen bezüglich des Artikulationsortes (vgl. Abschnitt *Artikulatorische Phonetik*) unterscheiden.

Derartige Vereinfachungen verfolgen einerseits das Ziel einer besseren Ausnutzung von Trainingsdaten – nur wenn wir [d] und [t] der beiden Beispielsprachen miteinander identifizieren, stehen auch zwei Sprachstichproben zum Training der gemeinsamen Modelle zur Verfügung – und werden andererseits durch die Notwendigkeit motiviert, das Modellinventar und die Zahl seiner Parameter so klein wie möglich zu wählen. Verspricht das Erreichen des erstgenannten Zieles eine größere Robustheit unseres Spracherkenners gegenüber unterschiedlichen Eingabekanälen und Benutzergruppen (Nichtmuttersprachler, Dialekte, Sprecher einer neuen Zielsprache), so resultiert die letztgenannte Notwendigkeit unter anderem aus dem äußerst knapp bemessenen Speicherplatz mobiler Endgeräte. Sollten die relevanten akustischen Eigenschaften der jeweils miteinander identifizierten Phoneme jedoch tatsächlich signifikant voneinander abweichen, kann die multilinguale Modellierung auf die im Training jedes Spracherkenners oder -synthesesystems vorgesehene datengetriebene Differenzierung des Modell- oder Segmentinventars durch die in Abschn. 2.2 erwähnten Clustering-Verfahren vertrauen.

Dem hier aus Platzgründen nur ansatzweise skizzierten Prinzip folgend haben wir zwei Versionen eines universellen Phonemalphabets erstellt, das ursprünglich sieben überwiegend germanische und romanische Sprachen integrierte und mittlerweile 17 verschiedene Sprachen umfasst [29, 30].

Für zehn dieser genutzten Phoneme in Abb. 4.10 angegeben[12]; die mit deutlich weniger Elementen auskommende reduzierte, in der Spracherkennung verwendete Variante des Phoneminventars entsteht dabei aus der detailgetreueren, in

---

[12] In alphabetischer Reihenfolge: Dänisch, Deutsch, (Britisches) Englisch, Finnisch, Französisch, Italienisch, Norwegisch, (Brasilianisches) Portugiesisch, Schwedisch, und Spanisch

# Sprachen	detailliert (TTS)		reduziert (ASR)	
	62 Vokale	53 Konsonanten	30 Vokale	46 Konsonanten
1	24 Phoneme	11 Phoneme	7 Phoneme	8 Phoneme
2	8, O:, Q, a~, E:, a:, aI, 6, e~	pp, tt, T, s', F, ks, n', X, ?, t', C, kk, s\, d', l'	8, Q, a~, 6, e~	pp, tt, T, s', F, n', X, ?, t', C, kk, d', s\, l'
3	A, e:, o:, OY, {, y, A:, o~, 2, y:, Y, aU, 2:	ts, L, D, Z	o~, {, Y	L, D, Z
4	I, "E, "u, u:, i:, U, "i	rr, J, dZ	A, I, U	J, dZ
5	9	tS	2, 9, y	tS
6	o, i, @, u	z, h, w	@	z, h, w
7	O, E, a	S		S
8		N	o, a, O, E	N
9	e	v	i	v
10		p, j, g, b, n, s, m, l, r, k, t, d, f	e, u	p, j, g, b, n, s, m, l, r, k, t, d, f

Abb. 4.10. Universelles Phonemalphabet: Gemeinsam genutzte Phoneme (in erweiterter SAMPA-Notation) für zehn Sprachen

der Synthese eingesetzten Version durch die Modellierung von Diphthongen und langen Vokalen mittels zweier Kurzvokale sowie die teilweise Auflösung von Affrikaten und den in einigen Sprachen verbreiteten Doppelkonsonanten[13].

Sind wir durch die Verwendung der detaillierten Variante des Phonemalpha-Sprachen sind die von zwei oder mehr Sprachen gemeinsam bets in der Lage, ein den qualitativen Unterschieden insbesondere der Vokale Rechnung tragendes Segmentinventar für die Sprachsynthese zu konstruieren, so erweist sich die Nutzung der reduzieren Variante für die Spracherkennung als effizienzsteigernd im Sinne einer Auslastung unserer nunmehr multilingualen Trainingsstichprobe. Letzteres wird in Abb. 4.11 anhand des *Language Sharing Factor* [27] illustriert, der angibt, wie viele Sprachen im Mittel zum Training eines Phonemmodells beitragen können: Betrachten wir alle zehn Sprachen, so wird jedes Phonem in der detaillierten Variante im Mittel mit Sprachdaten von 3,6 Sprachen trainiert, in der reduzierten Variante dagegen mit Material von 4,2 Sprachen; für jedes der 45 möglichen Sprach*paare* tragen in beiden Varianten im Mittel etwa 1,5 Sprachen bei.

---

[13] Einige Beispiele für die genannten Vereinfachungen sind: „*house*" (englisch): /h aU s/ → /h a u s/, „*hus*" (dänisch): /h u: s/ → /h u u s/, „*Kopf*" (deutsch): /k O pf/ → /k O p f/), „*gobba*" (italienisch): /g O bb a/ → /g O b b a/.

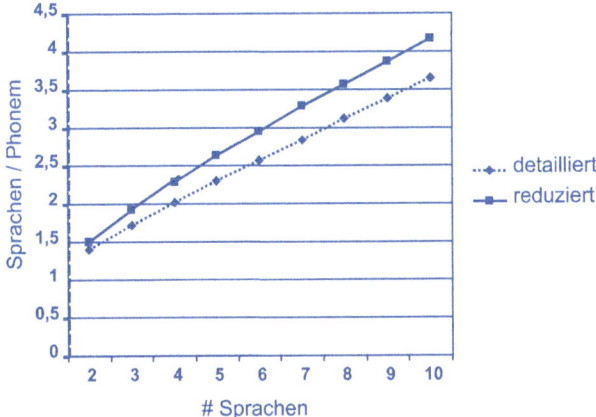

Abb. 4.11. Universelles Phonemalphabet: Vergleich des *Language Sharing Factor* von detaillierter und reduzierter Variante

Fallstudien

Die Früchte der rein definitorischen Bemühungen des vorigen Abschnitts ernten wir nun gleich in mehrfacher Form: Neben einer einfachen Integration weiterer Sprachen in die reduzierte Variante des Phonemalphabets[14] und der problemlosen Nutzung von zahlreichen, im De-facto-Standard SAMPA verschrifteten und gegen geringe Gebühr öffentlich zugänglichen Sprachdatensammlungen werden wir insbesondere mit der Möglichkeit belohnt, existierende ASR- und TTS-Systeme mit relativ geringem Aufwand zu verbessern oder um wichtige Funktionalität zu erweitern. Anhand einiger Fallstudien wollen wir diesen Sachverhalt in den folgenden Abschnitten illustrieren.

Multilinguale Spracherkennung

Im Fokus unserer Arbeiten zur multilingualen Spracherkennung steht einerseits die Suche nach einer – an der Erkennungsrate gemessenen – optimalen Strategie für das Training unserer Hidden-Markov-Modelle. Andererseits sind wir insbesondere daran interessiert, die potentiellen Vorteile der multilingualen Modellierung in realen Anwendungen zu nutzen. Wir verfolgen also zwei Ziele, die sich gegenseitig ergänzen: Während Untersuchungen zur Nutzung und eventuellen Modifikation etablierter Trainings*verfahren* sowie zur Gewichtung von Trainings*daten* unterschiedlicher Herkunft eine Grundvoraussetzung für den schnellen Transfer unserer Erkennungstechnologie auf zusätzliche Sprachen

---

[14] Die Integration dreier weiterer Sprachen (Griechisch, Japanisch und Tschechisch) erfordert lediglich neun weitere Konsonanten; das Phoneminventar von Niederländisch ist bereits vollständig in unseren zehn Ausgangssprachen enthalten.

sind, ist deren praktische Erprobung nicht nur ultimativer Test für die Tragfähigkeit des Ansatzes, sondern auch wichtige Quelle für die Ermittlung weiterer Verbesserungsmöglichkeiten.

Die Antwort auf die Frage nach einer etwaigen Anpassung des Modelltrainings fällt beruhigend aus: Ganz überwiegend erweisen sich für das Training multilingualer Modelle die gleichen Methoden als geeignet, die auch im „klassischen" Fall des Trainings mit Daten genau einer Sprache genutzt werden; zu nennen sind hier beispielsweise lineare Transformationen zur besseren Trennung der (sub-)phonemischen Klassen im Merkmalsraum (*lineare Diskriminanzanalyse*) oder auch die Verwendung eines informationstheoretischen Kriteriums zur datenabhängigen Bestimmung einer individuellen Parameteranzahl für jedes HMM [25].

Einzig bei der datengetriebenen Bestimmung des Modellinventars – das waren die kontextabhängigen Markovmodelle des Abschn. 2.2 – haben sich Anpassungen der hierzu eingesetzten Clustering-Verfahren als sinnvoll erwiesen. Je nach Anwendung zeigen sich dabei unterschiedliche Vorgehensweisen als zielführend: Zur Portierung multilingualer Modelle auf eine neue Sprache empfiehlt sich eine Vergrößerung des Modellinventars, die durch eine Verfeinerung oder *Spezialisierung* der berücksichtigten phonetischen Kontexte anhand einer verhältnismäßig kleinen Sprachstichprobe aus der Zielsprache gelingt [26]. Interessieren wir uns dagegen vorrangig dafür, die Erkennungsleistung für aus Systemsicht „problematische" Benutzergruppen wie etwa Nichtmuttersprachler oder Dialektsprecher zu verbessern, so gelingt dies durch eine leichte Reduzierung der Modellanzahl, da diese zu Modellen mit einer größeren Varianz der Ausgabewahrscheinlichkeiten führt [31]. Geht es uns schließlich darum, einen Spracherkenner zu konstruieren, der alle am Training beteiligten Sprachen gleichzeitig erkennen kann, dann gelingt dies am besten, wenn wir Informationen über die Herkunft der Merkmalvektoren („Stammt dieser Vektor aus der deutschen oder spanischen (Teil-)Stichprobe?") bei der Erstellung des Inventars zur Verfügung stellen [25].

Während wir Anwendungen der letztgenannten Art auch zu Forschungs- und Demonstrationszwecken betreiben – beispielsweise in Gestalt eines Telefonauskunftsystems zur dreisprachigen Live-Abfrage der Verkehrslage auf deutschen Autobahnen –, nutzen wir die Vorteile multilingualer Modellierung insbesondere bei der stetigen Erweiterung unseres Sprachenportfolios. Ein Fallbeispiel, die Entwicklung eines finnischen Telefonauskunft- und -vermittlungssystems [29], das auch von zahlreichen Nichtmuttersprachlern genutzt wird, und dessen aktives Vokabular etwa 6000 Namen aus vielen Sprachen (darunter Englisch, Mandarin, Spanisch und Ungarisch) enthält, wollen wir im Folgenden näher betrachten[15].

---

[15] Eine derartige Anwendung stellt gewissermaßen den idealen Testfall dar, da sie alle Aspekte multilingualer Spracherkennung (neue Zielsprache, zahlreiche Aussprachevarianten, Fremdwörter) abdeckt.

Modell	FI	EN	DE	IT	ES
F70	70.0	0	0	0	0
M01	70.0	3.8	1.5	0.5	0
M02	70.0	7.6	3.0	1.0	0
M05	70.0	25.0	7.5	2.5	0
M10	70.0	50.0	15.0	5.0	0
M10b	140.0	90.0	25.0	10.0	15.0

Abb. 4.12. Zusammensetzung und Größe (in 1000 Äußerungen) der Trainingsstichprobe für verschiedene mono- (F70) und multilinguale akustische Modelle (M01–M10b)

	Wortfehlerrate [%]				
	FI	EN	DE	IT	ES
F70	2.63				
M01	2.88	28.20	28.50	20.81	31.40
M02	2.25	21.70	21.50	17.54	24.10
M05	2.44	14.90	10.60	9.41	21.30
M10	2.44	11.10	7.70	7.83	14.70
M10b	2.07	11.50	10.40	4.86	6.40

Abb. 4.13. Wortfehlerraten in Abhängigkeit von Größe und Zusammensetzung der Trainingsstichprobe. FI: finnische Grammatik mit 6000 Namen, darunter zahlreiche Namen aus Fremdsprachen; EN, DE, IT, ES: Namensgrammatiken in Englisch, Deutsch, Italienisch und Spanisch (ebenfalls 6000 Namen).

Abbildung 4.12 gibt zunächst Aufschluss über die Verteilung von Daten aus sechs Sprachen (Finnisch, Amerikanisches und Britisches Englisch, Deutsch, Italienisch, und Spanisch), die wir für das Training verschiedener multilingualer Modelle während der Entwicklung des Systems systematisch variiert haben.

Das Modell mit den meisten Daten (M10b) wurde mit 280.000 Äußerungen trainiert – dies entspricht etwa 190 Stunden gesprochener Sprache – und umfasst damit viermal so viel Trainingsdaten wie das monolinguale Modell F70, das 70.000 Äußerungen inkorporiert. Bei der Wahl der beteiligten Sprachen ging es uns darum, einen möglichst großen *Language Sharing Factor* zu erzielen; für die Modelle M01–M10 beträgt dieser 3,05, und bei der Hinzunahme spanischer Trainingsdaten (M10b) werden unsere Markovmodelle im Mittel mit Daten von 3,45 Sprachen trainiert.

In Abb. 4.13 sind Ergebnisse für Testsprecher verschiedener Muttersprachen tabellarisch zusammengefasst. Zwar ist die Minimierung der Wortfehlerrate für die finnischen Testsprecher (Spalte FI) von primärer Wichtigkeit für die gewählte Anwendung, von Interesse ist aber zugleich die Leistungsfähigkeit unserer multilingualen Modelle bei der Erkennung sämtlicher am Training beteiligten Sprachen. Da nicht am Training der Modelle M01 bis M10 beteiligt, nimmt Spanisch außerdem die Rolle einer neuen (oder auch *ungesehenen*) Sprache ein und gestattet so die Evaluierung eines wesentlichen Versprechens des multilingualen Ansatzes, nämlich der Möglichkeit des Verzichts auf (umfangreiche) Datensammlungen.

Als erstes Ergebnis können wir festhalten, dass die für die Anwendung relevante Namenserkennung (Spalte FI) wie erwartet von der größeren Trainingsstichprobe profitiert – die relative Verringerung der Wortfehlerrate beträgt bis zu 14,4% (M02) und steigt auf 21,2% (M10b), wenn wir Spanisch als zusätzliche Sprache in die Trainingsdaten aufnehmen. Diese Verbesserung ist im Wesentlichen der besseren statistischen Erfassung von Sprechervariabilität und unterschiedlichen Telefonkanälen geschuldet und lässt sich durch die Modellierung der von den Nichtmuttersprachlern in unserer Testmenge verwendeten Aussprachevarianten noch steigern (vgl. [31]). Gleichzeitig ziehen aber auch alle Sprachen – insbesondere auch Spanisch als ungesehene Sprache in M01 bis M10 – Nutzen aus der durch die multilinguale Modellierung möglich gewordenen Verbreiterung der Datenbasis. Die Ergebnisse für das Modell M10b zeigen darüber hinaus, wie Sprachen mit größerer Ähnlichkeit voneinander profitieren: Die Hinzunahme einer kleinen Menge spanischer Daten bringt eine Verbesserung der Erkennungsrate für Italienisch, die andere romanische Sprache in unserer Testmenge. So gelingt es schließlich, mit lediglich 10.000 beziehungsweise 15.000 Trainingsäußerungen bereits akzeptable Erkennungsraten für Italienisch und Spanisch zu erzielen.

Bilinguale Sprachsynthese

Während wir multilinguale Spracherkennung in allen ihren Facetten heute nahezu als Stand der Technik, sicherlich jedoch als ein bestens etabliertes Forschungsgebiet ansehen dürfen, weisen Publikationslage und Anzahl der existierenden Lösungen multilinguale Ansätze zur konkatenativen Sprachsynthese als beinahe noch in den Kinderschuhen steckend aus. Zwar existieren sprachübergreifende Techniken (vgl. [16]) sowohl für die Entwicklung von Komponenten des linguistischen Analysemoduls als auch zur automatischen Erstellung der Segmentdatenbank – dies leisten ja gerade unsere multilingualen Markovmodelle –, aber Anwendungen, die synthetische Sprache in mehr als einer Landessprache erzeugen, erreichen dies in der Regel durch den parallelen Betrieb zweier oder mehrerer sprachspezifischer TTS-Systeme, der häufig auch mit einem Wechsel der synthetischen Stimme verbunden ist [32]. Dies mag als gangbarer Weg erscheinen, solange es um die Synthese kompletter Sätze geht, stellt aber keine akzeptable Lösung für die zunehmende Anzahl von Applikationen dar, die von einem Wechsel der Sprache („*Code-Switch*") auch innerhalb eines Satzes Gebrauch machen – etwa zur korrekten Aussprache von Eigennamen („Biegen Sie nach rechts ab in die *Rue de la Concorde.*") oder Fachbegriffen

("Bei Problemen mit dem neuen *Messenger* nutzen Sie einfach die *Online-Hilfe*."). Zur Unterstützung derartiger Szenarien muss ein TTS-System vielmehr über eine mehrsprachige Segmentdatenbank verfügen und darüber hinaus auch spezielle Vorkehrungen zur linguistischen Analyse gemischt-sprachiger Eingabetexte treffen [33].

Im Rahmen der Entwicklung deutsch-englischer und spanisch-englischer konkatenativer Synthesesysteme haben wir uns jüngst mit beiden Aspekten befasst [34, 35]. Zur linguistischen Analyse – man betrachte nochmals den allgemeinen Systemaufbau in Abb. 4.8 – stützen wir uns dabei auf existierende, monolinguale Komponenten für die jeweiligen Sprachen, vernachlässigen zunächst also beispielsweise die Eigenschaft des Deutschen, Fremdwörter in die Komposita-Bildung einzubeziehen („*Hardware*probleme") oder sie nach ihrer grammatischen Funktion zu flektieren („Hier können Sie das Programm kostenlos *downloaden*"). Ein vorgeschaltetes Modul zur *Landessprachenidentifikation* bestimmt – Wort für Wort – die Sprache des Eingabetextes, sorgt für die Umschaltung zwischen den jeweiligen Analysekomponenten und befreit so nebenbei den Anwendungsentwickler von der extensiven Verwendung von *Markup* zur expliziten Angabe der Sprache.

Etablierte Methoden aus dem Gebiet der Dokumentenanalyse benötigen etwa 100 Byte Text, um die Sprache eines *kompletten Dokuments* mit großer Sicherheit zu ermitteln, und scheiden damit für die Aufgabe einer wortweisen Identifikation aus [36]. In einem neuartigen Verfahren [35] haben wir daher zwei statistische Methoden miteinander gekoppelt: In einem ersten, wahrscheinlichkeitsorientierten Ansatz fassen wir in Analogie zu den Gleichungen 3 und 4 aus Abschn. 2.2 Wörter als Folgen von Buchstaben auf, schätzen in einer Trainingsphase die (sprach-)bedingten Wahrscheinlichkeiten von N-grammen mittels eines großen Korpus der beteiligten Sprachen und entscheiden uns zur Laufzeit für die Sprache mit maximaler A-Posteriori-Wahrscheinlichkeit. Zur Illustration der Diskriminationsfähigkeit der Buchstabensequenzen zeigt Abb. 4.14 die häufigsten Buchstaben-Trigramme für fünf europäische Sprachen, die aus einem Nachrichtenkorpus von jeweils etwa 1,2 Millionen Wörtern ermittelt wurden.

Position	Sprache				
	DE	EN	ES	FR	IT
1	die	the	que	ent	che
2	der	ing	con	ion	lla
3	ein	and	los	les	del
4	ten	ion	nte	que	one
5	den	for	est	des	ono

Abb. 4.14. Sprachenidentifikation: Die häufigsten Buchstaben-Trigramme der Trainingsstichprobe

	if	then
1	NEXTWORD = „and"	EN ‖ FR $\rightarrow$ EN
2	PREVIOUSWORD = „The"	EN ‖ FR $\rightarrow$ EN
3	PREVIOUSTAG = „EN"	EN ‖ DE $\rightarrow$ EN

Abb. 4.15. Sprachenidentifikation: Einige ausgewählte Disambiguierungsregeln (Regel 1 wird gelesen als: „wenn das nächste Wort *and* ist, dann ändere die Klassifikation des aktuellen Wortes von *Englisch oder Französisch* auf *Englisch*")

Ein zweiter Ansatz nutzt ein mehrsprachiges Lexikon zur Ableitung einer Menge von morphologischen Regeln und verwendet diese zur initialen Klassifikation der Wörter[16]. Eine weitere Menge von Regeln wird anschließend zur Disambiguierung von Homographen und zur Fehlerkorrektur eingesetzt[17]; diese Regeln – Abb. 4.15 zeigt einige Beispiele – werden mithilfe eines maschinellen Lernverfahrens ebenfalls in einer Trainingsphase akquiriert und zur Laufzeit auf das Ergebnis der initialen Klassifikation angewendet.

Beide Verfahren betrachten lediglich die beiden Wörter zur Rechten und Linken des aktuellen Wortes – sie benötigen also nur wenige Bytes Text zur Entscheidungsfindung –, besitzen aber dennoch unterschiedliche Stärken und Schwächen: Zeigt der wahrscheinlichkeitsorientierte Ansatz Schwächen im Umgang mit Homographen, so erweist sich der lexikonbasierte Ansatz bei der Behandlung von Eigennamen, die nicht im Lexikon verzeichnet sind, als unterlegen. Die Kombination beider Verfahren setzt daher auf eine initiale Klassifikation mithilfe der N-gramme und eine anschließende Korrektur durch das regelbasierte Verfahren. Für ein 5-Klassen-Problem – die beteiligten Sprachen waren Deutsch, Englisch, Französisch Italienisch, und Spanisch – konnten damit Erkennungsraten zwischen 98,7 und 99,2% erzielt werden [35].

Erste Herausforderung bei der Konstruktion einer zwei- oder mehrsprachigen Segmentdatenbank ist die Rekrutierung eines professionellen Sprechers, der die gewünschten Sprachen weitgehend akzentfrei beherrscht. Ist dieser gefunden und ein den Anforderungen der ins Auge gefassten Anwendungen genügender Sprachkorpus erstellt, so kann die Erstellung des Segmentinventars weitgehend automatisiert ablaufen [34]. Basierend auf der detaillierten Version des universellen Phonemalphabets und unter Verwendung eines aus etwa 50.000 Äußerungen von etwa 500 Sprechern bestehenden Trainingskorpus – bei den

---

[16] Die Bildung morphologischer Regeln (Beispiel: „Wenn ein Wort in *-ung* endet, dann klassifiziere es als DEUTSCH") dient nicht nur der Generalisierung, sondern auch der platzsparenden Lexikonreduktion.

[17] Homographe sind Wörter, die bei gleicher Schreibweise unterschiedliche Aussprachen und Bedeutungen besitzen. Sie können innerhalb einer Sprache auftreten (deutsch: „Wach|stube" vs. „Wachs|tube"), aber auch in verschiedenen Sprachen (deutsch: „die"; englisch: „(to) die").

darin vertretenen Sprachen handelt es sich erneut um Deutsch, Englisch, Französisch, Italienisch und Spanisch – trainieren wir dazu zunächst eine Menge von Hidden-Markov-Modellen, die wir auch zur multilingualen Spracherkennung verwenden könnten. *Per constructionem* sind unsere Modelle unabhängig von Sprache und Sprecher und eignen sich daher zur Berechnung einer initialen Zuordnung zwischen phonetischer Verschriftung und aufgenommenen Sprachdaten gleich welcher Sprache. Ausgehend von dieser Zuordnung trainieren wir neue, nunmehr sprecherabhängige Modelle, und durch einige wenige Iterationen über diesen Vorgang, bei denen wir den phonetischen Kontext unserer Modelle schrittweise verfeinern, gewinnen wir schließlich das endgültige Segmentinventar unseres Synthesesystems.

Beide bilingualen Segmentdatenbanken bestehen gegenwärtig zu etwa 85% aus Deutsch und Spanisch und zu 15% aus Englisch. Damit gelingt es uns, einerseits Texte der jeweiligen Primärsprache ohne Qualitätsverluste zu synthetisieren und andererseits eine verbesserte Aussprache kurzer, eingebetteter Phrasen oder Eigennamen in der Sekundärsprache Englisch zu erzielen; eine weitere Verbesserung der englischen Synthese bedingt jedoch die Erhöhung des Anteils englischer Sprache in der jeweiligen Datenbank, wovon inbesondere die Modelle zur Vorhersage der Intonationskonturen (vgl. [23]) profitieren dürften.

4.2.4 Zusammenfassung und Ausblick

Im hinter uns liegenden Kapitel haben wir zunächst den zunehmenden Einsatz von Sprachverarbeitungstechnologien zur ortsungebundenen Interaktion zwischen Mensch und Computer skizziert und die mathematisch-technischen Grundlagen heutiger Spracherkennungs- und -synthesesysteme knapp umrissen. Die Entwicklung von deren Kernkomponenten hat sich uns dabei als ein für viele Sprachen weitgehend einheitlicher, maschineller Lernprozess dargestellt, bei dem die freien Parameter eines stochastischen Modells der menschlichen Sprachproduktion anhand großer Mengen von sprachen- und anwendungsspezifischen Trainingsdaten ermittelt werden.

Die Charakterisierung von Hidden-Markov-Modellen als *conditio sine qua non* sowohl für die Spracherkennung als auch zur akkuraten Zuordnung von Sprachsegmenten und Lautinventar in der konkatenativen Sprachsynthese hat uns anschließend zum Kern dieses Kapitels, der multilingualen akustischen Modellierung, geführt. Als Hauptanliegen derartiger Bemühungen haben wir eine sprachübergreifende Verwendung von vorhandenen Trainingsstichproben zur raschen Entwicklung von Spracherkennern für neue Zielsprachen, aber auch die Erweiterung und Verbesserung von bereits vorhandenen ASR- und TTS-Systemen beschrieben; Stichworte waren hier beispielsweise die Steigerung der Erkennungsleistung für Nichtmuttersprachler oder eine verbesserte Erkennung und Synthese von Fremdwörtern.

Als Grundlage unserer Arbeiten zur multilingualen Sprachverarbeitung haben wir schließlich zwei Varianten eines – bezüglich des Spektrums der abgedeckten Sprachen wohl weitgehend einmaligen – universellen Phonemalphabets vorgestellt und dessen Einsatz anhand zweier Fallbeispiele, der Entwicklung eines Spracherkenners für eine neue Zielsprache sowie der Konstruktion bilingualer TTS-Systeme, studiert.

Wurden die Vorteile des sprachübergreifenden Modellierungsansatzes bereits in den beschriebenen informations*abfragenden* Szenarien deutlich, so dürfen wir einen noch größeren Nutzen erwarten, wenn wir an Anwendungen denken, bei denen die computerbasierte Unterstützung zwischenmenschlicher Kommunikation im Vordergrund steht, insbesondere natürlich in der maschinellen Übersetzung gesprochener Sprache. Zwar harren hier noch zahlreiche Teilprobleme einer endgültigen Behandlung – denken wir nur an die korrekte Synthese von flektierten Fremdwörtern oder an eine multilinguale *linguistische* Modellierung, die den Benutzer vom starren Korsett einer vorgegebenen Satzgrammatik befreit –, vielversprechende Lösungsansätze sind jedoch in industrieller wie auch universitärer Forschung vorhanden. Die weitere Untersuchung und das Zusammenführen dieser Ansätze mag aufgrund notwendiger Investitionen zwar mitunter als unpopulär erscheinen, sollte aber schließlich mit einer einfacheren Positionierung von leistungsfähigeren und kostengünstigeren Sprachverarbeitungssystemen in einem wachsenden globalen Markt belohnt werden.

Literatur

1   S. Kunzmann: VoiceType: A Multi-Lingual, Large Vocabulary Speech Recognition System for a PC, in *Proc. of the 2nd SQEL Workshop on Multi-Lingual Information Retrieval Dialogs*, Pilsen, 1997.
2   Proceedings of the IEEE International Conference on Acoustics, Speech, and Signal Processing, 1976–2006.
3   Proceedings of the European Conference on Speech Communication and Technology, 1989–2005.
4   Proceedings of the International Conference on Spoken Language Processing, 1990–2006.
5   Proceedings of the IEEE Workshop on Automatic Speech Recognition and Understanding, 1999–2005.
6   E.G. Schukat-Talamazzini: *Automatische Spracherkennung. Grundlagen, statistische Modelle und effiziente Algorithmen*, Vieweg Verlag, Braunschweig, 1995.
7   F. Jelinek: *Statistical Methods for Speech Recognition*, The MIT Press, Cambridge, Ma., 1997.
8   M. Ostendorf, I. Bulyko: The Impact of Speech Recognition on Speech Synthesis, in *Proc. of the IEEE 2002 Workshop on Speech Synthesis*, Santa Monica, Ca., 2002.
9   P. Ladefoged: *A Course in Phonetics*, Harcourt, Brace, Jovanovic, Orlando, 1975.
10 K. Kohler: *Einführung in die Phonetik des Deutschen*, Erich Schmidt Verlag, Berlin, 1977.

11 International Phonetic Association: *Handbook of the International Phonetic Association*, Cambridge University Press, Cambridge, 1999.
12 C.J. Wells: Computer-coded Phonemic Notation of Individual Languages of the European Community, *Journal of the International Phonetic Association*, vol. 19, pp. 32–54, 1989.
13 SAMPA: Computer Readable Phonetic Alphabet, http://www.phon.ucl.ac.uk/home/sampa/home.htm, 1999.
14 H. Niemann: *Pattern Analysis and Understanding*, Second Edition, Number 4 in Springer Series in Information Sciences. Springer-Verlag, Berlin, 1990.
15 S. Davis, P. Mermelstein: Comparison of Parametric Representation for Monosyllabic Word Recognition in Continuously Spoken Sentences, *IEEE Trans. on Acoustics, Speech, and Signal Processing*, vol. ASSP-28, no. 4, pp. 357–366, 1980.
16 R. Sproat, Ed.: *Multilingual Text-to-Speech Synthesis. The Bell Labs Approach*, Kluwer Academic Publishers, Dordrecht, Boston, London, 1998.
17 D. Klatt: Review of Text-to-Speech Conversion for English, *Journal of the Acoustic Society of America*, vol. 82, no. 3, pp. 737–793, 1987.
18 A. Hunt, A. Black: Unit Selection in a Concatenative Speech Synthesis System using a Large Speech Database, in *Proc. of the IEEE Int. Conf. on Acoustics, Speech, and Signal Processing*, Atlanta, 1996, vol. 1, pp. 373–376.
19 R. Donovan, E. Eide: The IBM Trainable Speech Synthesis System, in *Proc. of the 5th Int. Conf. on Spoken Language Processing*, Sydney, 1998.
20 M. Beutnagel, A. Conkie, J. Schroeter, Y. Stylianou, A.K. Syrdal: The AT&T NextGen TTS System, in *Proc. of the Joint Meeting of ASA, EAA, and DAGA*, Berlin, Germany, 1999.
21 E. Moulines, F. Charpentier: Pitch Synchronous Waveform Processing Techniques for Text-to-Speech Synthesis using Diphones, *Speech Communication*, vol. 9, 1990.
22 J. Lucassen, R. Mercer: An Information Theoretic Apporach to the Automatic Determination of Phonemic Baseforms, in *Proc. of the IEEE Int. Conference on Acoustics, Speech, and Signal Processing*, San Diego, 1984, pp. 42.5.1–42.5.4.
23 E. Eide, A. Aaron, R. Bakis, P. Cohen, R. Donovan, W. Hamza, T. Mathes, M. Picheny, M. Polkosky, M. Smith, M. Viswanathan: Recent Improvements to the IBM Trainable Speech Synthesis System, in *Proc. of the IEEE Int. Conf. on Acoustics, Speech, and Signal Processing*, Hong Kong, 2003.
24 J. Köhler: Language Adaptation of Multilingual Phone Models for Vocabulary Independent Speech Recognition Tasks, in *Proc. of the IEEE Int. Conf. on Acoustics, Speech, and Signal Processing*, Seattle, 1998.
25 V. Fischer, J. Gonzalez, E. Janke, M. Villani, C. Waast-Richard: Towards Multilingual Acoustic Modeling for Large Vocabulary Continuous Speech Recognition, in *Proc. of the IEEE Workshop on Multilingual Speech Communications*, Kyoto, Japan, 2000.
26 T. Schultz: *Multilinguale Spracherkennung: Kombination akustischer Modelle zur Portierung auf neue Sprachen*, Dissertation. Universität Karlsruhe, Institut für Logik, Komplexität und Deduktionssysteme. 2000.
27 T. Schultz, A. Waibel: Language Independent and Language Adaptive Acoustic Modeling for Speech Recognition, *Speech Communication*, vol. 35, 2001.
28 V. Fischer, E. Janke, S. Kunzmann: Likelihood Combination and Recognition Output Voting for the Decoding of Non native Speech with Multilingual HMMs, in *Proc. of the 7th Int. Conf. on Spoken Language Processing*, Denver, Colorado, 2002.

29 S. Kunzmann, V. Fischer, J. Gonzalez, O. Emam, C. Günther, E. Janke: Multilingual Acoustic Models for Speech Recognition and Synthesis, in *Proc. of the IEEE Int. Conference on Acoustics, Speech, and Signal Processing*, Montreal, 2004.

30 F. Palou Cambra, P. Bravetti, O. Emam, V. Fischer, E. Janke: Towards a common phone alphabet for multilingual speech recognition, in *Proc. of the 6th Int. Conf. on Spoken Language Processing*, Beijing, 2000.

31 V. Fischer, E. Janke, S. Kunzmann: Recent Progress in the Decoding of Non-native Speech with Multilingual Acoustic Models, in *Proc. of the 8th Europ. Conf. on Speech Communication and Technology*, Geneva, 2003.

32 L. Mayfield Tomokiyo, A. Black, K. Lenzo: Arabic in my Hand: Smallfootprint Synthesis of Egyptian Arabic, in *Proc. of the 8th Europ. Conf. on Speech Communication and Technology*, Geneva, 2003.

33 B. Pfister, H. Romsdorfer: Mixed-lingual Text Analysis for Polyglot TTS Synthesis, in *Proc. of the 8th Europ. Conf. on Speech Communication and Technology*, Geneva, 2003.

34 J. Botella Ordinas, V. Fischer, C. Waast-Richard: Multilingual Models in the IBM Bilingual Text-to-Speech Systems, in *Proc. of the 9th Europ. Conf. on Speech Communication and Technology*, Lisbon, 2005.

35 J. Marcadet, V. Fischer, C.Waast-Richard: A Transformation-Based Learning Approach to Language Identification for Mixed-Lingual Text-to-Speech Synthesis, in *Proc. of the 9th Europ. Conf. on Speech Communication and Technology*, Lisbon, 2005.

36 J. Prager: Linguini: Language Identification for Multilingual Documents, in *Proc. of the 32nd Hawaii Int. Conf. on System Sciences*, Hawaii, 1999, pp. 1–11.

5 Vom Exot zum Standard – Linux im Unternehmen

5.1 Linux auf System z

Ulrich Weigand, Martin Schwidefsky

5.1.1 Die Hardwareplattform System z

Für Rechner aus der von IBM hergestellten System z-Reihe und deren Vorläufer wird häufig auch der Begriff „Großrechner" (engl. Mainframe) als Synonym verwendet. Direkt übersetzt bedeutet Mainframe „Hauptrahmen" und bezeichnete ursprünglich das Gehäuse, in dem die zentrale Prozessoreinheit untergebracht war. Da jeder normale Arbeitsplatzrechner heutzutage einen oder mehrere Prozessoren enthält, ist der Begriff Mainframe genau genommen irreführend. Auch Großrechner ist kein präziser Begriff, da es viele Systeme gibt, die unter diese Kategorie fallen.

Tatsächlich gemeint ist die Rechnerarchitektur, die ihren Ursprung im IBM System 360 aus dem Jahr 1964 hat. Im Laufe der letzten 40 Jahre wurde diese Architektur kontinuierlich weiter entwickelt und modernisiert. Basierend auf der jeweiligen Architektur ist eine Vielzahl von Computermodellen gebaut worden – neben der IBM Corporation auch von der Amdahl Corporation, Fujitsu-Siemens, Unisys und Robotron. Die wichtigsten Meilensteine in der Entwicklung bis hin zum System z sind:

- IBM System 360 (S/360) im Jahr 1964
  Ein zur damaligen Zeit revolutionäres Computerdesign mit dem Anspruch eines allumfassendes Konzepts. Als Symbol für die allgemeine Anwendbarkeit wurde der 360-Grad-Vollkreis gewählt, daher der Name System 360. Das System 360 definierte 16 Universalregister mit je 32 Bit, vier Gleitzahlregister für 32- und 64-Bit-Gleitkomma-Arithmetik basierend auf hexadezimaler Basis und einen maximalen Addressraum von 16 Megabyte. Als erstes System der Welt verwendete S/360 Acht-Bit-Zeichengröße anstelle der damals gebräuchlichen sechs Bit.
- IBM System 370 (S/370) im Jahr 1970
  Eine evolutionäre Weiterentwicklung der S/360. Die grundlegende Architektur blieb unverändert, die Maschinen wurden graduell immer leistungsfähiger, der Befehlssatz wurde erweitert und Multiprozessoren-Systeme wurden

eingeführt. Das Konzept der Virtualisierung verbreitete sich: Das Modell 360/67 aus der S/360- Reihe hatte bereits einen virtuellen Speicher, aber erst mit den Modellen aus der System 370-Reihe konnten auch Prozessoren virtualisiert werden. 1972 kündigte IBM das erste virtualisierende Betriebssystem VM/370 an. Anfang der 80-er Jahre stießen die Speicheranforderungen an das System 370 an die 24-Bit-Grenze. 1982 wurde daher mit dem System 370-XA die Architektur auf 31-Bit-Addressierung erweitert. Nachdem auch die Grenze von zwei Gigabyte durchbrochen war, wurde 1988 das System 370-ESA eingeführt, das den gleichzeitigen Zugriff auf mehrere Addressräume ermöglichte.

- IBM System 390 (S/390) im Jahr 1990
  Die Nachfolgereihe zum System 370. Die Systeme wuchsen weiter, ingesamt wurden sechs Generationen (G1 bis G6) von Servern basierend auf der S/390-Architektur gebaut. Bis zur zweiten Generation wurde noch die energieintensive bipolare Transistortechnik verwendet, mit Generation drei wurde die CMOS-Technik eingeführt. Mit der Generation fünf war erstmals eine Gleitkommaeinheit vorhanden, die kompatibel zur Norm IEEE 754 ist.

- IBM z/Architecture im Jahr 2000
  Die wichtigste Neuerung der z/Architecture war die Einführung der 64-Bit-Addressierung. Um Speicher oberhalb von vier Gigabyte addressieren zu können, mussten die Universalregister von 32 Bit auf 64 Bit vergrößert werden.

Ein wesentliches Entwicklungsziel jeder neuen Architektur der System z-Serie war die Rückwärtskompatibilität zu den Vorgängerversionen. So ist es möglich, auf einem Modell der z/Architecture Programme auszuführen, die für ein Modell der System 360-Architektur geschrieben wurden.

5.1.2 Unterschiede zu anderen Rechnerarchitekturen

Bei genauer Betrachtung der System z-Architektur zeigen sich neben vielen Gemeinsamkeiten auch etliche Unterschiede im Vergleich zu den in großen Stückzahlen gebauten Unix- und PC-Systemen.

Die Grundlage für das Design der System z-Prozessoren ist der „complex instruction set computer (CISC)"-Ansatz, das heißt, die Prozessoren haben einen komplexen Instruktionssatz. Es gibt neben den Standardbefehlen wie „load", „store", „multiply" und so weiter sehr aufwendige Befehle, die langwierige Berechnungen mit einer einzigen Instruktion durchführen. So wurde zum Beispiel mit S/390 die „compression call (cmpsc)"-Instruktion zur schnellen Datenkomprimierung oder die „checksum (cksm)"-Instruktion zur beschleunigten Berechnung von TCP/IP-Prüfsummen eingeführt.

Der größte Unterschied des System z zu Unix- und PC-Systemen findet sich in der Art und Weise, wie Ein- und Ausgabegeräte angesprochen werden. Seit dem System 360 gibt es die Trennung zwischen dem eigentlichen Gerät, der

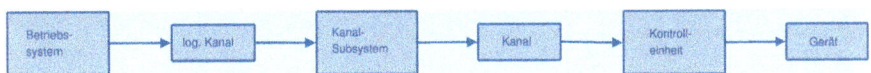

Abb. 5.1. Ansteuerung von Ein-/Ausgabegeräten

Kontrolleinheit, dem Kanal zur Kontrolleinheit und dem logischen Kanal, mit dem das Betriebssystem arbeitet. Zur Kommunikation zwischen dem Gerätetreiber im Betriebssystem und der Kontrolleinheit wird ein spezielles Programm verwendet, das Kanalprogramm. Der Gerätetreiber erzeugt die Kanalprogramme, die mittels einer Instruktion dem Kanalsubsystem zur Ausführung übergeben werden. Das Kanalsubsystem leitet das Programm über einen der physikalischen Kanäle weiter an die Kontrolleinheit, deren Aufgabe es ist, die eigentlichen Geräte zu steuern.

Dieses vielschichtige Vorgehen zur Durchführung von I/O-Operationen ermöglicht es, neue Geräte ohne Änderung des Betriebssystems zu verwenden. Nur die Kontrolleinheit, die das Kanalprogramm interpretiert, muss angepasst werden. Auch der physikalische Kanal kann erneuert werden, indem das Kanalsubsystem und die Kontrolleinheit verändert wird. Wiederum ist das Betriebssystem nicht betroffen. Dieses Vorgehen ist ein wesentliches Element für die Kompatibilität des System z zu alten Betriebssystemen.

Mainframes waren traditionell große und hochpreisige Systeme. Daraus entstand früh der Wunsch, das System logisch zu unterteilen, um das System bestmöglichst ausnutzen zu können. Eine Maschine mit nur einem Betriebssystem nutzt in der Regel die verfügbare Prozessorkapazität nicht voll aus. Der Betrieb mehrerer unabhängiger Betriebssysteme auf einer System z-Maschine erlaubt es, die durchschnittliche Prozessorauslastung auf nahezu 100% zu treiben. Der notwendige Mehraufwand für die Virtualisierung hält sich für das System z dabei in Grenzen, nur wenige Prozent der Gesamtleistung werden benötigt. Die Kosten für den Betrieb eines einzelnen Betriebssystems werden dadurch drastisch reduziert. Die Bedeutung der Virtualisierung ist bis heute ungebrochen und ein System mit mehreren Dutzend bis mehreren Hundert Betriebssysteminstanzen ist nicht ungewöhnlich.

5.1.3 Klassische Betriebssysteme der System z-Architektur

Die Entwicklung der System z-Architektur wurde begleitet und getrieben von den klassischen Betriebssystemen für das System und den darauf laufenden Anwendungen. Das wichtigste Betriebssystem auf dem System z ist nach wie vor z/OS, dessen Vorgängerversionen unter verschiedenen Namen bekannt sind. Auf dem System 360 hieß das Betriebssystem noch OS/360, spätere Versionen wurden unter den Namen MVS und OS/390 bekannt. Das zweite Betriebssystem mit starkem Einfluss auf die System z-Architektur ist z/VM, ehemals CP/CMS,

VM/370 und VM/CMS. z/VM ist das Virtualisierungsbetriebssystem der IBM für das System z mit seinen eigenen Anforderungen an die Architektur des Prozessors. Weitere Betriebssysteme mit großer Verbreitung sind z/VSE, TPF und BS2000.

Allen klassischen Betriebssystemen ist gemein, dass sie eine lange Geschichte haben. Das OS/360 stammt aus dem Jahr 1965. Zum Vergleich: Unix V1 wurde im Jahr 1970 veröffentlicht, MS-DOS 1981 und Windows 1986. Die Entwicklung der Betriebssysteme für System z erfolgte gerade in den ersten Jahren unabhängig von anderen Ansätzen. Diese Tatsache ist den klassischen Systemen bis heute anzusehen, zum Beispiel am verwendeten Zeichensatz. Die klassischen System z-Betriebssysteme verwenden die EBCDIC-Codierung, während PC- und Unix-Systeme die ASCII-Codierung bevorzugen.

Die wohl wichtigsten Anwendungen, die auf den klassischen Betriebssystemen benutzt werden, sind große Datenbanken wie DB2 und Transaktionssysteme wie CICS oder IMS. Diese Systeme bilden das Rückgrat vieler großer Institutionen, insbesondere öffentlicher Einrichtungen sowie Banken und Versicherungen. Die wichtigsten Punkte für Anwender dieser Systeme liegen dabei auf Sicherheit, Zuverlässigkeit und Wartbarkeit. Neue Versionen der Betriebssysteme eignen sich aber auch für Anwendungen wie beispielsweise dem WebSphere Application Server für z/OS.

5.1.4 Linux auf System z

Es gibt nur sehr wenige Voraussetzungen an eine Architektur, um Linux darauf portieren zu können. Aber es ist nicht nur der Linux-Kern, der für ein funktionierendes Linux-System gebraucht wird. Es gibt eine Vielzahl von Programmen und Paketen, die für ein komplettes System portiert werden müssen. In diesem Zusammenhang gab es Bestrebungen von Anhängern der Free Software Foundation, den Überbegriff Linux in GNU/Linux umzubenennen. Damit sollte die Vielzahl von Paketen aus dem GNU-Projekt stärker in das Blickfeld gerückt werden, die einen wichtigen Bestandteil eines Linux-Systems darstellen. Die Verfechter der Umbenennung konnten sich zwar nicht durchsetzen, aber dennoch beginnt eine Linux-Portierung immer mit der Anpassung einiger wichtiger GNU-Pakete.

Die ersten beiden Pakete zu Beginn einer Portierung sind der GNU-Compiler und die GNU-Binutils. Mit diesen beiden Paketen lassen sich dann bereits eigenständige Programme übersetzen. Darunter fällt insbesondere der Linux-Kern, der keine zusätzlichen Bibliotheken braucht. Komplexere Programme benötigen eine vollständige C-Laufzeitumgebung. Diese wird durch ein weiteres wichtiges Paket, die GNU Libc, zur Verfügung gestellt. Die Mathematik-Bibliothek der GNU Libc basiert auf dem IEEE-Gleitkomma-Standard. System z unterstützt bis zur S/390-Generation G5 aber nur den Hexadezimalen-Gleitkomma-Standard von IBM. Es ist zwar möglich, die fehlende IEEE-Gleitkomma-Arithmetik zu

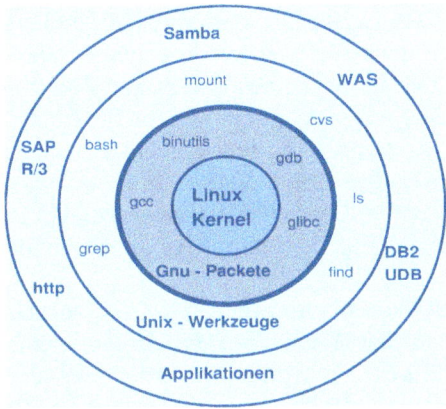

Abb. 5.2. Komponenten eines Linux-Systems

emulieren, was aber die Geschwindigkeit sehr verlangsamt. Daher ist die Generation G5 der S/390-Maschinen die erste unterstützte Plattform für Linux auf System z.

Ein häufiges Missverständnis ist die Codierung der Zeichen auf System z. Die traditionellen Betriebssysteme verwenden alle die EBCDIC-Codierung, eingeführt durch die IBM im Jahr 1963 für das System 360. Das bedeutet aber nicht, dass das System z nur mit der EBCDIC-Codierung arbeiten kann. Der verwendete Zeichensatz ist Konvention und Linux auf System z arbeitet ohne jegliche Probleme oder Geschwindigkeitseinbußen mit der ASCII-Codierung.

Ein weitere Fehlinformation ist, dass Linux als abhängiges System unter dem klassischen Betriebssystem z/OS läuft. Linux auf System z kann entweder in einer logischen Partition oder als Gastsystem unter z/VM benutzt werden – es besteht also keine Abhängigkeit zu z/OS. Trotzdem wird versucht, die Nähe zu z/OS auszunutzen, indem schnelle Kommunikationspfade, sogenannte HiperSockets, zwischen den Systemen auf einem System z benutzt werden.

Linux auf System z ist demnach eine normale Portierung von Linux auf eine ungewöhnliche Architektur. Bei der Durchführung der Portierung wurde viel Wert darauf gelegt, Abweichungen vom Standard weitestgehend zu vermeiden, da Abweichungen zusätzliche Arbeit und kontinuierliche Wartung erfordern.

5.1.5 Entwicklungsgeschichte von Linux auf System z

Die ersten Gehversuche mit Linux auf dem System z begannen im Jahr 1998, als sich eine kleine Gruppe Freiwilliger im IBM Entwicklungszentrum Böblingen fand, die bereit war, zusätzlich zu ihrer sonstigen Arbeit mit Linux zu experimentieren. Genau genommen begann die Geschichte von Linux auf System z schon etwas früher mit der Portierung des GNU-Compilers auf die S/390-Architektur. Dies geschah unabhängig vom Linux-Projekt für hardwarenahe Zwecke. Eine

Weiterentwicklung dieser ersten Portierung des Compilers wird nach wie vor verwendet, um die Firmware der System z-Maschinen zu übersetzen.

Die Geschwindigkeit der Portierung war rasant: Bereits wenige Monate nach dem Start des Projekts war das System so weit funktionsfähig, um ein „Hello World"-Programm zur Ausführung zu bringen. Das mag nach einer Kleinigkeit klingen, ist tatsächlich aber eine große Leistung. Um das zu bewerkstelligen, wurde ein funktionierender Compiler, ein Assembler, ein Linker, eine rudimentäre C-Laufzeitumgebung und der Linux-Kern mit einem Minimalsatz von Gerätetreibern benötigt.

Nachdem die GNU-Binutils und die GNU-Glibc vollständig portiert waren, konnten weitere Pakete, die für ein Linux-System gebraucht werden, direkt übersetzt werden, ohne dass der Code geändert werden musste. Insgesamt brauchten für den initialen Port nur sechs Pakete portiert zu werden: GNU-Compiler, GNU-Binutils, GNU-Glibc, GNU-Debugger, strace und natürlich der Linux-Kern.

Die ersten Patches, um Linux auf System z laufen lassen zu können, wurden von IBM im Dezember 1999 veröffentlicht. Die große Hürde, die danach bewältigt werden musste, bestand darin, eine erste Distribution zu erzeugen. Will ein Benutzer heute auf seinem System z Linux benutzen, dann wird er sich einer der existierenden Distributionen bedienen. Davon gibt es eine wachsende Anzahl – von experimentellen über kostenlose bis hin zu kommerziellen Distributionen für den professionellen Einsatz.

Das erste installierbare System war das Marist-Dateisystem, erschienen im Jahr 2000. Es bestand aus der Kopie aller Dateien eines laufenden Systems und einem Linux-Kern mit einer initialen Ramdisk, die zum Einspielen der Kopie auf das Zielsystem verwendet wird. Das Marist-Dateisystem wurde im Mai 2001 auf einen neueren Stand gebracht, ist inzwischen aber veraltet.

Die erste für kommerzielle Zwecke einsetzbare Distribution wurde von ThinkBlue im Mai 2000 veröffentlicht. Sie basierte auf Version 6.1 der frei erhältlichen Distribution von RedHat. Das System konnte kostenlos aus dem Internet heruntergeladen werden. Später folgte eine 64-Bit-Variante der ThinkBlue-Distribution im April 2001.

Die zurzeit erfolgreichste Distribution für Linux auf System z wird von der SUSE Linux GmbH vertrieben, einem Tochterunternehmen von Novell. Die erste Version der SuSE-Distribution erschien im Februar 2001, basierend auf SuSE Linux 7.1. Kurze Zeit später folgte mit SLES7 die erste ernst zu nehmende kommerzielle 31-Bit-Distribution für den Mainframe, im Oktober 2001 die 64-Bit-Version der SLES7. Die derzeit aktuelle Distribution von SUSE ist SLES10 für 64 Bit.

Die zweite große kommerzielle Distribution für System z erschien im August 2001 in Form von Redhat Linux 7.2. Die Serverausgabe der Redhat-Distribution RHEL3 für 31- und 64-Bit-Systeme kam im Oktober 2003 auf den Markt, die derzeit erhältliche Version ist RHEL4.

Neben den kommerziellen Distributionen entwickelten sich in der OpenSource Community zwei erwähnenswerte nichtkommerzielle Distributionen, Debian und Slackware. Die erste Debian-Distribution mit System z-Unterstützung war Version 3.0, Codename Woody, erschienen im Juli 2002. Aktuell ist Debian 3.1, Codename Sarge. Die erste Slackware-Distribution wurde im Juli 2004 im Internet veröffentlicht, derzeit ist die Version 10 verfügbar.

Nur 15 Monate nach der ersten Veröffentlichung der Patches, um Linux auf System z zu portieren, standen also vier Distributionen zur Verfügung, darunter kommerzielle mit der Möglichkeit, einen Servicekontrakt einzugehen. Ein gesicherter Service ist für unternehmenskritische Anwendungen für die Mehrheit der Kunden unverzichtbar. So gesehen begann der Erfolg von Linux auf System z mit dem Erscheinen der ersten kommerziellen Distribution im Februar 2001.

5.1.6 Softwareentwicklung für Linux auf System z

Das deutsche IBM Entwicklungszentrum arbeitet seit Jahren als treibende Kraft an Linux für System z. In dieser Zeit wurde viel Erfahrung im Umgang mit der Softwareentwicklung im Bereich Open Source gesammelt. Die Zusammenhänge bei der Entstehung einer Distribution sind komplex. Ein Grund dafür ist die Anzahl der beteiligten Personengruppen. Im Vergleich zur proprietären Softwareentwicklung existieren bei der Open-Source-Entwicklung zwei weitere Gruppen, die Einfluss nehmen: die Distributoren und die Open-Source-Gemeinde.

In der Welt der proprietären Softwareentwicklung bekommt der Kunde seine Software im Prinzip direkt vom Hersteller, das heißt, die Kontrolle, was der Kunde erhält, liegt beim Hersteller. Im Fall von Linux bekommt der Kunde große Teile der Software für sein System vom Distributor. Die Endanwendungen werden teilweise durch die Distribution und teilweise durch die Softwarehersteller geliefert. Wenn die Software durch den Distributor ausgeliefert werden soll, dann müssen die Entwickler sie vorher an den Distributor senden. Insbesondere müssen alle Teile, die im Quelltext unter der General Public Licence (GPL) ausgeliefert werden, vorher mit der Open-Source-Gemeinde diskutiert worden sein.

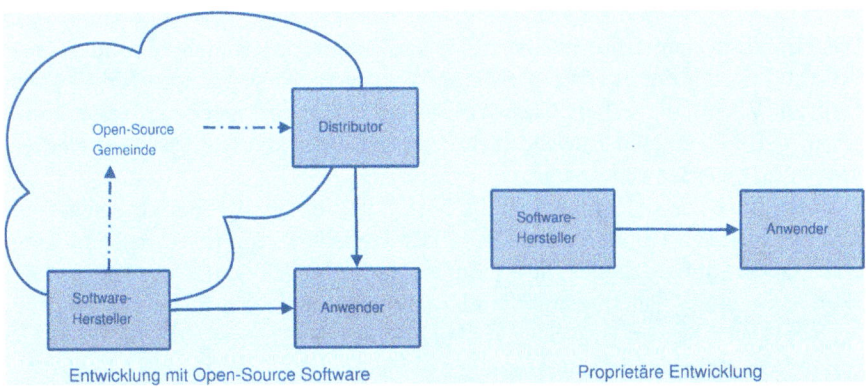

Abb. 5.3. Softwareentwicklung in der Open-Source-Welt

Darunter fallen wichtige Komponenten wie der Linux-Kern mit seinen Gerätetreibern, der Compiler, die C-Laufzeitumgebung und vieles mehr.

Eine der wesentlichsten Eigenschaften der Open-Source-Entwicklung ist die Überprüfung und Bewertung der entwickelten Software. So kann es passieren, das eine neu geschriebene Funktionalität aufgrund dieser Diskussion entweder geändert werden muss oder sogar ganz aufgegeben wird. Die Überprüfung von Code benötigt Zeit. Je nach Interesse innerhalb der Open-Source-Gemeinde kann es eine Weile dauern, bis eine neue Funktion tatsächlich diskutiert und verabschiedet wird. Die Distributoren warten in der Regel ab, bis neuer Code in einem der offiziellen Pakete der Open Source enthalten ist, bevor sie ihn in ihre Distribution integrieren. Dabei kann es notwendig werden, den Code anzupassen, da der Distributor bestimmte Versionen der Open-Source-Pakete benutzt, während die Open-Source-Entwickler stets auf dem letzten Stand der Pakete arbeiten.

Der Weg vom Softwareentwickler zum Kunden beinhaltet im Falle einer Linux-Distribution also mehr Schritte als bei einer traditionellen, proprietären Entwicklung. Auf dem System z wird diese Situation dadurch verschärft, dass die Zahl der Personen mit einem Interesse an Linux auf System z verglichen mit Linux auf der x86-Plattform sehr klein ist, der notwendige Review von System z-spezifischem Code findet dadurch nur sporadisch statt. Hinzu kommt, dass fast alle Entwickler für Linux auf System z bei der IBM beschäftigt sind, die große Mehrheit davon im Böblinger Entwicklungszentrum. Das hat zur Folge, dass die Software für Linux auf System z in der Regel im Stil einer proprietären Entwicklung durchgeführt wird. Bevor der Code tatsächlich verwendet werden kann, muss er aber durch die Open-Source-Gemeinde akzeptiert worden sein. Die Gratwanderung besteht nun darin, rechtzeitig Rückmeldung aus der Open-Source-Gemeinde zu bekommen, damit am Ende der Entwicklung der Code auch in die offiziellen Pakete aufgenommen wird.

5.1.7 Anwendungen für Linux auf System z

Das Betriebssystem Linux alleine ist für den Kunden noch nicht besonders interessant. Ihm kommt es vor allem darauf an, welche Anwendungen für die Plattform zur Verfügung stehen. Nachdem System z über eine eigene Prozessorarchitektur verfügt, müssen Anwendungen erst auf diese Plattform portiert werden, um benutzt werden zu können.

Eine Linux-Distribution enhält als Bestandteil des Basisprodukts selbst typischerweise schon Hunderte oder Tausende von Applikationen – meistens unter einer Open-Source-Lizenz. Diese können unmittelbar benutzt werden und decken eine breite Palette von Standardaufgaben wie File-/Print-Server, FTP-Server, WWW-Server, DNS-Server, Mail-Server oder Firewall-Dienste ab. In den ersten Jahren wurde Linux auf System z vor allem für solche Zwecke benutzt.

In der Zwischenzeit wurden aber zunehmend auch komplexere Anwendungen auf die Plattform gebracht, die auf Softwareprodukte von IBM oder Drittherstellern aufbauen. Heute ist eine Vielzahl kommerzieller Software von Linux auf System z von verschiedenen Herstellern verfügbar, darunter IBM-Produkte wie WebSphere und DB2, aber auch Standardanwendungen von Oracle und SAP. Die Mehrzahl der Kunden für Linux auf System z benutzt heute eine Applikationsserver-Anwendung wie IBM WebSphere oder SAP R/3.

Falls eine spezielle Anwendung heute noch nicht auf unserer Plattform verfügbar sein sollte, lohnt es sich, den Hersteller zu kontaktieren. Eine Portierung einer Linux-Anwendung auf System z-Hardware ist im Allgemeinen technisch nicht anspruchsvoll – oft genügt ein einfacher Recompile. Dies ist unter anderem deshalb der Fall, weil sich aus Sicht der Anwendungssoftware Linux auf System z so gut wie nicht von Linux auf anderen Plattformen unterscheidet – im starken Gegensatz zu anderen traditionellen Mainframe-Betriebssystemen; dies war eines der zentralen Designziele des Linux auf System z-Portierungsprojekts im Jahr 1998.

5.1.8 Vorteile und Anwendungsgebiete von Linux auf System z

Warum sollte ein Kunde gerade Linux auf System z als Basis benutzen, um seine Anwendung zu implementieren? Diese Plattform erweist sich für viele Anwendungen als ideal, da sie in sich sowohl die Vorteile des Linux-Betriebssystems als auch die der Mainframe-Hardware und -Infrastruktur vereint.

Linux ist heute ein weit verbreitetes Betriebssystem für Server. Es unterstützt eine Vielzahl von Anwendungen und Hardwareplattformen. Diese Vorzüge gelten auch für Linux auf System z: Applikationen lassen sich leicht auf die Plattform portieren, viele sind bereits verfügbar und ein moderner Linux-Kernel skaliert problemlos selbst auf große Mainframes wie eine voll ausgebaute System z. Ein weiterer Vorteil ist, dass heute viele Systemadministratoren und -programmierer gut mit Linux vertraut sind und ohne Umlernen sofort mit Linux auf System z arbeiten können.

Zusätzlich wirken sich auch die meisten Vorzüge der Mainframe-Hardware unter Linux aus. Ein zentrales Merkmal dieser Plattform ist ihre unschlagbar hohe Zuverlässigkeit und Verfügbarkeit, die hier nur an zwei Beispielen verdeutlicht werden soll: Zum einen ist die Prozessorhardware selbst durchweg redundant ausgelegt: Alle Berechnungen werden grundsätzlich von zwei unabhängigen Einheiten parallel ausgeführt und die Ergebnisse abgeglichen. Im unwahrscheinlichen Fall, dass tatsächlich eine Fehlfunktion eines Prozessors auftritt, wird dieser automatisch stillgelegt und seine Arbeit von einem Ersatzprozessor „übernommen" – ohne dass dabei auf Ebene der Benutzeranwendung irgendein Fehlverhalten auftritt. Zum anderen können vom Administrator auch eine Vielzahl von systemweiten Änderungen wie etwa Installation neuer Hardware oder selbst ein Upgrade der internen Prozessor-Firmware durchgeführt werden, ohne dass die Maschine oder auch nur eine Anwendung heruntergefahren oder neu gestartet werden müsste.

Der Mainframe ist seit Jahrzehnten eine ideale Plattform für Virtualisierung – nicht zuletzt aufgrund der oben genannten Kostengründe. Auf einer einzigen Maschine laufen oft Hunderte virtueller Maschinen, entweder als logische Partitionen oder als Gäste des z/VM-Betriebssystems. Dies erlaubt es, auf einer System z viele unabhängige Linux-Instanzen laufen zu lassen, und parallel auch traditionelle Mainframe-Betriebssysteme wie z/OS zu fahren. Die Isolation dieser Instanzen voneinander ist dabei gewährleistet. Das ist für z/VM nach dem Standard EAL4, für LPAR sogar nach EAL5 von herstellerunabhängiger Stelle zertifiziert.

Ein typisches Anwendungsgebiet für Linux auf System z ist daher die Server-Konsolidierung. Das Ziel ist hier, eine Vielzahl einzelner Server – typischerweise Linux- oder Unix-Systeme – durch virtuelle Maschinen unter z/VM auf dem Mainframe abzulösen. Der Vorteil liegt hierbei zum einen darin, dass der Mainframe einen geringeren Platzbedarf und Stromverbrauch hat als eine Serverfarm, zum anderen in der hohen Flexibilität dieser Lösung. So kann etwa das Einrichten eines neuen virtuellen Servers komplett automatisiert werden: entweder durch Einsatz einer fertigen Softwarelösung einiger Hersteller oder sogar einfach durch Skripte, die ein erfahrener z/VM-Administrator per Bordmittel erstellen kann. Von der Anforderung eines neuen Servers bis zur Übergabe an den Anwender vergehen beim Einsatz solcher Lösungen nur wenige Minuten oder gar Sekunden.

Ein weiteres inzwischen sehr wichtiges Einsatzfeld für Linux auf System z besteht in der Applikationsintegration mit z/OS. Das ist in erster Linie für Kunden interessant, die bereits über eine Mainframe-Installation mit z/OS verfügen und typischerweise dort wichtige Daten halten. Der Zugriff auf diese Datenbestände erfolgt heute aber oft mittels Applikationsserver oder anderen Anwendungen, die unter z/OS entweder gar nicht oder nur zu höheren Kosten als unter Linux verfügbar sind. In solchen Fällen ist Linux auf System z die ideale Plattform: Zum einen sind hier Linux-Applikationen verfügbar, zum anderen kann das System auf derselben Maschine wie z/OS laufen. Das erlaubt den Einsatz extrem schneller Verbindungen wie HiperSockets oder z/VM Guest LANs, um den Datentransfer zwischen dem Linux-Applikationsserver und der z/OS-Datenbank abzuwickeln.

Selbstverständlich ist es auch möglich, Linux auf dem Mainframe für Anwendungen zu betreiben, die in keinem Zusammenhang mit z/OS stehen, zum Beispiel als Datenbankserver. Das kann insbesondere für Anwendungen mit Hochverfügbarkeitsanforderungen lohnenswert sein, da diese von den entsprechenden Eigenschaften der Mainframe-Hardware besonders profitieren.

5.1.9 Zusammenfassung

Linux auf System z ist ein Betriebssystem, das die Vorzüge von Linux mit denen der System z-Architektur verbindet. Die zur Unterstützung dieser Hardware notwendigen Softwarekomponenten sind heute vollständig in die Open-Source-Linux-Pakete integriert und werden von IBM-Entwicklern in Kooperation mit der Open-Source-Gemeinde kontinuierlich weiterentwickelt. Distributoren wie Novell und RedHat bieten komplette Linux-Distributionen und Support für Endkunden an.

Eine Vielzahl von Anwendungen, sowohl Open Source als auch kommerziell, ist heute für die Plattform verfügbar. Sowohl die Konsolidierung vieler einzelner Server in virtuelle Linux-Maschinen auf dem Mainframe als auch die Integration Linux-basierter Applikationsserver und andere Anwendungen in ein bestehendes z/OS-Umfeld sind wichtige Anwendungsgebiete von Linux auf System z. Die Vorzüge der Plattform haben dazu geführt, dass sich Linux innerhalb weniger Jahre zu einem für viele Mainframe-Kunden wichtigen und unternehmenskritischen Betriebssystem entwickelt hat.

Literatur

J. Eilert u. a.: *Linux on the Mainframe*, Prentice Hall, 2003.

5.2 Systems Management von Linux und Virtualisierungsplattformen

Andreas Maier

5.2.1 Übersicht

Dieses Kapitel stellt ein Konzept vor, das die Verwaltung von Systemen (Systems Management) mithilfe von Standards aus Sicht der Betreiber deutlich verbessert. Der Standard Common Information Model (CIM) und seine Nutzung im Produkt IBM Director for Linux on System z [7] sowie im Open-Source-Projekt Standards Based Linux Instrumentation for Management (SBLIM) [8] werden erläutert. CIM ist ein Standard, der von der Distributed Management Task Force (DMTF) definiert wurde und ständig weiter entwickelt und erweitert wird. Für das Produkt IBM Director for Linux on System z [7] wurde CIM um Funktionen für die Einrichtung von virtuellen Linux-Servern unter z/VM erweitert.

5.2.2 Installierter Agent oder eingebaute Funktion

Im Rahmen des Produkts IBM Director for Linux on System z (im Folgenden IBM Director) ist eine Implementierung von CIM entstanden, die es erlaubt, die Virtualisierungsplattform z/VM zu verwalten und insbesondere virtuelle

Linux-Server einzurichten. Virtualisierungsplattformen ermöglichen es, gleichzeitig mehrere Betriebssysteme auf demselben Computer laufen zu lassen und dessen Ressourcen auf diese Betriebssysteme zu verteilen. z/VM ist dabei die führende Virtualisierungsplattform und läuft auf System z. z/VM erlaubt es, dynamisch sogenannte Guest Virtual Machines zu erzeugen, von denen jede einen virtuellen Computer darstellt, auf dem ein Betriebssystem installiert werden kann. IBM Director nutzt diese Funktionalität aus, um das Betriebssystem Linux in solche Guest Virtual Machines zu installieren. Dabei wird CIM als Managementschnittstelle genutzt.

Es ist wichtig zu verstehen, welche Vorteile die Benutzung einer standardisierten Managementschnittstelle bietet. Immerhin könnte ja auch eine produktspezifische und trotzdem offene Schnittstelle verwendet werden. Oder IBM Director könnte einen Managementagenten installieren, der ein nicht offengelegtes privates Protokoll unterstützt. Die Vorteile, die durch die Verwendung einer standardisierten Schnittstelle entstehen, werden anhand von Abb. 5.4 und Abb. 5.5 erklärt.

In der Konfiguration mit privaten Managementagenten (siehe Abb. 5.4) bringt jede Managementanwendung genau die Managementagenten mit, die sie benötigt. Das ist für den Hersteller der Managementanwendung komfortabel, weil er dabei seine Abhängigkeiten hinsichtlich fremder Software minimieren kann: Die technische Schwierigkeit, das verwaltete System aus dem Netzwerk heraus anzusprechen, wird nur für sein Produkt gelöst, nicht aber für Konkurrenzprodukte. Deren Anbieter müssen daher ebenfalls (relativ teure) Managementagenten schreiben, um das verwaltete System ansprechen und so an diesem Geschäftsfeld für Systems Management Software teilhaben zu können.

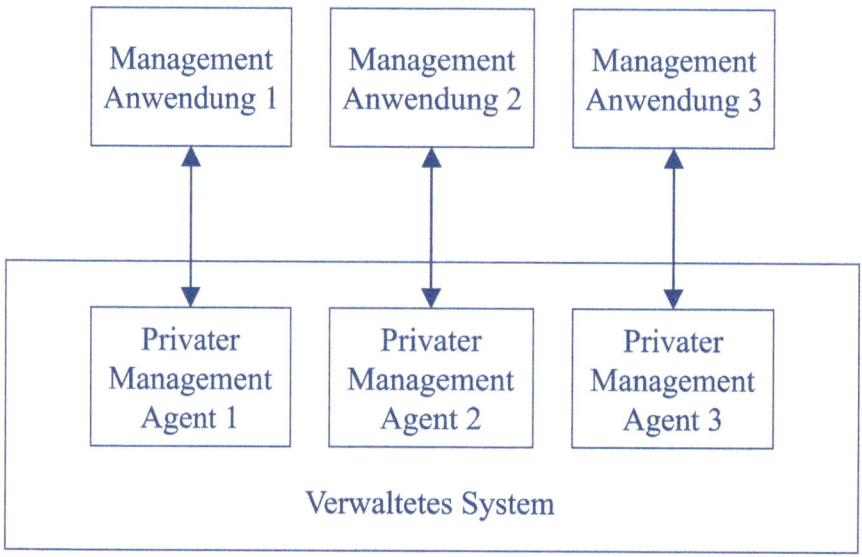

Abb. 5.4. Private Managementagenten

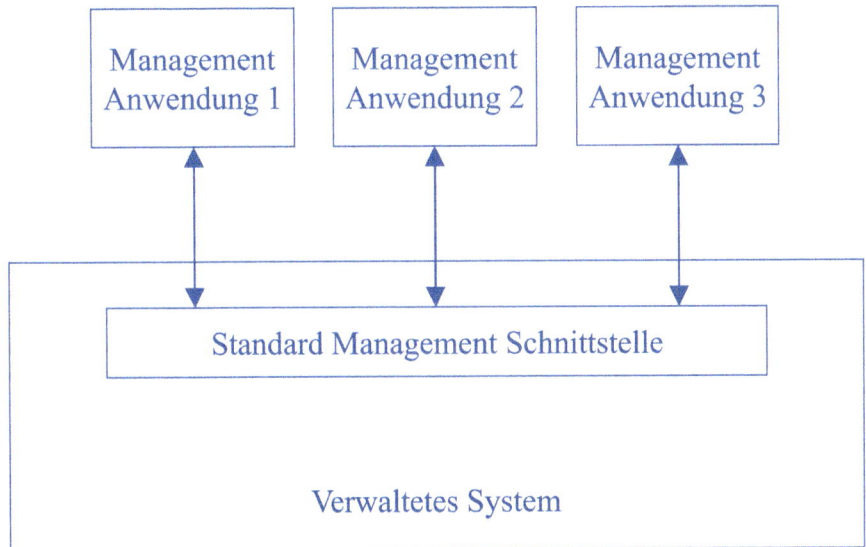

Abb. 5.5. Standard-Managementschnittstelle

Der Nachteil dieser Konfiguration wird aus Sicht des Betreibers eines so verwalteten Systems deutlich: In der Praxis reichen die Managementanwendungen eines einzelnen Herstellers in der Regel nicht aus, um die Bedürfnisse des Betreibers zu erfüllen. Daher hat der Betreiber es mit mehreren Agenten zu tun. Jeder dieser Agenten muss den Sicherheitsstandards gemäß betreut, für jeden die notwendige Software gewartet und auf neuen Systemen installiert werden. Und nicht zuletzt müssen Ressourcen auf dem verwalteten System zur Verfügung gestellt werden. Der Betreiber hat es häufig sogar dann mit mehreren Agenten zu tun, wenn verschiedene Systems-Managementanwendungen desselben Herstellers benutzt werden.

Hinzu kommt, dass viele Agenten Abhängigkeiten haben – zum Beispiel zu bestimmten Versionen der benötigten Software. Wenn nicht alles aus einer Hand kommt, widersprechen sich diese Anforderungen oft, sodass es unmöglich werden kann, Agenten von verschiedenen Herstellern auf demselben System zu kombinieren. Wenn – wie im Fall von Linux – die benötigten Komponenten für eine standardisierte Managementschnittstelle vom Linux-Distributor gebaut und gewartet werden, so übernimmt dieser die Garantie dafür, dass die Komponenten einwandfrei zusammenarbeiten.

Kundenrückmeldungen haben ergeben, dass hier ein Verbesserungsbedarf besteht. IBM geht mit der Benutzung von CIM in eine innovative Richtung und stattet das verwaltete System nur einmal mit einer Managementschnittstelle aus, die dann von mehreren Managementanwendungen sowohl von IBM als auch von anderen Herstellern benutzt werden kann. Die Benutzung durch mehrere unterschiedliche Hersteller bedingt, dass die Schnittstelle standardisiert ist

– und zwar auf allen Ebenen des verwendeten Zugriffsprotokolls bis hin zu einem standardisierten Ressourcenmodell.

Eine besondere Stärke von CIM im Vergleich zu anderen Standards ist das ebenfalls standardisierte und erweiterbare Ressourcenmodell. Eine Integration in Serviceorientierte Architekturs (SOA) mit Web Services ist ebenso einfach möglich wie die Integration in J2EE- oder .NET- Umgebungen, sodass bestehende Investitionen geschützt werden und jede Managementanwendung in der für sie optimalen Umgebung entwickelt werden kann.

Abbildung 5.5 zeigt die daraus resultierende Konfiguration: Eine einzige Standard-Managementschnittstelle, die von mehreren Managementanwendungen benutzt wird.

Damit wird gleichzeitig noch ein anderes Problem gelöst: Die Managementschnittstelle kann jetzt mit dem verwalteten System oder Teilen davon paketiert werden und ist so aus Sicht der Managementanwendung immer vorhanden. Dadurch entstehen keine neuen Abhängigkeiten, was die Akzeptanz dieses Konzepts für die Hersteller von Managementanwendungen deutlich verbessert.

Systeme mit eingebauter Systems-Management-Schnittstelle werden auch als „agentenfrei" bezeichnet. Es ist natürlich immer noch ein Dienst vorhanden, der die Anfragen der Managementanwendungen behandelt und der technisch gesehen auch als „Agent" bezeichnet werden könnte. Der springende Punkt ist jedoch, dass der Betreiber keinen Agenten mehr installieren muss, weil die Managementschnittstelle bereits eingebaut ist. Damit ist das System aus der Sicht des Betreibers agentenfrei.

Solche agentenfreien Systeme mit eingebauter Systems-Management-Schnittstelle findet man heute bereits im Netzwerk- und im SAN-Umfeld. Bei Netzwerken hat sich schon lange das Simple Network Management Protocol (SNMP [12]) durchgesetzt. Allerdings gibt es bei SNMP oftmals proprietäre Ressourcenmodelle, die ein produktübergreifendes Systems Management erschweren. Im SAN-Umfeld hat sich die Storage Management Initiative Specification (SMI-S [14]), ein spezielles CIM-Modell für Storage, bereits so weit durchgesetzt, dass eine SMI-S-Zertifizierung für SAN-Systeme quasi zwingend notwendig ist.

Eine der Befürchtungen der Hersteller von Systems-Management-Anwendungen ist, dass durch die standardisierten Schnittstellen und die einfachere Benutzung dieser Schnittstellen eine Kommoditisierung der Produkte eintritt und damit ihre Herstellung unrentabel wird. Diese Befürchtung wird dadurch entkräftet, dass sich im Umfeld von SMI-S trotz oder gerade wegen der standardisierten Schnittstellen ein fruchtbares Ökosystem von Systems-Management-Herstellern mit einer Vielzahl von Produkten etabliert hat. Insgesamt ist für die Betreiber eine deutlich verbesserte Situation eingetreten: Die Managementanwendungen können plötzlich beliebig kombiniert werden, da alle dieselben Schnittstellen benutzen. Für die Hersteller ist es kostengünstiger geworden, Managementanwendungen zu schreiben, was wiederum positive Auswirkungen auf die Funktionalität hat. Schließlich verbessert ein gesunder Konkurrenzdruck zwischen den Herstellern auch das Angebot im Ganzen.

Nun ist es unrealistisch anzunehmen, dass so ein Übergang in allen Bereichen von Systems Management parallel und in kurzer Zeit stattfindet. Im Bereich SAN ist der Übergang beispielsweise bereits erfolgt. Der nächste Bereich, für den ein solcher Übergang erwartet wird, ist das Server Hardware Management, getrieben vor allem durch die Systems Management Architecture for Server Hardware (SMASH [13]) Initiative führender Serverhersteller.

IBM Director for Linux on System z [7] wendet CIM in einem neuen Umfeld an, nämlich beim Management von Virtualisierungsplattformen. Standards für diesen Bereich werden bei der DMTF gerade entwickelt. IBM Director ist eines der ersten Produkte, die CIM für das Management von Virtualisierungsplattformen und virtuellen Servern einsetzen.

5.2.3 Kleine Einführung in CIM

CIM ist ein objektorientiertes Modell, das IT-Ressourcen und ihre Beziehungen darstellt. CIM hat viel Ähnlichkeit mit Unified Modeling Language (UML). Es gibt in CIM Klassen, die die IT-Ressourcen darstellen. Klassen können Attribute und Methoden besitzen und können vererbt werden. Eine Subklasse (auch abgeleitete Klasse oder Unterklasse genannt) kann dabei höchstens eine Superklasse (auch Basisklasse oder Oberklasse genannt) haben. Klassen können abstrakt sein. Das bedeutet, dass ihr Zweck darin besteht, als Superklasse für abgeleitete Klassen zu dienen, und nicht darin, Instanzen zur Darstellung der IT-Ressourcen zu bilden.

Assoziationen in CIM stellen die Beziehungen zwischen den IT- Ressourcen dar und sind immer Assoziationsklassen (im Gegensatz zu Assoziations-Links). Daher gilt für Assoziationen in CIM alles, was für normale Klassen gilt. So können Assoziationen zum Beispiel auch vererbt werden sowie Attribute und Methoden haben. Assoziationen können zwei oder mehrere Klassen in Beziehung miteinander setzen. Allerdings sind binäre Assoziationen bei weitem die häufigsten. Assoziationen in CIM besitzen für jede assoziierte Klasse eine Referenz, die als eine Art Zeiger angesehen werden kann. Referenzen in normalen Klassen sind nicht zulässig.

CIM erlaubt mithilfe sogenannter Qualifier, Metadaten für CIM- Elemente (also Klassen, Assoziationen, Attribute, Methoden, Methoden-Parameter und andere) zu definieren. Es gibt eine definierte Menge von Qualifier-Typen für jeden Elementtyp. Jedes Element in einem CIM- Modell kann dann einen Qualifier-Wert für jeden Qualifier-Typ haben. Für jeden Qualifier-Typ ist definiert, ob seine Werte entlang der Vererbungshierarchie mit vererbt werden oder nicht. Für jeden Qualifier-Typ existiert auch ein globaler Defaultwert. So gibt es auf jeder Stufe der Vererbungshierarchie für jedes CIM-Element einen effektiven Wert für jeden definierten Qualifier-Typ. Dieser Wert ist entweder direkt auf den Elementen einer Klasse definiert, wird von den korrespondierenden

Elementen in Superklassen geerbt oder durch den Defaultwert des Qualifier-Typs festgelegt. Beispiele für Qualifier sind:

- WRITE – Ein boolescher Qualifier, der definiert, ob ein Attribut beschreibbar ist oder nicht
- DESCRIPTION – Ein String, der eine textuelle Beschreibung des CIM-Elements enthält
- ABSTRACT – Ein boolescher Qualifier, der definiert, ob eine Klasse abstrakt ist oder nicht

In CIM gibt es einen Mechanismus für Ereignisse. Die in einem Ereignis übermittelte Information wird in CIM mithilfe spezieller Klassen, sogenannter Indikationen, beschrieben. Die Indikationsklassen haben ebenfalls eine Vererbungshierarchie, für die Attribute definiert werden können, jedoch keine Methoden, da Methoden nur im Zusammenhang mit adressierbaren Objekten sinnvoll sind. Indikationen sind nicht adressierbar. Sie enthalten ausschließlich transiente Informationen, die übermittelt werden und die – nach dem Empfang durch den Adressaten des Ereignisses – nicht mehr im System vorhanden sind.

Die Benachrichtigung durch Indikationen in CIM basiert auf einer Registrierung. Eine an einem bestimmten Ereignis oder einer Klasse von Ereignissen interessierte Managementanwendung registriert sich beim CIM-Server und bekommt dann Indikationen geschickt, sobald das Ereignis eintritt. Ein solches Ereignis kann zum Beispiel sein, dass die CPU-Belastung eines Servers einen bestimmten Wert übersteigt oder dass ein neues Softwarepaket installiert wurde. Um die Ereignisse zu definieren, wird die CIM Query Language (CQL) [6] verwendet, die auch für generelle Abfragen benutzt werden kann.

Die DMTF definiert eine beträchtliche Menge von Klassen und Assoziationen für einen weiten Bereich von IT-Ressourcen. Diese Menge wird „CIM-Schema" [2] genannt und ist ebenfalls Teil des CIM-Standards. Die DMTF unterhält auch eine Reihe von Allianzen mit anderen Standardorganisationen, so beispielsweise mit der SNIA (Storage Network Industry Association), in der die Teile des CIM-Schemas definiert werden, die mit Storage Area Networks (SANs) zu tun haben.

Es gibt auch eine Definitionssprache für die Klassen, Indikationen, Assoziationen und Qualifier-Typen in CIM. Diese Sprache heißt CIM MOF (Managed Object Format). Das CIM-Schema ist in dieser Sprache definiert ebenso wie Erweiterungen des CIM-Schemas.

Da die Menge der Klassen und Assoziationen im CIM-Schema sehr groß ist (>1500), wurde ein Konzept von Managementprofilen definiert. Ein Managementprofil ist eine Zusammenfassung mehrerer Klassen, deren Benutzung im Kontext einer speziellen Managementdomäne beschrieben wird. Die SNIA hat zum Beispiel für ihre Managementdomäne von SANs die SMI-S (Storage Management Initiative Specification) Managementprofile definiert. In der DMTF gibt es ebenfalls eine zunehmend größere Zahl von Managementprofilen: Zum Beispiel die SMASH-Managementprofile (Systems Management Architecture for Server Hardware) oder die in der Definition befindlichen Managementprofile

5.2 Systems Management von Linux und Virtualisierungsplattformen

für virtuelle Systeme, die das Management von Virtualisierungsplattformen wie beispielsweise z/VM oder VMware beschreiben.

Wie verwendet eine Managementanwendung nun CIM? Dazu gibt es in der DMTF einen zweiten Standard namens WBEM (Web Based Enterprise Management). Dieser Standard legt Zugriffsprotokolle fest, die beschreiben, wie ein CIM-Client mit einem CIM-Server kommuniziert, um Zugriff auf die IT-Ressourcen zu erhalten oder über die Assoziationen zu weiteren IT-Ressourcen zu navigieren.

Das am häufigsten verwendete Zugriffsprotokoll in WBEM heißt CIM Operations over HTTP oder kurz CIM-XML (weil das Protokoll XML zur Darstellung der Daten benutzt).

Ein weiteres, neueres Zugriffsprotokoll ist das Command Line Protocol (CLP), das für SMASH definiert wurde. CLP unterstützt zwei Varianten des Protokolls, von denen eine auf telnet basiert und die andere auf ssh (Secure Shell). CLP ist nicht für den programmatischen Zugriff gedacht, sondern für Skripte oder die interaktive Ausführung in einer Shell.

Schließlich entstehen gerade zwei neue WBEM-Zugriffsprotokolle in der DMTF, basierend auf existierenden Web-Services-Standards: Web Services Distributed Management auf der einen (WSDM [9]) und WS-Management auf der anderen Seite [10].

Diese Zugriffsprotokolle sind hinsichtlich ihrer Fähigkeiten leicht unterschiedlich. CIM-XML zum Beispiel bietet umfassenden Zugriff sowohl auf Klassenebene als auch auf Instanzebene. Assoziationen können traversiert, Instanzen geholt, beschreibbare Attribute verändert und Methoden aufgerufen werden. Das Command-Line-Protokoll dagegen bietet keinen Zugriff auf Klassenebene, definiert aber ein Konzept von sogenannten User Friendly Names (UFNs), mit dem die Instanzen von Klassen über einen Pfad entlang von Assoziationen adressiert werden.

Beispiel: Der UFN "Server1/Blade14/NetworkInterface1" adressiert das Netzwerk-Interface 1 des Blades 14 des Blade-Servers 1. Diese Art der Adressierung von Instanzen kommt der Benutzung in Skripten und interaktiv in Shells entgegen.

Die Adressierung in CIM-XML findet über sogenannte CIM-Objektpfade statt, die eine ähnliche Struktur wie URLs aufweisen und etwas unhandlich für die Benutzung in einer Shell sind.

Beispiel: Der CIM-Objektpfad
"http://myserver.ibm.com:5998/root/cimv2/CIM_NetworkPort:
SystemCreationClassName=Linux_ComputerSystem,SystemName=
myserver.ibm.com,CreationClassName=Linux_NetworkPort,Name=
eth0"
adressiert ebenfalls ein Netzwerk-Interface.

Ein System, das über CIM verwaltet werden soll, muss dazu einen CIM-Server installieren. Für zu unterstützende Ressourcen müssen sogenannte CIM-Provider geschrieben werden, die die Umsetzung der Klasse mit ihren definierten

Attributen und Methoden auf die im System zur Verfügung stehenden APIs (Application Programming Interfaces) machen. Für das CIM-XML-Protokoll gibt es verschiedene CIM-Server, die größtenteils Open-Source-Projekte sind. Beispiele dafür sind OpenPegasus [11] und der Small Footprint CIM Broker (SFCB), der Teil des SBLIM-Projektes [8] ist.

Diese kurze Einführung in CIM soll für den Zweck dieses Kapitels genügen.[1]

5.2.4 Arbeit in den CIM-Standardisierungsorganisationen

Wenn man einen Standard implemetieren möchte, hat man grundsätzlich zwei Möglichkeiten: Entweder wartet man zunächst ab, bis der Standard stabil ist, und implementiert ihn dann entsprechend. Das hat aber zwei große Nachteile: Man verliert viel Zeit, bis der Standard ausgereift ist, und vergibt zudem die Möglichkeit, Einfluss auf den Standard zu nehmen und ihn an den eigenen Bedürfnissen auszurichten. Oder man nimmt aktiv an der Gestaltung des Standards teil. Der Preis dafür ist, dass man je nach Komplexität beträchtliche Mengen an Arbeitszeit aufwenden muss. Größere Firmen nutzen aber dennoch typischerweise die zweite Möglichkeit.

IBM spielt eine sehr aktive Rolle bei der Gestaltung der CIM- und WBEM-Standards in der DMTF sowie des SMI-S-Standards in der SNIA.

5.2.5 z/VM CIM-Instrumentierung und IBM Director

Nun zurück zum Produkt IBM Director for Linux on System z. Hier wurde eine CIM-Instrumentierung für z/VM entwickelt, die es erlaubt, einen virtuellen Linux-Server unter z/VM einzurichten. Dazu wurde das bestehende CIM-Schema entsprechend erweitert. Eine der Haupteigenschaften von CIM ist die Erweiterbarkeit. Das geschieht durch die Definition von Subklassen. Der Vererbungsbaum von CIM hat an seiner Wurzel sehr allgemein gehaltene Klassen. Beispielsweise ist CIM_ManagedElement die oberste Superklasse mit nur drei Attributen, die allgemeine beschreibende Informationen zu der IT-Ressource darstellen. Die Verfügbarkeit allgemein gehaltener Klassen im CIM-Schema ermöglicht es fast in jedem Fall, eine Stelle im Vererbungsbaum des CIM- Schemas zu finden, an der die gewünschte Erweiterung auch Sinn macht.

Abbildung 5.8 zeigt die wesentlichen Schritte beim Erzeugen eines neuen virtuellen Linux-Servers.

---

[1] Weiter gehende Informationen zu CIM: Die Elementtypen in CIM und die CIM MOF-Sprache sind in der CIM Infrastructure Specification [1] beschrieben. Die Klassen, Indikationen und Assoziationen sind im CIM-Schema [2] erläutert. Das Konzept von Managementprofilen ist im Management Profile Specification Usage Guide [5] beschrieben. Das WBEM Zugriffsprotokoll CIM-XML ist in CIM Operations over HTTP [3] und in Representation of CIM in XML [4] dargestellt.

5.2 Systems Management von Linux und Virtualisierungsplattformen

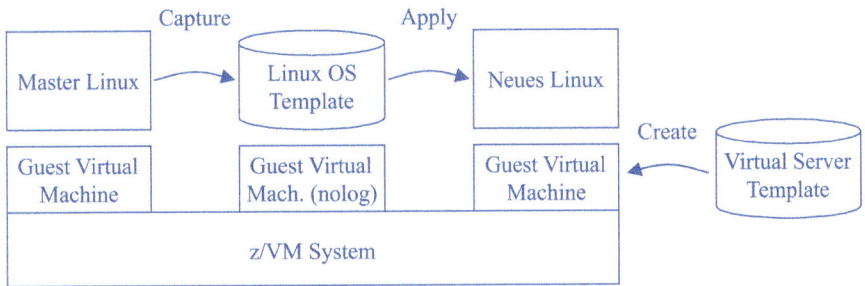

Abb. 5.6. Einrichtung von virtuellen Linux-Servern

Als Vorbereitung wird mit einem Wizard ein Virtual Server Template erzeugt, das im Wesentlichen eine Definition der Ressourcenanforderungen an den zu erzeugenden virtuellen Server – also die z/VM Guest Virtual Machine – enthält. Zu den angeforderten Ressourcen gehören die Anzahl von virtuellen CPUs, der virtuelle Hauptspeicher sowie Netzwerk-Interfaces und Disks zusätzlich zu den bereits im OS Template definierten. Das Virtual Server Template wird vom IBM Director über die CIM-Schnittstelle erzeugt, „hinter" ihr gespeichert und kann danach abgefragt und gelöscht werden.

Als weitere Vorbereitung wird von einem bereits bestehenden Linux (einem sogenannten Master Linux) ein Linux OS Template erzeugt („Capture"-Schritt). Das OS Template enthält eine Kopie von allen Filesystemen, aus denen das Master Linux besteht, sowie die Ressourcenanforderungen des Master Linux beziehungsweise des OS Templates an Netzwerk-Interfaces und Disks.

Um einen virtuellen Linux-Server einzurichten, wird mithilfe des Virtual Server Templates nun ein neues virtuelles System unter z/VM erzeugt („Create"-Schritt). Anschließend wird das Linux OS Template in das virtuelle System kopiert, also eine Replik der originalen Linux-Installation im virtuellen System installiert. Dabei werden alle Ressourcen erzeugt, die das Linux benötigt (wie Netzwerk-Interfaces und Disks).

Alle diese Schritte („Capture", „Create", „Apply") werden vom IBM Director über die CIM-Schnittstelle ausgeführt. Der schwierige Teil der Arbeit ist also „hinter" der CIM-Schnittstelle versteckt, womit es relativ einfach geworden ist, diese Funktionen aufzurufen.

Bei der Entwicklung dieser Funktionen ist ein relativ großer Anteil des Aufwandes in die Entwicklung der CIM-Schnittstelle geflossen. Hier wird nochmals deutlich, was das wirtschaftliche Prinzip von Standardschnittstellen für Systems Management ist: Der schwierige Teil einer Funktion wird bei der Implementierung der Schnittstelle geleistet, während die Nutzung der Funktion sehr einfach wird. Je öfter eine Schnittstelle genutzt wird, desto mehr Entwicklungsaufwand wird am Ende gespart. IBM Director hat sich dieses Prinzip bereits bei der Implementierung der Funktion „Server Complexes" zu Nutze gemacht.

Das CIM-Modell, das hier definiert wurde, führt eine kleine Zahl zusätzlicher Klassen und Assoziationen als Erweiterungen zum CIM- Schema ein. In einer DMTF-Arbeitsgruppe (System Virtualization, Partitioning & Clustering) wird daran gearbeitet, diese Erweiterungen in eine neue Version des CIM-Schemas zurückzubringen. Daraus wird eine Reihe von neuen Managementprofilen für virtuelle Server entstehen, die auch von anderen Virtualisierungsplattformen implementiert werden können. Auf diese Art wird es sogar möglich sein, dass dieselbe Managementanwendung unterschiedliche Virtualisierungsplattformen managen kann. Der Xen Open Hipervisor (sourceforge.net/projects/xen/) oder VMware beispielsweise haben bereits erste Teile davon implementiert.

5.2.6 Systems Management auf der Basis von Linux Open Source

Zusätzlich zu Produkten für Systems Management wie IBM Director gibt es für Linux einen Bedarf an Open-Source-basierten Systems-Management-Lösungen. Es gibt eine Vielzahl von Systems-Management-Projekten in der Open Source Community, aber leider nur sehr wenige umfassende Lösungen.

Eine „umfassende Lösung" für Linux muss nicht sofort alle Probleme lösen, sondern muss zunächst in der Linux Community akzeptiert sein. Eine wichtige Voraussetzung hierzu ist, dass die Community leicht Erweiterungen vornehmen kann. Auch an dieser Stelle ist also die Verwendung von Standardschnittstellen hilfreich.

Das SBLIM-Projekt [8] ist ein Open-Source-Projekt unter Federführung des Böblinger Entwicklungszentrums der IBM. Hier wird CIM benutzt, um Linux zu managen. Das Projekt enthält sowohl eine Reihe von CIM-Providern für Linux als auch eine erweiterbare Plattform für Managementanwendungen namens WBEM-SMT (WBEM System Management Tasks). Die WBEM-SMT sind auch vom IBM Director aus aufrufbar, sodass hier eine Integration besteht.

5.2.7 Zusammenfassung

In diesem Kapitel wurde vorgestellt, wie Systems Management mithilfe von Standards aus Sicht der Betreiber von Systemen deutlich verbessert werden kann. Das wurde am Beispiel des CIM-Standards und seiner Benutzung im Produkt IBM Director for Linux on System z sowie im Open-Source-Projekt SBLIM erläutert.

Abkürzungen

CIM	Common Information Model, ein Standard der DMTF
CIM-XML	Kurzname des am weitesten verbreiteten WBEM-Zugriffsprotokolls, nämlich CIM Operations over HTTP
CLP	Command Line Protocol, ein WBEM-Zugriffsprotokoll
CQL	CIM Query Language, eine Abfragesprache der DMTF für die Registrierung für Ereignisse und für allgemeine CIM-Abfragen
DMTF	Distributed Management Task Force, die Standardisierungsorganisation für CIM und WBEM, www.dmtf.org
HTTP	Hyper Text Transfer Protocol
MOF	Managed Object Format, eine Sprache in der CIM-Modelle definiert werden
OASIS	Organization for the Advancement of Structured Information Standards, eine Standardisierungsorganisation unter anderem für Web Services, www.oasis-open.org
OMG	Object Management Group, die Standardisierungs-organisation für UML, www.omg.org
SAN	Storage Area Network
SBLIM	Standards Based Linux Instrumentation for Management [8]
SMASH	Systems Management Architecture for Server Hardware, ein Satz von Managementprofilen für Server Hardware Management, definiert von der DMTF [13]
SMI-S	Storage Management Initiative Specification, ein Satz von Managementprofilen für SAN Management, definiert von der SNIA [14]
SNIA	Storage Network Industry Association, die Standardisierungsorganisation für Storage Networks, www.snia.org
SNMP	Simple Network Management Protocol [12]
UFN	User Friendly Name, ein Adressierungsverfahren im CLP
UML	Unified Modeling Language, ein Standard für objektorientierte Modellierung, definiert von der OMG

WBEM	Web Based Enterprise Management, ein Standard der DMTF unter anderem für Zugriffsprotokolle für CIM
WSDM	Web Services Distributed Management [9]
W3C	World Wide Web Consortium, eine der wichtigsten Standardisierungsorganisationen für das Web, www.w3.org
Xen	Open-Source-Virtualisierungsplattform, sourceforge.net/projects/xen
XML	Extended Markup Language
z/VM	Virtualisierungsplattform auf dem Mainframe, www.vm.ibm.com

Literatur

[1] DMTF CIM Infrastructure Specification, V2.3, DSP0004, http://www.dmtf.org/standards/published_documents/DSP0004V2.3_final.pdf.
[2] DMTF CIM Schema, V2.12, http://www.dmtf.org/standards/cim/cim_schema_v212.
[3] DMTF CIM Operations over HTTP, V1.2, DSP0200, http://www.dmtf.org/standards/published_documents/DSP200.pdf.
[4] DMTF Representation of CIM in XML, V2.2, DSP0201, http://www.dmtf.org/standards/published_documents/DSP201.pdf.
[5] DMTF Management Profile Specification Usage Guide, V1.0, DSP1001, http://www.dmtf.org/standards/published_documents/DSP1001.pdf.
[6] DMTF CIM Query Language, V1.0, DSP0202, http://www.dmtf.org/standards/published_documents/DSP0202.pdf.
[7] IBM Director, http://www-03.ibm.com/servers/eserver/xseries/systems_management/.
[8] SBLIM (Standards Based Linux Instrumentation for Management) Open-Source-Projekt auf SourceForge, http://sourceforge.net/projects/sblim.
[9] OASIS WSDM (Web Services Distributed Management), V1.0, http://www.oasis-open.org/committees/wsdm/.
[10] DMTF Web Services for Management, V1.0, DSP0226, http://www.dmtf.org/standards/published_documents/DSP0226.pdf.
[11] OpenPegasus Open-Source-Projekt, http://www.openpegasus.org.
[12] RFC 1157 – Simple Network Management Protocol (SNMP), http://www.faqs.org/rfcs/rfc1157.html.
[13] DMTF SMASH Initiative, http://www.dmtf.org/standards/smash/.
[14] SNIA SMI-S Standard, http://www.snia.org/smi/tech_activities/smi_spec_pr/spec/.

5.3 Linux für die Cell BE-Architektur

Utz Bacher, Roland Seiffert

5.3.1 Einleitung

Der *Cell Broadband Engine (Cell BE)*-Prozessor und die zugrunde liegende Cell BE-Architektur sind das Ergebnis einer im Jahre 2000 begonnenen Gemeinschaftsentwicklung der Firmen Sony, Toshiba und IBM. Ziel der Zusammenarbeit war die Entwicklung der CPU für die nächste Generation von Spielekonsolen sowie die Verarbeitung von Multimediadaten, beispielsweise in HDTV-Anwendungen. Mehr als 400 Mitarbeiter der drei Firmen beschäftigte das 2001 in Austin, Texas, gegründete STI (*Sony-Toshiba-IBM*) Design Center. Darüber hinaus waren weitere Teams der IBM – auch aus dem Böblinger Entwicklungszentrum – maßgeblich an den Entwicklungsarbeiten beteiligt. Die ersten detaillierten Informationen über den Cell BE-Prozessor wurden von den drei Firmen im Februar 2005 auf der International Solid State Circuit Conference (ISSCC) veröffentlicht. Im Mai 2005 gab Sony auf der Spielemesse E3 in Los Angeles Details zur Verwendung des Cell BE-Prozessors in der Playstation 3 bekannt.

Gleichzeitig zeigte IBM am Rande der E3 einen ersten Prototyp eines Blade Servers mit zwei Cell BE-Prozessoren und mehrere verschiedene Live-Systemdemonstrationen auf dem unter Linux laufenden System. Die Entwicklung von Linux für Cell BE ging schnell voran und bereits seit März 2006 ist Cell mit der Version 2.6.16 eine offiziell von Linux unterstützte Plattform, noch bevor tatsächlich auf Cell BE basierende Systeme allgemein verfügbar waren.

Das zeigt eindrucksvoll, dass Linux neben der Stabilität, die für Anwendungen auf etablierten, unternehmenkritischen Systemen wie zum Beispiel dem IBM System z, auch die Flexibilität besitzt, sich schnell auf neue Architekturen portieren zu lassen. Somit ist Linux eine hervorragende Basis für die Zukunft der Informationstechnologie.

In diesem Artikel geben wir zunächst einen Überblick über die wesentlichen Eigenschaften des Cell BE-Prozessors und seiner Programmierung. Anschließend stellen wir die grundlegenden Konzepte der Linux-Portierung für Cell BE dar.

5.3.2 Überblick über den Cell BE-Prozessor

Die Cell BE Architektur ist in vielerlei Hinsicht radikal neu und anders. Wesentliche Entwicklungsziele waren neben hoher Rechenleistung auch die Bandbreite der auf dem Chip verfügbaren Kommunikationskanäle sowie die Speicher- und I/O-Bandbreite. Alle diese Eigenschaften sind kritisch für eine höhere Detailtreue und bessere Interaktivität von Konsolenspielen – und schließlich wurde der Cell BE-Prozessor ja hauptsächlich hierfür entwickelt. Aber auch für viele andere Anwendungsgebiete, wie die Verarbeitung von Multimediadaten, Visualisierung, Simulation, Medizintechnik und Bioinformatik, sind dies die entscheidenden Kriterien. So ist es nicht verwunderlich, dass in vielen Experimenten mit Basisalgorithmen in diesen Bereichen inzwischen Beschleunigsfaktoren von 10 bis 100 im Vergleich zu Standard-PC-Prozessoren erreicht wurden.

In diesem Abschnitt werden wir einen kurzen Überblick über die Hardwarekomponenten des Cell BE Prozessors geben. Weitere Details, insbesondere hinsichtlich der Chiptechnologie, finden Sie im Beitrag von Ingo Aller u. a. zum Thema Prozessorentwicklung in Kap. 6.2 in diesem Buch.

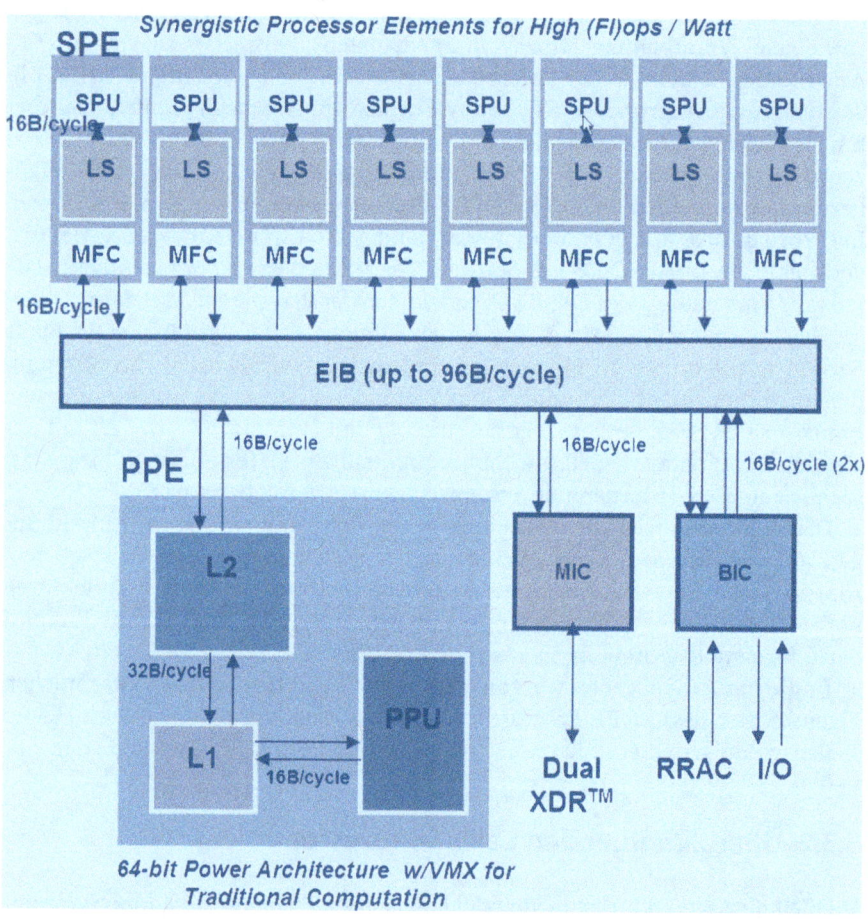

Abb. 5.7. Die Komponenten des Cell BE Prozessors

Power Processor Element (PPE)

Der Cell BE Prozessor besitzt einen Standardprozessorkern, der eine vollständige Implementierung eines 64-Bit-PowerPC-Prozessors darstellt und konform zur PowerPC Architecture Specification 2.0.2 ist. Die PPE unterstützt zwei Hardware-Threads, hat jeweils 32 KB Level-1-Instruktions- und Datencache sowie 512 KB Level-2-Cache. Ebenso wurden die vom PowerPC970 bekannten Vector-Multimedia-Extensions, VMX, implementiert. Erweiterungen der Architektur stellen zum Beispiel spezielle Mechanismen zur Verwaltung des Level-2-Caches oder zur Bandbreitenreservierung auf den internen Bussen zur Verfügung, was besonders für Echtzeitanwendungen sehr wichtig ist.

Synergistic Processor Element (SPE)

Die acht SPEs auf dem Cell BE Prozessor sorgen für die hohe Rechenleistung des Chips. Eine SPE besteht aus dem eigentlichen Rechenwerk, der SPU, einem 256 KB großen lokalen Speicher (Local Store, LS) sowie einem Memory Flow Controller (MFC).

Die SPU besitzt eine recht einfach strukturierte RISC User Mode Architecture, das heißt die SPU kennt keine verschiedenen Laufzeitmodi wie Supervisor- oder Hypervisor-Modus. Der Befehlssatz der SPU, die Instruction Set Architecture (ISA), ist neu und nicht kompatibel zu existierenden Prozessoren. Der Adressraum ist auf 18 Bit beschränkt, somit kann lediglich der 256 KB große lokale Speicher direkt adressiert werden. Der SPU steht ein sehr großer Registersatz mit 128 Registern, die jeweils 128 Bit breit sind, zur Verfügung. Grundsätzlich arbeitet die SPU als eine VMX-ähnliche *Single Instruction Multiple Data (SIMD)*-Einheit. Das bedeutet, dass die 128 Bit breiten Register flexibel als Vektoren eines anderen Datentyps benutzt werden. Beispielsweise kann ein Register in zwei 64-Bit-Gleitkommazahlen doppelter Genauigkeit, vier 32-Bit-Gleitkommazahlen einfacher Genauigkeit, vier 32-Bit-Integers, acht 16-Bit-Shorts oder 16 8-Bit-Werte aufgeteilt werden. Jede einzelne Operation wird stets auf allen Datenelementen gleichzeitig ausgeführt. Werden beispielsweise zwei Vektoren mit je vier 32-Bit-Gleitkommazahlen multipliziert, dann werden vier Gleitkommaoperationen gleichzeitig ausgeführt und vier Ergebnisse parallel berechnet. Aus diesem Ansatz resultiert die extrem hohe Rechenleistung der SPU. Skalare Operationen werden durch SIMD-Instruktionen ausgeführt. Als Resultat wird dabei nur der relevante Teil des Ergebnisvektors (im „preferred slot") verwendet.

Der lokale Speicher ist zwar mit 256 KB recht klein, dafür aber sehr schnell. Die Befehlspipeline der SPU ist so angelegt, dass auf Datenelemente im lokalen Speicher direkt ohne Verzögerung zugegriffen werden kann. Ein weiterer L1-Cache ist unnötig – der lokale Speicher arbeitet mit derselben Geschwindigkeit. Der gesamte Programmcode und die Daten müssen zur Verarbeitung durch die SPU im lokalen Speicher abgelegt sein. Ein direkter Zugriff auf den Hauptspeicher des Systems durch die SPU ist nicht möglich.

Der Memory Flow Controller (MFC) stellt die Verbindung der SPE mit dem Rest des Chips her. Eine Memory Management Unit (MMU) erlaubt eine Abbildung des lokalen Speichers in den virtuellen Adressraum der PPE. Umgekehrt ermöglicht die MMU die Verwendung von virtuellen Adressen zur Ansteuerung des Hauptspeichers durch DMA-Sequenzen. Diese Speicherabbildung wird von einem privilegierten PPE-Programm, zum Beispiel dem Betriebssystem, konfiguriert. Somit kann sichergestellt werden, dass eine SPE nur auf bestimmte Datenbereiche zugreifen kann. Über eine sehr leistungsstarke DMA-Einheit kann der MFC Daten zwischen dem lokalen Speicher der SPE und dem PPE-Adressraum austauschen. Normalerweise wird so auf Daten im Hauptspeicher zur Verarbeitung durch die SPE zugegriffen. Es ist aber auch möglich, auf Speicherbereiche von Ein-/Ausgabegeräten zuzugreifen und damit Gerätetreiber auf einer SPE zu implementieren. Weiterhin lassen sich Daten durch DMA direkt zwischen verschiedenen lokalen Speichern kopieren, wenn die MMUs der SPEs dafür aufgesetzt werden. Dieses Prinzip des vom Programmierer gesteuerten Datenaustausches zwischen lokalem Speicher und dem Hauptspeicher birgt zwar eine höhere Komplexität bei der Programmierung, auf der anderen Seite lässt sich die Busbandbreite so vollständig nutzen, ohne dass irgendwelche Cache-Bausteine durch spekulatives Lesen den Bus verstopfen. Dieser Aspekt wird zunehmend bei heutigen Prozessoren mit einer stets wachsenden Anzahl von Kernen wichtig.

Ereignisse oder Signale können sehr effizient zwischen SPE und PPE ausgetauscht werden, außerdem können einzelne 32-Bit-Datenelemente über sogenannte Mailboxen versendet werden. Diese Mittel werden häufig zur Synchronisation zwischen PPE und SPEs genutzt.

Element Interconnect Bus (EIB)

Der EIB ist das Bindeglied der Cell BE Architektur. Er sorgt für einen extrem schnellen Datenaustausch zwischen der PPE, den SPEs, dem Hauptspeicher, anderen Cell BE Prozessoren sowie Ein- und Ausgabegeräten.

Vier 16 Bytes breite Datenringe verbinden alle Komponenten – PPE, SPEs, Hauptspeicher und Ein-/Ausgabeschnittestellen – auf dem Chip, jeweils deren zwei in eine Richtung. Damit kann die Buslogik die kürzeste Distanz zur Datenübermittlung wählen. Auf jedem Ring können mehrere Datentransfers gleichzeitig stattfinden. Der EIB ist mit der halben Prozessorfrequenz getaktet und kann in jedem Zyklus insgesamt bis zu 96 Bytes transportieren. Dabei können insgesamt mehr als 100 Datentransfers gleichzeitig in Bearbeitung sein, womit sich bei der Nominalfrequenz von 3,2 GHz eine Spitzendatenrate von ungefähr 200 GB/s ergibt.

Broadband Interface Controller (BIC)

Der BIC sorgt für eine schnelle Anbindung an externe Geräte. Es stehen zwei Schnittstellen zur Verfügung, deren gemeinsame Bandbreite flexibel aufgeteilt werden kann. Da eine der Schnittstellen außerdem optional als speicherkohärente Verbindung konfiguriert werden kann, ist es möglich, mit mehreren Cell BE Prozessoren *Symmetric Multiprocessing (SMP)*-Systeme zu entwickeln. Auf einem von IBM entwickelten Prototypen eines Blade Servers sind zwei Cell BE Prozessoren mit 20 GB/s zu einem SMP-System verbunden. Jedem der Prozessoren stehen dennoch über die zweite Schnittstelle 5 GB/s für Ein- und Ausgabegeräte zur Verfügung.

Memory Interface Controller (MIC)

Auf dem Chip integriert befindet sich der MIC, der den EIB mit der extrem hohen Bandbreite von 25,6 GB/s bei nominaler Frequenz an den Hauptspeicher in XDR™-Technologie anbindet.

5.3.3 Aspekte der Softwareentwicklung für Cell BE-optimierte Anwendungen

Die oben vorgestellten wesentlichen Hardwarekomponenten des Cell BE Prozessors müssen in der Softwareentwicklung optimal und aufeinander abgestimmt genutzt werden, um für Anwendungen auf der Cell BE die jeweils bestmögliche Performanz zu erreichen.

Einer der wichtigsten Aspekte ist, dass der Cell BE Prozessor zwei Ebenen von Parallelität erlaubt, die auch beide genutzt werden müssen, um optimale Ergebnisse zu erzielen: Die SIMD-Struktur der SPU ermöglicht es, Datenparallelität zu nutzen, das heißt jeweils auf mehreren Datenelementen exakt die gleichen Berechnungsschritte auszuführen. Die hierfür nötigen Programmiertechniken sind nicht neu und die SPU funktioniert sehr ähnlich zur VMX-Einheit des PowerPC, was einen guten Einstieg in die Optimierung für die Cell BE bietet [7]. Die zweite Ebene ist die parallele Nutzung mehrerer SPEs. Vom zu lösenden Problem hängt stark ab, welche Strukturen hier gewählt werden können: Die Partitionierung der Daten und das parallele Ausführen desselben Codes auf mehreren SPEs mit verschiedenen Teilen der Daten („embarassingly parallel processing") ist der naheliegende Ansatz für viele Probleme. Aber auch die Zerlegung der Berechnung in Teilaufgaben, die dann jeweils von einer SPE gelöst werden, ist möglich. Die Zwischenergebnisse werden dabei von SPE zu SPE weitergereicht und so eine Pipelinestruktur geschaffen. Weitere Möglichkeiten sind das Pipelining von Code statt Daten: Statt große Datenmengen von

SPE zu SPE zu schieben, können die Codeteile auf der SPE ausgetauscht werden, die auf den vorhandenen Daten die nächsten Berechnungsschritte vornehmen.

In allen Fällen ist zu beachten, dass der lokale Speicher für den gesamten Code und alle lokal benötigten Daten in einer SPE auf 256 KB begrenzt ist. Dadurch ergeben sich zum einen Einschränkungen für die Größe der Codeblöcke, die auf die SPEs verteilt werden. Zum anderen muss der Datenfluss durch die Recheneinheiten sorgfältig geplant werden. Dabei ist zunächst auf die Granularität des Datentransfers zu achten: Jede DMA-Anforderung, auch wenn nur ein Byte benötigt wird, transportiert mindestens 128 Bytes über den EIB. Daher sollten möglichst Blöcke der Größe eines Vielfachen von 128 Bytes transportiert werden, um die Bandbreite des EIB optimal zu nutzen.

Die Gesamtbandbreite zum Hauptspeicher ist auf circa 25 GB/s pro Prozessor begrenzt. Obwohl dies eine herausragende Geschwindigkeit ist, kann hier sehr schnell ein Flaschenhals entstehen, wenn alle SPEs gleichzeitig massiv Daten im Hauptspeicher benötigen. Je höher die Berechnungsdichte, also die Anzahl der pro verarbeitetem Byte benötigten Rechenschritt ist, desto weniger ist dies von Bedeutung. Wenn aber eine sehr geringe Berechnungsdichte vorliegt, ist es ratsam, den Algorithmus anders zu partitionieren und zum Beispiel Pipelinestrukturen zwischen SPEs zu schaffen, weil die hier verfügbare akkumulierte Bandbreite auf dem EIB viel größer ist. Da dies in der Regel recht komplex ist, kann zunächst versucht werden, die Datenlokalität zu verbessern und mehr Berechnungen pro Datenelement in einem Block durchzuführen.

Neben der Bandbreite ist meist auch die Latenz des Zugriffs auf Daten im Hauptspeicher von Bedeutung. In solchen Fällen sollte ausgenutzt werden, dass DMA-Transfers gleichzeitig mit Berechnungen der SPU laufen können. Techniken wie Double Buffering bringen hier normalerweise signifikate Verbesserungen der Performanz: Während ein Pufferbereich mit Daten gefüllt wird, werden in einem zweiten Puffer weitere Daten parallel dazu bearbeitet. Danach werden die Puffer vertauscht. So entsteht eine optimale Überlagerung von Datentransport und Berechnungen.

Die Daten im lokalen Speicher einer SPE und im Hauptspeicher werden von der Hardware nicht kohärent gehalten. Wenn also mehrere parallele Programmteile auf gemeinsame Daten zugreifen, müssen diese Zugriffe explizit synchroniert werden. Für die hierzu nötige Kommunikation zwischen PPE und SPEs können sehr effektiv Mailboxen genutzt werden.

Der Cell BE Prozessor ist auf hohe Taktfrequenzen ausgelegt. Damit gehen insbesondere für die SPEs Instruktionspipelines von beträchtlicher Länge einher. Vor allem aufgrund des Verzichts auf dynamische Sprungvorhersage ist jeder unvorhergesehene Sprung sehr teuer. Zur Optimierung sollten daher Sprünge nach Möglichkeit vermieden beziehungsweise explizite „branch hint instructions" im Code eingefügt werden.

Die typischen Schritte bei der Entwicklung einer für den Cell BE Prozessor optimierten Anwendung umfassen:

1. Untersuchung des Algorithmus hinsichtlich Komplexität und Datenfluss
2. Aufteilung der Programmstruktur in parallel ausführbare Blöcke mit signifikantem Rechenaufwand
3. Verteilung der Blöcke auf die verschiedenen Verarbeitungeinheiten, insbesondere auf mehrere SPEs
4. Festlegung des Daten- und Kontrollflusses zwischen den Blöcken
5. Implementierung des PPE-Codes zur Ablaufkontrolle
6. Implementierung des SPE-Codes für die rechenintensiven Blöcke, gegebenenfalls als separaten Schritt die Ausnutzung der SIMD-Struktur des SPEs
7. Falls nötig, Implementierung von Mechanismen zum Verbergen von DMA-Latenzzeit beim Zugriff auf Daten durch die SPEs, zum Beispiel Double Buffering
8. Performanzuntersuchung und gegebenenfalls Ausgleich durch Restrukturierung von Blöcken oder Load Balancing
9. Optimierung, Optimierung, ...

Ein Beispiel für die außergewöhnliche Performanz durch diese Vorgehensweise ist ausführlich in [5] beschrieben. Die Terrain Rendering Engine (TRE) ist eine Implementierung eines Ray-Casting-Algorithmus zur Berechnung der 3-D-Darstellung einer Landschaft während eines virtuellen Überflugs. Basierend auf Höhendaten und Satellitenfotos wird die komplette dreidimensionale Darstellung aus Sicht des Piloten, unter Berücksichtigung von Parametern wie beispielsweise Beleuchtung, Sonnenstand, Dunst/Nebel berechnet. Während eine optimierte Implementierung auf einem 2,4 GHz PowerPC 970-Prozessor nur circa 0,6 Frames pro Sekunde berechnen kann, erreicht die Cell BE Variante etwa 30 Frames pro Sekunde, also eine Verbesserung um den Faktor 50. Dieser Faktor ist höher als der Unterschied in reiner Rechenleistung vermuten lässt, was unter anderem darauf zurückzuführen ist, dass die Datentransfers für die Berechnung mittels der leistungsstarken DMA-Einheiten des Cell BE Prozessors optimal organisiert wurden. Während der PowerPC-Prozessor circa 40% seiner Zyklen auf Daten vom Hauptspeicher wartet, rechnet der Cell BE Prozessor praktisch ohne jegliche Wartezeiten.

5.3.4 Der Software-Stack für den Cell BE-Prozessor

Im vorigen Abschnitt haben wir die wesentlichen Punkte erläutert, die bei der Entwicklung von für den Cell BE-Prozessor optimierten Anwendungen zu beachten sind. Nun beschreiben wir einen Software-Stack, der den Programmierer bei dieser Aufgabe auf verschiedenen Ebenen und mit unterschiedlichen Mitteln unterstützt. An der Implementierung von Komponenten aller Ebenen wird von IBM und anderen Teams in Industrie und Forschung intensiv gearbeitet.

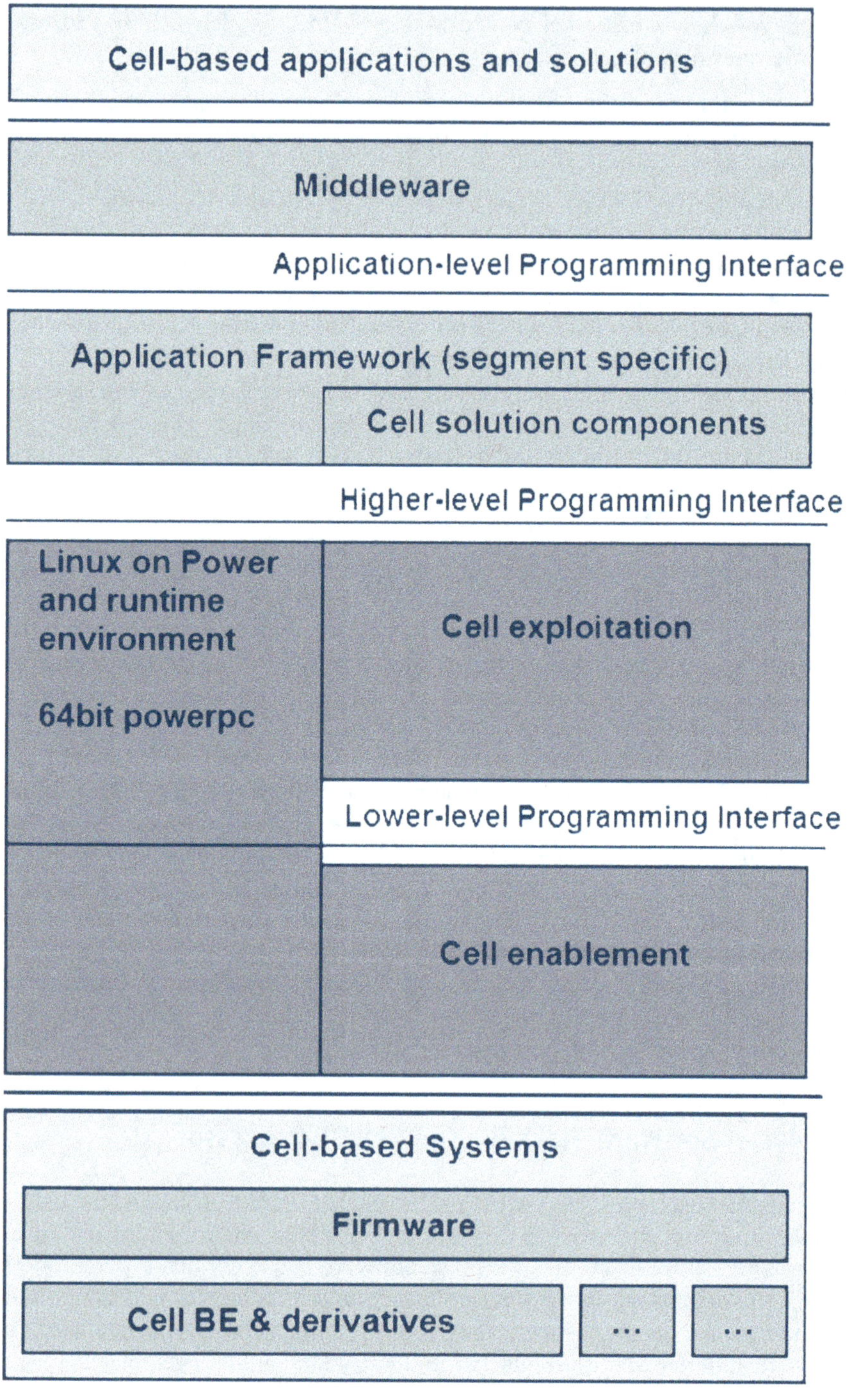

```
┌─────────────────────────────────────────────────┐
│        Cell-based applications and solutions    │
├─────────────────────────────────────────────────┤
│                    Middleware                   │
└─────────────────────────────────────────────────┘
         Application-level Programming Interface
┌─────────────────────────────────────────────────┐
│      Application Framework (segment specific)   │
│          ┌──────────────────────────────────────┤
│          │         Cell solution components     │
└──────────┴──────────────────────────────────────┘
         Higher-level Programming Interface
┌──────────────┬──────────────────────────────────┐
│ Linux on Power│                                 │
│ and runtime  │        Cell exploitation         │
│ environment  │                                  │
│              │                                  │
│ 64bit powerpc│                                  │
│              ├──────────────────────────────────┤
│              │ Lower-level Programming Interface│
│              ├──────────────────────────────────┤
│              │                                  │
│              │         Cell enablement          │
│              │                                  │
└──────────────┴──────────────────────────────────┘
┌─────────────────────────────────────────────────┐
│               Cell-based Systems                │
│   ┌─────────────────────────────────────────┐   │
│   │               Firmware                  │   │
│   ├─────────────────────────┬───────┬───────┤   │
│   │  Cell BE & derivatives  │  ...  │  ...  │   │
│   └─────────────────────────┴───────┴───────┘   │
└─────────────────────────────────────────────────┘
```

Abb. 5.8. Cell BE-Software-Stack

Zunächst werfen wir einen Blick auf die PPE des Cell BE-Prozessors. Sie ist eine 100% standardkonforme Implementierung der PowerPC-Architektur. Daher laufen für den PowerPC entwickelte Anwendungen inklusive des Linux-Kernels praktisch unverändert. Zwar kann Software, die ausschließlich die PowerPC-Architektur nutzt, die neuen Komponenten des Cell BE-Prozessors wie zum Beispiel die SPEs nicht nutzen, aber zumindest funktioniert *alles* erst einmal unverändert. Demnach findet ein Entwickler auf einem Cell BE-System mit Linux eine völlig vertraute Umgebung vor. Alle Komponenten einer dort installierten Linux-Distribution für die Power-Architektur stehen zur Verfügung und können benutzt werden. Das Gleiche gilt für Anwendungen: Es ist nicht nötig, eine gesamte Anwendung für Cell BE zu portieren. In vielen Fällen reicht es, sich auf die rechenintensiven Teile zu konzentrieren – was oft ein kleiner Teil der gesamten Anwendung ist – und den Rest unverändert zu lassen.

Ebene 1: „Cell Enablement"

Auf der untersten Ebene des Software-Stacks übernimmt im Wesentlichen das Betriebssystem, zusammen mit einigen Bibliotheken, die Aufgabe, in Form geeigneter Schnittstellen und Abstraktionen auf systemnaher Ebene dem Anwendungsprogrammierer die Fähigkeiten des Cell BE-Prozessors zugänglich zu machen. Im Abschnitt *Linux für den Cell BE-Prozessor* werden wir die Konzepte hierzu im Linux-Kernel und in der SPE Runtime Management Library, die das „offizielle" API zur Cell BE-Programmierung darstellt, beschreiben. Dazu kommen grundlegende Werkzeuge wie Compiler für SPEs, die Code für die SPEs erzeugen können, Linker, die SPE-Elf-Executables erzeugen, und Debugger.

Auf dieser Abstraktionsebene muss sich der Programmierer mit allen Eigenheiten des Cell BE-Prozessors relativ direkt auseinandersetzen: dem auf 256 KB beschränkten lokalen Speicher für Programme und Daten der SPEs, dem Zugriff auf Daten im Hauptspeicher mittels DMA, der expliziten Synchronisation mithilfe von Mailboxen oder Signalen und vielem mehr. Der Vorteil ist natürlich, dass auf dieser Ebene der Cell BE-Prozessor auch wirklich optimal ausgenutzt werden kann. Entwickler, die ihre Erfahrungen eher im Bereich von Embedded Systems gemacht haben, finden sich bei Cell BE in der Regel schnell zurecht. Wer hingegen reine Anwendungsentwicklung auf Standardprozessoren gewohnt ist, dürfte diese Umgebung als komplex und schwer zu beherrschen empfinden. Daher sind höhere Schnittstellen notwendig, um die Nutzung des Cell BE-Prozessors zu vereinfachen.

Im Moment ist diese unterste Ebene des Software-Stacks naturgemäß am weitesten entwickelt. Damit existiert eine solide Basis, um in einigen Bereichen erfolgreich Anwendungen für Cell BE zu entwickeln.

Ebene 2: „Cell Exploitation"

Hier geht es nun darum, die Eigenschaften der Cell BE in geeigneten Bibliotheken und durch Erweiterungen in der Toolchain, insbesondere Compiler und Debugger, bereits auszunutzen, um dem Programmierer die Cell BE-Optimierung leichter zu machen. Auf diesem Gebiet wird in verschiedenen Gruppen aktiv gearbeitet, jedoch ist der heutige Stand (Herbst 2006) noch rudimentär. Wir wollen hier nur einige Möglichkeiten kurz skizzieren:

Eine wichtige Komponente auf dieser Ebene sind Cell BE-optimierte Funktionsbibliotheken. Das können zum Beispiel mathematische Pakete sein, deren Funktionen für die Nutzung auf SPEs optimiert wurden, ob nun Standardmathematik wie im C99-Standard, Vektormathematik oder ganze Pakete wie BLAS oder ATLAS, die häufig im Bereich des High Performance Computing eingesetzt werden. Es ist auch möglich, andere Funktionen, die im Betriebssystem häufig genutzt werden und hohe Rechenleistung benötigen, durch Auslagerung der Berechnungen auf SPEs zu optimieren. Gute Beispiele sind Verschlüsselungs- und Kompressionsverfahren oder auch der TCP/IP-Stack.

Spezielle Cell BE-Unterstützung im Compiler kann dem Programmierer das Leben sehr erleichtern. Es ist naheliegend, Konzepte wie *Overlays* einzuführen, die es erlauben, größere Programme als 256 KB für SPEs zu entwickeln. Der Compiler kann leicht den nötigen Code erzeugen, um Programmsegmente während der Laufzeit auf den SPEs auszutauschen. Das Gleiche gilt für den Zugriff auf Daten im Hauptspeicher: Durch die Einführung „globaler" Variablen kann der Compiler den DMA-Code für den Zugriff darauf erzeugen. Bei diesen Erweiterungen ist jedoch zu bedenken, dass diese Operationen recht aufwendig sind und – wenn sie extensiv genutzt werden – die Performanz eines SPE-Programms deutlich verschlechtern können.

In den letzten Jahren wurden auch eine Reihe von Techniken zur sogenannten Auto-Vektorisierung entwickelt, siehe zum Beispiel [8] zu den Arbeiten im GNU-gcc-Compiler. Hierbei wird aus „normalem" skalarem Code, wie zum Beispiel einer Schleife, die die Elemente eines Arrays bearbeitet, automatisch eine vektorisierte Version erzeugt, die die heute oft vorhandenen SIMD-Einheiten ausnutzt. Dies lässt sich natürlich leicht auf die SPEs übertragen, die reine SIMD-Einheiten sind.

Eine interessante Erweiterung der Cell BE-Unterstützung im Compiler ist die Unterstützung von OpenMP zur Parallelisierung eines Programms auf den verschiedenen Komponenten des Chips. Die Komplikation besteht hier in der heterogenen Struktur der Cell BE: Aus demselben Quelltext wird teils PPE-, teils SPE-Code erzeugt, je nachdem, welcher Kern das parallele Fragment bearbeiten soll. Dazu werden zusätzliche Annotationsmöglichkeiten im Quelltext geschaffen und der Compiler so erweitert, dass er den jeweils richtigen Code erzeugt. Die konsequente Fortsetzung dieses Gedankens ist der „single source compiler", der aus einem einzigen Quelltext automatisch Codesegmente für die verschiedenen Einheiten auf dem Chip erzeugt und zur Laufzeit verteilt. Das ist heute allerdings noch Zukunftsmusik.

Die ersten beiden Ebenen des Software-Stacks sind von recht allgemeiner Bedeutung, das heißt die große Mehrheit der Anwendungen kann diese auch ausnutzen.

Ebene 3: „Application Frameworks"

Für dedizierte Anwendungsgebiete ist es möglich, weitergehende Abstraktionen zu schaffen, die es für den Anwendungsprogrammierer sehr viel einfacher machen, die zugrunde liegende Hardware optimal zu nutzen. Ein naheliegendes Einsatzgebiet für den Cell BE-Prozessor ist die digitale Unterhaltungelektronik, beispielsweise in Home-Media-Servern oder anderen Set-Top-Boxen. Diese Geräte benötigen im HDTV-Zeitalter eine Vielzahl sehr rechenintensiver Algorithmen für verschiedene Aufgaben wie Entschlüsselung und Dekomprimierung von Audio- und Videodaten, Formatumwandlung, Komprimierung und so weiter. Die Entwicklung der eigentlichen Anwendung, zum Beispiel für einen Home-Media-Server, soll in Java erfolgen. Die komplexen Algorithmen werden aber in C für den Ablauf auf SPEs entwickelt und dem Anwendungsentwickler in Form von Java-Funktionbibliotheken zur Verfügung gestellt. Das Framework übernimmt die Verteilung und Synchronisation der Aufgaben auf verschiedenen SPE-Threads. Anwendungsteile, die nicht besonders rechenintensiv sind, verbleiben in einer Standardimplemetierung auf der PPE. Ebenso stehen natürlich alle Infrastrukturdienste des Betriebssystems in gewohnter Weise zur Verfügung. Für den Programmierer sieht es weitestgehend so aus, als würde er in Java eine Anwendung auf einem Standardprozessor entwickeln – die speziellen Eigenschaften und die Komplexität der Cell BE-Umgebung bleiben verborgen.

Solche Frameworks sind in der Regel auf jeweils ein Anwendungsgebiet spezialisiert, in dem eine gewisse Anzahl grundlegender Algorithmen und Ablaufmodelle als Rahmen festgelegt werden können. Die Erweiterung des Frameworks um neue Funktionalitäten erfordert wiederum Spezialkenntnisse in der Programmierung des Cell BE-Prozessors.

5.3.5 Linux für den Cell BE-Prozessor

Wie bereits erläutert besitzt der Cell BE-Prozessor eine heterogene Multicore-Struktur. Von den neun CPUs des Prozessors ist nur die PPE zur Ausführung des Betriebssystems geeignet. Die SPEs haben die Funktion von Rechenbeschleunigern und ihre Implementierung verzichtet auf die für ein Betriebssystem essentiellen Eigenschaften wie Supervisor-Modus oder Speicherschutzmechanismen. Die PPE dagegen ist eine 100% standardkonforme Implementierung der PowerPC-Architektur – vergleichbar mit einem „abgespeckten" PowerPC 970.

Durch diese Gemeinsamkeit lässt sich der Linux-Kernel für die PowerPC-Architektur nahezu unverändert als Basis für Cell BE verwenden. Es sind jedoch Erweiterungen nötig, um die SPEs den Anwendungen zugänglich zu machen. Im Sinne des obigen Software-Stacks beschreiben wir in diesem Abschnitt einen zentralen Teil der untersten Ebene: die Unterstützung des Cell BE-Prozessors im Linux-Kernel und das daraus resultierende Programmiermodell auf dieser Ebene.

Die PowerPC-Architektur in Linux sieht vor, dass verschiedene sogenannte Plattformen zur Unterstützung verschiedener Hardwaremodelle, basierend auf Prozessoren der PowerPC-Architektur, eingeführt werden. So gibt es beispielsweise „iseries"-, „pseries"- oder „powermac"-Plattformen. Die Idee dahinter ist, dass die Plattformen große Teile des Codes des Linux-Kernels teilen, aber dennoch die Flexibilität geschaffen wird, in einzelnen Bereichen gezielt die sehr unterschiedliche Hardware auf PowerPC-Basis auszunützen. Zur Unterstützung des Cell BE-Prozessors wurde eine neue Plattform „cell" eingeführt. Die ersten Patches für Cell BE für die neue Plattform wurden von IBM im April 2005 veröffentlicht und hielten bereits in der Version 2.6.13-rc1 Einzug in den Linux-Kernel. Seit März 2006 ist „cell" mit der Version 2.6.16 eine offiziell von Linux unterstützte Plattform. Im Moment läuft dieser Code auf den von IBM entwickelten Prototypen eines Cell BE-basierten Blade-Servers sowie auf einem frei verfügbaren Systemsimulator für Cell BE.

Eines der wichtigen Ziele jeder Portierung von Linux auf eine neue Systemarchitektur ist es, die Änderungen im architekturunabhängigen Teil des Kernels minimal zu halten. Das hilft, die Stabilität des Kernels zu sichern und gleichzeitig möglichst viel Funktionalität auch auf der neuen Architektur „gratis" nutzen zu können. Ebenso wichtig ist es, insbesondere bei Prozessoren wie Cell BE, möglichst alle neuen Elemente der Architektur auch nutzbar zu machen, um zum Beispiel besonders hohe Performanz zu erreichen. Dies ist immer wieder ein Balanceakt und erfordert manchmal Kompromisse. Im folgenden Abschnitt erläutern wir die grundlegenden Konzepte der Portierung von Linux auf den Cell BE-Prozessor. Dabei zeigen wir, dass auch eine radikal neue Architektur, wie die Cell BE-Architektur, sehr effektiv von Linux unterstützt werden kann und vieles sich „natürlich" in die Systemstruktur einfügt.

Das /spufs-Dateisystem

Virtuelle Dateisysteme sind eine in Linux sehr verbreitete Technik, um Abstraktionen und Schnittstellen für spezielle Eigenschaften der Hardware im Kernel zu schaffen. Dieser Ansatz vermeidet eine Inflation von architekturspezifischen Systemaufrufen (system calls) und erlaubt eine elegante, flexible Integration neuer Strukturen in den bestehenden Linux-Kernel. Die Grundidee bei der Entwicklung von Linux für Cell BE war, einen „SPE-Kontext" vollständig durch ein Verzeichnis im virtuellen Dateisystem /spufs zu repräsentieren. Ein SPE-Kontext stellt eine virtuelle SPE unter Verwaltung des Linux-Kerns dar. Alle Komponenten und deren Inhalte, die für den Zustand einer SPE notwendig sind, werden als Dateien in einem Verzeichnis repräsentiert. Die wichtigsten sind:

- *mem* für den lokalen Speicher einer SPE. Auf diese Datei kann mit read() und write() sowie mittels asynchroner Lese- bzw. Schreiboperationen zugegriffen werden, womit zum Beispiel eine Anwendung auf der PPE in der Lage ist, leicht auf Daten im lokalen Speicher zuzugreifen, wie zum Laden des auf der SPE auszuführenden Programmcodes oder nach Ablauf zum Auslesen der Ergebnisse einer Berechnung. Außerdem ist es möglich, *mem* mittels mmap() auf den Adressraum einer Anwendung abzubilden, wodurch sich Konzepte wie Shared Memory zwischen SPE- und PPE-Threads einfach realisieren lassen.
- *mbox, ibox, wbox* erlauben das Lesen und Schreiben der verschiedenen Mailboxen einer SPE mittels read() und write().
- *regs* repräsentiert die Register einer SPE im Falle eines Context Switch dar. Diese Datei kann nicht von der Anwendung benutzt werden, um Registerinhalte während des Laufs zu lesen oder zu schreiben.

In Abb. 5.9 sind die wesentlichen Elemente eines SPE-Kontexts dargestellt, wie er in /spufs repräsentiert ist.

Mittels eines neu eingeführten Systemaufrufs spu_run() wird die Ausführung eines in dem lokalen Speicher der SPE geladenen Programms an einer spezifizierten Adresse gestartet. Dieser Systemaufruf ist synchron, das heißt der PPE-Thread, der die Ausführung eines SPE-Programms startet, blockiert, bis die SPE terminiert.

Zu beachten ist, dass der Linux-Kernel mittels /spufs *virtuelle* SPE-Kontexte verwaltet. Im Prinzip können beliebig viele virtuelle SPE-Kontexte angelegt

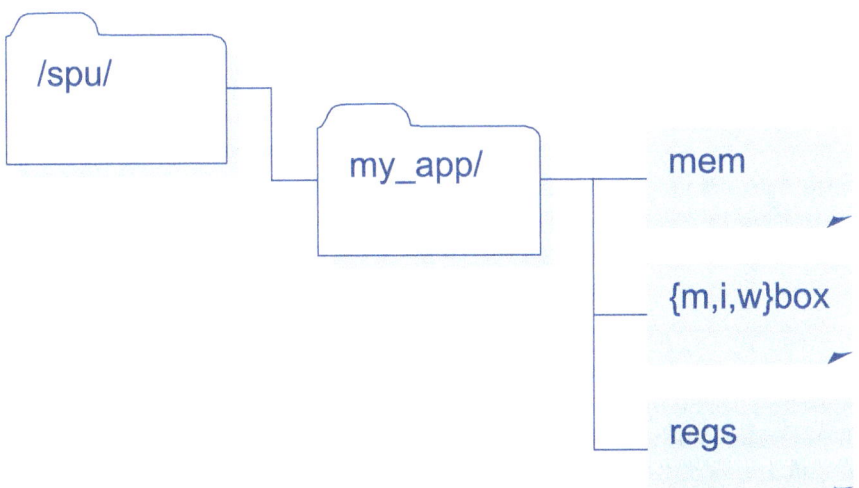

Abb. 5.9. Repräsentation eines SPE-Kontexts durch /spufs (vereinfacht)

werden, obwohl die Zahl der tatsächlich verfügbaren physischen SPEs natürlich begrenzt ist. Es ist die Aufgabe des SPE-Schedulers, die physischen Ressourcen den Anwendungen tatsächlich zur Verfügung zu stellen. Sobald eine SPE ablaufbereit („runnable") ist, wird der SPE-Scheduler versuchen, eine freie physische SPE zu finden, den SPE-Kontext dort zu laden und den Programmablauf tatsächlich zu beginnen. Muss und kann, zum Beispiel aufgrund der Priorisierung, hierfür eine andere SPE freigemacht werden, unterbricht der SPE-Scheduler die Ausführung eines SPE-Threads und sichert den gesamten SPE-Kontext in /spufs. In der augenblicklichen Implementierung ist der SPE-Scheduler vom (normalen) PowerPC-Scheduler, der als Teil des Kernels auf der PPE läuft, völlig unabhängig. Daher können für SPE-Threads auch leicht auf die speziellen Charakteristika der SPEs zugeschnittene Scheduling-Strategien realisiert werden. Der SPE-Scheduler ist noch sehr simpel aufgebaut. Es wird jedoch intensiv an neuen Ansätzen gearbeitet. Beispielsweise ist es naheliegend, dass Anwendungen mehrere SPEs in eng aufeinander abgestimmter Weise nutzen und daher diese SPEs gemeinsam gescheduled werden sollen. Daher wird zum Beispiel intensiv an Gang-Scheduling für SPE-Threads gearbeitet.

Wie bereits erwähnt, laufen auf den SPEs ausschließlich Anwendungsprogramme, kein Betriebssystem. Für die meisten Anwendungsfälle ist dies auch angemessen. Der lokale Speicher ist mit nur 256 KB sehr knapp bemessen und es wäre nicht effizient, Teile davon für ein Betriebssystem zu „verschwenden". Außerdem fehlen Zugriffschutzmechanismen, die verhindern könnten, dass ein Anwendungsprogramm versehentlich Teile des Betriebssystems im lokalen Speicher überschreibt, sowie die Möglichkeit, zwischen Supervisor- und User-Modus umzuschalten. Daher besteht der gewählte Ansatz darin, dass eine Applikation auf der PPE – mit allen regulären Schutzmechanismen – startet. Um eine SPE zu nutzen, setzt der Linux-Kernel den Memory-Controller der SPE so auf, dass genau der gleiche Speicherbereich für die SPE sichtbar ist wie für den PPE-Thread. Dadurch ist sichergestellt, dass das SPE-Programm dieselben Zugriffsrechte auf die exakt gleichen Speicheradressen hat wie der PPE-Thread. Anschließend wird der SPU-Programmcode auf die SPE übertragen und die Ausführung durch den spu_run()-Systemaufruf gestartet. Lediglich eine minimale Laufzeitumgebung, die vom Linker in jedes SPE-Executable eingebunden wird, steht dem SPE-Programmierer zur Verfügung, um beispielsweise Kollisionsprüfungen zwischen Stack und Heap im lokalen Speicher bei Funktionsaufrufen zu realisieren oder die Benutzung der DMA- und Mailboxfunktionen etwas komfortabler zu gestalten.

Das virtuelle Dateisystem /spufs ist die zentrale Komponente für die Integration von SPEs in den Linux-Kernel. Durch das konsequente Ausnützen vorhandener Linux-Schnittstellen wurden Auswirkungen auf den architekturunabhängigen Teil des Linux-Kernels vollständig vermieden. Darüber hinaus ermöglicht dieses Design auch, SPE-Programmen nahezu alle in Linux möglichen Systemaufrufe zur Verfügung zu stellen – was im nächsten Abschnitt beschrieben wird.

Hybride Threads

Die eben dargestellte Einbettung der SPE-Threads in den Linux-Kernel kann auch als *hybride Threads* beschrieben werden. Es besteht eine eindeutige Beziehung zwischen je genau einem PPE- und einem SPE-Thread. Die Ausführung beginnt immer auf der PPE. Dort wird der gesamte Thread-Kontext definiert, beispielsweise die Rechte und Privilegien, die sichtbaren Speicherbereiche und die Adressabbildung. Diese gelten dann identisch für PPE- und SPE-Thread. Nach dem initialen Laden des Programmcodes auf der SPE kann die Ausführung des SPE-Programms gestartet werden, wobei der PPE-Thread blockiert wird. Im einfachsten Fall läuft das SPE-Programm bis zu seinem Ende, was dem PPE-Thread signalisiert wird, sodass dieser wieder „aufwacht" und weiterlaufen kann. Dieser Ablauf ist in den unteren drei Ebenen[7] von Abb. 5.10 dargestellt.

Aus Sicht der Anwendung des Betriebssystems sieht es so aus, als würde ein einziger hybrider Thread ablaufen, dessen Code abwechselnd auf der PPE und der SPE ausgeführt wird. Diese Möglichkeit wird beispielsweise genutzt, um sehr elegant eine optimale Arbeitsteilung zwischen PPE und SPE zu erreichen: Auf der SPE wird „gerechnet" und die PPE verwaltet die Infrastruktur. Die Implementierung vieler Bibliotheksfunktionen erfordert sehr viel Code, zum Beispiel benötigt allein die vollständige Implementierung von printf() mehr als 60 KB Code. Dadurch dass SPEs nur 256 KB lokalen Speicher für ihre Programme und Daten zur Verfügung haben, ist es meist wenig sinnvoll, diese Funktionen auf der SPE zu realisieren – zumal in der Regel diese Funktionen nicht kritisch für die Gesamtperformanz eines Algorithmus sind. Außerdem sind viele Systemaufrufe auf der SPE nicht realisierbar, da der SPE-Thread keinen Zugriff auf die vom Kernel verwalteten Ressourcen hat. Stattdessen werden, wenn ein SPE-Programm eine Bibliotheksfunktion oder einen Systemaufruf benutzen will, die Argumente des Aufrufs in vorab vereinbarten Speicherbereichen abgelegt. Die SPE unterbricht ihre Arbeit durch eine „stop and signal"-Instruktion mit einem

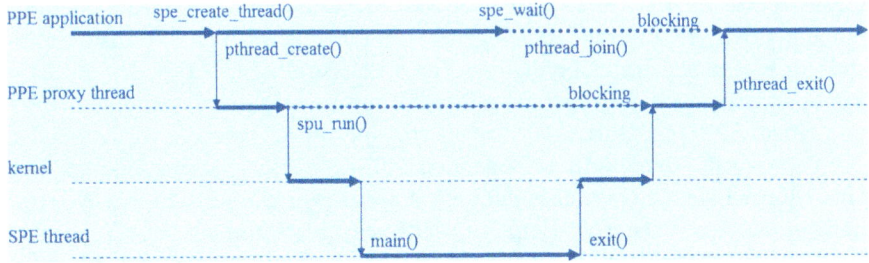

Abb. 5.10. Hybrider Thread

---

[7] Die oberste Ebene repräsentiert die eigentliche Anwendung, die die SPE nutzen möchte und hierzu die weiter unten dargestellte SPE Runtime Management Library verwendet.

definierten Ereigniscode, der dem gewünschten Funktionsaufruf entspricht. Der Kernel erhält dieses Signal und weckt damit den entsprechenden PPE-Thread auf. Dieser identifiziert den gewünschten Funktionsaufruf, sammelt die Argumente ein, führt – auf der PPE – den Funktionsaufruf durch und legt schließlich die Ergebnisse wieder in vorab vereinbarten Speicherbereichen ab. Ein weiterer Aufruf von spu_run() setzt das SPE-Programm an der zuvor unterbrochenen Stelle fort. Die SPE sammelt nun die Ergebnisdaten ein und erhält somit in der laufenden Berechnung das Resultat des Funktionsaufrufs.

Die SPE Runtime Management Library

In den vorigen Abschnitten sind die wesentlichen Konzepte und Schnittstellen für die Unterstützung des Cell BE-Prozessors im Linux-Kernel dargestellt. Für den Anwendungsprogrammierer wurde jedoch eine andere Schnittstelle, die SPE Runtime Management Library (libspe) entwickelt. Hierfür waren im Wesentlichen drei Gründe ausschlaggebend:

1. Viele typische Anwendungen für den Cell BE-Prozessor nutzen gleichzeitig mehrere SPEs in mehreren unabhängigen Threads. Das Management dieser Threads sollte für den Programmierer vereinfacht werden.
2. Immer wiederkehrende Aufgaben, wie das Laden von Programmcode auf eine SPE, die Kommunikation über Mailboxen oder die Behandlung von Ereignissen, sollten leichter benutzbar sein.
3. Außer Linux werden auch andere Betriebssysteme, beispielsweise für Realtime-Aufgaben, für Cell BE portiert werden. Anwendungen sollten leicht zwischen verschiedenen Betriebssystemen portierbar sein. Daher sollte die Programmierschnittstelle für Anwendungen nicht ausschließlich auf Linux zugeschnitten sein.

Diesen Anforderungen trägt die libspe Rechnung. Diese Bibliothek implementiert eine Thread-basierte Abstraktion für SPE-Programme, die ähnlich zu POSIX pthreads strukturiert ist. Die zentrale Funktion spe_create_thread() implementiert alle notwendigen Schritte, um einen gegebenen SPE-Programmcode in einem neuen, unabhängigen Thread auszuführen. Dieser Thread ist – wie oben dargestellt – ein hybrider Thread und besteht intern aus einem PPE- und einem SPE-Teil. Durch den Aufruf von spe_create_thread() wird zunächst ein Verzeichnis für den zu erzeugenden SPE-Kontext in /spufs angelegt. Der Linux-Kernel stellt sicher, dass dadurch automatisch alle für den SPE-Kontext nötigen Dateien erzeugt werden. Nun lädt spe_create_thread() alle Text- und Datensegmente aus dem SPE-Elf-Executable über die *mem*-Datei in den lokalen Speicher der – immer noch virtuellen – SPE. Danach wird mit pthread_create() ein neuer PPE-Thread erzeugt, in dessen Kontext die SPE dann mit dem Systemaufruf spu_run() gestartet wird. Der Kernel setzt den Zustand der virtuellen

SPE auf *runnable* und der SPE-Scheduler versucht, eine physische SPE zu allokieren, den virtuellen SPE-Kontext dorthin zu übertragen und den Programmablauf zu starten.

```
#include <libspe.h>
extern spe_program_handle_t spu_pgm;

int main(int argc, char **argv)
{
   speid_t speid;
   int status = 0;

   /* Erzeugen eines SPE-Threads, der das Programm 'spu_pgm'
      ausführt
   */
   speid = spe_create_thread(0, &spu_pgn, NULL, NULL, -1, 0);
   if (speid == 0) {
      fprintf(stderr, "Fehlerspe_create_thread(errno=%d)\n", errno);
      exit(1);
   }
   /* Hier können wir noch alles Mögliche tun, während die
      SPE nun im Hintergrund rechnet
   */
   do_something_useful();
   /* Warten auf Terminierung des SPU-Threads
   */
   spe_wait(speid, &status, 0);
   printf("Ende gut, alles gut\n");
   exit(0);
}
```

Listing 1: Erzeugen eines SPE-Threads

Der ursprüngliche Anwendungs-Thread, der spe_create_thread() aufgerufen hat, läuft asynchron weiter und kann beispielsweise weitere hybride SPE/PPE-Threads – im Folgenden und im Sinne dieser Bibliothek nun einfach SPE-Threads genannt – erzeugen. Dies ist eine Standardsituation für Cell BE-Anwendungen. Sobald alle SPE-Threads der Anwendung erzeugt worden sind, kann eine Aufgabe der PPE darin bestehen, eingehende Daten zur Verarbeitung auf die SPE-Threads zu verteilen. Zur Synchronisation zwischen der PPE-Anwendung und den SPE-Threads werden in der Regel die SPE-Mailboxen verwendet. Hierzu stellt libspe ebenfalls Funktionen zum Lesen und Schreiben der verschiedenen Mailboxen zur Verfügung. Zur asynchronen Behandlung von Ereignissen auf den SPEs gibt es des Weiteren ein Event-API. Weitere Details dieser Bibliothek finden sich in [2].

NUMA & SPEs

Es ist möglich, zwei oder mehr Cell BE-Prozessoren mittels einer kohärenten Verbindung als ein SMP-System zu betreiben. Dies wurde beispielsweise in dem von IBM entwickelten Cell BE-basierten Blade Server realisiert. Da die Northbridge (der Memory Interface Controller) auf dem Chip aufgebracht ist, entsteht hierbei ein System mit leichten NUMA („non-uniform memory architecture")-Eigenschaften: Ein Teil des Hauptspeichers ist jeweils direkt an einem Prozessor angebunden. Die Zugriffsgeschwindigkeit ist daher nicht von jedem Prozessor auf jede Stelle des Speichers gleich.

Da Latenzzeit und Bandbreite für den Datentransfer zum Hauptspeicher und zwischen SPEs sehr viel besser sind, wenn die Kommunikation lokal zu einem Cell BE-Prozessor bleibt, benötigt der Programmierer in vielen Anwendungsfällen aus Performancegründen explizite Kontrolle darüber, welcher Teil des Hauptspeichers von einem Thread genutzt wird oder auf welchem CPU-Knoten eine SPE genutzt werden soll.

Diese Anforderungen sind nicht Cell BE-spezifisch. Viele andere Mehrprozessorsysteme besitzen ebenfalls diese NUMA-Charakteristik. Der Linux-Kernel bietet Unterstützung für solche NUMA-Systeme – und zwar im architekturunabhängigen Teil des Kernels. Die Grundidee der NUMA-Unterstützung in Linux besteht darin, die verschiedenen Systemressourcen wie CPUs oder Hauptspeicher explizit bestimmten „Knoten" zuzuordnen. Ein Thread kann spezifizieren, von welchen Knoten er diese Ressourcen bei Bedarf erhalten möchte: Mit der Funktion numa_run_on_on_node() wird der Knoten für die CPU und mit numa:set_prefered() der Knoten für den Hauptspeicher gewählt[3]. Der Linux-Kernel berücksichtigt diese NUMA-Eigenschaften eines Threads immer dann, wenn Ressourcen allokiert werden, zum Beispiel wenn im Scheduler der Thread einer physischen CPU zur Ausführung zugewiesen wird. Die NUMA-Eigenschaften werden von einem Thread an neu erzeugte Threads vererbt.

Diese Semantik wird auch exakt auf SPE-Threads angewendet: Sie werden immer die NUMA-Eigenschaften des PPE-Threads erhalten, der sie erzeugt. Somit ist es nicht nötig, neue APIs einzuführen, und der Anwendungsprogrammierer findet in Linux für Cell BE die vertrauten Mechanismen.

---

[3] Siehe auch [1].

Beispiel: Verteilung zweier SPE-Threads auf zwei verschiedene Knoten

```
// Auswahl von Knoten 0
numa_run_on_on_node(0);
numa_set_prefered(0);
// Erzeugen eines SPE-Threads, der nun auf einer
// physischen SPE des Knotens 0 ablaufen wird
// und Hauptspeicher ebenfalls dort lokal erhält
speid0 = spe_create_thread(...);
// Auswahl von Knoten 1
numa_run_on_on_node(1);
numa_set_prefered(1);
// Erzeugen eines SPE-Threads auf Knoten 1
speid1 = spe_create_thread(...);
```

Da im Linux-Kernel auf Cell BE wie oben dargestellt immer eine Eins-zu-eins-Beziehung zwischen einem SPE-Thread und einem zugehörigen PPE-Thread besteht, genügt es, die NUMA-Eigenschaften für den PPE-Thread dieses Paars zu unterstützen und außerdem im SPE-Scheduler darauf zu achten, dass ein SPE-Thread immer auf dem gleichen Knoten abläuft wie sein zugehöriger PPE-Thread. Der erste Teil der Aufgabe wird aber bereits vollständig durch die NUMA-Unterstützung des auf der PPE laufenden Linux-Kerns gelöst, sodass am Ende lediglich der Cell BE-architekturabhängige SPE-Scheduler angepasst werden muss, um eine vollständige NUMA-Unterstützung für Cell BE zu erhalten.

Dies ist ein entscheidender Punkt: Auch für die Unterstützung völlig neuer Konzepte einer Prozessorarchitektur wie Cell BE sind – bei richtiger Designentscheidung – nur minimale Änderungen im architekturunabhängigen Teil des Linux-Kernels notwendig. Speziallösungen lassen sich vollständig im architekturspezifischen Teil des Kernels isolieren. Dies ist eine Stärke der Linux-Plattform und einer der wichtigsten Gründe, warum Linux auch in der Zukunft bei der Ausnutzung neuer Systemstrukturen eine, wenn nicht *die* zentrale Rolle spielen wird.

5.3.6 Zusammenfassung

Der Cell BE-Prozessor stellt hinsichtlich der auf einem einzelnen „Standardchip" erreichbaren Rechenleistung einen Durchbruch im Hardwaredesign dar. Wir haben gezeigt, dass es auf der Basis von Linux möglich ist, den Anwendungsentwicklern die volle Mächtigkeit dieser neuen Architektur zugänglich zu machen, ohne dabei die Konsistenz der Linux-Plattform zu gefährden. Mehr noch: Durch geeignete Designentscheidungen bei der Integration in den Linux-Kern konnte erreicht werden, dass viele in Linux bereits implementierte Systemkonzepte, wie zum Beispiel die NUMA-Unterstützung, sich nahtlos auch für

Cell BE erweitern und nutzen lassen. Nahezu ohne jegliche Veränderung im architekturunabhängigen Teil des Linux-Kernels und mit durchaus überschaubarem Aufwand in neuen, Cell BE-architekturspezifischen Teilen wurde in kurzer Zeit eine komplette, stabile und den Entwicklern vertraute Umgebung geschaffen, um in Anwendungen eine neuartige Prozessorarchitektur zu nutzen.

Schon sehr früh erfolgte eine offene Zusammenarbeit mit der Linux-Community. Damit wurde sichergestellt, dass Cell BE als neue Architektur für Linux schnell akzeptiert wurde und nun auch unterstützt wird. Diese Art von auf Kooperationen basierender Innovation wird in Zukunft eine immer wichtigere Rolle spielen. Radikal neue Ansätze können nur dann den Durchbruch schaffen, wenn sie bereits in frühen Phasen der Forschung und Entwicklung von großen „Communities" getragen werden.

Die Cell BE-Architektur eröffnet viele neue Anwendungsmöglichkeiten und bietet reichlich Gelegenheit, solche Innovationen voranzutreiben. Linux ist hierfür eine optimale technische Basis, mit einer großen, aktiven Gemeinde, die mit dieser neuen Art der Innovation bereits seit vielen Jahren vertraut ist.

Literatur

[1] A NUMA API for LINUX*,
http://www.novell.com/collateral/4621437/4621437.pdf.
[2] SPE Management Library for CBE v1.1,
http://www.bsc.es/projects/deepcomputing/linuxoncell/development/libspe.html.
[3] IBM developerWorks Cell Broadband Engine resource center,
http://www-128.ibm.com/developerworks/power/cell/.
[4] Linux on CBEA, Barcelona Supercomputing Center,
http://www.bsc.es/projects/deepcomputing/linuxoncell/.
[5] Terrain Rendering Engine (TRE): Cell Broadband Engine Optimized Real-time Ray-caster, http://www-306.ibm.com/chips/techlib/techlib.nsf/techdocs/05CB9A9C5794A5A8872570AB005C801F.
[6] Mercury Computer Systems: Cell Broadband Engine Processor Demo Video,
http://www.mc.com/cell/demo.cfm.
[7] Apple Altivec documentation, http://applepedia.com/Altivec.
[8] Auto-vectorization in GCC,
http://gcc.gnu.org/projects/tree-ssa/vectorization.html.
[9] Daniel Brokenshire: Maximizing the power of the Cell Broadband Engine processor: 25 tips to optimal application performance,
http://www-128.ibm.com/developerworks/power/library/pa-celltips1/?ca=dgr-lnxw09OptimalAppPerformance.

6 Im Herzen der IT – Prozessortechnologie und -entwicklung

6.1 Pre-Silicon System Integration – Software trifft auf Hardware

Stefan Körner, Klaus-Dieter Schubert

6.1.1 Einführung

Die Problemstellung

Der Erfolg auf dem Servermarkt hängt von mehreren Faktoren ab. Zum einen von den Systemeigenschaften und der Qualität. Andererseits aber auch von den Entwicklungskosten und der für die Markteinführung eines Systems benötigten Zeit. Ein solches System besteht aus einer Reihe von Hardwarekomponenten sowie der zugehörigen Firmware. Bei der Firmware handelt es sich um eine Softwareebene, die direkten Zugriff auf die Hardwarefunktionen zum Zweck der Steuerung hat, die für den Kunden nicht sichtbar ist, aber zur Bereitstellung komplexer Funktionen in der Architektur benötigt wird. Damit sind sowohl die jeweiligen Systemeigenschaften als auch die Gesamtqualität des Systems eine Kombination aus Hardware, Software und der erfolgreichen Interaktion dieser einzelnen Komponenten.

Die heute verfügbaren Systeme enthalten immer mehr Firmware. Dafür gibt es vor allem zwei Gründe: Erstens lassen sich programmierbare Mikrocontroller auf einfache Weise aus einer Bibliothek mit Bausteinen in das Design einfügen, und zweitens können Änderungen an der Firmware im Vergleich zur Entwicklungszeit neuer Hardware relativ schnell implementiert werden. Dadurch hat der Systemarchitekt die Möglichkeit, einen Teil der spezifizierten Funktionen in Software und den Rest der Funktionalität direkt in Hardware zu implementieren. Bei der Optimierung müssen die Performance und Kostenzwänge gegeneinander abgewogen werden. Aus einer Testperspektive sollte jedoch noch ein weiterer Aspekt berücksichtigt werden: Fehler in der Software lassen sich auch nach der Fertigung der Hardwarekomponenten leicht beheben. Falls ein Softwarefehler aber den Fortschritt während der Bringup Phase des Chips im Labor behindert und die Markteinführung verzögert, kann sich der Fehler als ausgesprochen kostenintensiv erweisen.

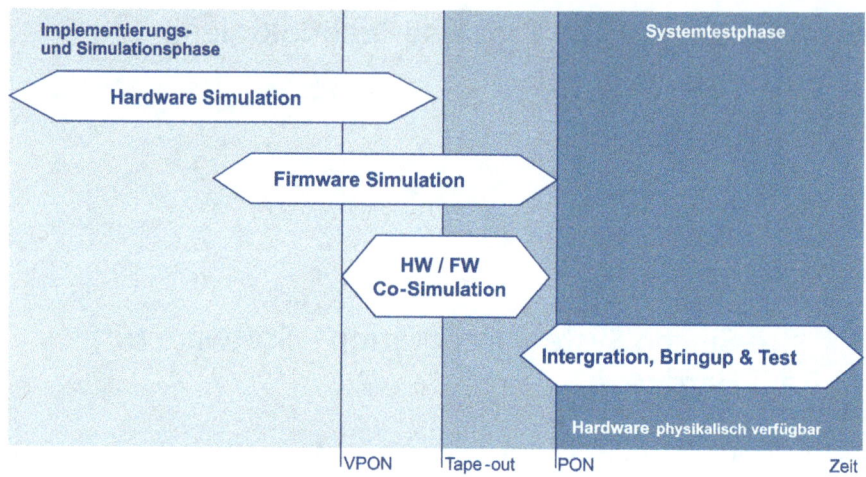

Abb. 6.1. Entwicklungsprozess eines High-End-Servers

Der Entwicklungsprozess eines High-End-Servers, wie in Abb 6.1 skizziert, besteht in der Regel aus mehreren Phasen, zu denen das Design, die Implementierung, die Simulation und – sobald die ersten funktionsfähigen Chips verfügbar sind – der Systemtest mit Integration, Bringup und Test gehören. Ein wichtiger Meilenstein in dieser Sequenz ist das Power-on (PON) – der Moment, in dem zum ersten Mal der Strom eingeschaltet und die Hardware zum Leben erweckt wird. Nach eingehender Analyse jeder Phase des Entwicklungszyklus und der Aufarbeitung der Erfahrung aus mehreren Projekten lässt sich eine grundlegende Schlussfolgerung ziehen: Die Zeit vom Beginn des Designs bis zur Bereitstellung der ersten Hardware hängt in erster Linie von der Komplexität des Designs und der Tatsache ab, dass diese Zeit nicht deutlich verkürzt werden kann, ohne dass die Bereitstellung neuer Systemeigenschaften beeinträchtigt wird. Die Zeit vom Power-on, also der Bereitstellung der ersten Hardware für Integrations- und Testzwecke, bis zur allgemeinen Verfügbarkeit für Kunden ist von den Testaktivitäten abhängig. Qualitativ hochwertige Produkte erfordern einen umfangreichen Systemtest. Zur Optimierung der anfangs genannten Erfolgsfaktoren bleibt als Option nur die Senkung der Entwicklungskosten und die Verkürzung der Markteinführungszeit durch eine signifikante Optimierung des Testprozesses.

Eine Möglichkeit der Optimierung besteht darin, Integration und Test innerhalb der Systemtestphase vollständig miteinander zu verzahnen. Auf den ersten Blick erscheint diese Idee sehr attraktiv, doch es gibt verschiedene Probleme, die in diesem Zusammenhang berücksichtigt werden müssen. Die erste Hardware ist aufgrund geringer Stückzahlen deutlich teurer. Wenn beide Aktivitäten parallel durchgeführt werden, braucht man mehr von dieser Hardware, was einen deutlichen Anstieg der Entwicklungskosten zur Folge hat. Problematisch ist diese Methode auch deshalb, weil die Integration seriell abläuft. Beispielsweise kann ein

Fehler, der entweder in der Hard- oder in der Software auftritt, in einem so frühen Stadium der Integration den Test zeitweise lahmlegen und so die Effizienz der Tests auf ein nicht zu tolerierendes Maß verringern. Im Fall eines Hardwarefehlers kann es Wochen oder gar Monate dauern, den Fehler zu beheben und genügend neue Hardware zu fertigen, um die Integrationsaktivitäten wieder aufzunehmen. Auch personelle Ressourcen sind nur eingeschränkt verfügbar, wenn viele Aktivitäten parallel durchgeführt werden, da die Zahl der vorhandenen Experten bei gleichzeitig auftretenden Problemen oft nicht ausreicht.

Eine Aktivität, die man als Initial Machine Load (IML) bezeichnet, wird so sehr von den oben genannten Problemen beeinträchtigt, dass sie auf keinen Fall parallel mit anderen Aktivitäten ausgeführt werden kann. Der IML markiert den ersten Schritt in der Integrationsphase. Erstmals werden für ein System zu diesem Zeitpunkt Karten und Platinen mit Mikroprozessoren, Speicherbausteinen und E/A-Adaptern in einem Gehäuse installiert, das System mit Strom versorgt und der erste Layer von Software geladen und ausgeführt. Man spricht hierbei auch vom System-Boot. Die Boot-Phase setzt sich aus drei wichtigen Schritten zusammen: der Initialisierung der Chips, dem Laden des eingebetteten Codes oder der Firmware (diese Begriffe sind austauschbar) in das System und dem Starten eines Betriebssystems. Diese Prozesse müssen seriell ablaufen und die Verifikation der meisten Systemkomponenten kann erst beginnen, wenn diese Prozesse abgeschlossen wurden.

Daher wurde von IBM eine weitere Form der Optimierung gewählt. Die Erfahrung hat gezeigt, dass sich in solchen Fällen ein „Umzug" der Testumgebung auf eine kostengünstigere, effizientere und benutzerfreundlichere Verifikationsplattform anbietet. Im Folgenden werden die Voraussetzungen hierfür geschildert sowie anhand von Beispielen die Vorteile verdeutlicht.

Verifikation

Die Strategie von IBM zielt auf die Verbesserung der Qualität der Systemkomponenten zum Power-on-Zeitpunkt ab, um die Zeit bis zum Erreichen der parallelen Phase der Systemtests zu verkürzen. Daher hat es sich IBM zum Ziel gesetzt, diesen kritischen Zeitraum kontinuierlich zu verkürzen, indem die Qualität der integrierten Komponenten durch eine umfassendere Verifikation vor der Fertigung verbessert wird. Darin liegt heute eine der großen Herausforderungen beim Bau eines neuen Computersystems.

Bei einem großen System ist eine vollständige Verifikation, die mit einem Nachweis der Fehlerfreiheit gleichzusetzen ist, nicht durchführbar. Daher wird eine andere Methode angewandt: Das System wird überprüft, indem eine enorme Menge an Testszenarien auf sorgfältig ausgewählten Teilbereichen des Systems ausgeführt wird. Wie in Abb. 6.2 verdeutlicht, muss für das zu testende Design zuerst ein Eingangsstimulus erstellt werden. Dabei kann es sich um die verschiedensten Komponenten handeln – von einem manuell erstellten Low-Level-Assembler-Instruktionsstrom bis zu einer echten Benutzeranwendung.

Anschließend müssen erwartete und messbare Testergebnisse festgelegt werden. Nachdem die Eingangsstimuli angelegt wurden, müssen die vordefinierten Ergebnisse mit dem tatsächlichen Ergebnis des getesteten Designs verglichen werden.

Die Durchführung der Verifikation auf der Ebene des kompletten Systems hat eine lange Tradition. Aufgrund der Komplexität der heute eingesetzten Systeme, die aus Hard- und Softwarekomponenten bestehen, ist es jedoch schwierig, Stimuli zu entwickeln, die alle im System verborgenen Fehler aufdecken können. Das Problem muss in kleinere „Häppchen" aufgeschlüsselt werden, ohne den Systemgesamtfokus aus dem Blick zu verlieren. Der erste Schritt ist in der Regel die Aufteilung in ein Hard- und ein Softwareproblem. Die Verifikation beginnt in einer frühen Phase des Entwicklungsprozesses mit der Verifikation des Hardwaresubsystems, die beträchtliche Zeit in Anspruch nimmt. Später folgt die Simulation des Softwaredesigns. Der Prozess mündet in eine *Pre*-Silicon-Systemintegration, bei der die gleichzeitige Simulation von Hardware und Software (Co-Simulation) zum Einsatz kommt. Da immer mehr Mikrocontroller in ein System integriert werden, gewinnt die gleichzeitige Simulation von Hardware und Software bei den heute angewandten Verifikationsmethoden immer mehr an Bedeutung.

Mit der Bereitstellung der ersten Hardware verschiebt sich der Schwerpunkt hin zur Post-Silicon-Systemintegration und dem Systemtest. Die Auswahl der richtigen Testszenarien sorgt für die erfolgreiche Durchführung der Tests und dadurch für die nötige Zuverlässigkeit, die zusammen mit einem redundanten Design die Prognose zulässt, dass ein System eine „Mean Time Between Failures" (MTBF) von mehreren Jahrzehnten aufweist.

Im Folgenden werden wir diese separaten, aber miteinander verknüpften Aktivitäten näher erörtern, wobei der Schwerpunkt auf der Co-Simulation von Hardware und Software liegt, da es bereits genügend Literatur und Veröffentlichungen gibt, die die Simulation von Hardware und Software im Einzelnen erläutern. Dieser Artikel beschreibt die Maßnahmen, die getroffen wurden, um den Simulationsumfang deutlich auszuweiten, die Funktionalität auf der kostengünstigsten, einfachsten Plattform zu verifizieren und die für die Systemintegration und den Systemtest erforderliche Zeit zu reduzieren.

6.1.2 Hardware Verifikation

Der Hardware-Simulator

Zunächst wollen wir uns aber kurz die Hardwareseite des Simulationsproblems ansehen. Die Überprüfung der Hardware zur Ermittlung von Designfehlern ist mit erheblichem Aufwand verbunden. Noch aufwendiger ist es jedoch, einen Hardwarefehler zu korrigieren, nachdem die Hardware bereits gebaut wurde – die dafür benötigte Zeit wird nicht in Stunden, sondern in Wochen gemessen.

6.1 Pre-Silicon System Integration – Software trifft auf Hardware

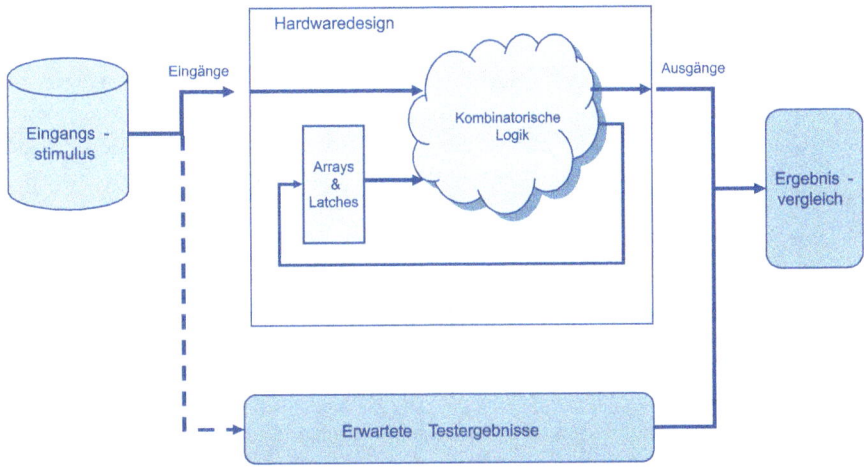

Abb. 6.2. Prinzip der Hardware-Simulation

Aus geschäftlicher Sicht ist es daher wünschenswert, Fehler im Hardwaredesign zu finden, bevor der Fertigungszyklus beginnt. Das Ziel ist klar: Es gilt, Fehler zu finden und zu beheben, bevor teure Testhardware erstellt wird. Doch wie kann man Fehler in der Hardware finden, wenn es die Hardware noch gar nicht gibt?

Ein Hardwaredesign ist, einfach ausgedrückt, eine Ansammlung aus kombinatorischer Logik und zustandshaltenden Komponenten wie Latches und Arrays, die alle über unzählige Drähte in einer bestimmten Reihenfolge miteinander verbunden sind. Abbildung 6.2 veranschaulicht diesen Zusammenhang. Der Zustand des Hardwaredesigns wird zu jedem Zeitpunkt durch die gespeicherten Werte aller Latches und Arrays definiert. Die kombinatorische Logik beschreibt die Regeln für den Übergang von einem Zustand in den nächsten. Die Werte der Latches und Arrays bilden zusammen mit den Werten auf den Eingängen des Designs den Eingangsvektor für diesen Zustandsübergang, während die neuen Werte für Arrays und Latches und die Chipausgänge das Ergebnis des Übergangs sind. Dieser Zustandsübergang wird für jeden Taktimpuls wiederholt. In einem Design mit einer Taktfrequenz von 4 GHz wird ein solcher Übergang alle 250 Pikosekunden (ps) durchgeführt.

Lange bevor die reale Hardware verfügbar ist, wird das Design in einer höheren Hardware Description Language (HDL) festgeschrieben. Die gängigsten HDLs sind VHDL und Verilog. Um das Verhalten zu prüfen, muss die HDL in ein Format übersetzt werden, das ausgeführt und simuliert werden kann. Die Mechanismen für diese Übersetzung stammen aus der Welt der Software – es sind Compiler und ausführbare Objekte [1]. Die HDL wird in ein Softwaremodell des Designs kompiliert und ein Simulatorprogramm „simuliert" die Auswirkungen eines bestimmten Stimulus auf das Design, indem die Ergebnisse jeweils eines Übergangs berechnet werden und dieser Schritt so lange wiederholt wird, bis die vordefinierte Ausführungszeit erreicht ist.

Der Zustandsraum

Um die korrekte Funktionsfähigkeit eines Chips umfassend zu verifizieren, müsste der für die Verifikation zuständige Entwickler eine immense Herausforderung meistern: Er müsste nachprüfen, dass jeder mögliche aktuelle Zustand und jede mögliche Eingangskombination zum korrekten nächsten Zustand führt.

Um diesem unvorstellbar großen Zustandsraum Herr zu werden, teilen die für die Verifikation zuständigen Entwickler das Problem in kleinere Bestandteile auf, ähnlich wie das gesamte Testproblem in ein Hard- und ein Softwareproblem aufgeschlüsselt wird. Anstatt den gesamten Chip auf einmal zu verifizieren, wird das Problem in Teilkomponenten des Designs unterteilt. Diese Einzelteile werden dann separat verifiziert. Sobald die kleineren, einfacher handhabbaren Bestandteile verifiziert wurden, werden die Teilkomponenten des Chips wieder zusammengefügt.

Das Konzept der wiederholten Aufschlüsselung des Simulationsproblems in mehrere kleinere Einzelteile ist ein Standardverfahren. Jede Ebene kann bei der Verifikation als unabhängiges Problem angesehen und ein detaillierter Testplan erstellt werden, indem die Merkmale des Designs und dessen Schnittstellen analysiert werden. Eine vollständige Abdeckung aller Testelemente auf jeder Ebene steht jedoch im Widerspruch zum Ziel der Minimierung der Gesamtaufwands. Folglich entscheiden sich die Entwickler beispielsweise dafür, bestimmte Aspekte des Testplans auf einer Ebene zugunsten integrierter Tests, die auf der nächsthöheren Ebene in der Hierarchie ausgeführt werden, auszulassen.

Mithilfe verschiedener Methoden, wie zum Beispiel der formalen Verifikation oder der automatischen Generierung von Testvektoren mittels steuerbaren Zufallsgeneratoren wird sichergestellt, dass die Hardware korrekt funktioniert. Indem diese Methoden zuerst auf Blöcke und Einheiten, dann auf einzelne Chips und zuletzt auf mehrere Chips angewandt werden, können mithilfe von Standardsimulationstechniken fast alle Hardwarefehler (mehr als 99,5%) gefunden werden, bevor der Chip zum ersten Mal zur Fertigung weitergeleitet wird.

Simulationsgeschwindigkeit

Wenn jedoch immer mehr Designteile wieder zusammengesetzt werden, um das Systemsimulationsmodell zu erstellen, wird der Aufwand, um Übergänge von einem Zustand in den nächsten zu berechnen, für den Simulator größer. Wird der auf einer Standard-Workstation ausgeführte Übergang sequenziell ausgeführt, verlängert sich die Rechenzeit zur Berechnung des nächsten Zustands linear mit zunehmender Größe des Modells.

Das folgende Beispiel verdeutlicht dieses Problem. Es beschreibt den Aufwand, der für die Ausführung von Testsoftware (beispielsweise das Booten von Linux) in einer Simulation erforderlich ist, wenn der Simulator auf einer Workstation mit einem 3-GHz-Mikroprozessor läuft. Nehmen wir an, dass die

Ausführung der Testsoftware, die simuliert werden soll, auf dem endgültigen Produkt 60 Sekunden dauern würde. Nehmen wir weiter an, dass die kombinatorische Logik des Designs, das getestet wird, ungefähr 10^8 Logikelemente enthält (das ist keine unrealistische Zahl) und dass die Taktfrequenz des endgültigen Produkts 4 GHz beträgt. Um den Effekt der Ausführung dieser Testsoftware zu berechnen, muss die immense Zahl von 60 s / 250 ps = $2,4 \times 10^{11}$ Übergängen ausgeführt werden. Jeder Übergang besteht aus 10^8 booleschen Operationen. Daraus ergeben sich insgesamt $2,4 \times 10^{19}$ boolesche Operationen, die ausgeführt werden müssen. Selbst mit einer Workstation, die in der Lage ist, 3×10^9 Operationen pro Sekunde zu berechnen, würde dies 8×10^9 Sekunden oder rund 250 Jahre dauern.

Die Entwicklung von Hardware-Simulatoren mit optimierter Performance ist ein wichtiger Markt für die EDA-Branche (Electronic Design Automation). Heute verwenden Simulatoren sehr komplexe Algorithmen, um jede dem Modell innewohnende Parallelität auszunutzen. Dennoch ist insbesondere bei der Ausführung großer Modelle die Simulationsgeschwindigkeit ein Problem. Bei dem oben beschriebenen Beispiel brauchen die besten heute verfügbaren Simulatoren immer noch rund 30 Jahre für die Berechnung. Um dieses Problem zu verringern, ist eine Lösung zur Modellierung der Hardware erforderlich, die trotzdem schnell genug ist, um Codesequenzen zu verifizieren.

Vielseitig einsetzbare Computer haben sich in den meisten Bereichen letztendlich als die beste Lösung erwiesen. Die hardwarebeschleunigte Logiksimulation bildet jedoch eine Ausnahme. Die Notwendigkeit einer radikal erhöhten Simulations-Performance, insbesondere bei der Systemsimulation, motivierte die Hardwaredesignentwickler seit den 80-er Jahren dazu, Beschleuniger und Emulatoren zu entwickeln, und brachte zahlreiche erfolgreiche Lösungen [2, 3] hervor.

Der wichtigste Unterschied zwischen einem High-End-Beschleuniger und einem Hardware-Emulationssystem (Emulator) besteht in der Fähigkeit des Emulators, mit existierender Hardware verbunden zu werden. Bei einer Performance von mehreren 100 kHz ist es realistisch, Teile eines Systems im Emulator zu modellieren, während der Rest des Systems, der bereits als reale Hardware existiert, direkt mit dem Emulator verbunden wird. Die reale Hardware wird dabei mit einer niedrigen Frequenz betrieben, um sie an die Geschwindigkeit anzupassen, die das emulierte Modell erreichen kann. Um dieser zusätzlichen Anforderung gerecht zu werden, wird normalerweise eine spezielle Hardware für die Geschwindigkeitsanpassung eingesetzt, die die zusätzliche Pufferung auf den Schnittstellen unterstützt.

Die Emulation löst zwei Probleme: Erstens ist das Modell, das simuliert werden muss, kleiner und wird schneller ausgeführt. Zweitens können Teile des Systems, für die keine HDL-Beschreibung verfügbar ist, innerhalb der Simulationsumgebung eingesetzt werden.

Diese Methode schlägt jedoch fehl, wenn alle Hardwarekomponenten nach demselben Zeitplan entwickelt werden und keine reale Hardware in Verbindung mit der Emulation verwendet werden kann. Im Gegensatz zum branchenüblichen Verfahren geht IBM daher bei der Serverentwicklung meist einen anderen

Weg: Ein erheblicher Teilbereich des Hardwaresystemmodells, einschließlich mehrerer Prozessorchips, Cache-Chips und des Hauptspeichers, wird in einen einzelnen Emulator integriert, der dann als äußerst schneller Simulationsbeschleuniger verwendet wird. Der wichtigste Unterschied zwischen diesem Ansatz und der Emulation besteht in der Tatsache, dass an Stelle einer physischen Verbindung zur realen Hardware diese durch eine Softwarelösung ersetzt wird. Beim Einsatz des größten auf dem Markt verfügbaren Emulators[1] kann dasselbe Testszenario, dessen Ausführung auf einer konventionellen Workstation mit dem besten Hardware-Simulator 30 Jahre dauern würde, in etwas weniger als einer Woche abgeschlossen werden.

6.1.3 Firmware-Verifikation

Die Verifikation der Systemfirmware ist seit Jahrzehnten eine enorme Herausforderung. Wird sie korrekt ausgeführt, lässt sich durch die Verifikation der Firmware in einem komplexen Computersystem mittels der Simulation die für die Integration, den Bringup und den Test eines neuen Serversystems benötigte Zeit und Entwicklungshardware reduzieren.

In einer ersten Phase werden diese Komponenten mithilfe statischer Analyseprogramme untersucht, die sich auf Fehler wie zum Beispiel Speicherlecks oder nicht initialisierte Variablen konzentrieren. Diese von der IBM-Forschung entwickelten Programme gehen über marktgängige Produkte weit hinaus. Es handelt sich dabei um die bei weitem kostengünstigste Methode zur Erkennung von Firmwarefehlern. Allerdings lässt sich mit dieser Methode nur ein Teil der Firmwarefehler feststellen.

In einer zweiten Phase werden diese Komponenten in größtmöglichem Umfang in einer Firmware-Simulation verifiziert. Beim IBM System z werden verschiedene Simulationsumgebungen verwendet: der sogenannte „Office Mode" für das Support-Element (SE), der Millicode-Emulator und die Host-Firmware-Simulation [4, 5]. Nach einer umfassenden Einzelsimulation werden die unterschiedlichen Simulationsumgebungen miteinander kombiniert, um Schnittstellenfehler zu finden. Diese zweite Phase der Verifikation findet ausschließlich in einer Codesimulations-umgebung statt, die keinen Bezug zu einem Hardwaremodell hat. Nur so lässt sich die nötige Simulationsgeschwindigkeit erreichen, und der Fortschritt wird von dem instabilen und langsamen Hardwaremodell zu diesem frühen Zeitpunkt abgekoppelt. Der Code wird ohne die geplante Hardware verifiziert, indem Verhaltensmodelle verwendet werden. Das ist ausreichend, solange der Code nicht auf spezielle Hardwareeigenschaften zugreift, die in der Regel aufgrund ihrer Komplexität nicht zu den Verhaltensmodellen hinzugefügt werden.

---

[1] Cadence Palladium II-System mit 16 miteinander verbundenen Platinen.

Ein zentrales Element des Simulationsprozesses ist die Fähigkeit, die unterschiedlichen Arten von Firmware miteinander sowie mit der Hardware- und Firmwaresimulation zu verbinden. Da sich die gesamte Firmware auf dem Support Element befindet, bevor sie während des IMLs in das System geladen wird, spielt sie eine wichtige Rolle in der Simulationsstrategie. Sie muss mit allen verwendeten Simulatoren verbunden werden.

Es gibt drei verschiedene Methoden, um unterschiedliche Simulationsumgebungen miteinander zu verbinden. Die einfachste Lösung ist die Kommunikation zwischen Simulatoren über den gemeinsam genutzten Hauptspeicher. Dies funktioniert jedoch nur, wenn beide Simulatoren auf derselben Plattform ausgeführt werden können. Diese Methode wird verwendet, um die Host-Firmware-Simulation mit dem Millicode-Emulator zu verbinden. Die beiden anderen Methoden erfordern eine plattformübergreifende Verbindung.

Wie im Folgenden beschrieben, wird eine Netzwerkverbindung für die Schnittstelle zwischen dem Support Element und der Host-Firmware-Simulation eingesetzt. Wenn jedoch für eine der beiden Simulationsaktivitäten ein Emulator verwendet wird, lässt sich mit dieser Methode keine ausreichende Simulationsgeschwindigkeit erreichen. In diesem Fall ist auf der Hardwareseite zusätzliche Logik, die nur für die Simulation bestimmt ist, für die Pufferung erforderlich. Darauf werden wir in einem der nachfolgenden Abschnitte noch näher eingehen.

Zunächst wollen wir jedoch die Grundsätze des Support Element und dessen Standalone-Verifikation erörtern.

Support Element Der SE ist die Steuer- und Wartungseinheit für eServer-Systeme. Es ist in der Lage und dafür verantwortlich, eine Vielzahl verschiedener Aufgaben auszuführen:

- Steuerung der Systemkonfiguration und Prüfung der Konfiguration im Hinblick auf ihre Plausibilität
- Initiierung des Ladens der Firmware in die Mikroprozessoren
- Bereitstellung der nötigen Funktionalität für eine Änderung der Hardwarekonfiguration oder einen Austausch defekter Teile bei laufendem Systembetrieb.

Der SE besteht aus einem Laptop, der innerhalb des Gehäuses des Host-Systems befestigt und mit dem Host über eines der privaten Ethernet-Netze innerhalb der Systemstruktur verbunden ist. Der SE verwendet verteilte Mikrocontroller innerhalb des Systems, um Informationen über die Hardwarekonfiguration, den Systemstatus und den Status der Stromversorgung zu erhalten. Dieselben Mechanismen werden verwendet, um mit der Host-Firmware zu kommunizieren, die auf den zSeries-Mikroprozessoren läuft. Der Umfang jedes Mikrocontrollers ist auf den Teil des Systems beschränkt, in dem der jeweilige Controller eingebaut ist. Die Mikrocontroller sind außerdem nicht in der Lage, Systeminformationen permanent zu speichern.

Folglich ist der SE das erste Element in der Steuerhierarchie, das einen Überblick über das komplette System hat und Aufgaben ausführen kann, die permanente

Konfigurationsdaten erfordern. Einzelverifikation des Support Elementes Die SE-Entwickler müssen beachten, dass die Basisfunktionalität des SE noch vor der Verfügbarkeit der Hardware, die es steuern wird, verfügbar sein muss. Selbst nach der ersten Verfügbarkeit eines Prototyps der Hardware und während der darauf folgenden Bringup- und Testphase reicht die Menge der Hardware bei weitem nicht aus, um einen Test aller Codeänderungen auf der realen Hardware zu ermöglichen.

Zur Lösung dieses Problems wird eine Version des Codes erstellt, die auf einem Standalone-PC läuft. Der funktionale Code bleibt so weit als möglich unverändert. Nur die tatsächlichen Hardwarezugriffsroutinen werden durch Simulationszugriffsroutinen mit Standardantworten ersetzt. Da diese Antworten keinen Zugriff auf Hardware im Labor erfordern, aber hervorragend in einer Büroumgebung funktionieren, wird diese Umgebung „Office-Modus"-Simulation genannt.

Diese Methode wird häufig für den Test und das Debugging von SE-Anwendungen implementiert und verwendet. Tatsächlich muss jede Codeänderung vor der Integration in die Codebibliotheken im „Office-Modus" getestet werden. Daher benötigt jeder Entwickler für den Test und das Debugging seines Codes Zugriff auf einen „Office-Modus"-Simulator. Diese Testmethode unterscheidet sich kaum vom Standardtestverfahren, die in jedem Softwareprojekt angewandt werden sollten. Auf diese Weise können beispielsweise interne Schnittstellen, die interne Funktionalität, Darstellung und Konsistenz, die Benutzerfreundlichkeit und weitere Faktoren bewertet werden. Selbst nach der Verfügbarkeit der realen Hardware muss jede Codeänderung im „Office-Modus" getestet werden, um die erforderliche Testzeit bei der Bringup-Hardware zu verringern. Während diese Testmethode eine Vielzahl verschiedener SE-Funktionen abdeckt, weist sie eindeutig Mängel in Bereichen auf, in denen die tatsächliche Antwort von der Hardware nicht über einfache Algorithmen vorhersagbar ist. Zudem kann die tatsächliche Kommunikation zwischen dem SE und dem Code, der auf den Mikroprozessoren des Hosts ausgeführt wird, nicht getestet werden. Verbindung zwischen Support Element und Host-Firmware-Simulation Der Code, der auf den zSeries-PUs unterhalb der Betriebssystemebene läuft, wird auf dem Host-Firmware-Simulator getestet. Um die tatsächliche Kommunikation zwischen diesem Code und dem SE-Code zu testen, werden beide Komponenten über eine TCP/IP-Verbindung miteinander verbunden.

Diese Konfiguration unterscheidet sich von der Struktur in einem realen System, da hier die Hardwareebenen mit ihren speziellen Zugriffsmethoden fehlen. Daher müssen beide Firmwaresimulationsumgebungen erweitert und modifiziert werden.

Eine TCP/IP-Ergänzung ist für den Host-Firmware-Simulator erforderlich. Er sendet und empfängt die Daten, die in realen Systemen über eine spezielle Schaltung im Mikroprozessor übertragen werden. Auf SE-Seite muss die Standalone-Simulation geändert werden, um den Kommunikationsfluss zu und von den PUs über das TCP/IP-Netz zu ermöglichen. Alle übrigen Kommunikationsanforderungen müssen auf dieselbe Weise wie in der Standalone-Simulation behandelt werden.

Diese Methode erlaubt die Verifikation der Kommunikation zwischen dem SE und dem Millicode sowie die Weiterleitung von Befehlen an das zSeries-Betriebssystem. Vor allem kann die vollständige IML-Sequenz im Voraus verifiziert werden. Die Menge der während eines einzelnen IML eines typischen Systems ausgetauschten Daten beträgt mehrere MB, und mehrere Programme sind als Kommunikationspartner auf beiden Seiten beteiligt.

Die Vorteile dieser Art der Simulation sind nicht zu unterschätzen, besonders wenn man bedenkt, dass ein erfolgreiches IML den ersten wichtigen Meilenstein im realen Test markiert, sobald die erste Hardware verfügbar ist. Mit dieser Umgebung kann verifiziert werden, dass die Codekomponenten auf beiden Seiten der Verbindung zusammenarbeiten – noch vor der Verfügbarkeit einer realen Bringup-Hardware.

Da die Host-Firmware-Simulationsumgebung auf einer früheren Generation der IBM Mainframe-Hardware basiert, liegt die Ausführungszeit für die Kommunikationsbefehle in derselben Größenordnung wie bei der tatsächlichen Hardware. Die überwiegende Anzahl aller in der Simulation gefundenen Firmwareprobleme werden in dieser Phase der reinen Firmwaresimulation gefunden. (Grössenordnung mehrere Tausend Probleme)

VPO-Prozess

In einer dritten Phase wird die Interaktion der Firmware und der Hardware verifiziert. Dieses neue Konzept beinhaltet jedoch nicht nur eine Kombination aus Simulationswerkzeugen, sondern erfordert auch einen neuen Entwicklungsprozess: den Virtual-Power-on-Prozess (VPO) [6]. Die Idee entstand, als leistungsstarke Emulatoren verfügbar wurden. Aufgaben, die noch vor einigen Jahren Monate gedauert hätten, können jetzt in wenigen Wochen durchgeführt werden. Das Grundprinzip besteht darin, Teile des Systemtests auf der Zeitachse nach links in die Simulation zu verschieben. Bei der Einführung dieses neuen Simulationskonzepts mussten verschiedene Aufgaben gemeistert werden.

Im Mittelpunkt standen nicht nur die Verfügbarkeit und Entwicklung von Simulations- und Emulationsumgebungen mit größerem Umfang, höherer Geschwindigkeit und besseren Verbindungen zwischen den Komponenten, sondern auch die Auswirkungen auf den gesamten Prozess der Firmwareentwicklung. Bei früheren Programmen stand der erste Firmwaretreiber erst zum Zeitpunkt des Power-on zur Verfügung, sodass nicht viel Zeit für Simulationsaktivitäten blieb. Der Schwerpunkt der Testaktivitäten lag daher auf dem realen System. Der Begriff „Virtual Power-on" deutet hingegen schon darauf hin, dass das erste „Einschalten" des Systems in der Simulation passiert. Konzentriert man sich mehr auf die Simulation, erfordert dies zunächst, dass bestimmte Firmwarefunktionen mehrere Monate früher verfügbar sein müssen. Der Simulationsprozess muss außerdem berücksichtigen, dass das Design und die Codierung noch im Gange sind, da nicht sämtliche Host-Firmware zu Beginn der Simulation einsatzbereit sein kann. Eine gute Regressionsfunktionalität ist daher notwendiger Bestandteil des Simulationsprozesses. Voraussetzung für den Erfolg ist die Ausarbeitung und Umsetzung eines sehr detaillierten Plans für die Simulation und Bereitstellung der Komponenten.

Basierend auf der Erfahrung aus früheren Projekten zielt der oben beschriebene Prozess auf die folgenden Kategorien von Firmwarefehlern ab:

1. Speicherlecks, nicht initialisierte Variablen, inaktiver Code und
2. andere Softwarelogikfehler, die bereits in den einzelnen Simulationsumgebungen gefunden werden.
3. Schnittstellenfehler zwischen den unterschiedlichen Arten von Firmware.
4. Fehler im Code, der mit der neuen Hardware zusammenarbeitet.

Auf die erste Kategorie von Fehlern zielt die statische Codeanalyse. Fehler der letzten beiden Kategorien können nur aufgedeckt werden, wenn unterschiedliche Simulationsumgebungen miteinander verbunden werden. Fehler der letzten Kategorie erfordern außerdem die Co-Simulation von Hard- und Firmware. Dieser Punkt wird im Folgenden ausführlich geschildert.

6.1.4 Co-Simulation von Hardware und Firmware

Motivation

Traditionelle Hard- und Software-Verifikationsprozesse werden unabhängig voneinander ausgeführt. Der wichtigste Grund hierfür ist die Simulations-Performance. Wann immer ein sehr großes Hardware-Simulationsmodell, das mehrere Chips umfasst, auf einem Software-Simulator ausgeführt wird, liegt die effektive Performance in der Regel im Bereich von einigen Simulationszyklen pro Sekunde. Dies reicht für ein sinnvolles Firmware-Debugging bei weitem nicht aus. Alternativ werden für die Verifikation der Funktionen, die eine Interaktion mit der Hardware erfordern, Verhaltensmodelle der Hardware anstelle tatsächlicher Simulationsmodelle des realen Designs verwendet. Da es sich bei diesen Modellen lediglich um eine abstrakte Beschreibung der Hardware handelt, sind sie kleiner und können dadurch sehr viel schneller als ein reales Hardwaremodell ausgeführt werden. Mithilfe von Verhaltensmodellen kann die Software-Simulation eine für die Code-Verifikation angemessene Performance erreichen. Da jedoch nur ausgewählte Teile des Designs modelliert werden, können Verhaltensmodelle die Art und Weise, wie die reale Hardware reagiert, nicht komplett abbilden.

Verhaltensmodelle eignen sich daher zur Verifikation des überwiegenden Teils der Firmware. Es bleibt aber eine relative kleine Codeschicht übrig, die eng mit der geplanten Hardware interagiert. Bei einem IBM-Server handelt es sich dabei in erster Linie um den Firmwarecode, der für die Initialisierung und die Überwachung der Maschine verwendet wird. Würde diese Interaktion nicht verifiziert, bliebe eine bestimmte Anzahl an Codefehlern während des Software-Verifikationsprozesses unbemerkt und könnte erst behoben werden, wenn ein reales System zum ersten Mal eingeschaltet wird. Daher kann jede Verbesserung in der Simulation dieser Hardware-Firmware-Interaktionen vor der Verfügbarkeit der ersten Hardware die Zeit bis zur Markteinführung deutlich verkürzen.

Um diese Interaktion zu simulieren, muss ein sehr großes Simulationsmodell des Systems erstellt werden, das mit einer Geschwindigkeit ausgeführt werden kann, die ein effektives Code-Debugging ermöglicht. Wie bereits erwähnt, werden für diesen Zweck Hardwarebeschleunigunger oder -emulatoren eingesetzt. Im weiteren Verlauf dieses Artikels befassen wir uns mit einer ausführlicheren Beschreibung der technischen Herausforderungen und Lösungen, die im Zusammenhang mit der Co-Simulation von Hardware und Firmware auftreten.

Umgebung

Die Sicherstellung einer funktionierenden Co-Simulation ist sowohl mit Blick auf das Projektmanagement als auch in technischer Hinsicht eine Herausforderung. Zunächst braucht man ein Modell, das stabil genug ist und zum verfügbaren Emulator passt. Dann müssen verschiedene Probleme gelöst werden, damit die Kapazität und Geschwindigkeit des Emulators genutzt werden kann [7]. Diese Probleme lassen sich in vier wichtige Kategorien einteilen:

- Inhalt – wie erreicht man stabilen Input?
- Erstellung – wie erstellt man ein Modell in der erforderlichen Größe?
- Zugriff – wie greift man auf das Modell zu, ohne die Performance einzuschränken?
- Debugging – wie können Probleme effizient analysiert werden?

Modellinhalt

Die Begriffe Co-Simulation und VPO deuten darauf hin, dass diese Aktivität beginnt, bevor die reale Hardware verfügbar ist. Ein Vorziehen des Startdatums des VPO setzt voraus, dass sämtliche benötigte Firmware zu diesem Zeitpunkt verfügbar und simuliert ist. Es erfordert aber auch ein stabiles, bereits gut simuliertes Hardwaremodell. Um mehr Zeit für die Testaktivitäten während der Co-Simulation (der Pre-Silicon-Phase) zu gewinnen, muss das VPO-Startdatum vor das „Einfrieren" des Hardwaredesigns verschoben werden. Die Schwierigkeit bei dieser Strategie besteht darin, dass sich die Modelle während dieser Zeit noch immer sehr häufig ändern und meist zu instabil für eine aussagekräftige Co-Simulation sind. Daher muss ein dedizierter Prozess für eine Momentaufnahme des VPO-Modells eingerichtet werden, um den Inhalt des Modells und seiner zugehörigen Dateien, die die Taktung und Initialisierung beschreiben, zu kontrollieren. Damit die Simulation später erfolgreich sein kann, muss darüber hinaus sichergestellt werden, dass diese Momentaufnahme der Hardware zu einem Schnappschuss der Firmware passt.

Bei einem großen Systemdesign wie dem IBM System z oder dem IBM System p reicht selbst die Kapazität der größten Emulatoren bei weitem nicht aus. Daher müssen die Entwickler Kompromisse in Bezug auf die modellierte Hardwarekonfiguration eingehen. Jeder Teil des Designs, der nicht zur Verifikation der Firmware erforderlich ist, muss aus dem System entfernt werden. Beispielsweise verschiebt sich der Schwerpunkt in einem High-End-Server auf Modelle mit nur zwei oder drei Mikroprozessoren, verglichen mit einer vollständigen Konfiguration von bis zu 64 Mikroprozessoren. Eine solche Reduzierung erlaubt dennoch die Verifikation aller kritischen Interaktionen von Hardware und Firmware.

Modellerstellung

Die Entwicklung des Emulationsmodells verdient besondere Aufmerksamkeit. Wie bei jeder Hardware-Simulation muss das Design in ein ausführbares Objekt kompiliert werden. Den Kompilierungsprozess bezeichnet man auch als Modellerstellungsprozess. Für den Einsatz eines Hardwarebeschleunigers ist ein zusätzlicher Prozessschritt erforderlich. Emulatoren sind im Wesentlichen sehr leistungsfähige Parallelverarbeitungssysteme, die mit geringer Latenzzeit kommunizieren, Tausende von Prozessoren kombinieren und Modelle mit Millionen von Logikprimitiven aufnehmen können. Der Scheduler ist für die Zuordnung der Modellkomponenten in Beschleuniger-Hardwareressourcen verantwortlich. Die Qualität der Scheduling-Software als Teil der Modellerstellung entscheidet darüber, wie effizient die verfügbaren Ressourcen eingesetzt werden können, und schränkt so die maximale Größe des Hardwaredesigns ein, das in das Modell eingepasst werden kann. Die praktische Erfahrung zeigt, dass die Scheduling-Software ungefähr 80% der verfügbaren Ressourcen für die Modelle nutzen kann.

Während dieser Phase treten entweder Probleme mit der Größe auf, die bis zu einem gewissen Grad durch eine Verkleinerung der Modellkonfiguration gelöst werden können, oder aber der Designstil führt zu Schwierigkeiten, weil einige Konstrukte sich nicht einfach auf einen Beschleuniger umsetzen lassen [8]. Arrays mit einer großen Anzahl an Schreib- und Leseports sind ein Beispiel hierfür. Obwohl die Datenbreite jedes Eintrags nur wenige Bit beträgt, hat der Scheduler Schwierigkeiten mit diesen Arrays. Um dieses Problem zu lösen, wurden die Array-Modelle mit Latches neu implementiert (nicht als Multi-Port-Arrays in der HDL-Source). Mithilfe von modifizierten Makros wurde das Modell erfolgreich erstellt, da der Scheduler es trotz der zusätzlich benötigten Ressourcen jetzt einfacher hatte, das Design zuzuordnen. In diesem Fall ist die Entscheidung zwischen Modellgröße und der Fähigkeit oder Unfähigkeit zur Erstellung eines Modells einfach, aber es gibt viele weitere Situationen, bei denen die richtige Wahl nicht so eindeutig ist.

6.1.5 Anwendungen

System Initialisierung

Das Support-Element (SE) ist die Steuer- und Wartungseinheit für IBM-Server [9]. Es ist verantwortlich für eine Vielzahl verschiedener Aufgaben, unter anderem auch für die Initiierung des Ladens der Firmware in die Mikroprozessoren als Teil der Systeminitialisierung. Es benutzt interne Ethernet-Netze innerhalb der Systemstruktur, um Informationen über den Systemstatus zu erhalten. Dieselben Mechanismen werden verwendet, um mit der Host-Firmware zu kommunizieren, die auf den Mikroprozessoren der Server läuft.

Die Firmware wird zunächst ohne Interaktion mit der Hardware verifiziert. Hierzu werden alle Hardware-Zugriffsroutinen durch Simulations-Zugriffsroutinen mit vordefinierten Antworten ersetzt. An Stellen, an denen die Hardwareebenen mit ihren speziellen Zugriffsmethoden für die Firmware-zu-Firmware-Kommunikation fehlen, müssen die Firmware-Simulationsumgebungen um einen Netzwerk-Port erweitert werden.

Diese Methode erlaubt die Verifikation der Kommunikation zwischen dem SE und dem Millicode sowie die Weiterleitung von Befehlen an das System z-Betriebssystem. Vor allem kann die vollständige IML-Sequenz im Voraus verifiziert werden. Die Menge der Daten, die während eines einzelnen IML ausgetauscht wird, beträgt mehrere Megabytes und mehrere Programme sind als Kommunikationspartner auf beiden Seiten beteiligt. Mit dieser Umgebung kann verifiziert werden, dass die Codekomponenten auf beiden Seiten der Verbindung zusammenarbeiten.

Zu den wichtigsten und zeitaufwendigsten Aufgaben in der frühen Bringup-Phase gehörte schon immer die Verifikation des Zugriffs auf das maschinennahe Hardwareregister. Die Herausforderung besteht darin, die Übereinstimmung zwischen der Hardware-Implementierung, der Designdokumentation und der interpretierten Nutzung in der Firmware zu prüfen. Hier kommt die Co-Simulation ins Spiel. Mithilfe von Emulatoren kann ein Modell der tatsächlichen Hardware erstellt werden, das schnell genug ausgeführt werden kann, um eine aussagekräftige Firmware-Verifikation vor der Verfügbarkeit des ersten Prototyps der Hardware zu ermöglichen. Durch die Verbindung eines SE mit dem Emulator kann der Zugriff auf maschinennahe Hardwareregister überprüft werden.

Der effiziente Einsatz dieser Umgebung erfordert erheblichen Aufwand. Da die Geschwindigkeit eines Emulators um mehrere Größenordnungen unter der Geschwindigkeit der tatsächlichen Hardware, die sie emuliert, liegt, müssen bei der Verbindung eines SE mit dem Emulator verschiedene Aspekte beachtet werden. Zunächst müssen alle relevanten expliziten Zeitlimitwerte im SE angepasst oder vollständig deaktiviert werden. Danach muss der Code im Hinblick auf implizite zeitliche Abhängigkeiten überprüft werden, die ebenfalls beseitigt werden müssen. Zuletzt muss der Umfang der Simulation angepasst werden, damit diese sich zuerst auf die wichtigsten Komponenten des Hardwarezugriffs konzentriert.

Instrumentierung

Unter Instrumentierung versteht man den Mechanismus, der zur Messung der Performance von IBM System z-Servern eingesetzt wird. Zu diesem Zweck werden sorgfältig definierte Instruktionssequenzen ausgeführt, deren Laufzeitverhalten etwas über die Auslastung bestimmter Hardwarefunktionen aussagt und die daher für die Erfassung von Performancemerkmalen geeignet sind. Bei der Datenerfassung werden ausgewählte Signale erfasst, die in Hardware-Arrays innerhalb des Prozessors gespeichert werden. Jedes Mal, wenn die Arrays gefüllt sind, werden Host-Firmware-Routinen aufgerufen, um die Daten von den Arrays in den Hauptspeicher zu verlagern. Die Daten werden später zur Analyse wichtiger Messgrößen verwendet, zum Beispiel „Cycles per Instruction" (CPI), Cache-Miss Raten, Leerlaufen der Pipeline (Pipeline Stall) und viele mehr.

Da die Instrumentierung nur für den internen Gebrauch bestimmt ist, verfügt sie über wenig dedizierte Hardware. Die Hardware-Arrays, die zur Erfassung der Instrumentierungsdaten verwendet werden, nehmen erheblichen Platz auf dem Chip ein. Hardwareteile, die nur vom Entwicklungsteam und nicht vom Kunden genutzt werden, werden in der Regel für verschiedene Funktionen verwendet. Normalerweise werden die Arrays für die Erfassung von Performance-Messgrößen für die Erfassung von Debug-Tracedaten eingesetzt. Das bedeutet aber, dass während des Instrumentierungsmodus keine Debug-Traces erlangt werden können, da die Arrays nur in einem Modus betrieben werden können. Das Fehlen von Debug-Daten macht jedoch das Debugging der Instrumentierung an der Maschine extrem schwierig. Hier hat die Co-Simulation deutliche Vorteile [10].

Darüber hinaus erfordert die Ausführung dieser Routinen aber einen Systemzustand nach der Fertigstellung des IML. Die Einrichtung einer solchen Umgebung ist ausgesprochen schwierig. Eine Möglichkeit besteht darin, ein „vollständiges" IML auf dem Systemmodell in einem Emulator auszuführen. Dies würde jedoch selbst auf den schnellsten Emulatoren extrem lange dauern. Zur Lösung dieses Problems wurde ein Prozess entwickelt, der Firmware- und Hardware-Simulationstechniken kombiniert.

Als erster Schritt wird ein IML auf einem Software-Simulator ausgeführt – mit einer Konfiguration, die derjenigen entspricht, die letztendlich im Emulator eingesetzt wird. Dies ist Teil des Firmware-Verifikationsplans. Zweitens wird eine Momentaufnahme aller architekturierten Register und der zugehörigen Datenbereiche im Hauptspeicher aus dem Software-Simulator erstellt. Parallel dazu wird das Hardwaremodell innerhalb des Emulators vorinitialisiert – in einen Zustand, der in der Lage ist, Instruktionen auszuführen. Diese Daten stammen von Aktivitäten im Rahmen der Hardware-Simulation. Anschließend wird die Initialisierung des Hardwaremodells mit der Momentaufnahme der Register aus dem Software-Simulator aktualisiert. Und schließlich wird das Hauptspeicher-Image aus dem Software-Simulator in das Modell innerhalb des Emulators geladen.

Dieser umfangreiche Aufbau ermöglicht es, die komplexen Interaktionen zwischen Hardware und Host-Firmware zu testen, da das Modell sowohl das Logikdesign einschließlich der speziellen Instrumentierungshardware als auch den Schnappschuss der Firmware nach dem IML-Fixpunkt aus dem Software-Simulator enthält. Wie jede andere Simulationsumgebung ist auch diese Methode sehr dynamisch und flexibel. Sie erlaubt die Anzeige und Änderung von Hardwarefunktionen und Speicherpositionen während der Ausführung der Testfälle. Zudem können im Gegensatz zu der Ausführung auf realer Hardware neue Testfälle in den Speicher geladen werden, ohne dass der Betrieb der Umgebung unterbrochen werden muss. Das Ergebnis: Die Bringup-Zeit der Instrumentierungsfunktion konnte von fast drei Monaten auf nur zweieinhalb Wochen von einer Systemgeneration zur nächsten verkürzt werden.

E/A-Hub-Initialisierung

Der IML umfasst auch die Initialisierung der E/A-Hubs, die gegen Ende des IML stattfindet. Mikroprozessor-Instruktionen dominieren die Ausführung während dieses Schritts. E/A-Zugriffe finden nur von Zeit zu Zeit statt. Die Ausführung der gesamten Sequenz in der Simulation ist aufgrund der erforderlichen Laufzeit nicht machbar. Doch während die architekturierten Mikroprozessor-Instruktionen mit der Host-Firmware-Simulationsumgebung verifiziert werden können, deckt diese Verifikation den Zugriff auf die E/A-Hubs nicht ab. Um diese Lücke in der Verifikationsmethodik zu schließen, wurde eine weitere Kombination aus Hardware- und Firmware-Simulationsumgebungen entwickelt.

Anstatt Zustandsinformationen zwischen Simulatoren zu übertragen, wie oben bei den Instrumentierungstests beschrieben, werden dieses Mal die beiden Simulatoren miteinander verbunden. Der Host-Firmware-Simulator führt alle Mikroprozessor-Instruktionen aus. Das Hardwaremodell im Simulator enthält nur die E/A-Hubs. Beide Komponenten werden über eine Netzwerkverbindung und ein gewisses Maß an Pufferungslogik miteinander verbunden, wobei Letzteres nötig ist, um eine annehmbare Simulationsgeschwindigkeit zu erreichen. Damit ist es möglich, die IML-Sequenz auf dem Host-Firmware-Simulator auszuführen und alle E/A-Zugriffe an das Hardwaremodell zu richten. Aufgrund der relativ geringen Anzahl an E/A-Zugriffen kann die langsamere Geschwindigkeit des Hardware-Simulators toleriert werden, und die spezielle Interaktion der Firmware mit der E/A-Hardware kann in der Simulation abgedeckt werden.

Linux-Boot

Bei allen bisher beschriebenen Umgebungen wurde zumindest ein Teil der Software außerhalb des Emulators beziehungsweise Simulators ausgeführt. Als Folge davon müssen sich alle Umgebungen mit dem Problem der Interaktion zum Emulator auseinandersetzen. Diese ist bei dieser Art von Test im Normalfall der Performance-Engpass. Ideal wäre es, wenn sich das komplette Hardwaremodell, das zur Ausführung der Firmware erforderlich ist, im Emulator befände und anschließend die komplette Firmware darauf geladen werden könnte. Die Ausführung dieser Konfiguration erfordert außer zu Debug-Zwecken keine Interaktion mit dem Emulator.

Während Modellgrößen und die Menge der Firmware diese Konfiguration häufig verhindern, gibt es Fälle, bei denen diese Methode machbar ist. Die IBM-Server enthalten verschiedene Mikrocontroller, die das Betriebssystem Linux ausführen. Die Verifikation des Linux-Boot-Prozesses und – was noch wichtiger ist – des korrekten Verhaltens spezieller Einheitentreiber kann mithilfe einer solchen Standalone-Umgebung, bei der sämtliche Hardware und Firmware im Emulator enthalten ist, ausgeführt werden.

6.1.6 Zusammenfassung und Schlussfolgerung

Die ersten Versuche, einen VPO-ähnlichen Prozess einzurichten und die Co-Simulation von Hardware und Firmware für die „virtuelle Systemintegration" oder „Pre-Silicon-Phase" zu verwenden, gehen auf das Jahr 1998 zurück. Seitdem wurde der Prozess laufend verbessert. Während der Aktivitäten im Rahmen der Co-Simulation nach dem VPO kann eine beträchtliche Anzahl an Fehlern aus dem System entfernt werden – einige davon sind hardwarebedingt, bei den meisten handelt es sich jedoch um Firmwarefehler.

Hardwarefehler, die zu diesem Zeitpunkt, nämlich nach dem Tape-out[2], festgestellt werden, können erst zum nächsten Tape-out behoben werden. Es ist jedoch wichtig zu wissen, dass Fehler, die gravierende Auswirkungen während der Systemintegration haben können, sehr häufig durch Änderungen in der Firmware umgangen werden können. Was noch wichtiger ist: Die Umgehungen können jetzt vor dem Power-on verifiziert werden. Durch die Ermittlung dieser Fehler und ihrer provisorischen Behebung im Systemtreiber hat der VPO-Prozess zu einer deutlichen Verkürzung der Bringup-Zeit realer Systeme beigetragen. Und sollte wider Erwarten doch ein Hardwarefehler gefunden werden, der nicht umgangen werden kann, können mithilfe eines ungeplanten, sofortigen Tape-outs zumindest mehrere Wochen eingespart werden.

Da die meisten während der Co-Simulation gefundenen Fehler firmwarebedingt sind, stellt sich die Frage, ob man diese Fehler nicht auch in einer reinen Firmware-Simulationsumgebung finden hätte sollen. Eine detaillierte Escape-Analyse aller gefundenen Fehler bestätigte, dass es praktisch keine Überschneidung bei den mithilfe unterschiedlicher Umgebungen gefundenen Firmwarefehlern gab. Das bedeutet, dass jede dieser Umgebungen, einschließlich der Co-Simulation, zusätzlichen Nutzen bringt.

---

[2] Tape-out ist der Zeitpunkt, an dem das Layout des physischen Designs eines Chips bereit zur Fertigung ist und keine Fehler mehr behoben werden können.

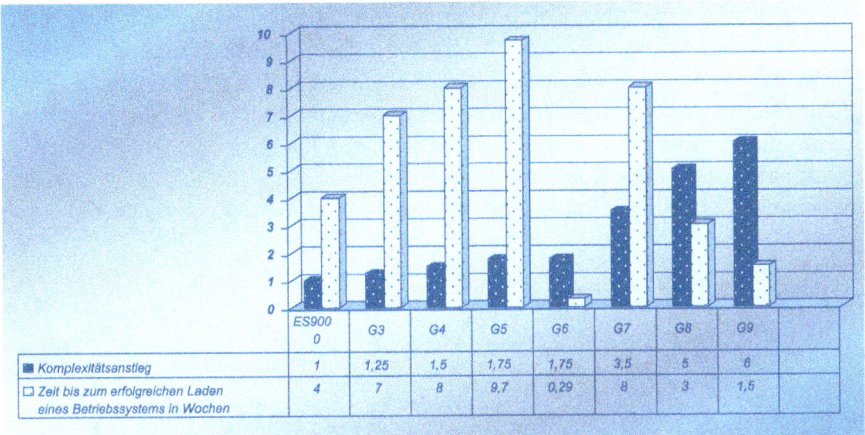

Abb. 6.3. Verkürzung der Bringup-Zeit

Die Systemintegrationszeit eines IBM System z-Servers konnte durch die Simulation des IML um zwei bis drei Monate verkürzt werden. Abbildung 6.3 zeigt diese Verkürzung der Bringup-Zeit exemplarisch an der Zeitspanne zwischen dem Power-on und dem Laden des ersten Mini-Betriebssystems. Während der Systemintergration wurde in all den Schritten, die auf die eine oder andere Weise simuliert wurden, nicht ein einziger Fehler in der Hardware oder der Firmware gefunden. Dies verdeutlicht die positiven Auswirkungen des neuen Verifikationskonzepts, das die Systemintegrationszeit trotz vergrößerter Systemkomplexität reduziert. Alle oben aufgeführten, parallel zum IML ausgeführten Aktivitäten, sorgen für weitere Zeitersparnisse.

Es überrascht nicht, dass die Aufschlüsselung von Fehlern nach den unterschiedlichen Systemkomponenten eindeutig belegt, dass völlig neue Systemkomponenten (verglichen mit früheren Systemen) tendenziell mehr Fehler enthalten als andere Bereiche. Folglich besteht das Ziel für die Zukunft darin, alle Firmwarekomponenten in den VPO-Prozess zu integrieren und jede neue Funktion für jede Systemgeneration ausdrücklich und schwerpunktmäßig einzubeziehen.

Die neueste Entwicklung ist die Kombination von Firmware-Simulatoren mit Hardware-Simulatoren beziehungsweise Emulatoren für kleinere Teilbereiche des Systems. Dadurch kann die Geschwindigkeit von Software-Simulatoren mit den Vorteilen eines wirklichkeitsnahen Designverhaltens in der Hardware-Simulation verknüpft werden. Hierdurch lassen sich die Grenzen des technisch Machbaren nochmals weiter hinausschieben.

IBM wird auch weiterhin verstärkt in die Verifikation von Hardware und Firmware investieren. Mit Ausnahme einiger leistungsstarker Emulatoren werden heute alle oben genannten Komponenten von IBM selbst entwickelt. Angesichts der Einführung leistungsstarker Lösungen für die Software-Simulation auf dem Markt berücksichtigen wir jedoch zunehmend auch diese Lösungen. Darüber hinaus nimmt der Umfang der statischen Codeanalyse und formeller Hardware-Verifikation konstant zu. Mit diesen Maßnahmen kann die Systemintegrationszeit auf zwölf Monate begrenzt werden – trotz der immer größeren Systemkomplexität und der ständig zunehmenden Anzahl an Firmware-Codezeilen.

Literatur

[1] J. Goss, W. Roesner, B. Wile: Comprehensive Functional Verification, Morgan Kaufmann Publishers, 2005, ISBN 0-12-751803-7.
[2] C. Flynn: Developing an emulation environment, Integr. Syst. Des. (USA) Vol. 13, No. 142, April 2001, pp.46–52.
[3] D. K. Beece, G. Deibert, G. Papp, F. Villante: The IBM engineering verification engine, Proc. 25th Design Automation Conf.: IEEE, June 1988, pp. 218–224.
[4] J.v. Buttlar, H. Boehm, R. Ernst, A. Horsch, A. Kohler, H. Schein, M. Stetter, K. Theurich: z/CECSIM: An efficient and comprehensive microcode simulator for the IBM eServer z900, IBM J. Res. & Dev. 46, No. 4/5 July/September 2002, pp. 607–615.
[5] M. Stetter, J. von Buttlar, P. T. Chan, D. Decker, H. Elfering, P. M. Gioquindo, T. Hess, S. Koerner, A. Kohler, H. Lindner, K. Petri, M. Zee: IBM eServer z990 improvements in firmware simulation, IBM J. Res. & Dev. 48, No. 3/4 May/July 2004, pp. 583–594.
[6] E. McCain, S. Koerner, M. Kuenzel: IBM eServer z900 system microcode verification by simulation: The virtual power-on process, IBM J. Res. & Dev. 46, No. 4/5 July/Sept 2002, pp. 587–596.
[7] J. Kayser, S. Koerner, K.-D. Schubert: Hyper-acceleration and HW/SW co-verification as an essential part of IBM eServer z900 verification, IBM J. Res. & Dev. 46, No. 4/5 July/Sept 2002, pp. 597–605.
[8] H.-W. Anderson, H. Kriese, K.-D. Schubert, W. Roesner: Configurable system simulation model build comprising packaging design data, IBM J. Res. & Dev. 48, No. 3/4 May/July 2004, pp. 367–378.
[9] F. Baitinger, H. Elfering, G. Kreissig, D. Metz, J. Saalmueller, F. Scholz: System Control Structure of the IBM eServer z900, IBM J. Res. & Dev. 46, No. 4/5 July/Sept 2002, pp. 523–536.
[10] K.-D. Schubert, E. McCain, H. Pape, K. Rebmann, P.M. West, R. Winkelmann: Accelerating System Integration by enhancing Hardware, Firmware and Co-simulation, IBM J. Res. & Dev. 48, No. 3/4 May/July 2004, pp. 569–581.

6.2 Innovative Prozessorentwicklung

Ingo Aller, Silvia Melitta Müller, Thomas Pflüger und Dieter Wendel

6.2.1 Herausforderungen bei der Prozessorentwicklung

Die Entwicklung von Hochleistungsprozessoren wird von zwei Trends getrieben. Zum einen sollen immer mehr Funktionen, die bisher auf Systemebene mit Spezialchips implementiert wurden, auf dem Prozessorchip integriert werden. Dies erlaubt einen vereinfachten Systemaufbau und trägt damit stark zur Kostenreduzierung bei. Zum anderen müssen Prozessoren jeder neuen Generation immer leistungsfähiger werden, um neue Applikationen zu unterstützen und existierende Software in der Ausführung zu beschleunigen.

Dies hat dazu geführt, dass moderne Prozessoren zu sehr komplexen Gebilden geworden sind. In der zurzeit eingeführten 65 Nanometer (nm) CMOS-Technologie (Complementary Metal Oxide Semiconductor) können auf einem nur vier Quadratzentimeter großen Siliziumchip mehr als eine Milliarde Transistoren untergebracht werden. Die Steigerung der Prozessorleistung wurde über die letzten 20 Jahre hauptsächlich durch eine Erhöhung der Taktfrequenz erzielt, die sich heute im GigaHertz-Bereich bewegt. Möglich wurde dieser Fortschritt durch eine sich stetig verbessernde CMOS-Technologie, die kleinere Transistoren mit kürzeren Schaltzeiten zur Verfügung stellt. Damit ergibt sich ein Kreislauf aus CMOS-Technologie, Prozessoren und Applikationen (siehe Abb. 6.4). Die Technologie ermöglicht leistungsfähigere Prozessoren, auf denen dann anspruchsvollere Applikationen laufen. Es ist aber nur eine Frage der Zeit, bis die existierenden Prozessoren nicht mehr leistungsstark genug sind, sodass eine wiederum verbesserte Technologie als Basis für neue Prozessoren entwickelt werden muss. Sobald neue Applikationen auftauchen, startet das Ganze von Neuem. Selbstverständlich finden die einzelnen Entwicklungen nicht sukzessive,

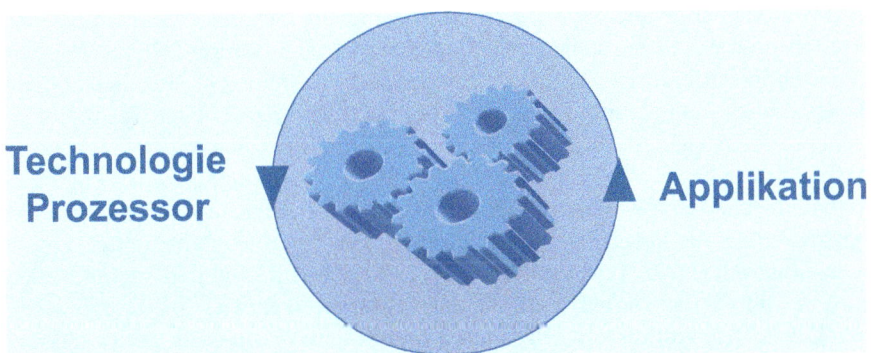

Abb. 6.4. Kreislauf aus Technologie, Prozessorentwicklung und Applikation

sondern parallel statt, sodass das ganze Feld der Prozessorentwicklung sehr dynamisch ist.

Die höhere Integrationsdichte und die Zunahme der Prozessorfrequenz haben allerdings einen stetig ansteigenden Verbrauch der elektrischen Leistung zur Folge. Verbunden ist dies mit Leistungsdichten, die denen einer Herdplatte entsprechen (> 100 W/cm^2). Dies führt zu einem enormen Aufwand bei der Prozessorkühlung. Ein weiterer Effekt ist die Zunahme des Leistungsverbrauches im Leerlauf, sodass vermehrt Probleme beim Einsatz in mobilen Geräten auftreten. Als Konsequenz daraus ist der kontinuierliche Anstieg der Prozessorfrequenz weitestgehend gestoppt worden. Sowohl bei der CMOS-Technologie als auch bei den Prozessorkonzepten müssen innovative Wege beschritten werden, um diesem Trend entgegenzuwirken und trotzdem die Leistungsfähigkeit von Prozessoren zu steigern.

Der vorliegende Artikel zeigt auf, welche Konzepte bei IBM verfolgt werden, und erläutert anhand von Prozessoren, an deren Entwicklung das IBM Entwicklungszentrum in Böblingen beteiligt ist, wie diese Konzepte in Produkten umgesetzt werden. Das Böblinger Zentrum ist an praktisch allen Hochleistungsprozessoren der IBM beteiligt, dass heißt die Entwicklungsarbeiten gehen von Servern der System z, -i und -p über PowerPC-Prozessoren für PCs und Blade-Center (PPC 970) bis hin zu Prozessoren, die für den Massenmarkt der Spielekonsolen (zum Beispiel Cell BE-Prozessor) entwickelt werden. Somit ist eine große Bandbreite an Anforderungen abzudecken. Bei all diesen Arbeiten ist besonders wichtig, dass sowohl in der Konzeptphase als auch während der Entwicklung eine enge Zusammenarbeit zwischen Technologie-, Prozessor-, System- und Softwareentwicklung stattfindet, um zu optimalen Lösungen zu gelangen. Dies unterscheidet sich vom früheren Ansatz, wo diese Bereiche oft unabhängig voneinander agierten.

6.2.2 Chiptechnologie

Jahrzehntelang konnte bei neuen CMOS-Technologiegenerationen eine höhere Integrationsdichte und eine gleichzeitig schnellere Schaltgeschwindigkeit der Transistoren durch die sogenannte Skalierung erreicht werden. Hierbei werden die wichtigsten Transistorabmessungen wie beispielsweise die Gatelänge und die Gateoxiddicke um einen konstanten Faktor zwischen jeder neuen Technologiegeneration verkleinert. Dies entspricht einem quadratischen Anstieg der Integrationsdichte bei gleichzeitig reduzierter Schaltzeit. Optimale Ausnutzung ergab sich dadurch, dass die Versorgungsspannung um den gleichen Faktor abgesenkt wurde, sodass die Verlustleistung quadratisch verringert werden konnte.

Solange ein CMOS-Transistor als quasi ideal betrachtet werden konnte, ließen sich mithilfe der skalierten Technologien Prozessoren entwickeln, die eine stetig wachsende Integration von Funktionen und höhere Frequenzen aufwiesen. Bei den neueren Technologiegenerationen ist dies allerdings nicht mehr der Fall.

Bestimmte Parameter wie die Gateoxiddicke und die Versorgungsspannung können nicht mehr weiter skaliert werden. Das Gateoxid bei der 90 nm-Technologie ist nur noch etwa ein Nanometer dick und führt zu unerwünschten (Tunnel-)Leckströmen, die zum Stromverbrauch beitragen und auch die Schaltungsfunktionalität beeinflussen können. Eine weitere Verringerung der Gateoxiddicke hätte einen entsprechenden Anstieg dieser Leckströme zur Folge. Zudem wäre die Langzeit-Zuverlässigkeit der Chips in Frage gestellt. Daher ist für das derzeit verwendete Material (Siliziumdioxid mit Beimischung von Stickstoff) eine physikalische Grenze erreicht.

Auch bei der Versorgungsspannung ist mit etwa einem Volt eine praktikable Grenze erreicht. Zum sicheren Funktionieren von CMOS-Schaltungen muss das Verhältnis von Versorgungsspannung zu Schwellspannung des Transistors größer als ungefähr Faktor drei sein. Bei Technologien mit Strukturgrößen, die unterhalb von 100 Nanometern liegen, lässt sich allerdings die Schwellspannung nicht weiter reduzieren, da ansonsten die Leckströme im Kanal, die heute schon 20 bis 30% der Leerlaufleistung verursachen, zu groß werden würden.

Dies bedeutet, dass die traditionelle Skalierung an ihrem Ende angelangt ist. Eine weitere Verbesserung der Integrationsdichte mit gleichzeitig kürzeren Transistorschaltzeiten lässt sich nur durch die Verwendung von neuen Materialien und innovativen Transistorstrukturen erzielen.

Voraussetzung ist allerdings, dass die Fotolithografie, die zur Realisierung der Transistorstrukturen auf Silizium eingesetzt wird, in der Lage ist, die erforderlichen Strukturgrößen zu erzeugen. Die Vorgabe ist dabei, dass etwa alle zwei Jahre eine neue CMOS-Technologie zur Produktreife gebracht wird (siehe Abb. 6.5), sodass sich die Funktionen auf dem Chip verdoppeln können. Dieser

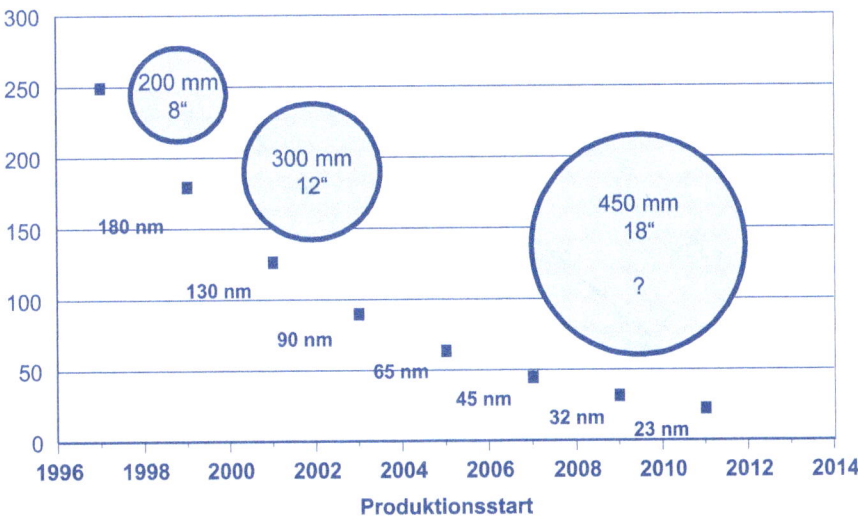

Abb. 6.5. SIA (Semiconductor Industry Association) Technology Roadmap

Zusammenhang wurde schon 1965 vom Intel-Mitbegründer Gordon Moore postuliert und ist als „Moore'sches Gesetz" bekannt.

Zurzeit ist es noch möglich, die Vorgaben mit optischer Lithografie abzudecken. Da allerdings die Transistorstrukturen inzwischen erheblich unterhalb der verwendeten Wellenlänge (193 nm bei 65 nm-Technologie) liegen, müssen etliche zusätzliche Methoden eingesetzt werden, die zum Teil auch erheblichen Einfluss auf das Design der Chips haben. So beispielsweise das Verfahren der sogenannten „Phase Shift"-Masken, bei dem Interferenzeffekte ausgenutzt werden. Bei der 45 nm und 32 nm-Technologie wird voraussichtlich zum letzten Mal optische Lithografie eingesetzt, bevor dann andere Verfahren zum Einsatz kommen.

Abbildung 6.5 zeigt auch die Entwicklung der Siliziumwafergrößen. Aus wirtschaftlichen Gründen erfolgte vor einigen Jahren der Übergang auf Wafer mit 300 mm Durchmesser, auf denen bis zu 1000 Chips pro Wafer untergebracht werden können. Der nächste Sprung auf 450-mm-Wafer wird allerdings länger auf sich warten lassen, da die Investitionskosten in die dafür notwendigen Produktionsanlagen enorm sind und nur noch von wenigen Firmen oder Konsortien getragen werden können.

In Abb 6.6 ist dargestellt, mit welchen von der reinen Skalierung abweichenden Methoden eine kontinuierliche Leistungssteigerung bei CMOS-Technologien aufrechterhalten werden konnte. Zunächst wurde von IBM die Verdrahtung der Transistoren von Aluminium auf Kupfer umgestellt, was neben einem geringeren elektrischen Widerstand auch in einer verbesserten Zuverlässigkeit resultierte. Silicon on Insulator (SOI) verringerte die Schaltkapazitäten und eliminierte Substrat-Leckströme durch die Einführung einer Isolationsschicht zwischen Transistor und Substrat. Als nächste Innovation wurde für die Verdrahtungsebenen, die

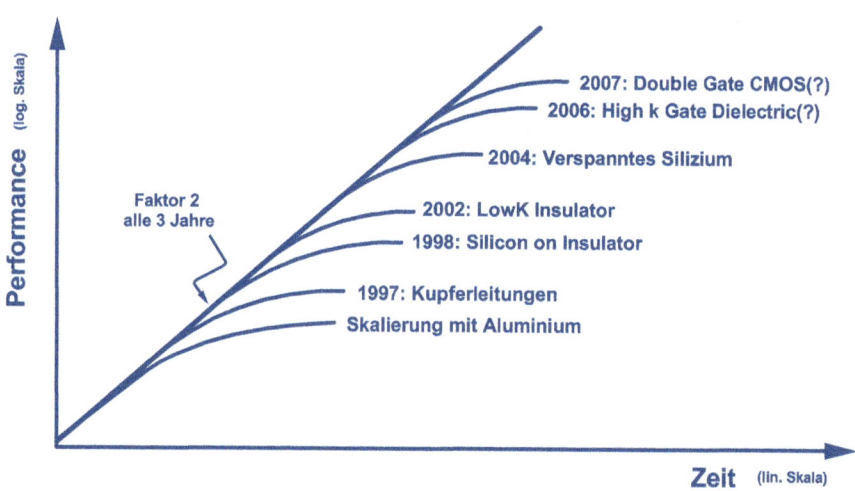

Abb. 6.6. Innovative Methoden zur Leistungssteigerung bei CMOS

aus bis zu zehn Lagen Metall übereinander bestehen, das sogenannte „Low-k"-Material eingeführt, das das Siliziumoxid ablöste. Hier hat jede Firma ihr eigenes Rezept entwickelt, sodass durch ein Material mit relativ niedriger Dielektrizitätskonstante ($\varepsilon = 2{,}7$) die Schaltkapazitäten zwischen den Leitungen verringert werden konnten.

Mit der 90 nm-Technologie wurde schließlich mechanisch verspanntes Silizium („strained Silicon") eingeführt. Hier wird auf dem fertig prozessierten Transistor ein Material mit anderer thermischer Ausdehnung aufgebracht. Dadurch wird der leitende Kanal mechanisch verspannt, was zu schnelleren Bewegungen der Ladungsträger und zu besserem Schaltverhalten führt.

Nur mithilfe dieser innovativen Methoden war es bisher möglich, die Integrationsdichte entsprechend dem „Moore'schen Gesetz" zu erzielen und dabei gleichzeitig die Vorgaben bezüglich der Schaltgeschwindigkeit zu erfüllen. Damit dies auch noch in den nächsten Technologiegenerationen der Fall ist, sind weitere Innovationen wie etwa „High-k"- und „Double-Gate"-Transistoren notwendig, auf die später noch näher eingegangen wird.

6.2.3 Hochfrequenz-CMOS-Schaltungen

Schaltkreisentwurf im deutschen IBM Entwicklungszentrum

Das Böblinger Entwicklungszentrum hat seit seiner Gründung maßgeblich zu Entwicklungen im Schaltkreisentwurf beigetragen. So war man für lange Zeit federführend an der Entwicklung der dynamischen Speicher (DRAM) sowie an Schaltkreisimplementierungen in bipolarer Schaltungstechnik beteiligt. Basisschaltkreise für die Implementierung der Prozessoren waren bei der Bipolartechnik Transistor Transistor Logic (TTL) und Emitter Coupled Logic (ECL).

Als man erkannte, dass die Verlustleistung eines der größten Hemmnisse der Großintegration von Rechnern ist, wurde in der Folge die CMOS-Technologie vorangetrieben. Der erste Mikroprozessor der IBM auf CMOS kam 1985 aus Böblingen. Noch heute ist CMOS mit seiner überragenden Integrationsfähigkeit die Technologie, die für alle Prozessorentwicklungen genutzt wird.

CMOS-Schaltungen für Prozessoren im GigaHertz-Bereich

Der Schwerpunkt der CMOS-Schaltkreisentwicklung lag von Anfang an darauf, zu dem Geschwindigkeitspotential der bipolaren Technik aufzuschließen und gleichzeitig die niedrige Verlustleistung und hohe Integrationsfähigkeit zu nutzen. Dies ist inzwischen auch mit Prozessoren, die im GigaHertz-Bereich arbeiten und sehr hoch integriert sind, gelungen.

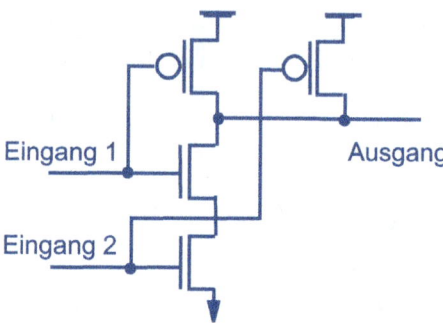

Abb. 6.7. Statisches CMOS-NAND-Gatter mit zwei Eingängen

Die Basis der CMOS-Schaltkreistechnik bilden die sogenannten „statischen" CMOS-Schaltungen. Grundlegende Charakteristika dieser Schaltkreisfamilie sind:

- Die Gatter sind invertierend, das heißt, die Grundlogikfunktionen sind Inverter, Nicht-UND (NAND) und Nicht-Oder (NOR).
- Konzeptionell werden in einem statischen CMOS-Gatter nur Ladungen verschoben, wenn sich der Logikzustand durch Änderung der Eingangssignale ändert.
- Im statischen, nichtschaltenden Zustand fließt im idealisierten Fall kein Strom. In der Realität muss allerdings mit parasitären Verlustströmen gerechnet werden.

Abbildung 6.7 zeigt einen NAND-Schaltkreis. Der Ausgang ist nur logisch Null, wenn beide Eingänge auf logisch Eins (Versorgungsspannungspotential) liegen. Diese sehr robuste Schaltkreistechnik wird als bevorzugte Technik eingesetzt. Der Ausgang eines Gatters wird zu jedem Zeitpunkt durch einen leitenden Pfad entweder mit Masse oder mit der Versorgungsspannung verbunden. Damit ist diese Schaltkreisfamilie sehr resistent gegen eventuelle Störeinflüsse.

Zur Erhöhung der Schaltgeschwindigkeit werden „dynamische" CMOS-Gatter eingesetzt. Bei dieser Schaltkreisfamilie werden die Gatter in einen vordefinierten Zustand versetzt. In einer Evaluierungsphase wird dieser Zustand nur verlassen, wenn die Logikverknüpfung erfüllt ist. Abbildung 6.8 zeigt ein dynamisches UND-Gatter. Grundlogikverknüpfungen in dieser Schaltkreisfamilie sind:

- Nicht invertierend, monoton mit Grundfunktionen UND, ODER
- Die Gatter werden in jedem Zyklus auf den vordefinierten Zustand gesetzt, dadurch ergibt sich im Regelfall eine höhere Verlustleistung als bei den statischen Gattern.

In modernen Prozessoren werden beide Logikfamilien eingesetzt. Die Basis bilden die statischen Schaltkreise. Mit ihnen wird der Großteil der Logik verlustleistungsarm und robust implementiert. Für diese Schaltkreisfamilie stehen zur

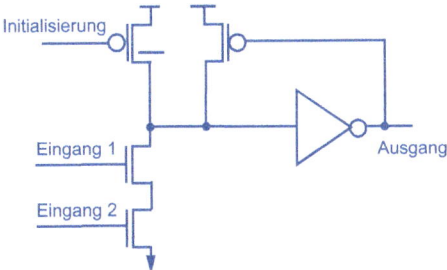

Abb. 6.8. Dynamisches CMOS-UND-Gatter mit zwei Eingängen

Erhöhung der Produktivität vielfältige Entwicklungswerkzeuge zur Schaltkreisoptimierung und zur Erzeugung der sehr komplexen grafischen Layoutdaten zur Verfügung. Pfade, die die Frequenz und damit die Leistungsfähigkeit des Prozessors bestimmen, werden in dynamischen Schaltungen ausgelegt, um so zu einem Optimum zwischen Frequenz und Verlustleistung zu gelangen.

Logikverknüpfungen werden in größeren Einheiten, den sogenannten Makros, typischerweise entweder komplett synthetisiert oder als „Custom Makros" entworfen. Bei den synthetisierten Makros ist die Logik in einer Hochsprache (VHDL) beschrieben und wird durch Synthesesoftware in Logikgatter umgesetzt. Bei Custom Makros erfolgt die Umsetzung zum großen Teil manuell. Dadurch können insbesondere bei regelmäßigen Strukturen wie Addierern bessere Ergebnisse erzielt werden als durch Synthese.

Neben dem Entwurf und der Umsetzung der Logik in Schaltnetzwerke stellen Speichermakros wichtige Prozessorbauteile dar. In den überwiegenden Fällen basieren heutige Speichermakros wie Level-1-Caches oder Level-2-Caches auf der 6-Transistor-Zelle (siehe Abb. 6.9).

Die Information wird durch zwei kreuzgekoppelte Inverter gespeichert. Geschrieben und gelesen wird die Zelle über die zwei Pass-Transistoren. Diese Zellen lassen sich heute auf einer Fläche von weit unter einem Quadratmikrometer

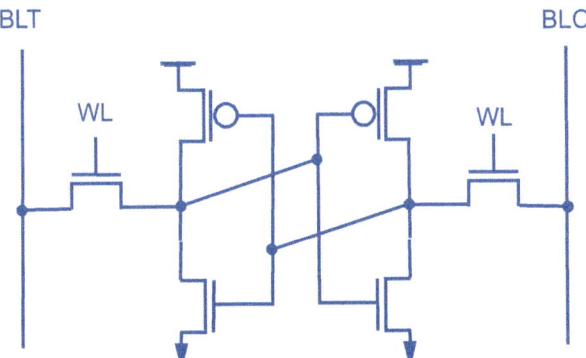

Abb. 6.9. CMOS-SRAM-Speicherzelle mit sechs Transistoren

realisieren und ermöglichen damit, Speichermakros mit einer Kapazität von mehreren Megabytes auf einen Prozessorchip zu bringen.

Schaltkreisentwicklung im Bereich unter 100 nm

Schaltungstechnik im sogenannten Sub-100 nm-Bereich stellt eine besondere Herausforderung dar. Wie bereits in vorausgehenden Kapiteln erwähnt, steigen die parasitären Leckströme überproportional an. Es ist nicht möglich, die Schwellspannung der Transistoren mit der Versorgungsspannung zu skalieren. Neben den funktionalen Problemen, die durch diese Leckströme auftreten können, ist die durch sie erzeugte Verlustleistung das größte Problem. Die Verlustleistung durch parasitäre Leckströme kann bis zu 40% der Gesamtverlustleistung betragen. Während die Schaltverlustleistung durch die Einführung von „Clock Gating" (s. Kap. 6.2.4) verbessert werden kann, versucht man die statischen Leckströme durch mehrere Maßnahmen zu reduzieren:

1. Reduzierung der aktiven Transistorweiten durch Schaltkreis-Optimierung,
2. Einsatz von Transistoren mit höherer Schwellspannung, wo möglich,
3. In Ergänzung, Verwendung von Transistoren mit längerem Kanal,
4. Trennen von Einheiten, die zu einem bestimmten Zeitpunkt nicht gebraucht werden, von der Versorgungsspannung.

Eine weitere Herausforderung im Sub-100 nm-Bereich ist die zunehmende Variation der Transistoren, insbesondere von sehr kleinen Transistoren, wie sie etwa in Speicherzellen verwendet werden. Parameter mit dem größten Einfluss sind Schwellspannungsvariationen durch ACLV (Across Chip Linewidth Variation) oder der SOI-„History Effekt" sowie Transistorweiten und -längenvariationen, die durch Eckradien und Rauheit der Polysiliziumlinie hervorgerufen werden.

Herausgegriffen sei hier als Beispiel die Variation der Schwellspannung. Die Transistoren sind so klein, dass nicht von einer gleichmäßigen Dotierung von Transistor zu Transistor ausgegangen werden kann, selbst wenn diese benachbart sind und in gleicher Orientierung liegen. Beim Speicher-Design verursachen die Variationen der Transistorparameter erhebliche Schwierigkeiten beim Definieren einer kleinen, stabilen, aber auch schnellen Zelle. Abbildung 6.10 zeigt die Ausbeute an funktionalen Speicherzellen („Yield") über der Prozessvariation. Im Idealfall (Kurve 1) liegt die Verteilung symmetrisch um den nominalen Prozesspunkt. Die Enden der Verteilung werden durch vorhandene Redundanz auf dem Chip abgedeckt. Rutscht der Prozess zur langsamen Seite (Kurve 2), steigt die Anzahl der Zellen, die die geforderte Schreibgeschwindigkeit nicht erreichen, sehr stark an und die vorhandene Redundanz reicht nicht mehr aus, um einen funktionsfähigen Chip zu bekommen. Ein weiterer Fall, der zu Yield-Einbußen führt, tritt ein, wenn die Prozessverteilung breiter als erwartet ausfällt (Kurve 3). Die Redundanz reicht weder für die Stabilitätsfehler in der schnellen noch für die Schreibfehler in der langsamen Prozessecke aus, sodass der Yield wesentlich geringer ist.

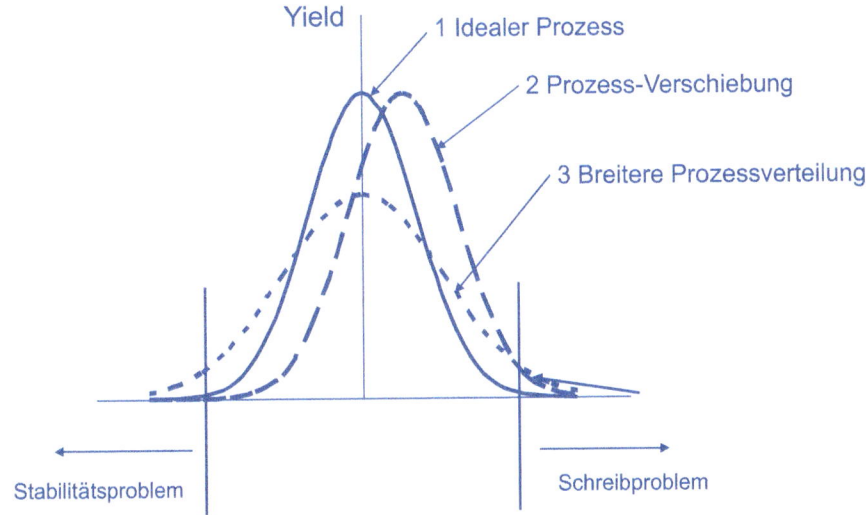

Abb. 6.10. SRAM-Zellen-Yield in Abhängigkeit der Prozessvariation

6.2.4 Innovative Prozessorkonzepte

Powermanagement

Wie bereits erwähnt, führen die Frequenzsteigerung und die größere Komplexität der Logik zu einem enormen Anstieg der Prozessorverlustleistung. Diese lässt sich durch die Einführung von Powermanagementkonzepten deutlich reduzieren.

> Das Powermanagement bei Prozessoren gliedert sich in drei Teilbereiche.

1. Chip-Idle-Mode Powermanagement (Leerlauf Mode)
2. Dynamisches Powermanagement
3. System-Powermanagement

Beim-Idle-Mode-Powermanagement werden vom Betriebssystem Leerlaufzeiten des Prozessors ermittelt und der Prozessor durch verschiedene Befehle in einen Ruhezustand gebracht. In den Prozessoren gibt es dafür die Zustände DOZE, NAP, SLEEP etc. (siehe Abb. 6.11). Diese Zustände dienen dazu, je nach Weiterverwendung des Prozessors, Teile der Hardware nicht mehr zu takten oder deren Betriebsfrequenz und Spannung zu reduzieren.

Ein wichtiger Faktor ist die Geschwindigkeit, mit der man den verlustärmsten Zustand erreichen und wieder verlassen kann. Ist die Zeit des Idle-Mode nur sehr kurz, so soll meist die Datenintegrität erhalten bleiben. Das Powermanagement des Prozessors beschränkt sich dann nur auf die Teile des Prozessors,

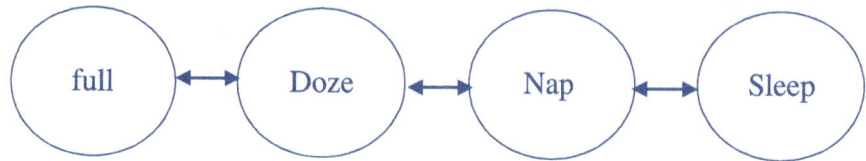

Abb. 6.11. Betriebs- und Ruhezustände eines Prozessors mit Powermanagement

die diese nicht beinflussen. Kann man jedoch die Teile der Hardware, die für die Datenintegrität verantwortlich sind, schnell ab- und wieder anschalten, dann versetzt man auch diese für gewisse Zeit in einen verlustärmeren Zustand. Durch einen „Interrupt" kann der Prozessor wieder zum vollen Betrieb aufgeweckt werden.

Beim dynamischen Powermanagement will man die Verlustleistung des Prozessors nicht auf Kosten der Rechenleistung verringern. Das Betriebssystem kann hierbei nicht zur Hilfe herangezogen werden, weil die Veränderungen der Verlustleistung dem Programmablauf des Prozessors sofort angepasst werden müssen. Die schnellste und wirksamste Methode ist das sogenannte „Clock Gating". Die Speicherelemente (Flipflops) werden durch ein Clock-Signal getaktet. Wird das Speicherelement bei einer Rechenoperation nicht verwendet, so kann die zugehörige Clock abgeschaltet werden. Dieses Speicherelement und dessen nachfolgende Schaltungen verursachen somit keine Umladeverlustleistung (AC-Verlustleistung). Die Schwierigkeit beim Clock Gating ist das Ab- und Anschalten der Clock für das jeweilige Speicherelement. Deshalb gruppiert man die Speicherelemente mittels Clock-Kontrollblöcken, die dann mehreren Speicherelementen zum Ab- und Anschalten dienen.

Weiterhin wird beim dynamischen Powermanagement versucht, die Frequenz und die Spannung für einen Prozessor oder dessen Teile in Abhängigkeit von der Auslastung zu verändern. Diese Änderungen müssen wie schon erwähnt schnell ablaufen, damit die Programmausführung nicht beeinträchtigt wird. Kurze Wartezeiten, in denen der Prozessor auf Daten aus dem Hauptspeicher wartet, werden dazu genutzt, die Frequenz und Spannung zu reduzieren. Jedoch wird das nicht durch Befehle des Betriebssystems erreicht, sondern die Logik erkennt selbstständig den Zustand des Wartens und versetzt die entsprechenden Teile der Hardware in einen Zustand mit geringerer Frequenz und Spannung. Beim Verlassen des Wartezustandes, etwa durch Eintreffen der Daten, wird die Hardware wieder in den alten Frequenz- und Spannungszustand gebracht.

Die dritte Form der Verlustleistungskontrolle ist das System-Powermanagement. Hierbei will man die Verlustleistung des einzelnen Prozessors auf einen vorgegebenen Wert einstellen, damit mehrere Prozessoren zusammen die maximal zulässige Gesamtverlustleistung nicht überschreiten. Die Verlustleistung eines Prozessors kann dabei dynamisch verändert werden (Frequenz, Spannung), wenn parallel bei anderen Prozessoren die Verlustleistung aufgrund von Ruhephasen absinkt.

Diese Methode überwacht in erster Linie die Temperatur des Prozessors. Überschreitet der Prozessor eine gewisse Temperatur, wird die Frequenz und Spannung des Prozessors verringert. Sinkt oder pendelt sich die Temperatur des Prozessors auf einem niedrigeren Wert ein, so kann die Frequenz und Spannung für den Prozessor wieder erhöht werden. Diese Art von Regelung wird bis jetzt außerhalb des Prozessors realisiert. Zukünftig werden solche Konzepte auf dem Prozessorchip integriert sein und somit ein schnelleres Regelverhalten und eine bessere Regelung der Verlustleistung erlauben.

Mehrkern (Multi Core), SMT (Simultaneous Multi Threading)

Der Trend zum Mehrkernprozessor verstärkte sich deutlich, als die Steigerung der Prozessorfrequenz aufgrund der Verlustleistung nicht weiter möglich war. Die Verlustleistung P einer CMOS-Schaltung lässt sich mit der folgenden Gleichung annähern.

$$P = 0.5 \times C \times U^2 \times f \qquad (Gl.\ 1)$$

mit der Lastkapazität C, der Versorgungsspannung U und der Taktfrequenz f

Weiterhin ist die Rechenleistung eines Prozessorkerns in erster Näherung der Taktfrequenz proportional. Ändert man die Taktfrequenz und will gleichzeitig die Verlustleistung optimieren, so muss die Versorgungsspannung ebenfalls nachgeführt werden. Bei einer Erhöhung der Taktfrequenz muss die Versorgungsspannung angehoben werden, damit die Logikgatter zwischen den Speicherelementen schneller schalten. Ansonsten könnte es durch zu lange Laufzeiten in diesen Gattern zu logischen Fehlfunktionen kommen. Bei einer Verringerung der Taktfrequenz kann dagegen die Versorgungsspannung reduziert werden, wodurch die Verlustleistung absinkt. Die Änderung der Spannung ist dabei der Taktfrequenzänderung proportional.

Wird die Taktfrequenz in einem Prozessor um 20% verringert, so kann die Versorgungsspannung ebenfalls um 20% abgesenkt werden. Setzt man diese Randbedingungen bei gleicher Kapzität in Gleichung 1 ein, so reduziert sich die Verlustleistung auf ungefähr 50% des Anfangwertes bei höherer Spannung. Den allgemeinen Zusammenhang zwischen Rechenleistungs- und Verlustleistungsänderung zeigt Abb 6.12.

Betreibt man nun auf einem Chip zwei Prozessoren mit 20% reduzierter Taktfrequenz, ergibt sich eine relative Rechenleistung von 80% pro Prozessor. Die gesamte Verlustleistung beider Prozessoren ist allerdings genauso groß wie die eines Einzelprozessors ohne Spannungsreduzierung. Die Rechenleistung der zwei Prozessoren entspricht 2 × 80% = 160% im Vergleich zu einem Einzelprozessor ohne Taktänderung. Das bedeutet, dass unter diesen Bedingungen die Rechenleistung um 60% bei gleicher Verlustleistung gesteigert werden kann. Voraussetzung dafür ist allerdings die parallele Auslastung beider Prozessoren.

Es gibt darüber hinaus einen zusätzlichen Grund, auf Mehrkernprozessoren umzuschwenken. Durch die besseren Integrationsmöglichkeiten von CMOS

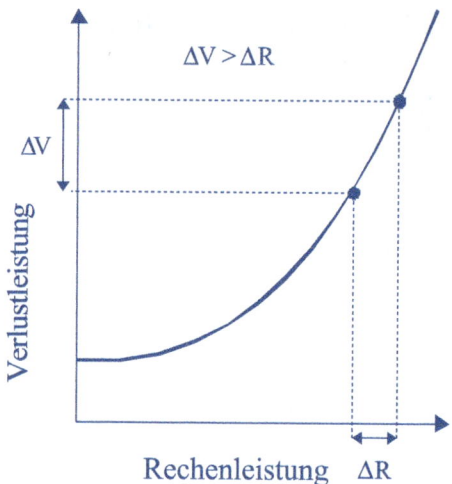

Abb. 6.12. Zusammenhang zwischen Prozessorrechenleistung und Verlustleistung

kann auf einem Chip nicht nur ein großer Datenspeicher untergebracht werden, sondern es können auch mehrere Prozessorkerne implementiert werden. Dadurch verkürzen sich die Leitungslängen zwischen den Prozessorkernen im Vergleich zu einem System mit verteilten Einzelprozessoren, was die Systemrechenleistung erhöht.

Den Mehrkernsystemen ging die Einführung der SMT-Architektur (Simultaneous Multi Threading) voraus. Hierbei versucht man, die bestehenden Hardwarekomponenten (Gleitkomma, Integer und andere) in einem Prozessorkern besser auszunutzen. Es werden gleichzeitig mehrere unabhängige Instruktionsströme (Threads) im Prozessor decodiert, was zur besseren Auslastung der verschiedenen Hardwarekomponenten führt. Für einen Programmierer entsteht der Eindruck, als ob mehrere unabhängige Prozessorenkerne existieren. Zum Abarbeiten von zeitlich parallel ablaufenden Programmen ist dies oft zwingend notwendig.

Eine weitere Optimierung ergibt sich, wenn ein Thread gestoppt wird, weil er auf Daten wartet. Seine Hardwarekomponenten können dann von den verbleibenden Threads genutzt werden. Der Aufwand an zusätzlicher Logik für die Implementierung von SMT ist deutlich geringer als die Verwendung von weiteren Prozessorkernen. Wie zuvor beschrieben, werden bei SMT mindestens zwei Instruktionsströme gleichzeitig decodiert, sodass die Spitzenrechenleistung für einen einzelnen Thread etwas absinkt.

RAS

Der Terminus RAS steht in der Computerindustrie für die drei Begriffe:

1. Reliability (Zuverlässigkeit)
2. Availability (Verfügbarkeit)
3. Serviceability (Wartbarkeit)

In den verschieden Rechnerkategorien wie „High End" und „Low End" bekommen diese Begriffe unterschiedliche Wertigkeiten. In einem High-End-System will man eine Dauerverfügbarkeit von 100% gewährleisten. In Low-End-Systemen nimmt man eine geringere Verfügbarkeit in Kauf. Dementsprechend ist auch die RAS-Struktur bei diesen Systemen unterschiedlich. Eine High-End-RAS-Struktur beinhaltet, dass die jeweiligen Prozessoren von einer übergeordneten Servicekomponente überwacht werden. Diese Überwachungsstruktur setzt redundante Serviceprozessoren voraus, die sowohl beim Einschalten als auch beim Betrieb den Kontakt zum gesamten Prozessorensystem haben. Bei Problemen wird mittels der Servicekomponente eine Analyse der Hardware vorgenommen und gegebenfalls auf eine redundante Hardware umgeschaltet. Ist redundante Hardware vorhanden, so wird diese verwendet und die fehlerhafte abgeschaltet. Gleichzeitig wird automatisch ein Reparaturauftrag an den Service geschickt. Ein Austausch der defekten Komponente durch den Service darf zu keiner Beeinträchtigung des Systems führen. Deshalb muss man diese Komponenten während des Betriebs („Hot Plugging") in das System einbringen können.

Die Notwendigkeit zum Austausch fehlerhafter Komponenten wird reduziert, wenn die Systeme mehrere redundante Komponenten beinhalten. Ein Beispiel hierfür ist das sogenannte „CPU Sparing". Durch die höheren Integrationsdichten können komplette Prozessorkerne redundant vorhanden sein. Ein solcher redundanter Prozessorkern befindet sich normalerweise im Schlafmodus, der durch den Serviceprozessor bei Bedarf aufgehoben werden kann.

In High-End-Prozessoren ist weiterhin eine Buchführung pro Instruktion eingebaut. Wird ein Programm durch ein Hardwareproblem unterbrochen, wird der Fehler in zwei Klassen eingeteilt, den „Soft Error" und den „Hard Error". Bei einem Soft Error versucht der Serviceprozessor mittels eines Zurücksetzens (Reset) den fehlerhaften Prozessorkern erneut zu aktivieren und danach den Programmablauf an der letzten nicht fehlerhaften Programmstelle fortzusetzen. Ist dieses Zurücksetzen nicht erfolgreich und das Hardwareproblem existiert weiterhin (Hard Error), wird der momentan gültige Zustand aus dem fehlerhaften Kern extrahiert und in einen der redundanten Kerne übertragen. Danach wird dieser aktiviert und der Programmablauf an der abgebrochenen Programmstelle fortgesetzt. Dieses Reparturverhalten spielt sich im Millisekundenbereich ab und das bestehende System kann ohne Unterbrechung oder manuelle Intervention weiterarbeiten.

Zur Fehlererkennung, die zu dem oben genannten Verhalten führt, ist in dem Prozessor ein Netzwerk von Fehlerdetektoren eingebaut. Für den normalen Logikdatenfluss wird meist eine „Parity"-Überwachung gewählt. Dazu wird während der Instruktionsabarbeitung ständig eine Prüfsumme der einzelnen Bits gebildet und mit einem Sollwert verglichen. Bei Abweichung vom Sollwert wird eine Hardwareproblem gemeldet.

Speicherelemente sind aufgrund ihrer kleinen Dimensionen wesentlich fehleranfälliger als Logik. Man setzt hier eine Überwachung mittels Error Correction Code (ECC) ein. Der ECC wird wie das zu schützende Datum im Speicher abgelegt. Im Fehlerfalle von nur einem Bit ist es möglich, das Datum in seinen Urzustand zu korrigieren. Wichtig bei allen Fehlerüberwachungen ist das frühzeitige Erkennen einer Fehlfunktion, sodass gewährleistet ist, dass sich der Fehler nicht im Gesamtsystem ausbreiten kann.

Ein weiteres wichtiges Gebiet bei RAS ist die Kontrolle des thermischen Verhaltens. Unter allen Umständen muss garantiert sein, dass sich keine Überhitzung einstellt, die die Hardware zerstören oder Fehler im System auslösen könnte. Zur thermischen Kontrolle werden auf dem Chip integrierte Temperatursensoren platziert. Die Lage der Temperatursensoren wird so gewählt, dass eine spezifische thermische Aussage über die verschiedenen Hardwarekomponenten gemacht werden kann. Damit wird vermieden, dass alle Prozessorkerne gleichzeitig gedrosselt werden, wenn nur ein Kern ein Temperaturproblem hat. Hierbei wird Kontrolllogik eingesetzt, die ohne Softwareunterstützung einer Überhitzung entgegenwirkt (Instruktionsverlangsamung). Die Logik, die eine Überhitzung feststellt, meldet dies der Servicekomponente, die dieses Verhalten über einen längeren Zeitraum beobachtet und geeignete Gegenmaßnahmen ergreift.

Weiterhin muss das Serviceteam zu jedem Fehlerfall in einem Prozessor den genauen Ablauf verstehen. Dazu werden in der Hardware Aufzeichnungsspeicher eingebaut, die es ermöglichen, die Instruktionen und deren Abläufe im gesamten System zu protokollieren. Im Fehlerfalle werden diese Aufzeichnungsspeicher ausgelesen und analysiert.

Die RAS-Elemente, von denen hier nur auszugsweise einige erklärt wurden, halten immer mehr auch in die Low-End-Systeme Einzug. Dies wird durch die höhere Integration bei CMOS immer kostengünstiger zu realisiert, sodass auch Low-End-Systeme von den Erfahrungen bei den teureren High-End-Systemen profitieren können.

Grafik-Acceleratoren und Gleitkomma-Einheiten

Grafik und Multimedia-Anwendungen benötigen sehr hohe Rechenleistungen – sei es für das Codieren und Decodieren von Videodaten oder die Berechnung komplexer Bildszenen. Diese Berechnungen verfügen über einen hohen Grad an Parallelität und sind deswegen gut geeignet für Rechner mit vielen Prozessoren. Für den Massenmarkt ist eine solche Lösung aber viel zu teuer. Ziel der Acceleratoren ist es, die Leistung der Systeme für solche Anwendungen zu steigern und gleichzeitig die Kosten erheblich zu senken.

Vektor-Multimedia-Extension VMX

Ein erster Schritt sind die Multimedia-Erweiterungen, wie sie erstmals in den 90-er Jahren eingeführt wurden. Heute finden sich diese Erweiterungen in fast allen Prozessorarchitekturen [1]. VMX ist die Erweiterung des PowerPCs [2], die auch als AltiVec der Firma Freescale [3] bekannt ist.

Die VMX-Instruktionen werden von einer eigenständigen, funktionalen Einheit ausgeführt. Sie arbeiten auf 128 Bit breiten Daten in SIMD-Art (Single Instruction Multiple Data). Dabei wird pro Instruktion die gleiche Operation auf mehreren Datensätzen parallel ausgeführt. Bei arithmetischen und logischen Operationen werden die Daten in 4×32-Bit-, 8×16-Bit- oder 16×8-Bit-Blöcke unterteilt – Gleitkomma-Operationen arbeiten auf 4×32-bit Daten. Schiebe- und Permutierungsoperationen erlauben das Umordnen der Bits und Bytes innerhalb eines Datenwortes.

Bei geeigneten Anwendungen erreichen die Multimedia-Erweiterungen durch die 4- bis 16-fache SIMD-Parallelität eine beachtliche Leistungssteigerung. Im Vergleich zu 4 oder gar 16 getrennten Einheiten wird durch SIMD die Steuerlogik erheblich reduziert und ermöglicht somit eine effizientere Hardware-Umsetzung.

Durch den anhaltenden Trend zur 3D-Grafik, besserem Echtzeitverhalten und mehr Realitätsnähe stieg der Rechenbedarf in der Grafik in den letzten Jahren so stark, dass die klassischen Multimedia-Erweiterungen bei weitem nicht mehr ausreichen. Hierzu bedarf es neuer Konzepte, wie sie etwa im Cell BE-Prozessor [4] realisiert sind.

Der Cell BE-Prozessor

Konventionelle Prozessorchips verfügen über zwei bis vier Prozessorkerne. Der größte Teil der Chipfläche wird aber von schnellem Zwischenspeicher (Cache) eingenommen. Bei Grafikanwendungen, die große Datenmengen verarbeiten, finden sich die gewünschten Daten aber nur selten im Cache, sondern müssen aus einem externen Speicher nachgeladen werden.

Deswegen stellt Cell mehr Chipfläche für Rechenleistung und weniger für schnellen Speicher zur Verfügung. Die Daten werden unter direkter Softwarekontrolle nachgeladen. Dies geschieht parallel zur eigentlichen Berechnung.

Um die Rechenleistung pro Fläche zu maximieren, wurde bei Cell ein konventioneller PowerPC-Kern (PowerPC Processor Element, PPE) mit kleinem Cache durch acht schnelle Acceleratoren (Synergistic Processor Element, SPE) erweitert (siehe Abb. 6.13). Der PPE übernimmt die Steuerung, während die SPEs mit

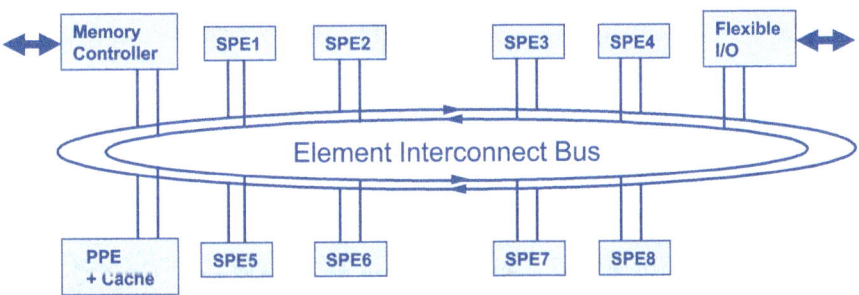

Abb. 6.13. Struktur des Cell BE-Prozessors

ihrem privaten Speicher die enorme Rechenleistung des Chips liefern. Die neun Prozessoren sind durch vier Hochleistungs-Daten-Ringe verbunden, die bis zu 128 offene Transfers gleichzeitig unterstützen. Breite Speicher- und I/O-Schnittstellen versorgen die Prozessoren mit Daten. Im Kap. 5.3 (Linux für Cell) wird näher auf die Struktur des Cell BE-Prozessors eingegangen.

Synergistic Processor Element

Der SPE-Prozessor [5] wurde speziell für die Beschleunigung von Multimedia-Anwendungen entwickelt. Es handelt sich dabei um eine Art VMX-Einheit, die zu einem kleinen Prozessor ausgebaut wurde. Der SPE hat einen 128-Bit breiten Datenfluss, der je nach Operation in 2-, 4-, 8- oder 16-fache SIMD-Einheiten unterteilt ist. Die funktionalen Einheiten sind in zwei „Pipelines" angeordnet, sodass pro Takt zwei Instruktionen parallel ausgeführt werden können. Alle Einheiten sind an einen gemeinsamen Registersatz angeschlossen. Das erlaubt den schnellen Datenaustausch zwischen den funktionalen Einheiten und ermöglicht es, die Operationen effizient zu implementieren. So werden zum Beispiel Integer-Multiplikationen in der Gleitkomma-Einheit ausgeführt, was einen eigenen Multiplizierer in der Integer-Einheit erspart.

Der Registersatz verfügt über 128 × 128-Bit Register und ist damit viel größer als der einer VMX. Die vielen Register erlauben dem Compiler mehrfaches „Loop-Unrolling", das heißt mehrere Iterationen der inneren Schleife eines Programms können gleichzeitig ausgeführt werden. Das ist ein bekanntes Konzept, um die Latenz der Operationen zu verbergen, und ermöglicht dem SPE, nahe der maximalen Leistung zu arbeiten.

Jeder SPE verfügt über einen privaten, lokalen Speicher, der explizit durch Software gesteuert wird. Daten werden durch DMA (Direct Memory Access) zwischen externem Speicher und SPE ausgetauscht oder von einem SPE zum nächsten weitergereicht. Der Datentransfer erfolgt parallel zum Rechnen. Bei geschickter Programmierung kann dadurch die Latenz des Datenzugriffs auch ohne teure Caches verborgen werden.

Durch all diese Konzepte kann der SPE bei sehr hoher Frequenz betrieben werden und ist dennoch erheblich kleiner als ein konventioneller Prozessorkern. Bei bestimmten Anwendungen erreicht Cell mit seinen acht SPEs eine 10- bis 100-fach höhere Leistung, Leistung/Watt und Leistung/Fläche, als konventionelle Prozessoren. Mit 230 Giga-Flops (Gleitkomma-Operationen / Sekunde) ist der Cell sozusagen ein kleiner Supercomputer auf einem Chip.

Gleitkomma-Einheiten

Numerische Anwendungen und viele Grafikanwendungen arbeiten mit Gleitkommazahlen. Diese Berechnungen werden von der Gleitkomma-Einheit (Floating-Point Unit, FPU) ausgeführt. Es gibt zwei Grundbauarten:

6.2 Innovative Prozessorentwicklung

1. Die einfacheren FPUs verfügen über getrennte Einheiten für Addition und Multiplikation.
2. Die zweite Art von FPUs verfügen über eine kombinierte Multiplikations-Additions-Einheit (Floating-Point Multiply-Add, FMA, Abb 6.14). Ihre Grundoperationen sind von der Form A × B + C. Eine FMA-Einheit kann natürlich auch reine Multiplikationen (A × B + 0) und Additionen (A × 1 + C) ausführen.

Die FMA-basierten FPUs sind komplizierter, haben aber zwei entscheidende Vorteile: Zum einen sind ihre Berechnungen bei gleicher Bitbreite genauer, da das Runden des Zwischenergebnisses entfällt, zum anderen haben sie einen höheren Durchsatz. Im Idealfall werden pro Instruktion zwei Operationen ausgeführt, eine Multiplikation und eine Addition. Deswegen sind die FPUs in allen IBM-Prozessoren FMA-basiert, auch die des Cell BE-Prozessors.

Die FPU im SPE-Element des Cell ist etwa doppelt so schnell wie herkömmliche FPUs in gleicher Technologie und dennoch recht klein und stromsparend [6]. Um dies zu erreichen, bedurfte es mehrerer Erfindungen und umfassender Optimierungen auf allen Ebenen des Designs. Instruktionssatz, logische Struktur, Schaltkreise und deren Anordnung auf dem Chip wurden gleichzeitig optimiert und den Bedürfnissen der Anwendungen angepasst. Hier ein paar Beispiele:

Auf Schaltkreisebene wurden Hochleistungsregister mit integriertem Multiplexer entwickelt, die zwischen neun Eingangsdaten auswählen. Um möglichst großen Nutzen aus diesen schnellen Registern zu ziehen, wurden die FPU-Komponenten so optimiert, dass sie in einem breiten Multiplexer enden.

Es wurde ein schneller Addierer entwickelt, der Summe und absolute Differenz berechnet und die erste Stufe der nachfolgenden Normalisierungslogik integriert.

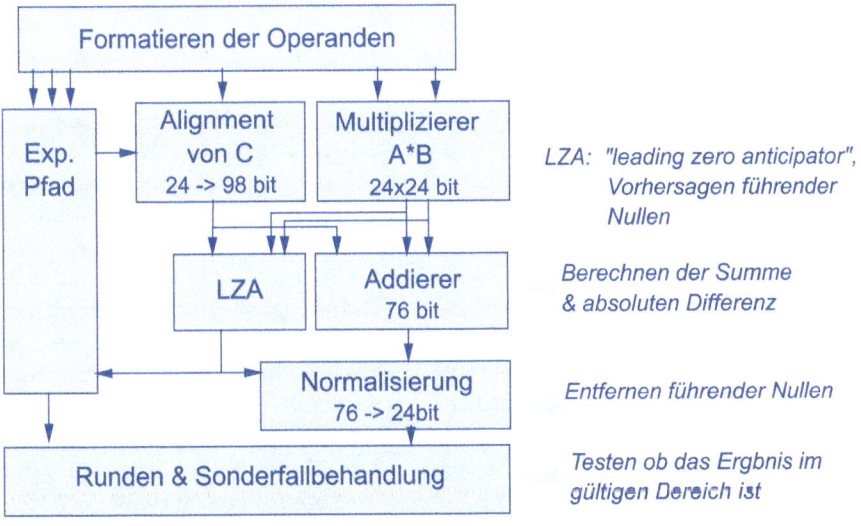

Abb. 6.14. Struktur einer 32-Bit FMA basierten FPU

Selten benötigte Funktionen werden teilweise in Software verlagert. Anstatt einer einzelnen Divisionsinstruktion für y/x wird zuerst eine Approximation der Funktion 1/x in Hardware berechnet. Je nach gewünschter Genauigkeit sind dann noch einige FMA-Instruktionen nötig, um das Ergebnis y/x zu berechnen.

Um den Stromverbrauch gering zu halten, wurde ein aggressives Abschaltungskonzept umgesetzt. Abhängig von der Operation und den Daten werden nur die Teile der FPU eingeschaltet, die auch benötigt werden. So wird zum Beispiel bei einer Addition (A × 1 + B) der Multiplizierer abgeschaltet, der A-Operand wird am Multiplizierer vorbeigeleitet und direkt an dessen Ausgang angelegt.

6.2.5 Zukünftige Prozessorkonzepte

Auch bei künftigen Prozessorkonzepten wird weiterhin an einer Frequenzerhöhung zur Steigerung der Prozessorleistung gearbeitet, wobei die Technologie nicht mehr in dem Maße wie bisher dazu beitragen kann. Das wirft die Frage auf, für welche Anwendungen die zukünftige Rechenleistung nicht mehr ausreichend sein wird. Eine Idee, die auch heutzutage schon verwirklicht wird, ist das Konzept von Acceleratoren. Diese Acceleratoren sind Komponenten, die für spezielle Anwendungen (beispielsweise High Performance Computing) gebaut werden, um die spezifische Rechenleistung auf ein Mehrfaches zu erhöhen. Dies kann im Moment nicht mit einem universellen Prozessorkern der gleichen Größe realisiert werden. Ein Beispiel hierfür ist eben die Struktur des Cell BE-Chips mit acht Acceleratoren (SPE) auf einem Chip (siehe Abb. 6.15).

Wie schon erwähnt, werden die Frequenzänderungen, die direkt zur Erhöhung der Rechenleistung führen, moderater ausfallen. Deshalb wird zur Erhöhung der Rechenleistung für universelle Anwendungen die Anzahl von Prozessorkernen auf einem Chip erheblich steigen. Das ermöglicht, dass immer größere Multiprozessoren und deren Umgebungskomponenten wie Memory Controller oder IO als „System on a Chip" (SOC) realisiert werden können. Der Verlustleistungsminimierung mittels Powermanagement kommt hierbei eine bedeutende Rolle zu.

Die Threadanzahl von heutzutage zwei wird sich im Bereich des Multithreadings (SMT) erhöhen, damit der Prozessorkern und dessen Komponenten optimal ausgenutzt werden und viele zeitlich parallel gekoppelte Anwendungen einen Vorteil daraus ziehen können.

In der Speicherhierarchie geht der Trend dahin, mehr Cachespeicher auf dem Chip zu integrieren, was durch die neuen Technologien ermöglicht wird. Die statischen Speicherarrays (SRAM, Static Random Access Memory) werden durch dynamische Speicherarrays (DRAM, Dynamic RAM) ersetzt werden, was zu einer deutlich höheren Speicherdichte bei niedrigerer Verlustleistung führt.

Die Zuverlässigkeit und Verfügbarkeit der Systeme kann dahingehend verbessert werden, dass man bei einer großen Anzahl von Prozessorkernen, diese paarweise dynamisch gruppiert und deren Rechenresultate mit einer Vergleichereinheit überprüft. Dadurch kann der Aufwand für Fehlererkennung und die

Abb. 6.15. Der Cell BE-Prozessor

dazu erforderlichen Schaltungen in den Prozessorkernen größtenteils wegfallen. Das macht sich durch die Flächenreduzierung in der Betriebsfrequenz des Prozessorkerns positiv bemerbar. Für Anwendungen, die keine so große Rechensicherheit verlangen, kann diese Gruppierung aufgelöst werden, und man bekommt doppelte Rechenleistung.

6.2.6 Zukünftige Chiptechnologien

Wie bereits erläutert, ist bei zukünftigen CMOS-Technologien neben der Packungsdichte und der schnelleren Transistoren die Begrenzung der Leckströme von fundamentaler Bedeutung.

Durch die Weiterentwicklung der Lithografie kann zunächst einmal davon ausgegangen werden, dass die Transistoren auch auf absehbare Zeit stetig verkleinert werden können, sodass das „Moore'sche Gesetz" weiter Bestand haben wird. Momentan wird intensiv am XUV-Verfahren (Extreme Ultra Violet) geforscht, das eventuell ab dem 32 nm-Knoten zum Einsatz kommen kann. Hier wird als Strahlungsquelle ein Plasma benutzt, aus dem eine Strahlung mit einer Wellenlänge von 13 nm extrahiert wird. Nach Umlenkung über Spiegel im Hochvakuum können dann mit dieser Wellenlänge Strukturen bis unter 10 nm hergestellt werden.

Damit die Möglichkeiten, die sich durch XUV eröffnen, auch in schnellere Transistoren, deren Leckströme akzeptabel sind, umgesetzt werden können, muss zusätzlich an der Einführung von weiteren neuen Materialien und innovativen Transitorstrukturen gearbeitet werden.

Die Gateleckströme lassen sich durch die Verwendung von Isolatormaterialien mit größerer Dielektrizitätskonstante als das zurzeit eingesetzte Siliziumdioxid reduzieren. Diese „High-k"-Materialien erlauben dickere Isolatorschichten, die unter Beibehaltung der anderen elektrischen Eigenschaften des Transistors die Tunnelströme verringern. Es wird an den unterschiedlichsten Materialzusammensetzungen wie beispielsweise Hafniumoxid gearbeitet, wobei sich allerdings noch kein Kandidat für den Einsatz in der Chipproduktion durchgesetzt hat. In diesem Zusammenhang wird auch an Metallen als Gatekontakte geforscht, da das heute verwendete Polysilizium für Transistoren mit Strukturen unter 30 nm wenig geeignet ist.

Neben akzeptablen Gateleckströmen muss ein Transistor zuverlässig abgeschaltet werden können, das heißt, der Kanalleckstrom im ausgeschalteten Zustand muss minimiert werden. Dies wird bei kleinen Kanallängen zunehmend schwieriger, da der Kanal nur vom darüberliegenden Gate gesteuert wird. Abhilfe kann hier der „Double-Gate"-Transistor schaffen, der den Kanal von zwei Seiten wesentlich effektiver steuert. Problematisch ist allerdings dessen Realisierung, da der Prozess sehr komplex wird. Am vielversprechendsten ist hier der Fin-Feldeffekttransistor (FinFET), der alle Anschlüsse auf der Waferoberfläche liegen hat und somit quasi planar ist. Damit ist dieser Transistor weitestgehend mit den heutigen CMOS-Prozessen kompatibel und wird daher intensiv weiterentwickelt.

Weiterhin besteht in einigen Jahren eventuell die Möglichkeit, andere Speicherarten auf Mikroprozessorchips unterzubringen. Heute werden SRAM-Speicher verwendet, die zwar sehr schnell sind, aber auch relativ viel Platz benötigen und einen hohen Leistungsverbrauch aufweisen. Als Alternative kommen eDRAM-Speicher (embedded DRAM) in Betracht, die wesentlich höher integrierbar sind und damit den vorhandenen Geschwindigkeitsnachteil gegenüber SRAMs ausgleichen können. Weiteres Potential liegt in der Verwendung von magnetischen RAMs (MRAM) oder auch PCMs (Phase Change Memory), die beide den Vorteil haben, dass die gespeicherte Information auch bei abgeschalteter Betriebsspannung erhalten bleibt, was sich auch zum Leistungssparen einsetzen lässt.

Erst wenn die oben beschriebenen oder ähnliche Lösungen die konventionelle CMOS-Technologie nicht weiter voranbringen, ist es an der Zeit, andere Konzepte zu verwenden. Es gibt diverse Ansätze, Schalter für hochintegrierte Chips durch neuartige Elemente zu realisieren. Gemeinsam ist allen, dass sie sich den Methoden der Nanotechnologie bedienen, bei denen im Gegensatz zur heutigen Strukturierung die Schalt- und Speicherelemente aus Atomen oder Molekülen aufgebaut werden. Als Beispiele sollen hier die Kohlenstoff-Nanoröhrchen, die Molekularelektronik und Spintronics als Stichworte genannt sein. Diese befinden sich aber alle noch im Forschungsstadium. Intensiv wird auch daran geforscht, inwieweit sich Methoden des selbstorganisierenden Wachstums einsetzen lassen.

Ob beziehungsweise wann eine dieser Technologien die heutige CMOS-Technologie ablösen kann, lässt sich momentan nicht beantworten. Es wird sicher alles getan werden, um die bestehenden Technologien möglichst lange weiterzuführen. Denkbar sind auch Hybridlösungen auf Siliziumwafern, bei denen CMOS und eine neue Technologie auf einem Chip zusammengebracht werden, sodass das in Jahrzehnten aufgebaute Wissen nicht verloren geht.

Literatur

[1] IEEE MICRO: Media Processing, Vol. 16, No. 4, 1996.
[2] N. J. Rohrer, M. Canada, E. Cohen et al: PowerPC 970 in 130 nm and 90 nm Technologies. In IEEE International Solid-State Circuits Conference (ISSCC), 2004.
[3] K. Diefendorff, P. Dubey, R. Chochsprung et al: AltiVec(tm) Technology: Accelerating Media Processing Across the Spectrum. In HOTCHIPS 10, 1998.
[4] D. Pham, S. Asano, M. Bolliger, M. N. Day et al: The Design and Implementation of a First-Generation Cell BE-Processor. IEEE International Solid-State Circuits Conference (ISSCC), Feb. 2005, pp. 184–185.
[5] B. Flachs, S. Asano, S. H. Dhong et al: The microarchitecture of the synergistic processor for a Cell BE-processor. IEEE Journal of Solid-Sate Circuits, Vol. 41, No. 1, 2006.
[6] H.-J. Oh, S. M. Müller, C. Jacobi et al: A fully pipelined single-precision floating-point unit in the synergistic processor element of a Cell BE-processor. IEEE Journal of Solid-State Circuits, Vol. 41, No.4, 2006.

Autorenregister

Dr. Ingo Aller hat Elektrotechnik an der Universität Siegen studiert und anschliessend am Institut für Hochfrequenztechnik der Technischen Hochschule Darmstadt im Jahr 1994 promoviert. Nach einer Postdoc Tätigkeit an der TH Darmstadt im Rahmen eines Sonderforschungsbereiches wechselte er im Jahr 1997 zum IBM Entwicklungszentrum in Böblingen. In seiner Funktion als Schnittstelle zur Technologieentwicklung und Chipproduktion war er von Anfang an in der Entwicklung von Mikroprozessoren für die IBM eServer Produktfamilie tätig. Im Anschluss an eine Auslandsabordnung in die USA übernahm Dr. Aller seit 2002 verschiedene Managementpositionen im Rahmen der Prozessorentwicklung. Dabei ist er maßgeblich an der Entwicklung von neuen Prozessoren und der Implementierung neuer Technologien in zukünftige Chipdesigns beteiligt. Dr. Aller hält zwei Patente und ist Verfasser zahlreicher wissenschaftlicher Publikationen zu den Themen Halbleiter- und Chiptechnologien sowie Einsatz neuer Transistorstrukturen.

Oliver Augenstein ist als Software-Architekt im IBM Entwicklungszentrum in Böblingen tätig. Nach dem Studium der theoretischen Physik an der Universität Karlsruhe und an der Eidgenössischen Technischen Hochschule in Zürich arbeitete er zunächst für zwei Jahre als Software-Designer an der Modellierung von Geschäftsobjekten. Danach wechselte er im Jahr 2000 zur IBM, wo er heute für die Architektur der SAP spezifischen Komponenten im Tivoli Storage Portfolios verantwortlich ist.

Utz Bacher hat nach seinem Studium der Informationstechnik an der Berufsakademie Stuttgart ab 1999 im IBM Entwicklungszentrum Böblingen an der Entwicklung von Linux auf zSeries gearbeitet. Dabei war er verantwortlich für die zSeries Netzwerkanbindungen und hat die Unterstützung von OSA und HiperSockets entwickelt. Seit 2004 arbeitet er als Teamleiter der Linux on Cell Entwicklungsmannschaft.

Boas Betzler studierte an der Berufsakademie Stuttgart im Ingenieurstudiengang Technische Informatik und schloss mit Diplom ab. Er arbeitet seit 1995 bei der IBM und ist auf Systemarchitektur spezialisiert. Mitte 1998 begann er die Portierung von Linux auf die Mainframe Architektur im IBM Entwicklungszentrum Böblingen und leitete das Projektteam an. Boas Betzler war einer der Schlüsselfiguren, die die ganze Firma in eine neue Richtung lenkten. Für seine herausragenden technischen Leistungen wurde er zum Senior Technical Staff Member ernannt.

Werner Ederer ist SPDT Leader ITRO for mySAP and utility computing im IBM Entwicklungszentrum in Böblingen. Er begann seine Karriere 1987 und arbeitete in verschiedenen Projekten sowohl als Software Entwickler als auch im Management. Er verbrachte zwei Jahre in USA und war dort der zuständige Projektmanager für Server Konsolidierung. Seit drei Jahren ist er in der IBM verantwortlich für Lösungen mit deren Hilfe IT Infrastrukturen speziell für SAP Umgebungen optimiert werden können sowie für das Thema Utility Computing.

Dr. Volker Fischer studierte Informatik an der Friedrich-Alexander-Universität Erlangen-Nürnberg, wo er 1995 mit einem Thema zur Parallelverarbeitung in der wissensbasierten Bildanalyse auch promovierte. Am wissenschaftlichen Zentrum der IBM in Heidelberg war er seit 1996 zunächst verantwortlich für die Entwicklung akustischer Modelle sowohl für PC-basierte Diktiersysteme mit sehr großem Wortschatz als auch für Spracherkenner für mobile Endgeräte. Seit 2001 entwickelt er Sprachsynthesesysteme für Telefonieanwendungen und befaßt sich insbesondere mit Techniken zu deren Anpassung an kundenspezifische Erfordernisse. Neben Entwicklung und Einsatz von Adaptionsverfahren gilt sein besonderes Interesse der sprachenübergreifenden, multilingualen Modellierung in Spracherkennungs- und synthesesystemen. Er ist Inhaber mehrerer Patente, Autor eines Buches, und Autor oder Co-Autor von mehr als 30 Veröffentlichungen zu den genannten Themen; er ist Mitglied der Gesellschaft für Informatik (GI) und der International Speech Communication Association (ISCA).

Ralf Grohmann verantwortet die gesamte WebSphere Portal und Workplace Foundation Entwicklung der IBM in Böblingen. Die neue WebSphere Portal Version 6 wurde von diesem und weiteren internationalen Teams entwickelt und ist im Juli 2006 wie geplant für unseren Kunden verfügbar. Davor war er verantwortlich für Lab Based Services und verschiedene andere Entwicklungsprojekte. In seiner technischen Karriere arbeitete er als Consultant, Architekt und Projektleiter und war IBM zertifizierter IT Architekt.

Herbert Kircher ist seit 1993 Geschäftsführer der IBM Deutschland Entwicklung GmbH mit Sitz in Böblingen mit zur Zeit 1800 Beschäftigten. Zudem ist er der europäische Vertreter in den maßgeblichen strategischen Beratungs- und Zukunftsgremien der IBM wie dem IBM Corporate Technology Council und dem Board of Governments der IBM Academy, die die technologische Ausrichtung und die Prioritäten des weltweiten Unternehmens steuern und bestimmen. Herbert Kircher hat somit auch die Verantwortung für die Technical Community der IBM in Europa mit 45.000 Mitarbeiterinnen und Mitarbeitern. Der gebürtige Schwabe leitet die Geschäfte und Entwicklungen der deutschen IBM Technologieschmiede mit großem Erfolg. 'Zukunft gestalten' ist die Strategie und Vision des Entwicklungschefs und seiner Expertenteams, mit denen er für den Weltmarkt innovative Produkte und Lösungen entwickelt.

Markus Klehr studierte Nachrichtentechnik an der Hochschule Mannheim. Seit 2002 ist er in IBM's European Voice Technology Development verantwortlich für die Systemtests von Spracherkennungs- und synthesesystemen. Neben der Entwicklung und Pflege von multilingualen Prototypen im Telefonie- und Embedded Bereich gilt sein besonderes Interesse dem Einsatz von Voice over IP und dem Einfluss von Sprachcodecs auf die Qualität der Spracherkennung. Er ist Co-Autor mehrerer Bücher und Veröffentlichungen zu den genannten Themen.

Matthias Kloppmann kam 1986 zur IBM und hat seither an verschiedensten Projekten mit Schwerpunkt auf der Architektur von Anwendungs- und Integrations-Middleware gearbeitet. Heute verantwortet er als Distinguished Engineer die Architektur der IBM Workflow-Technologie. Ausserdem trägt Matthias Kloppmann aktiv zur Workflow-Standardisierung innerhalb der BPEL-* Standardfamilie bei. Er ist Mitglied des Programmiermodellausschusses der IBM und in dieser Rolle mit dem Entwurf von Programmierschnittstellen und den zugehörigen Standards im Web Services Umfeld befasst. Matthias Kloppmann studierte Technische Informatik an der Berufsakademie Stuttgart sowie Informatik und Elektrotechnik an den Universitäten Hagen und Stuttgart.

Dieter König ist Senior Technical Staff Member der IBM Software Group. Er ist Architekt für Workflow Produkte im IBM Entwicklungszentrum in Böblingen. Dieter König ist Mitglied im OASIS WS-BPEL Technical Committee, das den Industrie-Standard für die Spezifikation der Web Services Business Process Execution Language (WS-BPEL) entwickelt. Er hat viele Artikel über Web Services und Workflow Technologie veröffentlicht und ist Co-Autor von zwei Büchern über Web Services.

Stefan Koerner ist ein Senior Technical Staff Member in der IBM eServer zSeries Firmware Development Group im IBM Entwicklungszentrum in Böblingen. Er begann seine Arbeit für IBM in Böblingen 1981 nach seinem Abschluss in Elektrotechnik an der Technischen Universität Furtwangen und hatte danach verschiedene Positionen in den Bereichen Logikdesign, Mikrocodeentwicklung und Hardwareverifikation inne. Er war technischer Leiter der Mikrocodeverifikation und -emulation des IBM S/390 G7-Systems. Stefan Koerner ist Inhaber von drei Patenten und Autor von zwölf technischen Veröffentlichungen. Er erhielt 2001 einen IBM Outstanding Innovation Award. Derzeit arbeitet er als technischer Leiter der Mikrocodeverifikation in der IBM Systems & Technology Group.

Dr. Siegfried Kunzmann ist seit Juli 2006 Forschungs- und Entwicklungsleiter des European Media Laboratory, welches in den Bereichen mobile, ortssensitive und benutzeradaptive Systeme mit Schwerpunkt auf leicht benutzbaren Anwendungen aktiv ist. 1991 kam er zum Wissenschaftlichen Zentrum der IBM in Heidelberg und hat sich mit Softwareergonomie für Sprachverarbeitungssysteme beschäftigt. Er hat 1993 IBM's European Voice Technology Development Organisation mit Abteilungen in Ägypten, Deutschland, Frankreich, Großbritannien,

Italien und Spanien aufgebaut und seither geleitet. Er und sein multi-nationales Team konzentrierten sich auf den Design von multilingualen Sprachverarbeitungssystemen, den schnellen Transfer und die Anwendung von neuesten Sprachtechnologien auf viele Sprachen. Dr. Kunzmann hat mehr als 40 Veröffentlichungen, 10 Patente und 1 Technical Disclosure, und er ist Autor eines Buches. Er ist Mitglied des ELRA Boards und der International Conference on Text, Speech and Dialogue.

Stefan Liesche ist der Leitende Architekt für die Entwicklung des IBM Portal Frameworks im IBM Entwicklungszentrum in Böblingen. Er ist ein Senior Technical Staff Member(STSM) und The Open Group Certified IT Architect. Stefan Liesche ist Diplom Informatiker mit Abschluss an der Universität Hildesheim. Seit 1998 arbeitet er bei der IBM Deutschland Entwicklung GmbH. Seit seinem Eintritt in die IBM im Jahre 1998 hat er in Service Projekten zusammen mit großen Kunden gearbeitet, Assets für Branchenlösungen entwickelt bevor er sich nun auf die Produktentwicklung des WebSphere Portals fokussiert.

Andreas Maier ist IBM Senior Technical Staff Member im IBM Entwicklungszentrum in Böblingen. Nach dem Studium der Elektrotechnik an der Universität Stuttgart kam er 1987 zur IBM. Nach verschiedenen Stationen von Microcode-Entwicklung für den Mainframe bis zur Portierung von Anwen-dungspaketen, ist er seit 2001 mit verschiedenen Themen rund um Systems Management befasst. Er ist einer der aktiven IBM-Vertreter in der DMTF und innerhalb von IBM der Lead Architect für IBM Director for Linux on System z sowie Lead Architect für CIM innerhalb der Systems & Technology Group der IBM.

Holger Maier studierte Informatik an der Fachhochschule in Karlsruhe. Seit März 1990 ist er bei IBM im Bereich Entwicklung und Forschung tätig. Seine Erfahrungen in den Bereichen Grossrechner, Data Mining und Textanalyse über Content Management bis hin zu Industrielösungen für die Bereiche RFID und Industrial Manufacturing hat er in verschiedenen Positionen und Auslandsaufenthalten aufgebaut. Er war 2 Jahre im IBM Headquarter Somers / NY und 2 Jahre im IBM Entwicklungslabor Silicon Valley Lab als Entwicklungsmanager tätig. Seit 2005 ist er für die Entwicklung von RFID Lösungskonzepte für IBM's R&D Team verantwortlich und gilt derzeit weltweit als Spezialist für Asset Tracking und Location Awareness Konzepte unter Aktiven RFID Infrastrukturen.

Dr. Silvia Melitta Müller ist eine Expertin auf dem Gebiet der Fließkomma-Einheiten (FPU) für Hochleistungs-Prozessoren. Sie war maßgeblich an der Entwicklung des CELL-Processors beteiligt. Derzeit leitet sie zwei internationale Teams, die FPUs und Media-Extension-Einheiten für die nächste Prozessorgeneration entwickeln. 2005 wurde sie für ihre Leistungen auf dem Gebiet der FPU-Entwicklung zum Senior Technical Staff Member ernannt. Darüber hinaus ist sie Privatdozentin an der Universität Saarbrücken und genießt durch ihre Publikationen einen ausgezeichneten Ruf in der akademischen Welt.

Martin Scott Nicklous ist Development Manager für IBM WebSphere Portal im IBM Entwicklungszentrum in Böblingen. Er ist bei IBM seit 1984, und hat dort setdem verschiedene Entwicklungs- und Managementaufgaben in den Bereichen Gerätesteuerung, Bildverarbeitung, Smart Card, und Portal Entwicklung inne. Er begleitet die WebSphere Portal Entwicklung in einer Management Position seit Anfang des Projektes im Jahr 2000.

Gerhard Pfau ist ein IBM Senior Technical Staff Member und Mitglied der IBM Academy of Technology. Er arbeitet im IBM Entwicklungszentrum in Böblingen als Chefarchitekt für den Human Task Manager, der IBM Standardkomponente für die Integration von Menschen in Service-orientierte Anwendungen und Geschäftsprozesse. Gerhard Pfau ist Mitglied im WebSphere Architecture Board und trägt aktiv zur Standardisierung der Technologie von Geschäftsprozessen bei.

Dr. Udo Pletat studierte Informatik und Mathematik an der Universität Dortmund und promovierte 1984 im Bereich Software Engineering an der Universität Stuttgart. Nach einem Aufenthalt als Gastwissenschaftler an der Technischen Universität Lyngby (Dänemark) ist er seit 1986 bei der IBM Deutschland tätig, zunächst im Bereich Wissenschaft und Technik und seit 1992 im Entwicklungszentrum Böblingen. Seine Projekte dort umfassen Produktentwicklung und Marketingunterstützung im Themengebiet Expertensysteme, Entwicklungstools für Embedded Systems im Automobilbau sowie SAP Anwendungsentwicklung. Seit 2002 sind es schwerpunktmässig Projekte, die Kunden aus der Automobil- und Telekommunikationsindustrie an neue Technologien und Produkte der IBM heranführen. Seit 2005 leistet er Architekturarbeit für Projekte der Emerging Business Organisation ‚Sensors and Actuators' der IBM.

Thomas Pflüger ist Jahrgang 1956 und studierte Elektotechnik an der TU München. Er erhielt sein Diplom 1981 und arbeitet seit 1982 im IBM Entwicklungszentrum in Böblingen. Er hat lange Processor Design Erfahrung im Bereich von P- und Z- Architekturen. Sein weiteres Interesse betrifft Powermangement im Processor Design.

Michael Scheible leitet im Bereich WebSphere die Entwicklung für Geschäftsprozessmanagementlösungen im IBM Entwicklungszentrum Böblingen. In seinem Verantwortungsbereich liegen Produktmanagement, Entwicklung und Kundenunterstützung für die strategischen Workflow-Produkte der IBM. Dazu gehören WebSphere MQ Workflow sowie zentrale Komponenten der Produkte WebSphere Process Server und WebSphere Integration Developer. Darüber hinaus ist er innerhalb der IBM Software Group verantwortlich für die Integration und Vereinheitlichung der Workflow-Technologien auf Basis der Business Process Choreographer Komponenten.

Jürgen Schneider ist Dipl. Informatiker (FH) und seit 1986 im IBM Entwicklungszentrum Böblingen. Er ist Software Architekt im Range eines IBM Senior Techncial Staff Members und arbeitet im Bereich Systems Managament an Automation Lösungen. Zur Zeit hat er innerhalb der IBM die technische Verantwortung für das Automatisieren und Verwalten von Hochverfügbarkeitlösungen mit der Integration solcher Technologien in die SOA Welt.

Klaus-Dieter Schubert ist ein Senior Technical Staff Member in der IBM Systems & Technology Group in Böblingen. Er machte 1990 seinen Abschluss in Elektrotechnik an der Technischen Universität Stuttgart und arbeitete danach für IBM in Böblingen. Dort war er für die Hardwareverifikation mehrerer S/390-Systeme inkl. des z900 Systems (2064) verantwortlich. Derzeit befindet er sich auf einem mehrjährigen Auslandsaufenthalt in den USA und ist dort für die Hardwareverifikation eines neuen Serversystems verantwortlich. Klaus-Dieter Schubert ist Inhaber von drei Patenten und erhielt 2001 seinen zweiten IBM Outstanding Technical Achievement Award.

Martin Schwidefsky hat das Studium der Informatik an der Universität Karsruhe absolviert und im Jahr 1996 mit dem Abschluß zum Diplom-Informatiker beendet. Im gleichen Jahr nahm er die Tätigkeit als Software-Entwickler im IBM Entwicklungszentrum in Böblingen auf. Bis 1998 war er als Tester und Entwickler für das z/VSE Betriebssystem tätig. Seit Mitte 1998 war er hauptsächlich mit Linux auf System z beschäftigt. Martin Schwidefsky ist der derzeitige Maintainer für die System z spezifischen Teile im Linux Kernel.

Roland Seiffert trat nach seinem Abschluss als Diplom-Informatiker an der Universität Stuttgart 1988 in die IBM im Bereich Forschung ein. Als wissenschaftlicher Mitarbeiter arbeitete er bis 1994 in großen Forschungsprojekten im Bereich natürlichsprachlicher Systeme und künstlicher Intelligenz. Nach einem zweijährigen Aufenthalt im Silicon Valley Lab der IBM in den USA, wechselte er 1997 in das Böblinger Entwicklungszentrum der IBM als Softwarearchitekt für Produkte im Bereich der Volltextsuche und des Textminings. Seit 2003 arbeitet er für die IBM Systems and Technology Group an der Ausnützung und Weiterentwicklung der Power-Architektur und übernahm als Architekt die technische Verantwortung für die Entwicklung von Linux für den Cell BE Prozessor.

Gerhard Pfau ist ein IBM Senior Technical Staff Member und Mitglied der IBM Academy of Technology. Er arbeitet im IBM Entwicklungszentrum in Böblingen als Chefarchitekt für den Human Task Manager, der IBM Standardkomponente für die Integration von Menschen in Service-orientierte Anwendungen und Geschäftsprozesse. Gerhard Pfau ist Mitglied im WebSphere Architecture Board und trägt aktiv zur Standardisierung der Technologie von Geschäftsprozessen bei.

Dieter F. Wendel wurde 2005 zum IBM Distinguished Engineer ernannt. Er studierte an der FH Würzburg/Schweinfurt Elektrotechnik mit der Fachrichtung Informationstechnik und machte 1981 seinen Abschluss zum Dipl. Ing. Im gleichen Jahr begann er seine Karriere bei IBM im Fellowship Höchstintegration, mit Fokus auf dichten bipolar Schaltungen und Arrays. Von 1984 bis 1986 war er auf einem internationalen Assignment im IBM Research Laboratory in Yorktown Heights NY. Von 1986 bis 2001 hatte er verschiedene Positionen in der Mikroprozessor Entwicklung im Böblinger Entwicklungszentrum inne. Danach ging er von 2001 bis 2003 auf ein internationales Assignment nach Austin Texas in das STI Design Center und kam 2003 nach Böblingen zurück.

Dr. Ulrich Weigand arbeitet seit Abschluss seiner Promotion am Lehrstuhl für Theoretische Informatik der Universität Erlangen-Nürnberg im Jahr 2000 bei der IBM Deutschland Entwicklung GmbH in Böblingen im IBM Linux Technology Center. Er war dort maßgeblich an der Portierung von Linux auf den Mainframe beteiligt, und insbesondere für die Entwicklung des GNU Compilers und der dazugehörigen Tools auf dieser Plattform verantwortlich. Er ist Open Source Maintainer der plattformspezifischen Komponenten für System z für den GNU Compiler und Debugger. Seit 2006 ist er für GNU Compiler und Tools für die neue "Cell Broadband Engine" Architektur zuständig.

Trademarks

Java und alle Java-Warenzeichen sind Warenzeichen von Sun Microsystems, Inc. in den Vereinigten Staaten, anderen Ländern oder beidem.

Microsoft, Windows, Windows NT sind Warenzeichen der Microsoft Corporation in den Vereinigten Staaten, anderen Ländern oder beidem.

Intel ist ein eingetragenes Warenzeichen der Intel Corporation in den Vereinigten Staaten und anderen Ländern.

UNIX ist ein eingetragenes Warenzeichen der The Open Group in den Vereinigten Staaten und anderen Ländern.

Linux ist ein eingetragenes Warenzeichen von Linus Torvalds in den Vereinigten Staaten, anderen Ländern oder beidem.

ITIL ist ein eingetragenes Warenzeichen und ein eingetragenes Community Trademark des Office of Government Commerce. Es ist im U.S. Patent and Trademark Office registriert.

IT Infrastructure Library ist ein eingetragenes Warenzeichen der Central Computer and Telecommunications Agency als Teil des Office of Government Commerce.

Cell Broadband Engine ist ein Warenzeichen der Sony Computer Entertainment, Inc.

AIX®, CICS®, DB2®, DB2 OLAP Server, 2 Universal Database, HiperSockets, IBM®, MQSeries®, MVS, POWER, PowerPC®, System i, System i5, System p, System p5, System 36, System 360, System 370, System 38, System 390®, System z, System z9, S/390 Parallel Enterprise Server, Tivoli®, WebSphere®, z9, z/Architecture, z/OS®, z/VM®, z/VSE, zSeries® sind Warenzeichen oder eingetragene Warenzeichen der International Business Machines (IBM) in den Vereinigten Staaten und anderen Ländern.

GPSR Compliance
The European Union's (EU) General Product Safety Regulation (GPSR) is a set of rules that requires consumer products to be safe and our obligations to ensure this.

If you have any concerns about our products, you can contact us on

ProductSafety@springernature.com

In case Publisher is established outside the EU, the EU authorized representative is:

Springer Nature Customer Service Center GmbH
Europaplatz 3
69115 Heidelberg, Germany

www.ingramcontent.com/pod-product-compliance
Lightning Source LLC
LaVergne TN
LVHW010959250326
834688LV00003B/30